中国教育后勤蓝皮书(2024)

中国教育后勤协会 编著

中国财经出版传媒集团
中国财政经济出版社
·北京·

图书在版编目（CIP）数据

中国教育后勤蓝皮书. 2024 / 中国教育后勤协会编著. —— 北京：中国财政经济出版社，2025.8. —— ISBN 978-7-5223-4078-4

Ⅰ. G52

中国国家版本馆 CIP 数据核字第 2025QQ6801 号

责任编辑：郁东敏　　　　　责任校对：胡永立
封面设计：中通世奥　　　　责任印制：党　辉

中国教育后勤蓝皮书（2024）
ZHONGGUO JIAOYU HOUQIN LANPISHU（2024）

中国财政经济出版社 出版

URL：http://www.cfeph.cn
E-mail：cfeph@cfeph.cn

（版权所有　翻印必究）

社址：北京市海淀区阜成路甲 28 号　邮政编码：100142
营销中心电话：010-88191522
天猫网店：中国财政经济出版社旗舰店
网址：https://zgczjjcbs.tmall.com
涿州汇美亿浓印刷有限公司印刷　各地新华书店经销
成品尺寸：185mm×260mm　16 开　25 印张　434 000 字
2025 年 8 月第 1 版　2025 年 8 月河北第 1 次印刷
定价：120.00 元
ISBN 978-7-5223-4078-4
（图书出现印装问题，本社负责调换，电话：010-88190548）
本社图书质量投诉电话：010-88190744
打击盗版举报热线：010-88191661　QQ：2242791300

编委会

主　任：刘建平

副主任：牛维麟　王　芳

委　员：（以姓氏笔画为序）

卢胜利　田　备　吉俊民　李有增　李向成　李成恩
李瑞阳　杨定忠　张志勇　张柳华　季益洪　范宝军
柳　娜　高聚慧　彭新一　黎玖高

编辑部

主　　　编：牛维麟

执行主编：黎玫高　曾繁文　张文平

副　主　编：（以姓氏笔画为序）

王利民　王哲强　韦曙和　石　磊　卢彩晨　刘　宁
刘　向　刘学祥　刘德明　李　熠　吴斗庆　沙德银
宋大我　张西峰　陈　辉　陈　鹏　周建华　郑广天
屈宇辉　侯贵生　郝蕴超　高　庆　高常忠　黄在宇

执行副主编：黄粤涛　郭林文

责任编辑：王清埃　王太芹　宋　宇

序言
Preface

2024年是全面贯彻党的二十大精神的关键之年，是深入实施"十四五"规划的攻坚之年。一年来，教育后勤领域全体同仁坚持以习近平新时代中国特色社会主义思想为指导，在党中央、国务院的领导下，在教育部、民政部等部门的指导下，紧紧围绕深入学习贯彻党的二十大精神主线，认真贯彻落实习近平总书记关于教育的重要论述和重要指示批示精神，坚持稳中求进的工作基调，持续构建高质量的现代化后勤保障体系。这一年，我国教育后勤领域聚焦高素质人才队伍建设、数字化战略深入实施、安全和低碳校园建设、标准化运营管理等重点任务不断进行创新探索，为教育强国建设提供了坚实保障。

2024年，中国教育后勤协会在教育部、民政部等机关单位的指导下，坚持以党建发展引领社会发展，将政治建设放在首位；坚持协会自身实现规范化运作，推进行业高质量发展；坚持创新会员发展和服务模式，打造数字化平台；坚持提升协会资政辅政能力，持续发挥智库作用；扎实推进行业标准研制工作，制定多项标准规则；打造引领行业的舆论阵地，提高协会宣传和推广能力。今后，后勤协会将继续以服务行业需求为导向，聚焦创新发展，持续提升规范化、专业化水平，助力我国教育后勤事业不断迈上新台阶。

自2021年以来，《中国教育后勤蓝皮书》系列陆续出版，受到业内广泛关注与高度评价，在此对关注本系列丛书的读者致以诚挚的问候与感谢。新的一年，《中国教育后勤蓝皮书（2024）》继续聚焦教育后勤行业的年度重大事件和社会关注的热点难点问题，系统总结实践经验，深入分析发展趋势，力求为教育后勤各级管理部门、高校及相关机构提供科学决策参考。我们将坚持编撰工作的科学性、严谨性和前瞻性，持续发挥行业记录与智库支撑作用，助力教育后勤高质量发展，期待业界同仁及社会各界人士交流和指正。

本书的编撰得到了中国教育后勤协会各专业委员会、专家委员会，以及全国各省相关单位、高校、科研机构和行业企业的大力支持与积极参与，在此致以诚挚感谢。同时，向所有参与撰稿、审稿及相关工作的同仁和工作人员表示衷心谢意，感谢大家对本书的关注与付出。

中国教育后勤协会会长

2025 年 6 月于北京

第一部分　年度报告

中国教育后勤蓝皮书总报告 ························· 3
- 一、中国教育后勤年度发展情况综述 ····················· 3
- 二、中国教育后勤协会年度重点工作 ····················· 12
- 三、重大事件 ······································· 17
- 四、政策法规环境分析 ······························· 23
- 五、行业观察与思考 ································· 44

第二部分　专题报告

专题报告一　机构风采 ································· 51
- 中国教育后勤协会伙食管理专业委员会工作报告 ············ 51
- 中国教育后勤协会学生公寓管理专业委员会工作报告 ········ 55
- 中国教育后勤协会物业管理专业委员会工作报告 ············ 62
- 中国教育后勤协会能源管理专业委员会工作报告 ············ 70
- 中国教育后勤协会商贸管理专业委员会工作报告 ············ 76
- 中国教育后勤协会安全管理专业委员会工作报告 ············ 84
- 中国教育后勤协会思想文化建设与人力资源管理专业委员会工作报告 ········ 89
- 中国教育后勤协会信息化建设专业委员会工作报告 ·········· 93
- 中国教育后勤协会房产管理专业委员会工作报告 ············ 99
- 中国教育后勤协会建设与修缮专业委员会工作报告 ·········· 104
- 中国教育后勤协会后勤研究院工作报告 ··················· 111
- 中国教育后勤协会接待服务分会工作报告 ················· 120

中国教育后勤协会中小学后勤分会/校服管理专业委员会工作报告 …… 124

中国教育后勤协会民办院校后勤分会工作报告 …… 129

中国教育后勤协会专家委员会工作报告 …… 133

中国教育后勤协会标准化技术委员会工作报告 …… 140

中国教育后勤协会新业态及快递工作委员会工作报告 …… 144

中国教育后勤协会中国教育后勤招标采购网工作报告 …… 147

中国教育后勤协会会员部工作报告 …… 150

中国教育后勤协会培训工作报告 …… 153

中国教育后勤协会《高校后勤研究》杂志社工作报告 …… 156

专题报告二　区域风貌 …… 161

锚定协会服务之本　聚焦教育后勤工作
　　——江西省高校后勤协会工作报告 …… 161

求真务实践初心　开拓创新谋发展
　　——浙江省教育后勤基建协会工作报告 …… 172

惟实励新提质服务　精进臻善赋能发展
　　——山西省高校后勤协会工作报告 …… 179

坚守教育后勤本职使命　开创高质量服务新篇
　　——陕西省教育后勤协会工作报告 …… 195

专题报告三　校园气象 …… 205

锚定"双一流"战略目标　构建后勤高质量发展新范式
　　——北京大学后勤系统工作报告 …… 205

科技赋能　勇于创新　保障权益
　　——复旦大学总务处工作报告 …… 216

坚定改革谱新篇　助力发展新征程
　　——中山大学总务部工作报告 …… 225

赓续奋进　改革创新　绘制好后勤高质量发展蓝图
　　——四川大学后勤保障部工作报告 …… 233

从保障到浸润：文明校园视域下后勤育人功能发挥的实践探索
　　——厦门大学后勤集团工作报告 …… 238

尽心尽力　尽善尽美　追求卓越
　　——哈尔滨工业大学总务处/后勤集团工作报告 …………………… 247
以钢铁脊梁担当　铸就后勤高质量发展道路
　　——北京科技大学后勤管理处工作报告 …………………………… 255

专题报告四　企业典范 ……………………………………………………… 267

深耕教育后勤领域　铸就行业服务标杆
　　——新大正物业集团股份有限公司高校服务总结 ………………… 267
厚植创新服务理念　打造"梅"好校园生活
　　——南京梅花餐饮管理有限公司高校服务总结 …………………… 275
践行绿色餐饮服务　赋能创新校园建设
　　——北京路纪食缘餐饮管理有限公司高校服务总结 ……………… 284
科技赋能　匠心筑梦美好校园
　　——长城物业集团高校服务总结 …………………………………… 297
智能制造　AI赋能　建设低碳安全校园
　　——百思科新能源技术（青岛）有限公司高校服务总结 ………… 305
凝心聚力坚守安全生产　全心全意提升服务保障
　　——北大荒都市味道（北京）供应链管理有限公司高校服务总结 … 313
智慧后勤　打造校园新生态
　　——联奕科技股份有限公司高校服务总结 ………………………… 323
秉持"服务即教育"保障品质化服务
　　——安徽省鹏徽集团高校服务总结 ………………………………… 331

专题报告五　行业之声 ……………………………………………………… 337

推进高校餐饮社会化改革与食堂团体标准研制调研报告 …………… 337
全国高校学生公寓管理调研纪要：问题梳理与发展启示 …………… 348
全国教育后勤信息化建设调研报告 …………………………………… 355
中小学食堂办伙现况调查及其应对策略
　　——兼论《中小学食堂管理服务规范》的意义与应用 …………… 374
民办院校后勤行业发展现状与创新路径 ……………………………… 383

第一部分
年度报告

中国教育后勤蓝皮书总报告

一、中国教育后勤年度发展情况综述

（一）教育后勤事业提质增效

2023年，我国教育后勤事业持续呈现数量增长、质量提升的良好局面。各级各类学校、在校生、教职工数量略有增长，校舍建筑面积、教学科研仪器设备、信息化设备及网上课程资源等配置水平进一步提高，高校办学条件不断改善，全方面助力教育质量提升。

整体来看，全国共有各级各类学校49.83万所，各级各类学历教育在校生2.91亿人，专任教师1891.78万人。[①] 义务教育、高中教育、高等教育阶段的师生规模、校舍建筑面积、教学设施设备配备比例、入学率等指标均有所上涨。

从义务教育阶段来看，全国共有义务教育阶段学校19.58万所。义务教育阶段招生3632.51万人，在校生1.61亿人，专任教师1073.93万人，九年义务教育巩固率95.7%。全国共有普通小学14.35万所，比上年减少5645所，下降3.79%。小学共有校舍建筑面积90451.24万平方米，比上年增加1489.44万平方米。设施设备配备达标的学校比例情况分别为：体育运动场（馆）面积94.26%，体育器械97.44%，音乐器材97.22%，美术器材97.20%，数学自然实验仪器96.93%，各项比例比上年均有提高。全国共有初中5.23万所（含职业初中4所），比上年减少132所，下降0.25%。初中共有校舍建筑面积81525.84万平方米，比上年增加2877.49万平方米。设施设备配备达标的学校比例情况分别为：体育运动场（馆）面积95.94%，体育器械98.16%，音乐器材97.93%，美术器材97.95%，理科实验仪器97.68%。除理科实验仪器外，其余各项比例比上年均有提高。[②]

[①][②] 数据来源于中华人民共和国教育部官方网站2023年全国教育事业发展统计公报。

从高中阶段教育来看，全国共有普通高中1.54万所，比上年增加355所，增长2.36%。普通高中招生967.80万人，比上年增加20.26万人，增长2.14%；在校生2 803.63万人，比上年增加89.75万人，增长3.31%；毕业生860.41万人，比上年增加36.31万人，增长4.41%。普通高中教育专任教师221.48万人，生师比12.66∶1，专任教师学历合格率99.20%。

普通高中共有校舍建筑面积70 948.45万平方米，比上年增加2 913.55万平方米（见图1）。普通高中设施设备配备达标的学校比例情况分别为：体育运动场（馆）面积95.01%，体育器械97.11%，音乐器材96.57%，美术器材96.67%，理科实验仪器96.85%，各项比例比上年均有提高。[①]

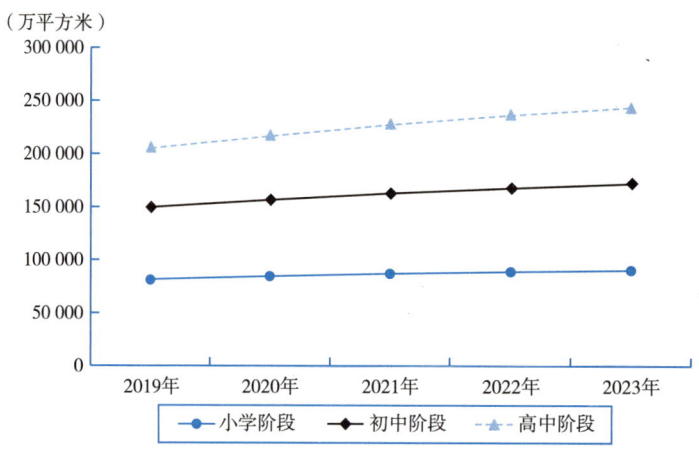

图1　我国近五年义务教育、高中教育学校校舍面积

从高等教育来看，全国共有高等学校3 074所。其中，普通本科学校1 242所（含独立学院164所），比上年增加3所；本科层次职业学校33所，比上年增加1所；高职（专科）学校1 547所，比上年增加58所；成人高等学校252所，比上年减少1所。另有培养研究生的科研机构233所。

各种形式的高等教育在学总规模4 763.19万人，比上年增加108.11万人。高等教育毛入学率60.2%，比上年提高0.6个百分点。普通本科学校校均规模17 194人，本科层次职业学校校均规模20 127人，高职（专科）学校校均规模10 152人。

高等教育专任教师207.49万人，其中，普通本科学校134.55万人；本科层次职业学校3.08万人；高职（专科）学校68.46万人；成人高等学校1.41万人。普通

---

① 数据来源于中华人民共和国教育部官方网站2023年全国教育事业发展统计公报。

本科学校生师比 17.51∶1，本科层次职业学校生师比 17.57∶1，高职（专科）学校生师比 18.92∶1。

普通、职业高等学校共有校舍建筑面积 118 895.19 万平方米，比上年增加 5 814.64 万平方米，增长 5.14%（见图 2）。生均占地面积 56.82 平方米，生均校舍建筑面积 28.26 平方米，生均教学科研实习仪器设备值为 18 607.85 元。①

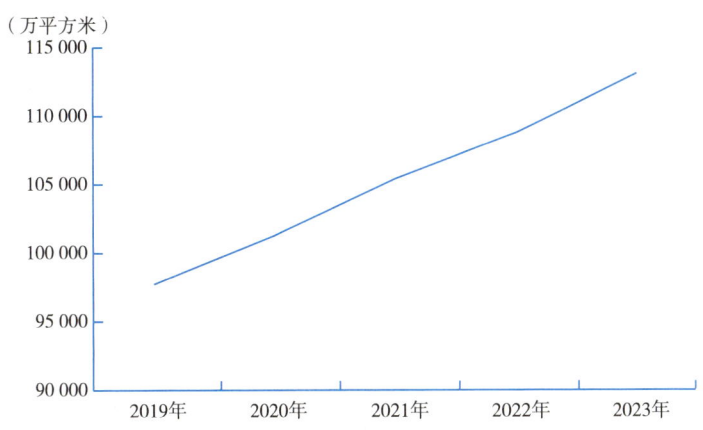

注：因统计口径调整，2021 年、2022 年、2023 年数据为普通、职业高等学校共有校舍建筑面积。

图 2　我国近五年普通高等学校校舍总建筑面积

（二）教育后勤政策导向明确

2023 年以来，教育部以习近平新时代中国特色社会主义思想为指导，紧紧围绕深入学习贯彻党的二十大精神这条主线，认真贯彻落实习近平总书记关于教育的重要论述，教育后勤领域在人才体系建设、校园安全、教育数字化等方面出台了多项政策，为教育后勤事业发展提供了方向性指引。

在人才体系建设方面，教育部印发《关于实施国家优秀中小学教师培养计划的意见》，通过"国优计划"研究生培养吸引优秀人才从教，为中小学输送一批教育情怀深厚、专业素养卓越、教学基本功扎实的优秀教师。印发《国家银龄教师行动计划》，瞄准急需，系统推进。将退休教师作为重要的人力资源，聚焦国家产业急需和重点发展领域，引导海内外退休教师合理流动，强化智力支持。搭建国家层面老有所为的广阔平台，全方位推动退休教师参与各级各类教育工作。

在校园安全方面，国家市场监督管理总局办公厅联合教育部办公厅、公安部办

---

① 数据来源于中华人民共和国教育部官方网站 2023 年全国教育事业发展统计公报。

公厅、国家卫生健康委办公厅印发《关于切实加强 2023 年秋季学校食品安全工作的通知》，要求保障校园食品安全，及时开展校园食品安全问题专项治理行动。教育部办公厅印发《高等学校实验室安全规范》，进一步加强高校实验室安全工作，有效防范和消除安全隐患，最大限度减少实验室安全事故，保障校园安全、师生生命安全和学校财产安全。

在教育数字化方面，中共中央、国务院印发《数字中国建设整体布局规划》，提出大力实施国家教育数字化战略行动，完善国家智慧教育平台。工业和信息化部、中央网信办、国家发展改革委、教育部等八部门联合印发《关于推进 IPv6 技术演进和应用创新发展的实施意见》，围绕构建 IPv6 演进技术体系、强化 IPv6 演进创新产业基础、加快 IPv6 基础设施演进发展等五个方面部署 15 项重点任务。教育部印发《基础教育课程教学改革深化行动方案》，提出充分利用数字化赋能基础教育，建好用好国家中小学智慧教育平台，丰富各类优质教育教学资源，引导教师在日常教学中有效常态化应用。

（三）绿色低碳校园持续推广

开展节水型高校建设是贯彻习近平生态文明思想和"节水优先、空间均衡、系统治理、两手发力"治水思路的具体举措，也是建设"绿色校园"的重要举措。

为全面推进节水型高校建设及低碳节能校园建设，2023 年 11 月 27 日，首届"数字引领·科技赋能：高质量建设节水型高校"交流研讨会暨 2023 年度"创新·创造·创建"低碳校园发展论坛在深圳举行，该论坛也是"第六届中国教育后勤展览会"主论坛。论坛介绍了中国教育后勤协会在推进节水型校园建设所做的一系列工作，包括联合中国水利学会发布《节水型高校评价标准》等 2 项团体标准、组织开展学校节水工作评价考核、开展专家论证会和校园节水教育培训，协助制定节水发展规划。此外，协会还围绕安全建设、节约用水、健康饮水、智慧治水、人才培养、节水宣传等主题开展了一系列工作。

各地坚决贯彻执行中央对绿色低碳校园建设的工作要求。上海市教委印发《上海市绿色低碳发展国民教育体系建设实施方案》，提出将绿色低碳发展融入教育教学全过程，以绿色低碳发展引领提升教育服务贡献力，将绿色低碳发展融入更高标准的生态校园建设。到 2025 年，绿色低碳生活理念与绿色低碳发展规范在大中小学普及传播，绿色低碳理念进入大中小学教育体系；有关高校初步构建碳达峰碳中和相关学科专业体系，科技创新能力和创新人才培养水平明显提升。统筹考虑教育发展和师生生活需要，明确学校节能降碳的政策措施，在推动教育高质量发展中促进全面绿色转型。到 2030 年，实现学生绿色低碳生活方式及行为习惯的系统养成与发展，形成较为完善的多层次绿色低碳育人体系并贯通青少年成长全过程，形成一批具有国际影响力和权威性的碳达峰碳中和一流学科专业和研究机构。浙江省在杭州电子科技大学召开高校垃圾分类标准制定工作研讨会，要求各高校不断加强分类宣传，有效落实垃圾分类，让垃圾分类成为师生生活中非做不可的事项，进一步凝聚力量，推动浙江省高校垃圾分类工作再上新台阶。

（四）数字教育改革扎实推进

党的二十大报告首次将"推进教育数字化"写入"办好人民满意的教育"部分，提出"推进教育数字化，建设全民终身学习的学习型社会、学习型大国"，教育数字化正成为普遍共识。以数字化助力教育优质均衡发展，推动新时代教育高质量发展，以数字化助力教育强国建设，数字教育的中国方案呼之欲出。

世界数字教育大会于 2023 年 2 月 13 日在北京开幕，国家职业教育数字化战略行动取得明显进展。2022 年"国家职业教育智慧教育平台"正式上线，包含"专业与课程服务中心"等 4 个中心和若干个专题模块。截至大会召开之时，4 个中心已完成上线，接入国家级、省级专业教学资源库 1 173 个，精品在线开放课程 6 757 门，视频公开课 2 222 门；构建起国家、省、校三级专业教学资源库互为补充、使用广泛的专业教学资源应用体系，平台现有视频资源 51 万余条、图文 15 万余条。2 月 14 日，世界数字教育大会平行论坛之一"职业教育数字化转型发展"平行论坛在北京举行。本次论坛以"转型与重塑：数字化赋能职业教育新生态"为主题，围绕职业教育领域数字化资源开发与应用、数字化治理能力提升等问题展开。教育部副部长翁铁慧出席论坛并致辞，联合国粮农组织驻华代表文康农和华东师范大学终身教授、上海智能教育研究院院长袁振国分别作了主旨报告，来自国际劳工组织和澳大利亚、德国、瑞士等国以及我国职业教育领域的 10 余位专家学者通过"现场＋云端"方式，分享了世界职业教育数字化实践经验、共商职业教育数字化转型发展大计。

中国教育后勤协会信息化建设专业委员会制定了《教育后勤数字化战略行动计划（2023—2025）》。该计划提出，到 2025 年，数字后勤理念深入人心，数字技术广泛应用于后勤管理与服务全过程，后勤领域数字环境、数据中心、数字平台、数字资源、数字应用等数字化体系基本健全，后勤主要业务实现智能应用场景覆盖，后勤服务水平明显提升，后勤管理效能明显增强，后勤人才数字素养明显提高，后勤业务系统与学校整体平台的壁垒基本打通，契合学校发展需要的数字化后勤服务保障体系基本形成，全国教育后勤信息化行业整体发展水平迈上新台阶。

（五）人才体系建设有序开展

2023 年，我国教育后勤各级各类有关部门扎实推进人才体系建设工作，在优化教师队伍体系、推动职业教育人才队伍提质升级、加强基础教育教师队伍改革等多方面，有序推动人才体系完善。

教育部高度重视优秀教师队伍建设，发布《关于实施国家优秀中小学教师培养计划的意见》。从 2023 年起，国家支持以"双一流"建设高校为代表的高水平高校选拔专业成绩优秀且乐教适教的学生作为"国优计划"研究生，在强化学科专业课程学习的同时，系统学习不少于 26 学分的教师教育模块课程（含参加教育实践），通过"国优计划"研究生培养吸引优秀人才从教，为中小学输送一批教育情怀深厚、专业素养卓越、教学基本功扎实的优秀教师。

重视银龄教师力量。教育部等十部门关于印发《国家银龄教师行动计划》的通知。该计划提出，要积极应对人口老龄化，在保障劳动适龄人口充分就业基础上，挖掘广大退休教师政治优势、专业优势、经验优势，发挥其辐射带动作用，有利于促进教育公平，营造终身学习的文化氛围，加快建设高质量教育体系。目前实施的"中小学银龄讲学计划""高校银龄教师支援西部计划"等在探索发挥退休教师人力资源优势，提升中西部教育发展水平方面取得了一定成绩，积累了宝贵经验，有基础、有条件在新形势下实现优化升级，发挥综合效益。

重视职业学校人才建设。为进一步完善职业学校兼职教师管理制度，推动职业学校与企事业单位建立协作共同体，支持、鼓励和规范职业学校聘请具有实践经验的企事业单位等人员担任兼职教师，按照《中共中央 国务院关于全面深化新时代教师队伍建设改革的意见》《国务院关于印发国家职业教育改革实施方案的通知》以及中共中央办公厅、国务院办公厅印发的《关于推动现代职业教育高质量发展的意见》《关于深化现代职业教育体系建设改革的意见》等文件精神，根据《中华人民共和国职业教育法》，教育部等四部门制定并印发《职业学校兼职教师管理办法》的通知。职业学校要坚持以专任教师为主、兼职教师为补充的原则，聘请的兼职教师应紧密对接产业升级和技术变革趋势，满足学校专业发展和技术技能人才培养需要，重点面向战略性新兴产业相关专业、民生紧缺专业和特色专业。兼职教师占职业学校专兼职教师总数的比例一般不超过 30%。聘请的兼职教师应以企事业单位在职人员为主，也可聘请身体健康、能胜任工作的企事业单位退休人员。根据需要也可聘请相关领域的能工巧匠作为兼职教师。重视发挥退休工程师、医师、教师的作用。

教育部加强高校思想政治工作队伍建设。按照《中共中央　国务院关于进一步加强和改进新形势下高校思想政治工作的意见》《普通高等学校辅导员队伍建设规定》的要求，教育部决定在 2023 年继续实施高校思想政治工作骨干在职攻读博士学位专项计划。

重视专项体育教师队伍建设。通过在学校工作的教练员（简称"学校教练员"）加强学校体育工作力量，提升青少年体育锻炼质量和水平，帮助青少年享受乐趣、增强体质、健全人格、锤炼意志，助力教育强国、体育强国、健康中国建设，培养德智体美劳全面发展的社会主义建设者和接班人。学校教练员的职称层级、岗位等级和评价标准按照《人力资源社会保障部　体育总局关于深化体育专业人员职称制度改革的指导意见》。

重视职业教育现场工程师专项培养。2023 年 3 月，教育部开展第一批现场工程师专项培养计划项目申报工作，现场工程师专项培养计划项目分领域分批次进行，第一批在先进制造业领域开展。紧密围绕人才紧缺技术岗位需求，针对生产制造、测试调装、试验试制、现场管控、设备运维等一线岗位，校企共同培养一批具备工匠精神、精操作、懂工艺、会管理、善协作、能创新的现场工程师。重点围绕校企联合实施现场工程师培养、推进招生考试评价改革、打造双师结构教学团队、助力提升员工数字技能等方面，探索形成一批先进制造业领域现场工程师培养的先进经验、培养标准和育人模式。第一批拟立项 150 个合作培养项目。每省份推荐项目总数不超过 20 个，现代职业教育体系建设部省协同推进试点省份可视情况增加 2～3 个。

2023 年，教育后勤领域继续坚持落实科教兴国战略，聚焦教育高质量发展，以培养高素质人才为目标，引领人才队伍改革。积极探索建设教师队伍梯次发展体系，创新实施模式，推进方式改革，建设教师队伍引领带动的有效模式，切实发挥示范性培训的"示范"作用。加强优质人才资源建设，破解教师发展难点问题，紧抓培训质量评估，为各地教师自主学习、高质量培训提供示范和指导，为全面落实立德树人根本任务、推动基础教育高质量发展提供有力支撑。

（六）安全校园工作显著深化

2023 年，我国教育后勤坚持深入贯彻落实党中央、国务院关于安全生产工作的决策部署，用更严格的制度、更扎实的举措、更有效的执行，做好隐患排查，压实主体责任，切实筑牢校园安全防线。

国家市场监督管理总局办公厅联合教育部办公厅、公安部办公厅、国家卫生健康委办公厅印发了《关于切实加强2023年秋季学校食品安全工作的通知》，强调各地教育部门要切实强化行业管理责任，加强对校外供餐单位和学校的食品安全教育及日常管理，督促学校严格落实食品安全校长（园长）负责制和学校相关负责人陪餐制度。要会同有关部门指导学校严格按照招投标程序统一组织招标，督促学校建立完善校外集中供餐、承包经营或委托经营准入、考核评价和退出管理机制。该通知明确，各地教育部门要会同卫生健康、市场监管部门加大学校食品安全与营养健康知识宣传力度，根据学生年龄和生长发育特点，避免提供高盐、高油及高糖的食品，确保营养均衡。倡导学校食堂按需供餐，通过采取小份菜、半份菜、套餐、自助餐等方式，制止餐饮浪费。

各个省份不断深化校园安全工作。山西省高校后勤协会发布《关于全力做好2023年春季开学食品安全工作的通知》，旨在加强山西省高校校园餐饮食品安全，及时发现并消除食品安全风险隐患，有效预防和控制高校群体性食物中毒事件发生，压紧压实校园食品经营单位主体责任，保证就餐师生身体健康和生命安全，严防严管严控校园食品安全。四川省教育厅印发新版《四川省教育系统食品安全突发事件应急预案》，进一步加强全省教育系统食品安全突发事件应急处置工作，要求按照危害程度将食品安全事件分为级别食品安全突发事件和非级别食品安全突发事件。学校食品安全突发事件应急处置工作应坚持以人为本、生命至上，预防为主、防治并重，统一领导、分级负责，依法处置、协同配合等四项原则。学校发生疑似食品安全突发事件后，由学校根据情况在职责范围内开展先期处置，并按照初判级别分层级启动应急响应。学校食品安全突发事件发生后，各级教育主管部门、各级各类学校应当采取医疗救治、证据留存、调查取证、清理现场、沟通维稳、研判整改等响应措施，并做好善后处置、责任追究、总结评估等后期处置工作。

（七）教育标准建设不断完善

我国教育后勤事业标准化工作持续推进，通过不断完善政策机制、行业标准，为标准化事业助推新时代教育后勤高质量发展提出更加明确的发展目标和准则。

2023年，我国高度重视数字教育事业。世界数字教育大会在北京召开，作为大会的一项重要成果，教育部科学技术与信息化司司长雷朝滋在主论坛上发布了7项智慧教育平台标准规范，重点围绕平台、数据、资源、素养四个方面，为智慧教育平台体系建设与应用提供了重要依据，将对规范教育系统的数据汇聚和安全共享，支撑数字教育资源的共建共享、质量管控和长效发展，促进数字技术与教育教学的深度融合与应用创新发挥重要作用。

2023年，为扎实推进国家教育数字化战略行动，完善教育信息化标准体系，提升各级各类智慧教育平台建设与应用水平，教育部研究制定了智慧教育平台有关的两项标准，包括《智慧教育平台基本功能要求》和《智慧教育平台数字教育资源技术要求》，作为教育行业标准予以发布。为完善教育信息化标准体系，提升教师利用数字技术优化、创新和变革教育教学活动的意识、能力和责任，教育部研究制定了《教师数字素养》标准，作为教育行业标准予以发布，并自发布之日起施行。为深入规范教育基础数据管理，实现数据互通共享，教育部研究制定了《教育基础数据》《教育系统人员基础数据》《中小学校基础数据》等三项标准，现作为教育行业标准予以发布。

2023年，教育部办公厅组织开展第三批国家语言文字推广基地申报工作，深入学习贯彻党的二十大精神，落实《国务院办公厅关于全面加强新时代语言文字工作的意见》，加大国家通用语言文字推广力度，发挥国家语言文字推广基地支撑作用。

（八）智库服务水平稳步提升

中国教育后勤协会通过持续开展有重大影响力的学术成果的研究，组织教育后勤领域专业化、专题性的人才培训，提供科学、务实、高效的教育后勤管理咨询服务，围绕教育后勤领域热点难点举办行业交流活动，为教育后勤事业高质量发展提供智力支持。

协会坚持加强自身建设。通过深入全国调研，开展专题研讨。为进一步落实国家战略发展规划，提升服务能力，围绕构建高质量现代化教育后勤保障体系这一目标，专家委员会组织专家团队，分专业、分项目、分地区深入开展专题调研活动，精选学校后勤各领域的典型案例，供行业参考。分别赴北京、上海、天津、江苏、浙江、陕西、贵州、河北、安徽、辽宁、湖北、湖南等地开展专题调研，针对高校后勤面临的热点、难点问题与当地后勤同仁进行了深入交流与研讨。

坚持引领行业发展，充分发挥后勤研究院和专家委员会的智库作用。研究发布"2023年度高校后勤服务系列指数"，充分发挥指数客观测评、示范引领作用；常态化出版《中国教育后勤蓝皮书》系列图书，系统梳理教育后勤行业发展态势，以蓝皮书形式全方位展示教育后勤事业年度发展全貌；围绕国家重大战略部署和学校后勤面临的突出问题开展专题研究，推进"中国特色高等教育后勤管理模式研究""高校后勤危机管理案例研究""新时代高校'双碳后勤'建设路径研究""新时代高校后勤人才培养与评价体系建设研究"等重点课题研究；开展学校后勤服务质量第三方评价，构建综合评价指标体系，加强对学校后勤服务动态监测评价能力的建设；同时，推动相关部门把高校后勤服务保障列入办学评价指标体系。

二、中国教育后勤协会年度重点工作

2023年是全面贯彻落实党的二十大精神的开局之年，是实施"十四五"规划承上启下的关键一年。2023年，中国教育后勤协会始终坚持以习近平新时代中国特色社会主义思想为指导，紧紧围绕深入学习贯彻党的二十大精神这条主线，认真贯彻落实习近平总书记关于教育的重要论述，深刻领悟"两个确立"的决定性意义，增强"四个意识"、坚定"四个自信"、做到"两个维护"，坚持稳中求进工作总基调，全面贯彻党的教育方针，落实立德树人根本任务，以构建高质量的现代化后勤保障体系为目标，团结带领会员单位全面推进教育后勤数字化转型，为加快建设高质量教育体系，办好人民满意的教育作出新的贡献。

（一）坚定党建引领协会发展

1. 将政治建设放在首位。后勤协会党支部将学习宣传贯彻党的二十大和二十届二中全会精神作为首要政治任务，并坚持按照《关于中央和国家机关行业协会商会认真学习宣传贯彻党的二十大精神的通知》要求，组织开展多种形式的学习活动。切实把思想和行动统一到党的二十大精神上来，以习近平新时代中国特色社会主义思想为指导，立足教育后勤工作实际，在新征程上更好地"扛起新使命、谱写新篇章"，在全面推进教育后勤事业中国式现代化上显担当、见作为。

2. 不断加强理论学习。后勤协会党支部举行学习贯彻习近平新时代中国特色社会主义思想主题教育读书班，示范带动各分支协会、各高校全面、系统、深入学习贯彻习近平新时代中国特色社会主义思想。10月17日下午，中国教育后勤协会党支部书记、常务副会长兼秘书长牛维麟以《深刻领悟主题教育的重大战略意义和深远政治考量，以高质量的教育后勤助力教育强国建设》为题讲授主题教育专题党课。党课围绕习近平总书记的重要讲话精神和上级党委部署要求，从主题教育的总要求和根本任务出发，结合教育后勤实际，围绕"深刻领悟主题教育的重大战略意义；

正确认识主题教育的深远政治考量；面对'教育强国 后勤何为'的时代命题，认真思考如何以高质量的教育后勤助力教育强国建设"三个部分进行了重点阐述。

3. 扎实推进协会党建工作。中国教育后勤协会按照《中央和国家机关行业协会商会党建工作质量攻坚三年行动方案》和上级党委的工作安排，坚持"三会一课"制度，组织召开2022年度党支部组织生活会，以此次组织生活会为契机，深入研究查摆出的问题和会上提出的意见建议，进一步细化整改措施，共同改进提高。

（二）坚持协会自身规范化运作

1. 持续推进教育后勤高质量发展。6月30日，中国教育后勤协会成立十周年座谈会在北京召开。座谈会总结回顾协会成立十年来的主要工作和取得的成绩，系统梳理和深入思考协会工作的成效和经验，围绕新时期新任务，探索符合新时代要求的协会发展之路，探讨新形势下如何围绕教育强国建设，在推动教育后勤高质量发展进程中充分发挥协会行业引领作用。参会嘉宾围绕协会发展的战略问题及教育后勤行业对协会的期待进行了交流发言，共同探讨新形势下，行业协会如何围绕国家的战略发展，加强自身建设、提升服务能力，实现高质量发展，充分发挥行业引领作用，加快提升后勤服务质量，为教育强国建设提供保障支撑。

如今的教育后勤协会已经发展成为遍及全国、联系各级各类学校、覆盖后勤科研和管理领域的有影响力的行业组织，已经进入新的层次、新的高度和新的思考范畴。党的二十大是新时代新征程的重要里程碑，面对新的发展机遇，未来10年如何完成好教育后勤特殊的任务和使命。会议提出四点意见：一是在党建引领中发挥后勤在"立德树人"中的重要作用；二是围绕教育发展战略深入开展行业研究；三是紧盯解决后勤关键问题，明确目标任务；四是坚持高质量发展，按高质量发展要求构建新的体系。会议强调，教育后勤工作事关教育高质量发展全局，成长的道路离不开会员单位的紧密合作，战线同仁的大力支持，要坚定不移地在新征程上接续奋斗，从党的百年历史中汲取继续前行的智慧和力量，振奋精神、凝聚共识、坚定方向、守正创新、扎实工作，不断开创高校后勤高质量发展新局面。

2. 明确企业后勤工作发展方向。4月14日下午，中国教育后勤协会企业会员发展论坛（第一届）在南京国际展览中心举行。本次论坛围绕"融合创新·共助教育后勤事业高质量发展"主题，从地方教育后勤社团组织服务企业会员经验介绍、"我们需要什么样的社会企业提供后勤服务"主题报告、"我们能够为教育后勤提供什么样的服务"专题报告等角度展开研讨交流。

3. 进一步完善协会组织建设。组织召开"中国教育后勤协会民办院校后勤分会"成立大会，将民办教育后勤纳入协会组织体系。根据协会确立的"大后勤"发展战略，在深入调研的基础上，启动"职业院校后勤分会""学前教育后勤分会"等分支机构的筹建工作。

4. 打造高水平后勤人才队伍。"全国高校后勤管理干部后勤管理风险防控专题研修班"于5月18日—21日在福建省厦门市举办，旨在学习贯彻党的二十大和全国两会精神，全面提升高校后勤管理干部的法纪意识和风险意识，更好地应对"十四五"时期高等教育高质量发展带来的新任务、新要求，为构建高质量教育后勤保障体系提供高素质人才支撑。成功开展全国教育后勤系统"2022年度最美后勤人"推举活动。通过多种渠道和方式，全方位展现教育后勤领域的最美个人和团队，讲述他们做"匠人"、传"匠心"、铸"匠品"的动人故事。全方位展现教育后勤领域在立德树人中的先进人物和感人事迹，体现教育后勤人作为"不上讲台的教师"，拥有"匠人"觉悟、弘扬"匠心"精神、铸就"匠品"服务，扎根后勤一线，践行"时时、事事、处处育人"的理念。

5. 推动分支机构繁荣发展。顺利召开中国教育后勤协会商贸管理专业委员会2022年年会暨校园商业服务管理发展论坛。召开中国教育后勤协会学生公寓管理专业委员会第二届二次委员会议；召开中国教育后勤协会伙食管理专业委员会第二届委员会第三次全体委员会议暨高校餐饮高质量发展论坛；召开中国教育后勤协会信息化建设专业委员会2022年年会暨教育后勤信息化发展论坛；召开中国教育后勤协会安全管理专业委员会第二届第二次全体委员大会；召开中国教育后勤协会房产管理专业委员会课题研究交流会；召开中国教育后勤协会建设与修缮专业委员会第一届委员会第二次全体委员会议暨校园修缮管理·绿色低碳发展论坛等。

（三）创新会员发展和服务模式

1. 打造数字化会员展示新模式。为充分发挥中国教育后勤协会对高校后勤建设的引领作用、指导作用与桥梁作用，中国教育后勤协会以促进高校后勤智能化、数字化建设为核心，打造"永不落幕的会员云展示平台"，致力于推进高校后勤数字化建设，为行业数字化转型发展提供重要平台。云展示平台的定位与目标、功能与价值、主要界面展示等内容丰富，于2023年5月中旬试上线。

2. 加速发展新会员。4月13日上午，中国教育后勤展览会参展企业座谈会在南京国际展览中心顺利召开。此次会议旨在为中国教育后勤协会和参展企业提供交流和合作机会，促进中国教育后勤展览会健康发展，推动优质企业共助教育后勤高质量发展。本次座谈会邀约支付宝（杭州）信息技术有限公司、浙江天猫技术公司、美的楼宇科技、麦德龙商业集团有限公司、安徽必喀秋软件技术有限公司、上海弘教商务服务有限公司等 10 余家服务校园业态代表性的参展企业代表参与座谈，从参加展会心得与收获、加入协会的意愿以及如何办好未来展会等多个方面分享了经验和见解，进行充分交流。回答了"为什么要办展会""展会有什么作用""服务教育后勤的本质是什么"。此次座谈会的召开，打通了协会与参展企业的交流渠道，为引入高精尖技术、高品质服务的企业进入协会提供了方向。

（四）提升协会资政辅政能力

1. 专家委员会持续发挥智库作用。2023 年 4 月，第五届 CCLE 中国教育后勤展览会在南京顺利召开，专家委员会多名委员参与到各分会中，部分专家还在相关论坛上进行了专题分享，专家们的专业知识和实践经验为论坛的深入探讨提供了重要支撑和帮助。

2023 年 7 月，全国教育后勤系统社团组织会长秘书长工作会议在海南召开。专家委员会部分专家出席会议并作主题发言，围绕教育后勤工作面临的新机遇、新挑战和新问题进行了深入交流和研讨。在程天权主席的带领和指导下，专家委员会部分成员全年陆续开展了一系列活动（调查研究 8 次、标准研制 7 个、培训讲座 10 余次、论文发表 10 余篇、专题会议 23 次、出版书目 3 部），为协会理论成果凝聚与行业高质量发展作出贡献。

2. 完善指数发布工作，引领行业发展。2023 年 7 月 10 日，中国教育后勤协会后勤研究院发布 2022 年度《百所高校后勤服务软实力——"动态竞争力指数"》按照"示范性、可比性、探索性"的总体原则，本年度高校后勤服务软实力——"动态竞争力指数"继续以 75 所教育部直属高校、31 所具有代表性的省属高校作为研究对象，和 2021 年度指数研究对象保持一致。后续，将在发布百所高校后勤服务软实力指数的基础上，探索研究发布民办院校后勤服务软实力指数，形成多层次、多类型的高校后勤服务评价体系，服务更多高校后勤服务事业发展。

3. 加强产学研深度交流，提升全面合作能力。为更好地搭建平台、增进交流、提供服务，探索打造更加高效、互动、共赢的校园建设与修缮服务体系，中国教育后勤协会建设与修缮专业委员会与住房和城乡建设部科技与产业化发展中心、中国标准化研究院签署战略合作协议，全国建专会将与双方在绿色校园创建、校园标准化制定等领域开展深度交流合作。

（五）扎实推进行业标准研制工作

1. 制定团体标准。为深入贯彻落实习近平总书记关于坚决制止餐饮浪费行为的重要指示精神，切实体现《中华人民共和国反食品浪费法》法律法规要求，扎实推动《教育系统"制止餐饮浪费　培养节约习惯"行动方案》，中国教育后勤协会团体标准制定计划，由伙食管理专业委员会等单位编制并发布《高等学校餐饮服务单位反食品浪费工作指南》和《高等学校智慧餐饮建设规范》两项团体标准，引导餐饮服务单位建立健全餐饮节约管理长效机制。并基于"聚焦数字中国，大力实施教育数字化战略行动"，建设智慧型餐饮，以餐饮信息化助力教育高质量发展。

2. 制定教育超市评估标准。中国教育后勤协会商贸管理专业委员会关于印发《全国教育超市标准化建设评估标准（2023年修订版）》。本次评估标准修订的主要特点及内容具有鲜明的时代特征：一是增加了"消费帮扶、助力乡村振兴"作为评估内容，彰显社会责任；二是完善了绿色服务与消费，增加了"二手书或二手商品交易"活动的评估内容，以契合低碳循环经济；三是明确了垃圾回收的具体要求，以适应环境保护的需要；四是提高了硬件配置的要求，以适应智慧化校园建设的要求。具有鲜明的育人属性。

3. 成功召开2023年首届全国校服展览会。为进一步落实教育部等四部委《关于进一步加强中小学生校服管理工作的意见》，中国教育后勤协会成功举办2023年首届全国校服展览会。旨在深化后勤育人功能，坚持立德树人，坚定文化自信，增强学生文明素养，谋划和推动"十四五"时期校服工作改革发展，推动全国校服产业高质量发展，弘扬中国校服的民族传统文化，为社会各界提供全国性校服工作的交流合作平台。

（六）提高协会宣传和推广能力

1. 主题宣传活动获得优秀表彰。中国教育后勤协会一直以来以习近平生态文明思想和教育思想为指引，充分发挥行业组织的作用，荣获《公民节约用水行为规范》主题宣传活动优秀组织单位。协会先后承担水利部综合事业局委托的《节水型高校建设和高校合同节水工作总结评估》的专题研究工作；与中国水利学会联合发布了《节水型高校评价标准》《高校合同节水项目实施导则》和《节水型高校建设实施方案编制导则》3项团体标准，并组织开展宣贯培训；充分利用协会官网、官微平台宣传推广会员单位在校园节水方面的典型经验做法，进一步提高了师生节水意识，推动全社会形成节约用水、合理用水的良好风尚。

2. 聚焦教育后勤，坚持打造舆论宣传阵地。《教育后勤参考》聚焦学校后勤，完成刊物日常稿件收集、审读、编辑、校对、印刷等工作。截至2023年10月，共编辑出版9期刊物，发放纸质刊物10 500册，每期发放纸质刊物1 100册、电子版刊物1 600份。2023年全年，编辑部共收到来自80多家单位的近700篇投稿，其中原创稿件179篇（原创率为38%），投稿数量和质量显著提升，部分学校如清华大学、西安外国语大学等首次投稿。编辑部重视栏目创新，在热点关注栏目新增"智慧后勤""新业态""房产管理"等内容，并于封二刊登学校后勤相关书籍介绍，极大丰富了刊物内容。编辑部还对苏州市叶圣陶中学校长沈明程、安徽工程大学副校长郑健、西安航空学院副校长宁永录、无锡学院副校长胡剑凌进行访谈，撰写相关专题报道四篇。

三、重大事件

一年来，教育部及中国教育后勤协会始终将学习贯彻习近平新时代中国特色社会主义思想摆在首位，政治品格得到进一步锤炼，深刻领悟"两个确立"的决定性意义、坚决做到"两个维护"的政治自觉进一步增强，对"强国建设、教育何为"时代课题的认识持续深化，对建设什么样的教育强国、怎样建设教育强国的共识度越来越高，政策、资源、机制"围绕目标转"效果明显，贯彻落实党的二十大精神和习近平总书记重要指示批示精神不断走深走实。

（一）推进教育后勤事业高质量改革

1. 教育部印发《关于继续把"双减"督导作为教育督导"一号工程"的通知》
教育部连续3年把"双减"督导作为教育督导"一号工程"持续从监督角度推进"双减"落实落细。该通知强调，各地要在前两年工作的基础上，建立健全"双减"督导工作机制，在履行督政、督学、评估监测职能中，创新方式方法，切实发挥教育督导的监督作用，实现以督促减、以督增效。针对当前学科类培训隐形变异、非学科类培训良莠不齐、校外培训预收费监管不到位、艺考涉及境外培训治理难度大、学校课后服务水平仍有待提高等突出问题，重点从四个方面做好"双减"督导工作。一是纳入市县政府履职"重点督"。督促压实市县政府责任，聚焦"双减"

工作落实中的关键问题、突出矛盾，带着线索督、跟着问题查、盯着问题改。二是部署指导责任督学"常态督"。按照《责任督学"双减"实地督导工作指引》要求，组织责任督学采用校园巡查、问卷调查、走访座谈等方式开展义务教育学校全覆盖督导。三是组织各级督学"专项督"。组织国家督学和省级督学采取"四不两直"方式，对改革任务重、工作成效差、投诉问题多的市县进行专项督查。四是加大通报问责力度"公开督"。定期通报工作进展缓慢或问题较多的市县，对重点地区存在的突出问题进行专项通报，适时公开曝光不作为、慢作为等典型问题，对群众反映强烈的典型问题进行挂牌督办。

2. 中国教育后勤协会第二届理事会第五次会议在深圳召开

11月27日下午，中国教育后勤协会第二届理事会第五次会议在深圳召开。本次会议的主题是：深入学习贯彻党的二十大精神，深入开展学习贯彻习近平新时代中国特色社会主义思想主题教育，回顾总结过去一年来的主要工作，研究谋划2024年的重点任务，团结全体会员单位，紧紧锚定教育强国建设战略，牢牢把握高质量发展这个首要任务，以推进供给侧结构性改革为主线，引领全国教育后勤事业稳中求进开新局，聚焦关键领域，服务国家战略，引领教育后勤事业高质量发展不断迈上新台阶。教育部发展规划司二级巡视员于洋出席会议并发言。他强调，习近平总书记在中共中央政治局第五次集体学习上的重要讲话对加快建设教育强国作出了全面部署。教育后勤改革和发展进入了新阶段，既有后勤系统尚未解决的老问题，也有新形势下带来的新挑战。中国教育后勤协会作为教育后勤领域唯一的国家级行业协会，站在下一个十年发展的新起点上，有责任和担当要勇于面对教育强国对后勤提出的新要求，聚焦关系后勤高质量发展的核心问题，精心谋划，采取更加有力、更务实的举措，促进行业凝心聚力共谋发展，为我国教育高质量发展保驾护航。协会理事要发挥好自己所在领域的优势，在履行理事职责上建新功，共同为后勤现代化作出新的更大贡献。

3. 中国教育后勤协会新业态及快递工作委员会2023年年会暨高校后勤高质量发展论坛成功召开

12月20日—23日，中国教育后勤协会新业态及快递工作委员会2023年年会暨高校后勤高质量发展论坛在中山大学珠海校区举办。参会代表围绕新时期高校后勤高质量发展面临的新问题和新挑战及需要的政策支持、如何助力校园快递服务高效运行、智慧校园建设、发挥劳动育人作用等内容进行了交流讨论。他们充分结合学校后勤工作做法和经验举措，提出应聚焦关系后勤高质量发展的核心问题：一是强化后勤综合治理，新时期的高校后勤对社会化目标的共识逐步增强，校内后勤服务市场开放逐步扩大，校园快递服务应坚持"公益性"服务原则，优化机构治理和业务模式，推动体制机制改革创新，打造与校园文化相适应的服务新模式；二是要明确方向、突出重点、避开误区，加强政策导向作用，以校园服务供给侧结构性改革为主线，提升后勤驾驭新技术应用的能力，大力推进行业标准化建设，强化后勤在校园安全中的责任与担当，积极打造现代化教育后勤保障体系。

（二）重视校园绿色安全生产

1. 教育部等四部门部署加强儿童玩具和学生用品安全管理

为保障青少年学生身心健康发展，2024年1月，教育部、国家市场监督管理总局、工业和信息化部、中华全国妇女联合会四部门办公厅联合印发《市场监管总局、教育部、工业和信息化部关于加强重点儿童和学生用品安全管理的公告》（2024年第2号），部署各地进一步加强儿童玩具和学生用品安全管理。

该公告指出，市场监管部门要压实生产销售企业主体责任，督促生产企业严格按照标准组织生产，督促电商平台经营者强化平台内经营者入驻资质资格审核，发挥技术机构、行业协会作用，引导企业依标生产、依规销售，不断促进产品质量提升。要加大质量安全监督管理力度，以儿童玩具和学生用品主产区、批发市场、农村集贸市场和电商平台等为重点，加大"网红"玩具、学生文具用品抽查检查力度。会同公安机关严厉打击制假造劣等违法违规行为。该公告要求，教育行政部门和学校要定期组织开展有针对性的宣传活动，让学生正确识别和自觉拒绝危险有害玩具，做到不购买、不携带、不玩耍。要会同市场监管部门组织开展"产品安全质量知识进校园"活动，会同妇联组织加强包括玩具安全在内的安全知识宣传教育，督促家长履行家庭教育主体责任，引导孩子科学选择、正确使用玩具和学习用品。

2. 中国教育后勤协会制定发布《校园快递服务站建设与服务规范（修订版）》

为满足校园快递发展的新需求，中国教育后勤协会发布《校园快递服务站建设与服务规范（修订版）》，以落实《国务院关于大力发展电子商务加快培育经济新动力的意见》中关于促进快递进校园的指导意见，指导校方对校园快递服务站的监督和管理，规范校园快递服务站的建设和运营，提高校园快递服务水平，营造开放、规范、安全的校园快递环境，进一步加强校园快递的专业化、规范化、精细化管理。

3. 国家节能中心等部门成功召开"讲好节能故事"活动

为充分调动社会各界力量积极参与节能行动，传播节能理念、普及节能知识、提高全民节能意识，国家节能中心联合中国教育后勤协会、中国发展改革报社、中国信息通信研究院、交通运输部科学研究院、人民画报社等单位共同举办了第五届"讲好节能故事"微视频、摄影及征文征集活动。活动自启动以来，受到了社会各界的广泛关注，有关单位和个人积极组织、踊跃报送作品参与。活动主办方组织专家对征集到的作品进行了三轮评审，遴选出微视频一类、二类、三类作品分别为 3 个、6 个、10 个，优秀作品 20 个；摄影一类、二类、三类作品分别为 3 个、6 个、10 个，优秀作品 40 个；征文一类、二类、三类作品分别为 3 个、6 个、10 个，优秀作品 33 个；优秀组织单位 25 个，优秀指导教师 8 名。

（三）推进数字教育改革发展

1. 世界数字教育大会成功召开

2 月 13 日至 14 日，教育部和中国联合国教科文组织全国委员会共同主办的世界数字教育大会在北京成功召开，会议以"数字变革与教育未来"为主题，线上线下同步进行。大会发布中国智慧教育蓝皮书和智慧教育发展指数、发布智慧教育平台标准规范，发起成立世界数字教育联盟倡议和发布世界数字教育发展合作倡议等。世界数字教育大会重点探讨教育数字化转型、数字学习资源开发与应用、师生数字素养提升、教育数字化治理，以及基础教育、职业教育、高等教育等领域的数字化发展评估。

大会上，《中国智慧教育蓝皮书（2022）》与《2022 年中国智慧教育发展指数报告》正式向海内外发布。蓝皮书以智慧教育内涵阐释为主线，从环境、教学、治理、人才四个维度提出 16 个具体特征，总结中国智慧教育发展经验，向世界发出未来应重点关注的七个议题和五项倡议。7 项智慧教育平台标准规范成功发布。平台标准规范重点围绕平台、数据、资源、素养四个方面，为智慧教育平台体系建设与应用提供了重要依据，将对规范教育系统的数据汇聚和安全共享，支撑数字教育资源的共建共享、质量管控和长效发展，促进数字技术与教育教学的深度融合与应用创新发挥重要的作用。中国教育国际交流协会、北京大学、清华大学、中国教育科学研究院等单位共同发起成立"世界数字教育联盟"，并诚邀全球各方，共同参与联盟建设，携手推动数字教育资源共享、互联互通，共同应对教育领域面临的挑战。

2. 教育部部长怀进鹏在世界数字教育大会上发表主旨演讲：数字变革与教育未来

怀进鹏部长强调，中国政府高度重视数字教育发展，将其作为数字中国重要组成部分。经过多年持续努力，中国教育信息化实现跨越式发展，校园网络接入率达到100%，拥有多媒体教室的中小学校占比达99.5%，大规模应用取得了重大突破，为中国教育发展注入强大动力。2022年，我国全面实施国家教育数字化战略行动，提出联结为先、内容为本、合作为要，即 Connection、Content、Cooperation 的"3C"理念，按照"应用为王、服务至上、简洁高效、安全运行"的原则，把诸多典型应用、资源内容等"珍珠"串成"项链"，集成上线国家智慧教育公共服务平台，释放数字技术对教育高质量发展的放大、叠加、倍增、持续溢出效应。上线近一年来，平台访问总量超过67亿次，现已成为世界最大的教育资源库。

中国构建智慧教育平台体系，聚合起高质量、体系化、多类型的数字教育资源，为在校学生、社会公众提供不打烊、全天候、"超市式"服务，极大地推动了教育资源数字化与配置公平化，满足了学习者个性化、选择性需求，更为全民终身学习提供了强大广阔的数字支撑。

3. 时任国务院副总理孙春兰出席世界数字教育大会开幕式并致辞

时任国务院副总理孙春兰指出，现代信息技术对教育发展具有革命性影响。中国政府高度重视发展数字教育，经过持续努力，全国所有中小学都已接入互联网，99.5%学校有多媒体教室，建成国家智慧教育公共服务平台，汇聚4.4万条基础教育课程资源、6 757门职业教育精品课程、2.7万门高等教育优质慕课和实验课，扩大了优质教育资源的覆盖面，推动教育均衡发展、促进教育公平，2.9亿在校学生不论身处城市还是边远山区都能接受高质量的教育。各级各类学校不断丰富数字教育应用场景，推动数字技术与传统教育融合发展，创新教育理念、方法、形态，让数字技术为教育赋能、更好地服务于育人的本质。

孙春兰强调，顺应数字时代潮流推进教育变革和创新，是世界各国共同面临的重大课题。中国愿深化数字教育国际合作，加强教育政策、数字教育标准的对接，推出更多高质量的数字教育服务和产品，提升数字教育治理和公共服务水平，推动构建开放共享、平等互利、健康安全的全球数字教育生态，使数字教育成果更多惠及各国人民，为促进人类文明进步、构建人类命运共同体作出更大贡献。

4. 数字智慧教育平台内容逐步丰富

在国家智慧教育公共服务平台上线"雷锋的人生观修养"等课程，确保广大学生对雷锋精神应知尽知、深刻理解。同时，把雷锋精神研究纳入高校哲学社会科学规划和全国教育科学研究规划，为传承弘扬以雷锋精神为代表的革命精神提供学理支撑。

（四）提升思想文化教育质量

1. 教育部成功举办全国第七届大学生艺术展演活动

本届展演活动的主题为：厚植家国情怀，涵养进取品格。展演活动的项目和内容要紧紧围绕主题，展现当代大学生与时代同向，与祖国同行，胸怀家国，奋力筑梦的价值追求；展现当代大学生有理想、敢担当、能吃苦、肯奋斗的精神状态；展现当代大学生心灵美、形象美、行为美、语言美的崇高审美追求和高尚人格修养。活动坚持四项原则。一是坚持立德树人。以社会主义核心价值观为引领，坚持用明德引领风尚，用美育浸润心灵，弘扬中华优秀传统文化、革命文化、社会主义先进文化，引导学生树立远大理想、坚定理想信念、砥砺报国之志。二是坚持面向全体。扩大活动覆盖面，鼓励特色发展，开展具有时代特征、校园特色、学生特点、教育特质的艺术实践活动，让每个学生成为展演活动的受益者，形成"一校多品"的新局面。三是坚持弘扬中国精神。坚守中华文化立场、传承中华文化基因，坚持创造性转化、创新性发展，通过展演活动弘扬中国精神、传播中国价值、凝聚中国力量，引领学生坚定文化自信，增强文化自觉。展演活动分为高校开展活动、省级集中展演和全国现场展演三个阶段开展。

2. 2023 年新时代学校后勤管理学术研讨会在银川召开

本次会议主题为"优化学校后勤管理，推动学校文化育人环境建设"。中国教育学会副会长韩平在致辞中指出，后勤工作是学校工作的重要组成部分，学校后勤管理工作者秉持着"教育家精神"，默默付出、甘于奉献，通过后勤保障落实服务育人、环境育人和管理育人。他表示，本次会议将深入探讨国内外学校后勤工作的新成就、新成果，对我国中小学后勤工作高质量发展具有良好的指导和参考意义。

会上，来自全国各地的多名校长分享了学校后勤服务工作的经验与心得。银川二中党委副书记、校长陈少兵作题为"立足服务，聚焦育人——全力构建数字化高品质后勤"的发言；湖南师范大学附属中学党委委员、后勤中心与安全管理中心主任李智敏作题为"新时代学校后勤文化育人"的发言；东北师范大学附属中学总务主任胡志明作题为"学术型校园环境建设的思考与实践"的发言；山西省实验中学总务主任梁毓作题为"中学后勤管理建设"的发言；湖北省襄阳市第四中学总务主任陈国超作题为"制度管人，美食养人，文化育人"的发言；四川省成都市第二十中学副校长刘利军作题为"新时代后勤宣传的思政教育初探"的发言；南昌市第二中学高新校区副校长兰春仁作题为"环境育人 润育无声"的发言；湖北省郧阳中学副校长刘荆陵作题为"不忘立德树人初心 牢记服务育人使命"的发言；北京师范大学第二附属中学未来科技城学校副校长韩相华作题为"优化学校后勤管理推动学校文化育人环境"的发言。大会交流分享后，中国教育学会教育管理分会原副秘书长、湖南省教育科学院研究员许唏初，中国教育学会教育管理分会理事、山东省实验中学副校长刘允峰，分别对校长的报告进行专家点评。

四、政策法规环境分析

（一）疫情防控类政策

1. 教育部办公厅、国家卫生健康委办公厅、国家疾病预防控制局综合司关于印发《高等学校、中小学校和托幼机构新型冠状病毒感染防控技术方案（第七版）》的通知

为落实《关于对新型冠状病毒感染实施"乙类乙管"的总体方案》《新型冠状病毒感染防控方案（第十版）》和《学校新型冠状病毒感染防控工作方案》以及有关政策要求，科学指导学校进一步优化管理措施，保健康、防重症，有效恢复正常教育教学秩序，结合高等学校、中小学校和托幼机构实际，教育部、国家卫生健康委和国家疾控局制定了《高等学校新型冠状病毒感染防控技术方案（第七版）》《中小学校新型冠状病毒感染防控技术方案（第七版）》和《托幼机构新型冠状病毒感染防控技术方案（第七版）》。

《高等学校新型冠状病毒感染防控技术方案（第七版）》要求，开学前履行主体责任，保持学校疫情防控领导指挥体系和管理机制高效运行。高校党委书记和校长是学校疫情防控工作第一责任人，全面负责学校疫情防控的组织领导和责任落实。分管校领导和相关校领导是学校疫情防控工作重要责任人，分工负责。多校址办学的学校，各校区分别明确疫情防控责任人和工作职责，形成联动协调工作机制，确保疫情防控和教育教学工作有序推进。开学后区分场景、人群和疫情情况科学佩戴口罩。开学后，师生在校期间不强制要求佩戴口罩，可根据个人健康状况和意愿选择是否佩戴口罩。校内医务、餐饮、宿管、快递、安保、保洁等工作人员上岗时应佩戴医用外科口罩。师生员工出现发热、干咳、咽痛等新冠病毒感染相关症状时，

应尽快开展抗原或核酸检测,就医排查,若为阳性,应暂时居家或在高校健康驿站对症治疗,直至康复,不得带病工作或学习;若为阴性,在校期间应当佩戴医用外科口罩,直至症状消失。师生员工离开学校后,按照当地社会面疫情防控相关要求科学佩戴口罩。如当地出现疫情流行,恢复师生员工在校内佩戴口罩的防控措施。

《中小学校新型冠状病毒感染防控技术方案(第七版)》要求,开学前提前筹划开学准备。各级教育行政部门和学校依据当地党委和政府部署确定开学时间,科学制定开学工作方案、疫情防控方案和应急预案。开学返校前一周,师生员工出现发热、干咳、咽痛等症状应进行抗原或核酸检测,如检测结果确认感染病毒,须如实报告学校,延迟返校。全面摸清师生员工疫苗接种情况、新型冠状病毒感染情况、患有基础疾病和有特殊医疗需要的师生以及60岁以上老年教职员工数量,建档立卡,跟进服务。同时,建立就医绿色通道。按照《中华人民共和国传染病防治法》和疫情发展趋势,落实新型冠状病毒感染等传染病防控各项措施,完善教育、卫生健康、疾控等部门和学校、医疗卫生机构协作机制,发挥学校卫生室(保健室)作用,协同校内外力量,建立就医转诊绿色通道。开学后巡检重点区域。学校组织人员开展专项巡查,重点对门卫室、教室、实验室、办公室、食堂、宿舍、体育运动场所、图书馆、卫生室(保健室)、卫生间等重点区域、重点岗位开展巡查并做好记录。落实专人做好卫生清洁和消毒消杀工作,定期通风换气。校园垃圾"日产日清",分类投放,做好垃圾盛装容器的清洁消毒和清运登记。寄宿制学校要加强宿舍清洁消毒和通风换气。

《托幼机构新型冠状病毒感染防控技术方案(第七版)》要求,托幼机构做好开园准备。在各级教育行政、卫生健康、疾控部门的指导下,托幼机构根据疫情形势和属地疫情防控相关政策要求,明确工作职责,细化防控措施,开园前须完善疫情防控各项准备工作,科学制定开园工作方案和疫情防控工作方案,强化应急处置预案及相应保障机制。对全体教职员工开展防控知识与技能培训,及时告知家长入园疫情防控要求,各方协同做好开园准备。区分场景、人群和疫情情况科学佩戴口罩。开园后,幼儿在园期间不佩戴口罩。教职员工在园期间不强制要求佩戴口罩,可根据个人健康状况和意愿选择是否佩戴口罩。托幼机构园医、保安、保洁和食堂工作人员等上岗时应佩戴医用外科口罩。教职员工和幼儿出现发热、干咳、咽痛等新冠病毒感染相关症状时,应尽快进行抗原或核酸检测,就医排查,若为阳性,应暂时居家对症治疗,直至康复,不得带病工作或入园;若为阴性,在园期间应当佩戴医用外科口罩,直至症状消失。如托幼机构发现新冠病毒感染者,该感染者所在班级幼儿、与该感染者密切接触的教职员工和幼儿应连续 5 天佩戴口罩，做好健康监测；提倡其他班级幼儿、老师佩戴口罩。教职员工和幼儿离园后，按照当地社会面疫情防控相关要求科学佩戴口罩。如当地出现疫情流行，恢复教职员工在园内佩戴口罩的防控措施。

2. 教育部办公厅发布关于《做好当前疫情形势下学校体育工作》的通知

为深入贯彻党中央、国务院有关决策部署，认真落实《关于对新型冠状病毒感染实施"乙类乙管"的总体方案》和《学校新型冠状病毒感染防控工作方案》等相关要求，切实做好当前疫情形势下学校体育工作，保障学生身心健康，教育部办公厅就有关要求发布此通知。

一是坚持健康第一，高度重视做好学校体育工作。学校体育是实现立德树人根本任务、提升学生综合素质的基础性工程。在当前疫情形势下，坚持健康第一的教育理念，稳妥有序开展学校体育工作，对提升学生身心健康水平、缓解焦虑情绪、增强综合素质具有重要意义。各地各校要充分认识并发挥体育的重要作用，把学校体育列入工作重点，引导学生自觉当好自身健康第一责任人，推动学生文化学习与体育锻炼协调发展。学校要全面开展线下教学活动，针对学生健康状况和学习实际情况，合理安排教学进度，不得随意停止体育教学活动，确保教育质量。要指导学生加强营养饮食、规律作息、适度运动、日常防护，结合不同年龄段学生特点组织开展文体活动，营造生动活泼、健康向上的校园氛围。

二是坚持安全为要，有序开展体育教育教学活动。各地各校要针对学生经过一段时间居家学习和新冠病毒感染康复期体质、体力和运动技能的变化情况，科学制订学校体育工作计划。要考虑个体差异，健全学生健康档案，重点关注有基础疾病的学生，精心设计和安排好体育教育教学活动。体育教师要切实加强教学过程管理，课前应充分了解学生的身体健康状况，带领学生做好热身活动，课中要及时观察学生的身体状况、运动表现和情绪变化，合理安排并适时调整运动强度和练习密度，提醒学生课后及时休整，必要的情况下反馈身体状况。畅通家校沟通联系渠道，共同引导学生科学开展课外体育锻炼和活动。体育课堂教学要科学设计、循序渐进，可根据学生身体状况适当降低难度要求，鼓励安排简便易行的锻炼项目，如踢毽子、慢跑、武术、健身操和小强度的球类运动等，并根据学生身体和体能的恢复情况逐步提高学习强度和难度。加强自我健康监测和安全防护方面的教学内容。课外体育活动主要以恢复体能和增强趣味为主，有条件的学校可帮助学生制定个性化的体育学习和锻炼方案。课余体育训练要制定科学的训练计划，逐步提升运动水平。学校体育竞赛要根据学生身体恢复情况进行差异化安排，做好医疗卫生保障工作，开学两周内不宜组织高强度、高对抗的体育竞赛。各级各类学校可根据当地学生情况，结合体育课和课外体育活动，科学选定和安排《国家学生体质健康标准》测试项目和时间。

三是坚持因地制宜，科学组织学校体育考试工作。各地要加强组织领导，按照省级统筹、地市组织实施的工作体系，协调安排好本地体育考试工作，可结合属地学生新冠病毒感染比例、感染高峰时间、疫情形势变化以及学校体育教学开展情况等方面进行综合研判，科学安排学校体育考试时间、组织形式、考核项目、考试方式、赋分方式等。要加强过程性考核，可根据实际适当调整考核项目。因疫情影响调整学校体育考试，要组织教育、体育、卫生健康等领域专家进行综合研判评估，广泛征求并听取学校、学生、家长、教师等群体意见，及时向社会公布，回应社会关切。要加强安全管理，强化保障机制，进一步完善应急处置预案，在确保考试安全公平的前提下，稳妥做好初中升学体育考试、高中学业水平体育测试、"强基计划"体质健康测试等组织工作。

四是坚持协同育人，促进学生身心健康全面发展。各地各校要利用"开学第一课"等多种渠道传播健康的理念与知识，加强健康教育，做好健康教育科普工作，引导学生掌握健康知识、养成健康生活方式。学校、教师要积极主动与学生家长沟通，对学生体育锻炼进行指导，引导学生科学参加体育锻炼，增强身体素质。家长要密切关注学生的身体和心理健康，及时向学校、教师反馈学生有关情况，形成家校合力。要加强宣传引导，凝聚多方共识，不断健全学校家庭社会协同育人机制，营造全社会共同关心促进学校体育发展的良好环境，促进学生身心健康全面发展。

（二）教育改革类政策

1. 教育部等十三部门出台《关于健全学校家庭社会协同育人机制的意见》

健全学校家庭社会协同育人机制是党中央、国务院作出的重要决策部署，事关学生全面发展健康成长，事关国家发展和民族未来。为认真贯彻落实党的二十大精神，根据《中华人民共和国家庭教育促进法》《中华人民共和国未成年人保护法》等有关规定，教育部等十三部门就健全学校家庭社会协同育人机制提出此意见。

该意见坚持以习近平新时代中国特色社会主义思想为指导，认真贯彻落实习近平总书记关于教育和注重家庭家教家风建设的重要论述，全面贯彻党的教育方针，落实立德树人根本任务，弘扬中华优秀传统文化，坚持科学教育观念，增强协同育人共识，积极构建学校家庭社会协同育人新格局，着力培养德智体美劳全面发展的社会主义建设者和接班人。

该意见提出四大工作原则。一是坚持育人为本。用新时代党的创新理论铸魂育人，广泛践行社会主义核心价值观，遵循学生成长规律和教育规律，深入落实"双减"政策，大力发展素质教育。二是坚持政府统筹协调。充分发挥政府统筹协调作用，加强系统谋划，推动部门联动，强化条件保障，促进资源共享和协同育人有效实施。三是坚持协同共育。明确学校家庭社会协同育人责任，完善工作机制，促进各展优势、密切配合、相互支持，切实增强育人合力，共同担负起学生成长成才的重要责任。四是坚持问题导向。强化专业指导，鼓励实践探索，着力解决制度建设、指导服务、条件保障等方面存在的突出问题，不断增强协同育人的科学性针对性实效性。

到"十四五"时期末，政府对学校家庭社会协同育人工作的统筹领导更加有力，制度体系基本建立健全。学校积极主导、家庭主动尽责、社会有效支持的协同育人机制更加完善，促进学生全面发展健康成长的良好氛围更加浓厚。学校教育主阵地作用进一步强化，家庭教育指导服务更加专业；家长科学育儿观念基本树立，履行家庭教育主体责任更加到位；城乡社区家庭教育指导服务站点普遍建立，社会育人资源利用更加充分。到2035年，形成定位清晰、机制健全、联动紧密、科学高效的学校家庭社会协同育人机制。

2. 教育部办公厅出台《关于做好2023年高等学历继续教育专业设置与管理工作的通知》

为深入学习贯彻党的二十大精神，落实《教育部关于推进新时代普通高等学校学历继续教育改革的实施意见》《高等学历继续教育专业设置管理办法》《国家开放大学综合改革方案》《高等教育自学考试专业设置实施细则》等规定，促进继续教育高质量发展，教育部办公厅就做好2023年高等学历继续教育专业设置与管理出台该通知。

该通知提出三大总体要求。一是优化专业定位。各类办学主体要主动对接国家、行业和地方"十四五"规划确定的重点领域，聚焦培养创新型、应用型、技术技能型人才，按照"聚焦特色、控制规模、保证质量"的原则设置专业。中央部委所属高校要结合"双一流"建设、高水平学科专业，举办"少而优、小而精"的学历继续教育。地方本科高校、成人高校等要聚焦区域产业发展规划，设置的专业要服务区域重点产业、支柱产业和特色产业发展。职业学校要不断改善自身办学条件，围绕制造业重点领域、现代服务业和乡村振兴需求设置专业。继续教育设置国控专业须具备全日制国控专业设置资格，并获得省级相关行业主管部门书面同意。开放大学、成人高校原则上不新增设国控专业。二是科学精准测算。各类办学主体要组织深入调研，分析行业企业和学习者对专业人才培养的需求，将专业设置与招生、就业联动设计，充分考虑学校现有的学科专业布局、在籍生数量、专业的市场需求及就业竞争力，突出人才培养的职业性、应用性和发展性。要强化办学条件的支撑和保障作用，严格对照学历继续教育办学基本要求，结合各办学主体基本办学条件指标，在统筹学历与非学历继续教育的基础上，科学测算专业设置条件，合理设置高等学历继续教育专业。三是加强统筹管理。高校等办学主体要将学历继续教育发展纳入学校发展规划，强化学历继续教育的公益属性，融入学校人才培养和社会服务，探索统筹职业教育、高等教育、继续教育协同创新。各省级教育行政部门、国家开放大学、全国高等教育自学考试指导委员会应按照规定，加强本地区（系统）专业设置统筹规划，鼓励打造具有示范引领作用的继续教育专业，严格压减市场营销、工商管理等"过热"专业。

该通知提出两大工作要求。一是强化责任落实。省级教育行政部门、省级教育考试机构、高校等相关主体要加强对有关工作人员的业务培训，严格按照规定程序、时间和标准完成相关工作；要加强工作协同，严格按照专业设置结果开展招生录取，不得对未经备案或审批的专业进行宣传和安排招生。对在专业设置工作中出现抓而不紧、管而不实、程序不清、把关不严、弄虚作假等问题的单位和人员，各地要按有关规定严肃追责问责。二是健全评价机制。省级教育行政部门、省级高等教育自学考试委员会、高校等各类主体均要按规定设立专业设置评议专家组织（或在现有专家组织中增加相应职能），未经专家评议通过的专业不得上报。对于已开设专业，要结合专业备案进行评议，及时调整、撤销不合格或连续未招生的专业，按规定发布质量报告，接受社会监督。省级教育行政部门要对存在办学条件不足、教学（考试）管理不规范、教育质量低下等情况的办学主体，视情节给予责令进行限期整改、暂停招生、暂停设置新专业等处理。教育部将加大对各地高等学历继续教育专业设置评议和省级教育行政部门管理工作指导力度，对登记备案的专业点材料进行抽查。

3. 教育部办公厅关于印发《基础教育课程教学改革深化行动方案》的通知

为贯彻党的二十大精神，落实立德树人根本任务，办好人民满意的教育，教育部决定推进实施"基础教育课程教学改革深化行动"，制定本行动方案。2023年启动，有组织地持续推进基础教育课程教学深化改革。至2027年，形成配套性的常态长效实施工作机制，培育一批深入实施新课程的典型区域和学校；总结发现一批教学方式改革成果显著、有效落实育人要求的教育教学案例；教师教学行为和学生学习方式发生深刻变化，教与学方式改革创新的氛围日益浓厚，基础教育课程教学改革形成新气象。

重点任务在于：一是课程方案转化落地规划行动。在课程实施过程中，切实加强国家课程方案向地方、学校课程实施规划的转化工作。坚持因地制宜"一地一计"、因校制宜"一校一策"，把国家统一制定的育人"蓝图"细化为地方和学校的育人"施工图"，明确课程教学改革的具体路线、措施，提出困难问题破解之策。坚持循证决策，健全监测反馈机制，持续优化改进课程实施规划（2023年5月前部署安排，至2027年持续推进）。

二是教学方式变革行动。落实课程方案和课程标准，全面推进教学方式变革，通过实验区实验校试点先行、示范引领，着力解决重难点问题，通过精品课遴选、教学成果推广应用带动各地各校广泛参与，不断深化教学改革，提高教学质量（2023年5月前部署安排，至2027年持续推进）。

三是科学素养提升行动。落实党的二十大关于教育、科技、人才三位一体布局战略要求，针对讲得多做得少，学生对科学技术缺乏内在兴趣等问题，深化中小学科学教育改革，强化做中学、用中学、创中学，激发青少年好奇心、想象力、探求欲，提升学生解决实际问题的能力，发展学生科学素养（2023年5月前部署安排，至2027年持续推进）。

四是教学评价牵引行动。注重核心素养立意的教学评价，发挥评价的导向、诊断、反馈作用，丰富创新评价手段，注重过程性评价，实现以评促教、以评促学，促进学生全面发展（2023年5月前部署安排，至2027年持续推进）。

五是专业支撑与数字赋能行动。提升教师和教研员专业化水平，确保高质量落实课程教学改革要求，深入推进教育数字化，促进信息技术与教育教学深度融合。开展教师需求导向的课程实施能力培训。在各级教师培训中，开展教师评价能力、数字化素养、科学教育等方面专项培训，针对农村地区、民族地区、薄弱学校的实际需要组织专项培训，切实提高教师教育教学能力。持续向教师征集问题和优秀课例，采取"教师出题、专家答疑""众人出题、能者答题"思路，滚动开发和遴选基础教育课程教材和培训课程，依托国家中小学智慧教育平台组织开展国家级示范培训，确保基层一线教师全覆盖。积极推进人工智能、大数据、第五代移动通信技术（5G）等新技术与教师队伍建设的融合，加快形成新技术助推教师队伍建设的新路径和新模式（2023年5月前部署安排，至2027年持续推进）。

强化教研专业引领。加强教研队伍建设，严格落实教研员准入标准，完善遴选配备办法和退出机制，建立一支专兼结合的高素质专业化创新型教研队伍。推进教研方式创新，在国家中小学智慧教育平台开通在线教研栏目，定期组织开展全国性和区域性教研活动，为教师日常教研提供平台，增强教学案例展示和研讨交流。建设基础教育学科教研基地，建立区域教研联盟，加强协同教研。推动各地各校建立自下而上选择教研的机制，问需于校、问需于师，常态化有效开展区域教研和校本教研，引导广大教师在参与教研过程中不断提升教学能力。建立健全各级教研员培训交流机制，不断提升教研员服务课程教学改革的能力。鼓励探索建立学校正高级教师到教研机构轮换交流任职机制（2023年5月前部署安排，至2027年持续推进）。

推进数字化赋能教学质量提升。充分利用数字化赋能基础教育，推动数字化在拓展教学时空、共享优质资源、优化课程内容与教学过程、优化学生学习方式、精准开展教学评价等方面广泛应用，促进教学更好地适应知识创新、素养形成发展等新要求，构建数字化背景下的新型教与学模式，助力提高教学效率和质量。建好用好国家中小学智慧教育平台，丰富各类优质教育教学资源，引导教师在日常教学中有效常态化应用。全面总结"基于教学改革、融合信息技术的新型教与学模式"实验区经验，推出一批数字化应用的典型案例（2023年6月前部署安排，至2027年持续推进）。

4. 中共中央办公厅、国务院办公厅印发《关于构建优质均衡的基本公共教育服务体系的意见》

以习近平新时代中国特色社会主义思想为指导，全面贯彻党的教育方针，坚持以人民为中心，服务国家战略需要，聚焦人民群众所急所需所盼，以公益普惠和优质均衡为基本方向，全面提高基本公共教育服务水平，加快建设教育强国，办好人民满意的教育。

坚持优先保障，在经济社会发展规划、财政资金投入、公共资源配置等方面优先保障基本公共教育服务。坚持政府主责，尽力而为、量力而行、循序渐进、动态调整，不断加大财政投入力度。坚持补齐短板，继续改善办学条件，更加注重内涵发展，推进基本公共教育服务覆盖全民、优质均衡。坚持改革创新，持续深化综合改革，破解体制机制障碍，优化资源配置方式，强化教师关键作用，加强基本公共教育服务标准化、专业化、法治化建设。

到2027年，优质均衡的基本公共教育服务体系初步建立，供给总量进一步扩大，供给结构进一步优化，均等化水平明显提高。到2035年，义务教育学校办学条件、师资队伍、经费投入、治理体系适应教育强国需要，市（地、州、盟）域义务教育均衡发展水平显著提升，绝大多数县（市、区、旗）域义务教育实现优质均衡，适龄学生享有公平优质的基本公共教育服务，总体水平步入世界前列。

5. 教育部、国家发展改革委、财政部出台《关于实施新时代基础教育扩优提质行动计划的意见》

该意见提出，到 2027 年，适应新型城镇化发展和学龄人口变化趋势的城乡中小学幼儿园学位供给调整机制基本建立，优质教育资源扩充机制更加健全，学前教育优质普惠、义务教育优质均衡、普通高中优质特色、特殊教育优质融合发展的格局基本形成。巩固提升普惠性幼儿园覆盖率，公办园在园幼儿占比力争达到 60% 以上；扩增一批新优质义务教育学校，义务教育优质学位供给大幅增加；培育一批优质特色高中，普通高中多样化发展扎实推进，高中阶段毛入学率持续提升；特殊教育学校在 20 万人口以上的县基本实现全覆盖，融合教育水平显著提升，适龄残疾儿童义务教育入学率保持在 97% 以上。

实施学前教育普惠保障行动，推进优质普惠发展。扩大普惠性学前教育资源。优化普惠性资源结构，稳步增加公办学位供给，积极扶持民办园提供普惠性服务；健全成本分担机制。各地公办园生均公用经费标准原则上应于 2024 年达到 600 元/年·人，个别确有困难的地方可延至 2025 年；改善薄弱园办园条件。加大薄弱园改造提升力度，改善园舍设施设备，配备丰富适宜的玩教具、游戏材料和幼儿图画书，规范卫生保健工作，提高办园水平；强化幼儿园规范管理。进一步规范幼儿园办园行为，加强对幼儿园教师资质与配备、保育教育、卫生保健、安全防护、招生宣传、财务、收费等方面的动态监管；加强民办园收费监管。各省（区、市）要完善民办幼儿园收费政策，鼓励对非营利性民办园（含普惠性民办园）收费实行政府指导价管理；营利性民办园要坚持教育的公益属性，遵循公平、合法、诚实信用的原则，根据实际办园成本、市场供需等因素，合理确定收费标准。提升保育教育质量；深化幼儿园教育改革，坚持问题导向，改进保育教育实践，促进高质量师幼互动，引导带动每所幼儿园不断提高保育教育质量。

实施义务教育强校提质行动，加快优质均衡发展。推进优质学校挖潜扩容。对有条件的、办学水平和群众认可度较高的学校，"一校一案"合理制定挖潜扩容工作方案，通过充分利用现有校舍资源、改扩建教学楼、建设新校区、合并周边薄弱学校、倾斜调配教师编制等方式，在不产生大班额的情况下，进一步扩大学位供给；加快新优质学校成长。根据区域优质均衡发展目标，按照 3 至 5 年一周期制定新优质学校成长发展规划，落实支持政策和保障措施，通过高起点举办新建学校、改造帮扶基础相对较好的学校等方式，加快办好一批条件较优、质量较高、群众满意的"家门口"新优质学校；加强寄宿制学校建设。各省（区、市）要适应城镇化和学龄人口变化趋势，制定优化县域义务教育资源配置的指导意见，着力加强寄宿制学校建设，办好必要的乡村小规模学校，适当整合小、散、弱的乡村小规模学校，同时保障必要的上下学交通条件，健全家校常态化沟通机制，切实提高学校教育教学质量；健全优质均衡推进机制。分省份制定实施规划，明确实现优质均衡发展的时间表、路线图、责任书。部省联合签订义务教育优质均衡发展备忘录。

实施普通高中内涵建设行动，促进优质特色发展。扩大优质高中教育资源。深入挖掘优质普通高中校舍资源潜力，增加学位供给，并结合实际优化招生计划安排，有序扩大优质普通高中招生规模；推动普通高中多样化发展。建设一批具有科技、人文、外语、体育、艺术等方面特色的普通高中，积极发展综合高中；加强县中标准化建设。完善普通高中学校建设标准，各省（区、市）深入推进本地县中标准化建设工作，加快改善县中办学条件。国家继续支持县中改善办学条件和提升办学质量。

实施特殊教育学生关爱行动，强化优质融合发展。扩大特殊教育资源。鼓励20万人口以上的县办好一所达到标准的特殊教育学校，20万人口以下的县因地制宜设立特教班；推动省会城市、计划单列市及较大城市加快建设孤独症儿童特殊教育学校；推进普惠融合发展。优先将家庭经济困难的残疾儿童纳入资助范围，对残疾学生特殊学习用品、教育训练、交通费等予以补助。

实施素质教育提升行动，促进学生全面发展。构建"大思政课"体系。坚持用社会主义核心价值观铸魂育人，以讲好道理为本质要求开好思政课，统筹用好国家中小学思政课统编教材、《习近平新时代中国特色社会主义思想学生读本》，将课程思政有机融入各学科教学。遴选推出一批思政"精品课"，加强优质教学辅助资源建设；加强科学与文化素质培养。全面落实义务教育、普通高中课程方案和课程标准。深入实施国家基础教育优秀教学成果推广应用计划，遴选基础教育精品课，推进教学方式方法创新；强化体美劳教育。统筹社会资源推进教体融合，开足开齐体育和艺术课程，鼓励学校每天开设1节体育课，落实每日校内体育活动不少于1小时要求，常态化开展学校体育竞赛和艺术展演展示活动，加强学生体质健康监测、艺术素质测评和心理健康教育，有效防控学生近视。

实施高素质教师队伍建设行动，提高师资保障水平。完善教师培养培训体系。根据培育时代新人和基础教育课程教学改革要求，完善师范生培养方案和课程体系，强化师范生综合素质和全面育人能力培养，加大紧缺学科教师培养和补充力度；推动教师有序交流轮岗。完善义务教育学校教师"县管校聘"管理机制，立足学区内、集团内和城乡间为主实施骨干教师交流轮岗计划，加快实现县域内师资均衡配置；支持开展团队式交流，加快提升薄弱学校、农村学校办学水平；加强县域统筹，促进思想政治、科学、体育、艺术、心理健康等紧缺学科教师校际共享。

实施数字化战略行动，赋能高质量发展。提升国家中小学智慧教育平台建设应用水平。丰富平台优质资源，统筹建设覆盖德智体美劳各方面的数字资源，课程教学资源实现覆盖所有教育部审定教材版本；完善国家基础教育管理服务平台。以数字化赋能提升教育治理水平，推动学籍管理、课后服务、控辍保学子系统全面应用，完善党建德育、校园安全、阳光招生、电子毕业证、集团化办学等子系统，加快推进实际应用，着力提升基础教育管理效能。

实施综合改革攻坚行动，激发学校办学活力。推进质量评价改革。依据学前教育、义务教育、普通高中、特殊教育四个质量评价指南，建设学校质量自评系统，推动学校和幼儿园对标研判、依标整改；推动地方制定完善质量评价实施方案，有序推进质量评价督导评估工作；深化考试招生改革。探索建立幼儿园服务区制度，努力保障适龄幼儿就近就便接受普惠性学前教育。巩固义务教育免试就近入学和"公民同招"改革成果，落实以居住证为主要依据的随迁子女入学制度；全面推进协同育人。推动形成政府统筹协调、学校积极主导、家庭主动尽责、社会有效支持的协同育人格局，落实各方相应责任及沟通机制。

（三）平安绿色校园类政策

1. 教育部办公厅关于印发《高等学校实验室安全规范》的通知

为了进一步加强高校实验室安全工作，有效防范和消除安全隐患，最大限度减少实验室安全事故，保障校园安全、师生生命安全和学校财产安全，根据《中华人民共和国安全生产法》《中华人民共和国消防法》《生产安全事故报告和调查处理条例》等国家法律法规，结合高校实际情况，制定本规范。

该规范要求，高校实验室安全工作应坚持"安全第一、预防为主、综合治理"的方针，实现规范化、常态化管理体制，重点落实安全责任体系、管理制度、教育培训、安全准入、条件保障，以及危险化学品等危险源的安全管理内容。

该规范明确实验室安全责任体系。一是校级安全责任体系。学校应统筹管理实验室安全工作，把实验室安全工作纳入学校事业发展规划。学校实验室安全管理工作坚持"党政同责,'一岗双责',齐抓共管,失职追责"原则。党政主要负责人是第一责任人,分管实验室工作的校领导是重要领导责任人,协助第一责任人负责实验室安全工作,其他校领导在分管工作范围内对实验室安全工作负有支持、监督和指导职责。设立校级实验室安全工作领导机构,并明确人员和分工。明确实验室安全主管职能部门、其他相关职能部门和二级教学科研单位的实验室安全管理职责,建立健全全员实验室安全责任制,配备足额的专职安全人员。二是二级单位安全责任体系。二级单位党政负责人是实验室安全工作主要领导责任人。二级单位应明确分管实验室安全的班子成员和各实验室安全管理人员。三是实验室安全责任体系。实验室负责人是本实验室安全工作的直接责任人,应严格落实实验室安全准入、隐患整改、个人防护等日常安全管理工作,切实保障实验室安全。项目负责人(含教学课程任课教师)是项目安全的第一责任人,须对项目进行危险源辨识和风险评估,并制定防范措施及现场处置方案。实验室负责人应指定安全员,负责本实验室日常安全管理。实验室负责人应与相关实验人员签订安全责任书或承诺书。

学校和二级单位应建立健全实验室安全管理办法和制度,出台规范性文件,确保具有可操作性和实际管理效应,并充分考虑学科专业特点和实验用途,及时修订更新。实验室安全管理制度主要包括安全检查制度、安全教育培训与准入制度、项目风险评估与管控制度、危险源全周期管理制度、安全应急制度、实验室安全事故上报制度等六项。

该规范要求加强教育培训。一是开展教育培训活动。学校每年开展面向全校教职工和学生的安全教育培训活动,并存档记录。学校和二级单位开展结合学科专业特点的应急演练,并对演练内容、参加人数、效果评价等进行有效记录。学校和二级单位根据实验需要,开展专业安全培训活动,并组织安全培训考试,新入职的教职工、新入学的学生均应参加并通过考试,对培训与考试进行有效记录。实验室应对进入实验室的人员进行操作工艺、设备使用、试剂或气体管理等标准操作规程的培训和评估,并记录存档。涉及重要危险源的高校应设置有学分的实验室安全课程或将安全准入教育培训纳入培养环节。二是加大安全教育宣传力度,提高师生安全意识。学校和二级单位应按照"全员、全面、全程"的要求,创新宣传教育形式,开展安全宣传、经验交流等活动,建设有特色的安全文化。

2. 教育部关于发布教育行业标准《高等学校实验室消防安全管理规范》的通知

该规范要求,学校应当遵守消防安全工作的有关法律法规和规章,建立健全校内各级预防安全工作管理制度和消防安全应急机制,及时消除安全隐患,预防事故发生。实验室消防安全管理应贯彻"预防为主、防消结合"的消防工作方针，坚持人防、物防、技防相结合的原则，按照常态和非常态防范的要求，落实各项安全防范措施，履行消防安全职责，保障消防安全。实验室消防安全管理应以防止火灾发生，减少火灾危害，保障人身和财产安全为目标，通过采取有效的管理制度措施和技术手段，提高师生预防和控制火灾的能力。学校应建立完善实验室消防安全管理体系，强化单位主体责任，实验室三级（校级、院级、实验室级）隐患排查、灭火应急疏散预案等。对于不同类型（包括创新研究）、不同功能和不同火灾风险等级的实验室，学校应分级分类采取相应的消防管理措施。按国家标准和行业标准配备相应的、技术先进的消防设施设备，并按规定定期开展设施设备及电器等维护保养检测，确保完好有效。学校应设立实验室逐级消防安全责任制，各级各类实验室明确消防安全职责，确定相应的消防安全责任人员。安全管理工作进行监督、检查及重大火灾隐患排查。学校应建立志愿者消防队伍，配备必要的灭火设备和器材。

该规范要求明确消防安全责任。学校应落实实验室消防安全主体责任，全面实行消防安全责任制。学校应设立负有消防安全管理职责的校级领导机构，学校党政主要负责人是学校实验室消防安全责任人，对实验室消防安全工作负有领导责任；分管学校消防工作和实验室工作的校领导是消防安全管理人，协助消防安全责任人负责实验室消防安全工作，其他校领导在分管工作范围内对实验室安全工作负有支持、监督和指导责任。学校消防主管部门对实验室消防安全工作有领导、监督和指导责任；学校实验室主管部门对实验室日常消防安全工作在本部门安全职责范围内有监督和管理责任；其他相关职能部门和二级单位对其所属实验室消防安全有管理职责，负主体责任，且应建立健全全员实验安全责任制，配备专兼职安全人员。学校应有职能部门具体负责本校实验室消防安全管理的规划、制度建设、日常管理和培训考核等工作；学校各二级单位应有相应的管理机构或专兼职人员负责本部门实验室消防安全管理工作；学校各级各类实验室应有专兼职人员负责本实验室的消防安全日常管理工作；特别是有毒有害化学品、危险气体、放射性物质、生化病毒样本等重要危险源的实验室的二级单位，二级单位负责人是其消防安全管理人员。实验室主管部门和各二级单位应确定其消防安全责任人和消防安全管理人，消防安全责任人及消防安全管理人都应经过教育部门、消防主管部门以及学校消防机构的培训。学校各级各类实验室消防安全责任人应由实验室负责人担任。学校实验室的管理人员、进入实验室学习和工作的人员、消防安全工作的保障人员等应掌握消防安全基本知识，定期参加消防灭火培训和疏散训练，确保在实验室火灾发生时具有扑救初起火灾和引导人员疏散的能力。

该规范提出，要重视消防宣传与培训。学校实验室消防安全管理职能部门应定期（每学期至少一次）开展形式多样的消防安全宣传、教育与演练。学校实验室应将消防安全教育培训考核纳入实验室准入环节，确保进入实验室人员具备必要的消防安全知识和应急能力。与实验室有隶属关系的二级单位（院系）应建立实验室准入制度并严格执行，每学期应当组织参与实验室工作人员的消防安全培训，年终考核，并留存培训和考核记录，确保参与实验室工作人员具备必要的消防安全知识和应急处置能力。

3. 市场监管总局联合教育部、国家卫生健康委、公安部印发《关于做好2023年春季学校食品安全工作的通知》

该通知要求，要坚决落实食品安全"四个最严"要求，压紧压实属地监管责任，落实校外供餐单位和学校食品安全主体责任，督促校外供餐单位和学校食堂依法配备食品安全总监和食品安全员。持续推进校园食品安全守护行动，指导校外供餐单位和学校食堂在开学前全面开展食品安全自查，加大对因受新冠疫情影响、较长时间停止餐食供应的校外供餐单位和学校食堂的指导力度，及时防范化解校园食品安全隐患。

该通知强调，要进一步加大监督检查力度，加强公正文明执法，依法依规查处食品安全违法违规行为。督促校外供餐单位和学校食堂严格执行索证索票、进货查验、从业人员健康管理、食品留样等制度，规范加工制作过程，严控食品安全风险。指导学校设定招标门槛、实行大宗食品公开招标、集中定点采购，严格履行招标程序，建立健全校外供餐单位引进和退出机制。

该通知指出，要深入开展反食品浪费工作，加强食品在采购、储存、加工、发放等环节的减损管理，培养学生养成勤俭节约、珍惜粮食的文明用餐习惯。为学校提供食品安全和营养健康指导，为学生普及食源性疾病防控和平衡膳食的知识技能，倡导学生餐食减油、减盐、减糖。持续推进校外供餐单位和学校食堂"互联网＋明厨亮灶"提质扩面，加快智慧监管赋能。鼓励家长委员会等参与校园食品安全管理，营造良好社会共治氛围。

（四）思想文化类政策

1. 教育部等八部门关于印发《全国青少年学生读书行动实施方案》的通知

为贯彻落实党的二十大关于深化全民阅读活动的重要部署，进一步推动青少年学生阅读深入开展，促进全面提升育人水平，决定开展全国青少年学生读书行动，教育部等八部门出台《全国青少年学生读书行动实施方案》。

该方案坚持服务全面育人，帮助青少年学生增强爱党爱国爱社会主义的坚定信念，提升思想道德素质、科学文化素质，培养独立思考能力、创新创造能力、终身学习能力，促进其全面发展健康成长。注重激发读书兴趣，充分调动青少年学生读书热情，引导其在读书中享受乐趣、感悟人生、获得成长，有效防止增加师生及家长额外负担，坚决克服功利化倾向。积极融入全民阅读，充分发挥教育系统优势，推进学校家庭社会协同开展，强化示范引领带动，助力深化全民阅读活动，更好地服务学习型社会、学习型大国建设。持续推进常态发展，将读书行动与学校教育教学、课后服务活动和学生日常生活紧密结合，创新读书载体，完善长效机制，推动青少年学生读书行动有效开展。

通过3到5年的努力，使青少年学生读书行动广泛深入开展，促进中华优秀传统文化、革命文化和社会主义先进文化教育得到切实加强，科普教育深入实施；覆盖各学段的阅读服务体系基本完善，"书香校园"建设水平显著提高，青少年学生阅读激励机制建立健全，校内外阅读氛围更加浓厚；广大青少年学生阅读量明显增长，阅读兴趣、阅读能力持续提升，为养成终身阅读习惯打好根基。

该方案要求，丰富学生读书内容。倡导广泛全面阅读，根据青少年学生认知规律和身心发展特点，引导青少年学生珍惜大好年华，充分利用阅读黄金期，博览群书、拓宽视野。完善阅读指导目录，结合中小学课程标准要求，发布中小学生阅读推荐书目，并建立定期更新补充机制。教育部每两年发布一次中小学图书馆馆配推荐书目，作为中小学校图书配备的主要参考依据。加强数字资源建设，充分发挥数字化支撑作用，开设国家智慧教育读书平台，提供优质数字阅读资源，丰富阅读形式。

创新读书行动载体。丰富读书活动，各地各校要因地因校制宜，充分利用重要传统节日和节气、重大节庆和纪念日、国家重大活动和重要事件，有针对性地组织丰富多彩、主题鲜明的读书月、读书周、读书节活动，着力打造富有吸引力、影响力的青少年学生读书品牌项目。拓展读书形式，实施师生共读行动，引导教师与学生同书共读、同学共进，充分发挥榜样示范作用，营造师生共读良好氛围。突出读书主题，实施"学习新思想　做好接班人"主题读书行动，深入学习领会习近平新时代中国特色社会主义思想，深化全国青少年爱国主义读书教育活动，教育引导学生从小听党话、永远跟党走。统筹读书对象，针对职业院校学生、普通高校学生和农村学生的实际，有针对性地实施专项读书行动。

健全读书长效机制。优化学校读书环境，各地各校要围绕提高"书香校园"建设水平，积极创设适宜读书的校园环境。按照学校图书馆、阅览室有关工作规程，丰富图书配备，改善阅读条件，保障学生阅读需要。融入学校教育教学，各级各类学校要将青少年学生读书行动与教育教学有机结合，鼓励学校开设阅读课。结合各学科课程教学和跨学科主题教学活动，有针对性地指导学生阅读相关课内外读物，重视"整本书"阅读、沉浸式阅读。加强学生阅读指导，各地各校要加强学校阅读指导队伍建设，充分发挥广大教师、专家学者、"五老"队伍、学生家长等各方面的重要作用。要强化教师阅读指导培训，将阅读指导能力纳入"国培计划"和地方各级教师培训，在国家智慧教育平台设立"教师阅读指导能力培训"专题。健全交流激励机制，各地各校要举办读书心得报告会、主题班会，组织开展读书征文、手抄报、演讲、朗诵等多种活动，注重通过学校电视台、广播站和新媒体平台，广泛展示交流青少年学生阅读成果。

认真做好组织实施。加强组织领导，实施青少年学生读书行动是贯彻落实党的二十大精神的重要举措，是推进教育现代化、建设教育强国的重要行动，事关亿万青少年学生全面发展健康成长。注重读思行结合，坚持学思用贯通、知信行统一，强化读书感悟、探究体验、启智增慧，引导学生读思结合、学用相长、知行合一。凝聚多方力量支持，充分发挥各级宣传部门、网信部门、文化和旅游部门以及工会、共青团、妇联、科协等群团组织优势，有效利用图书馆、博物馆、文化馆、美术馆、科技馆等社会公共资源，鼓励高等学校、高科技企业、制造企业向青少年学生开放参观，支持院士、专家编写科普读物，鼓励各地遴选一批青少年学生阅读基地。营造良好社会氛围，各地各校要不断探索创新深化青少年学生读书行动的有效途径，及时总结凝练典型经验，加大宣传推广力度。

2. 教育部等十七部门关于印发《全面加强和改进新时代学生心理健康工作专项行动计划（2023—2025年）》的通知

促进学生身心健康、全面发展，是党中央关心、人民群众关切、社会关注的重大课题。随着经济社会快速发展，学生成长环境不断变化，叠加新冠疫情影响，学生心理健康问题更加凸显。为认真贯彻党的二十大精神，贯彻落实《中国教育现代化2035》《国务院关于实施健康中国行动的意见》，全面加强和改进新时代学生心理健康工作，提升学生心理健康素养，制定该行动计划。

健康教育、监测预警、咨询服务、干预处置"四位一体"的学生心理健康工作体系更加健全，学校、家庭、社会和相关部门协同联动的学生心理健康工作格局更加完善。2025年，配备专（兼）职心理健康教育教师的学校比例达到95%，开展心理健康教育的家庭教育指导服务站点比例达到60%。

该计划提出，五育并举促进心理健康。一是以德育心。将学生心理健康教育贯穿德育思政工作全过程，融入教育教学、管理服务和学生成长各环节，纳入"三全育人"大格局，坚定理想信念，厚植爱国情怀，引导学生扣好人生第一粒扣子，树立正确的世界观、人生观、价值观。

二是以智慧心。优化教育教学内容和方式，有效减轻义务教育阶段学生作业负担和校外培训负担。教师要注重学习掌握心理学知识，在学科教学中注重维护学生心理健康，既教书，又育人。

三是以体强心。发挥体育调节情绪、纾解压力作用，实施学校体育固本行动，开齐开足上好体育与健康课，支持学校全覆盖、高质量开展体育课后服务，着力保障学生每天校内、校外各1个小时体育活动时间，熟练掌握1~2项运动技能，在体育锻炼中享受乐趣、增强体质、健全人格、锤炼意志。

四是以美润心。发挥美育丰富精神、温润心灵作用，实施学校美育浸润行动，广泛开展普及性强、形式多样、内容丰富、积极向上的美育实践活动，教会学生认识美、欣赏美、创造美。

五是以劳健心。丰富、拓展劳动教育实施途径，让学生动手实践、出力流汗，磨炼意志品质，养成劳动习惯，珍惜劳动成果和幸福生活。

3. 教育部印发《教育系统关于新时代学习弘扬雷锋精神 深入开展学雷锋活动的实施方案》的通知

2023年是毛泽东等老一辈革命家为雷锋同志题词60周年。习近平总书记在第60个学雷锋活动纪念日即将到来之际，对深入开展学雷锋活动作出重要指示，充分肯定60年来学雷锋活动的显著成效，深刻阐明雷锋精神的永恒价值，对新征程上更好弘扬雷锋精神提出明确要求，为教育系统深入开展学雷锋活动、在广大师生干部特别是青少年中弘扬雷锋精神提供了根本遵循。

为深入学习领会习近平总书记的重要指示精神，切实抓好贯彻落实，教育部印发《教育系统关于新时代学习弘扬雷锋精神 深入开展学雷锋活动的实施方案》，在教育系统进一步开展好学雷锋活动，把雷锋精神代代传承下去。

该方案提出三大工作原则。一是坚持知信行统一。将新时代学雷锋志愿服务与自觉服务党和国家工作大局结合起来，引导广大师生干部自觉把崇高理想信念和道德品质追求转化为具体行动，体现在平凡的工作生活中，以实际行动书写新时代的雷锋故事。二是坚持课内外协同。推动教育系统新时代学雷锋活动不断拓展内容、创新形式、丰富载体。结合实施时代新人铸魂工程，在充分发挥课堂主渠道作用的同时，充分联动军队、社区、纪念馆、各类企事业单位的学雷锋资源，广泛宣传一批批校内外雷锋式的先进典型、道德模范、最美人物，把雷锋精神广播在祖国大地上。三是坚持大中小一体。结合推进大中小学思政教育一体化建设，注重大中小学一体化推进、家校社相互配合，充分结合学生特点和成长规律，做好大中小学弘扬雷锋精神和学雷锋活动的衔接，从教育教学、社会实践、校园文化等重要领域出发，持续用力。

该方案提出三大工作任务。一是在"知"上下实功，全面系统融入雷锋精神。发挥课堂主渠道作用，把雷锋精神的时代价值融入大中小学思想政治教育。依据新修订印发的义务教育语文、思想政治、历史、劳动等相关课程标准，更加有针对性地深度融入雷锋的事迹故事和雷锋精神，确保广大学生对雷锋精神应知尽知、深刻理解。充分利用体现雷锋精神的丰富素材和教育资源，及时有机融入思政课课堂教学。建设"云上大思政课"平台，用好"学习党的二十大精神云课堂"，在国家智慧教育公共服务平台持续更新上线一批传承弘扬雷锋精神的在线精品课程和教学案例，引导青少年学生崇尚雷锋的高尚品德，感悟雷锋精神的时代内涵。

二是在"信"上出实招，矢志不渝传承雷锋精神。全面融入校园文化建设。将传承弘扬雷锋精神融入文明校园建设工作，在全国文明校园创建评选等工作中，把传承弘扬雷锋精神等中国共产党人精神谱系作为重要内容。突出校园文化活动春风化雨作用，系统开展学雷锋先进学校、先进班级、先进青少年创建展示活动，每年3月5日前后，集中开展学雷锋主题班日、主题队日、主题团日、主题党日等活动。发挥朋辈育人作用，鼓励支持各类学生社团开展形式多样、健康向上、格调高雅的学雷锋文化活动和艺术实践活动。将弘扬雷锋精神融入文化精品创作，积极支持和培育高校原创文化精品，支持和鼓励师生创作弘扬雷锋精神的诗歌、话剧等文学作品，以及各类优秀融媒体作品。

大力选树宣传先进典型。发挥示范带动作用，扎实做好全国教书育人楷模、"最美教师"、全国高校"黄大年"式教师团队等先进事迹的宣传学习工作，推进"最美大学生""最美高校辅导员"等推选展示，激励广大师生坚定理想信念、厚植爱国情怀、涵养高尚品德。组织开展"学雷锋学模范"活动，推动"当代雷锋"、道德模范等进校园宣讲，通过举办报告会、宣讲会、座谈会等形式，大力宣传他们的高尚风范和优良品格，持续引导广大师生见贤思齐。大力宣传教育系统为民服务创先争优先进典型，在校园掀起学模范、见行动的热潮，推动广大师生争当新时代雷锋精神的传人。

三是在"行"上求实效，力行不辍践行雷锋精神。深入推动学雷锋实践教育活动。充分发挥各地雷锋纪念馆等"大思政课"基地的重要作用，主动联系爱国主义教育基地、中小学研学实践教育活动基地、营地和城市社区、农村乡镇、工矿企业、驻军部队、社会服务机构等，开展多种形式的学雷锋主题教育。更加广泛发动大学生参与"小我融入大我，青春献给祖国""青年红色筑梦之旅"等主题实践活动，深入推进高校师生常态化开展"网上重走长征路""寻访重温习近平总书记重要考察足迹"等活动，组织中小学生开展"学习新思想　做好接班人""从小学党史　永远跟党走"等主题教育，引导广大师生深入走进不同实践领域、不同社会群体，切实增强对中国特色社会主义的政治认同、思想认同、理论认同、情感认同。

广泛开展学雷锋志愿服务活动。拓展丰富志愿服务活动的形式、内容，为志愿服务提供坚强有力的保障和支持。充分发挥抚顺市雷锋纪念馆育人重要作用，开展全国大学生宣讲雷锋精神志愿服务项目。每年组织全国师生团队开展志愿服务专项行动和定点帮扶、对口支援、服务乡村振兴、用人单位调查等各类志愿活动。持续推动"大学生志愿服务西部计划"、博士服务团、研究生支教团和"三下乡"等品牌工作，鼓励引导大学生到祖国最需要的地方建功立业，把雷锋精神广播在祖国大地上。组织中小学生开展力所能及的志愿服务活动，激发孩子参与志愿服务热情，教育引导家长重视、支持孩子参与学雷锋志愿服务活动。完善"我为群众办实事"长效机制，推进广大党员干部教师以雷锋精神为引领，走近师生、走访家长，解困难、做实事。

该方案要求加强三大工作保障。一是加强统筹领导。各地教育部门和各级各类学校要深入学习领会习近平总书记的重要指示要求，认真贯彻落实"把雷锋精神代代传承下去——纪念毛泽东等老一辈革命家为雷锋同志题词六十周年"座谈会要求，充分认识新时代深入开展学雷锋活动的重要意义，把新征程上更好弘扬雷锋精神作为落实立德树人根本任务的一项重要内容，主动谋划、大力推进，特别是要更好发挥党员、干部模范带头作用，加强志愿服务保障和支持，着力推动雷锋精神常学常新，推动学雷锋活动常做常新。二是构建长效机制。各地教育部门和各级各类学校要将学雷锋活动始终当作一项常规工作来抓，将学雷锋活动作为培养学生综合素质、加强和改进中小学生思想道德教育和大学生思想政治教育工作的重要内容，创新科学评价方式，不断适应时代发展和育人需求、适应学生特点和成长阶段，丰富拓展学雷锋活动的方式方法、平台载体，推动形成齐抓共管的长效机制，使学雷锋活动常态化长效化。三是营造浓厚氛围。各地教育部门和各级各类学校要大力宣传雷锋事迹和校内外涌现出的新时代雷锋式模范人物，深入阐释雷锋精神的时代内涵，充分利用校园广播、校报校刊、校园宣传栏、校园新媒体平台等宣传阵地，不断深化"雷锋精神永不过时"的思想观念，扩大学雷锋活动的影响力，营造"人人学雷锋、人人做雷锋"的浓厚氛围。

（五）标准、评价体系及规范类文件

1. 国家语委关于印发《普通话水平测试规程》的通知

为有效保障普通话水平测试实施，保证普通话水平测试的公正性、科学性、权威性和严肃性，依据《普通话水平测试管理规定》，国家语言文字工作委员会（以下简称"国家语委"）修订了《普通话水平测试规程》。

该通知要求加强统筹管理。国务院语言文字工作部门设立或指定的国家测试机构负责全国测试工作的组织实施和质量监管。省级语言文字工作部门设立或指定的省级测试机构负责本行政区域内测试工作的组织实施和质量监管；省级测试机构应于每年 10 月底前明确本行政区域内下一年度测试计划总量及实施安排。省级测试机构应按季度或月份制订测试计划安排，并于测试开始报名前 10 个工作日向社会公布；省级测试机构应于每年 1 月底前向国家测试机构和省级语言文字工作部门报送上一年度测试工作总结。国家测试机构应于每年 2 月底前向国务院语言文字工作部门报送全国测试工作情况。

省级测试机构在省级语言文字工作部门领导下负责设置测试站点。测试站点的设立要充分考虑社会需求，合理布局，满足实施测试所需人员、场地及设施设备等条件。测试站点建设要求由国家测试机构另行制定。测试站点不得设立在社会培训机构、中介机构或其他营利性机构或组织。省级测试机构应将测试站点设置情况报省级语言文字工作部门，并报国家测试机构备案。本规程发布后新设立或撤销的测试站点，须在设立或撤销的 1 个月内报国家测试机构备案。在国务院语言文字工作部门的指导下，国家测试机构可根据工作需要设立测试站点。测试站点设立和撤销信息应及时向社会公开。

规程自 2023 年 4 月 1 日起施行。2003 年印发的《普通话水平测试规程》和 2008 年印发的《计算机辅助普通话水平测试操作规程（试行）》同时废止。

2. 教育部办公厅、财政部办公厅、科技部办公厅文化和旅游部办公厅、国家体育总局办公厅关于印发《校外培训机构财务管理暂行办法》的通知

为深入贯彻落实中共中央办公厅、国务院办公厅印发的《关于进一步减轻义务

教育阶段学生作业负担和校外培训负担的意见》精神，规范校外培训机构经济行为，加强财务管理，教育部、财政部、科技部、文化和旅游部、体育总局共同制定了《校外培训机构财务管理暂行办法》。

该办法明确，机构财务管理的基本原则是坚持和加强党的全面领导，贯彻党的教育方针；严格执行国家有关法律法规和规章制度，坚持校外培训公益属性；规范资金使用，防范经济活动风险，保障学员、家长、从业人员等利益相关方的合法权益。机构财务管理的主要任务是建立健全内部财务管理体制和各项财务管理制度，规范机构经济行为；科学执行机构预算制度，对所有业务收支等实施预算管理；依法筹集资金，有效营运资产，控制成本费用，规范权益分配，加强财务监督，依法落实法人财产权；建立健全内部资产管理制度，加强机构资产管理，保障机构培训活动秩序；加强内部控制，切实防范经济活动风险。

该办法要求，机构举办者应当根据《中华人民共和国民办教育促进法》《中华人民共和国民办教育促进法实施条例》《中华人民共和国民办非企业单位登记管理暂行条例》《中华人民共和国公司法》《中华人民共和国市场主体登记管理条例》《中华人民共和国市场主体登记管理条例实施细则》等规定，按照机构章程、设立协议承诺的出资方式、金额和时间，按时、足额履行出资义务。机构对举办者投入机构的资产、受赠的财产以及培训积累，享有法人财产权。上市公司不得举办或参与举办面向义务教育阶段学生的学科类培训机构，不得通过发行股份或支付现金等方式购买学科类培训机构资产；面向义务教育阶段学生的学科类培训机构不得由外资通过兼并收购、受托经营、加盟连锁、利用可变利益实体等方式控股或参股。中小学校不得举办或参与举办校外培训机构。

非营利性校外培训机构成立后，举办者、负责人、实际控制人不得以任何方式抽逃出资，不得通过拆借资金、无偿使用等方式占用、挪用机构资金、资产。营利性校外培训机构成立后，举办者不得抽逃出资。

非营利性校外培训机构净资产的使用分配，按照国家有关规定执行。非营利性校外培训机构的举办者不得从培训机构分红、取得回报或分配剩余财产。营利性校外培训机构的利润分配执行《中华人民共和国公司法》和校外培训机构章程有关规定。机构举办者变更、机构分立、合并与终止时，应当委托会计师事务所进行财务清算，对机构的资产、负债及相关权利、义务进行全面清理，编制财产目录和债权、债务清单。

五、行业观察与思考

（一）打造"后勤服务育人劳动教育示范基地"——以北京林业大学为例

高校要培养好德智体美劳全面发展的社会主义建设者和接班人，必须将劳动教育贯穿人才培养全过程，帮助青年学生树立正确的劳动观念，培育积极的劳动精神，培养必备的劳动能力，最大限度发挥劳动教育树德、增智、强体、育美的综合育人价值，促进学生成长成才、全面发展。

北京林业大学对开展好劳动教育有三个重点：一是着眼全面发展。校党委深刻认识到，劳动教育是新时代党和国家教育方针的强化重点和重要要求，必须切实增强加强劳育工作的责任感、紧迫感。二是着眼劳动育人。坚持守正创新，牢牢把握后勤服务育人的职责使命，努力探索劳动教育新思路新模式。三是着眼更高质量人才培养。要牢记示范基地宗旨任务，努力开创后勤服务育人崭新局面，发挥好引领示范作用。

为推进教育后勤系统持续深入开展好劳动教育，中国教育后勤协会在全国高校后勤系统开展"后勤服务育人劳动教育示范基地"遴选，组织有关专家实地考察，最终选定北京林业大学作为首家示范基地。未来，协会将组织行业内专家力量，加强基础研究，将示范基地建成积极开展劳动教育、弘扬热爱劳动精神、培育社会主义核心价值观的重要阵地，总结形成一批可复制推广的劳动教育模式，形成示范效应，带动其他高校高质量开展劳动教育，提高劳动教育工作的质量和影响力。

北京林业大学深入挖掘后勤领域劳动教育资源，有效实现了劳动教育中"教"和"育"的有机融合，为高质量开展劳动教育工作树立了新典范。新时代新征程，劳动教育的使命更加重大，责任更加明确。要通过劳动教育筑牢信仰之本，激发动力之源，夯实品格之基。未来，北京教育系统将着力打造劳动教育新高地，系统讲好首都劳动教育故事，全面提升首都劳动教育成效，推动北京劳动教育工作再上新台阶。

近年来，北京林业大学落实五育并举要求，在中国教育后勤协会、北京市有关单位的大力指导和支持下，精心设计开展后勤领域劳动教育。本学期面向 2021 级、2022 级本科生推出了岗位体验类、生活技能类、专业生产类三大类共 14 项特色劳动教育课程。

北京林业大学劳动教育课程具有五大亮点：

亮点一，劳动教育课程涵盖门类丰富，且基于后勤岗位设计，构建起后勤劳动教育特色课程体系；亮点二，将"最美综保人"、绿色学校创建等内容纳入课程，从思想层面引导学生热爱劳动，增强对后勤工作的认同感；亮点三，创造劳动教育课程平台，把综保人员培养成"不上讲台的老师"，把后勤领域打造成"没有讲台的课堂"，加强队伍培养，激发服务育人活力；亮点四，充分将部门业务工作与学校学科专业相结合，为学生提供有专业特色的生产劳动课程，培养学生专业实践能力；亮点五，针对学生发展需求，不断改进提升课程质量，形成一套可复制可推广的课程体系和工作模式。在实践中成长，在劳动中育人，将劳动教育贯穿人才培养全过程，多措并举不断提升劳动教育水平。

（二）垃圾分类　绿色畅想——以杭州电子科技大学为例

为美化校园环境，提高在校师生的环保意识，进一步推进垃圾分类工作，杭州电子科技大学积极开展"垃圾分类绿色生活"主题活动、线上、线下、参观、培训等多个子活动。

立足日常，养成习惯。自 2022 年 11 月 23 日起，杭州电子科技大学正式实行垃圾定时定点投放，投放时间为 7：00～8：00、11：30～13：30、17：00～19：00。同时也将 32 号楼垃圾站设为 24 小时投放点。组织 100 余名师生志愿者完成了下沙生活区 5 215 个寝室垃圾分类入寝宣讲工作，并发放 7 500 余册垃圾分类宣传材料和定时定点投放书签。

专人专管，多管齐下。自 2022 年 11 月开始，由后勤集团牵头，组织成立"绿色校园监督员"队伍，各学院同学踊跃报名志愿工作，每日定点在智能垃圾箱边上站岗，积极共建学校垃圾分类工作，并多次邀请钱塘区综合行政执法局固废处置专班开展相关培训；联合学生公寓服务中心多次开展垃圾分类宣传、清洁校园等活动；同时联合校团委，通过与各学院团支部结对的方式，划分"美丽杭电责任田"，定期开展绿色校园监督、检查。

丰富活动，理念渗透。在线上开展为期 1 个月的"垃圾分类　绿色生活"有奖征集活动，活动内容包括垃圾分类主题作品征集、垃圾分类知识竞赛以及垃圾分类志愿活动等多个项目，以原创视频、海报、征文、照片、手工 DIY 等不同形式开展。为鼓励更多同学参与环保活动，比赛为参赛者准备包含无人机、自行车、拍立得等在内的丰厚奖品。活动累计 5 000 余人次参与。作品征集的火热开展，体现了同学对垃圾分类的重视，唤起人们对绿水青山的向往，响应了绿色生活的号召。

宣传在前，行动在后。垃圾分类作为"后勤服务文化月"的重点活动项目，物业服务中心联合文小二工作室在线下也开展了系列活动，进行为期两周的有奖竞猜摆摊，共参与1 500人次，大大提高了宣传力，扩大了影响力。

主题活动在4月14日下午举办的颁奖典礼上画下圆满句号。六个多月的活动只是垃圾分类征程的第一步，要让垃圾分类、绿色生活这一理念深入人心，其成效不仅限于垃圾分类，而是以小见大，从点到面，把生态环保的理念贯彻到生活的方方面面。后期杭州电子科技大学将继续开展相关活动，鼓励同学们积极参与学校绿色校园创建，营造"共建、共治、共享"的良好氛围，让"垃圾分类、绿色校园"的理念能够内化于心、外化于行。

（三）中国教育后勤协会十年对后勤行业的贡献、意义和价值

1. 协会十年，做出了多方面开创性工作，为教育后勤改革发展作出了巨大贡献

- 十年前，中国教育后勤协会在北京成立，成为全国一级协会。接着建立起决策、咨询、执行、监督及宣传（官网）的完整体制，创立了规范的运行机制并实现制度化、定型化，向治理体系和治理能力现代化迈出了一大步。

- 十年来，协会积极响应党和政府号召，认真贯彻落实相关方针政策，尤其在节能减排、环境保护、信息化数字化、制止餐饮浪费等方面，开辟了新的工作面，都取得显著成效，向后勤提质增效、提档升级迈进一大步。

- 十年来，协会积极发挥资政辅政作用，进行大量调查研究，发布1 000多个研究课题，提升了《高校后勤研究》《教育后勤参考》办刊质量，对后勤改革40年、服务育人30年历史进行研究，出现大批高质量论文、著作。

- 十年来，协会制定了十多项"团体标准"，为教育后勤各业务领域规范行为、行业自律提供了合法依据，为学校后勤配置资源、加强监管提供了有力抓手。

- 十年来，协会组织多样化的职业培训、高端论坛、暑期峰会、产品展销会，有的参会超过1 000人，最多的10 000多人，不断刷新历史纪录，社会影响越来越大；提高了办会水平，实现了量变到质变的飞跃。

- 三年疫情期间，协会带领全国同行坚守阵地，保证了校园和师生安全，经历了千辛万苦，经受了严峻考验，向学校、政府、行业交出了满意的答卷。

2. 为协会工作更上一层楼，为后勤高质量发展作出更大贡献，需要把握好以下方面：

- 进一步加强协会自身建设，发挥好四项基本功能：一是提供优质、高效、低成本服务，成为最受欢迎的服务者。二是及时反映诉求、行情民意、维护合法权益、

批判不良现象，成为最值得信赖的代言人。三是加强行业规范自律，成为高质量发展的引领者。四是协调关系，化解矛盾，促进和谐，整合资源，赋能发展，成为有号召力的组织者、中介人、裁判员。

- 把握好学校后勤四个特点：一是经济属性，追求效率效益，又有公益性，经济基础发挥决定作用。二是教育属性，以服务育人为宗旨，这是显著特色。三是政治属性，承担维护安全稳定的社会责任。四是后勤没有法人资格，只是办学体系的子系统、执行层，学校领导重视程度十分重要。这些方面，都存在很多问题，也很容易出问题，一旦处理不好就会小事变大事。

- 学校后勤特殊性决定其复杂性。"十四五"时期，要特别加强新时代高校后勤保障体系研究。一是校情差异巨大，既关注"关键少数""双一流"大学，又要关注绝大多数普通院校。二要促进院校领导高度重视后勤，列入校长主要工作；重视服务育人，列入职工义务。三要提高后勤基本要素质量，尤其普通院校后勤基础普遍薄弱，加上缺少资源配置标准、没有纳入办学评价体系，推进后勤高质量发展任务十分艰巨、难度很大。

3. 对协会今后工作的几点建议

- 建议加强相关后勤服务的政策研究，发挥好政策指挥棒的作用：一是国家教育"十二五""十三五"规划对于高校后勤服务育人、社会化改革的表述及其影响。二是中共中央、国务院《深化新时代教育评价改革总体方案》《教育部本科教育审核评估指标体系（2021—2025年）》对于后勤的影响。三是针对正在讨论的《教育强国建设规划纲要》，积极向主管部门建言献策。

- 建议协会尽快办成5A级协会，助力教育后勤高质量发展，同时提升协会地位和影响力，获得年检的免检资格、政府购买服务的优先资格。协会成立已经10年，向民政部申报资质等级评审，条件具备，时机成熟，应当提上议事日程并以此带动各地协会早日办成高水平协会，助力后勤高质量发展。

- 建议协会关注后勤管理层迫切需求，一是制定高校后勤运行经费指导标准或修订规范时补充运行经费配置标准，为普通院校争取后勤经费提供依据。二是考虑把《高校后勤研究》办成核心期刊，更好地发挥理论研究的辅助决策、指导实践作用，同时为高校后勤干部升职晋级提供支持。

02 第二部分
专题报告

专题报告一　机构风采

中国教育后勤协会伙食管理专业委员会
工作报告

一、机构建设

2024年，中国教育后勤协会伙食管理专业委员会（以下简称"伙专会"）根据《中国教育后勤协会伙食管理专业委员会组织规则》，积极开展各项组织工作。本年度按期组织召开主任秘书长工作会议以及第二届委员会第四次会员代表大会，确保委员会的决策机制高效运转，各项工作能够及时沟通、部署与落实。同时，按规定做好会员变动手续办理工作，保证会员信息的准确性与组织的规范性。

二、重点工作

（一）参与《粮食节约和反食品浪费行动方案》起草工作

6月，根据中国教育后勤协会工作安排，伙专会秘书处围绕当前高校餐桌浪费的情况、存在浪费的原因、反餐桌浪费的对策与建议三个方面，形成了系统的文字材料报主管部门。

11月15日，中共中央办公厅、国务院办公厅印发了《粮食节约和反食品浪费行动方案》，并发出通知，要求各地区各部门结合实际认真贯彻落实。其中，第五条关于学校食堂反浪费行动方面，伙专会秘书处提出的意见与建议被方案采纳。

（二）参与《教育部关于推动高校后勤高质量发展的指导意见》起草工作

10月，根据中国教育后勤协会工作安排，伙专会秘书处围绕校园食品安全防护践行"四个最严"要求，织密校园食品安全防护网；坚持学生食堂公益属性，加快保障政策体系建立两个方面，发挥专业优势参与起草工作。

（三）围绕热点问题，发挥咨政作用

2024年11月，南方某省高校出现食品安全问题，根据中国教育后勤协会工作安排，伙专会秘书处从出现问题的主要原因分析、进一步抓好食品安全工作的建议和对未来餐饮企业经营管理学生食堂模式的建议三方面，为教育行政部门提供伙食管理业务咨询、建议和决策依据。

三、课题研究

启动《高校学生食堂管理服务规范》和《高等学校学生食堂伙食结构及成本核算指导意见》团体标准研制工作。为深入学习贯彻党的二十大和二十届二中、三中全会精神以及新发展理念，满足广大师生对学校餐饮的新需求，根据中国教育后勤协会伙食管理专业委员会2024年度工作计划安排，启动《高校学生食堂管理服务规范》和《高等学校学生食堂伙食结构及成本核算指导意见》团体标准研制工作。工作启动以来，张柳华副会长一行先后到新疆、内蒙古、北京、江苏、四川、重庆、广州等地，就学校食堂改革、管理、服务等相关情况开展调研。

四、活动及宣传

（一）与国家食品安全风险评估中心共同发起"健康光盘"互动科普活动

2023年12月，为创新科普形式、提升科普效果，推动节粮减损和健康科普宣传常态化，促进实现更少的浪费、更多的健康，伙专会与国家食品安全风险评估中心共同发起"健康光盘"互动科普活动，各地伙专会和学校积极参与活动，取得了积极成效。活动倡议发出后中国人民大学、苏州大学、内蒙古工业大学、西南石油大学、西华师范大学、南充电影工业职业学院、广安职业技术学院、中国矿业大学、江苏财会职业学院等院校先后积极举办活动。"学习强国"、中国日报、新华网、科

技日报等多家媒体对活动进行了报道，伙专会微信公众号"中国青春饭"持续对有关学校组织开展活动情况进行宣传报道，共同营造制止餐饮浪费良好氛围。

（二）成功举办年会和论坛

为总结伙专会 2023 年工作，研究部署 2024 年工作重点，落实国家关于《校园食品安全排查整治专项行动实施方案》的通知精神，切实保障师生饮食安全，以安全引领高校餐饮事业高质量发展，根据《中国教育后勤协会伙食管理专业委员会组织规则》，经中国教育后勤协会批准，成功召开中国教育后勤协会伙食管理专业委员会 2024 年主任秘书长会议、第二届委员会第四次全体委员会，成功举办安全引领高校餐饮高质量发展论坛。

1. 主任秘书长会议

3 月 31 日下午，召开 2024 年主任秘书长会议。会议通报了伙专会过去一年的工作情况和 2024 年的工作计划，并围绕高校餐饮管理进行了探讨和交流。

2. 第二届委员会第四次全体委员会议

4 月 1 日下午，第二届委员会第四次全体委员会议成功召开。大会从食品安全管理工作推进、年会论坛活动举办、制止餐饮浪费工作推进、"校园名厨"培训班举办、高校餐饮管理服务调查开展等方面，系统总结了伙专会 2023 年的工作成果。从积极配合政府部门共同抓好高校食堂食品安全工作、继续组织开展多层次培训为人才培养搭建成长平台、持续深入开展制止餐饮浪费工作、进一步加强学校食堂团体标准制定工作、围绕餐饮高质量发展组织开展课题研究、开展学校食堂餐饮服务工作调查研究六个方面提出了 2024 年工作计划。会议还审议通过了人事变动情况和财务收支情况。

3. 成功举办安全引领高校餐饮高质量发展论坛

4 月 1 日下午，安全引领高校餐饮高质量发展论坛成功举办。国家食品安全风险评估中心研究员郭云昌，科信食品与营养信息交流中心副主任钟凯，山东省高校伙食管理分会秘书长、山东师范大学后勤管理处处长邹波，北京航空航天大学后勤服务中心饮食服务部部长邱真，上海同济餐饮管理有限公司总经理马健，从不同角度就进一步加强食品安全工作做报告。

4. 应邀对南开大学餐饮管理与服务高质量发展进行评估指导

12 月 11 日至 12 日，应南开大学后勤服务处邀请，伙专会成立专家组赴南开大学八里台校区和津南校区，就餐饮管理与服务高质量发展进行评估和指导，并反馈书面建议。

五、人才培养

为持续推进高校餐饮高质量发展，7月中旬，伙专会分别在山西太原和江苏扬州举办第二届"校园名厨"培训班。培训以理论和实际操作相结合的方式，对来自全国各地高校的餐饮一线骨干进行培训。为更好地发挥成果交流功能，伙专会秘书处将参加校园名厨培训班的全体学员的菜品汇编成书——《校园名厨的菜（第二版）》，目前已完成书稿编撰工作并与机械工业出版社签订出版协议，将为高校餐饮系统从业人员提供了一份更广泛、更深入、更专业的学习交流资料。

六、总结

2024年，伙专会在中国教育后勤协会的领导下，紧密围绕高校伙食管理的核心任务与重点工作，积极履行职责，在机构建设、政策起草、课题研究、活动举办及宣传、人才培养等多方面取得了显著成效，为提升高校伙食管理水平、保障师生饮食健康与安全、推动高校后勤高质量发展发挥了积极作用。一是机构建设稳步推进，为各项工作开展奠定坚实的组织基础；二是政策起草深度参与，为推动高校后勤整体高质量发展贡献伙食管理领域的智慧与力量；三是课题研究有序开展，为团体标准的研制提供实践依据与数据支撑；四是活动及宣传成效显著，推动高校餐饮事业朝着高质量、安全化方向发展；五是人才培养积极推进，促进高校餐饮人才队伍整体素质提升。

中国教育后勤协会学生公寓管理专业委员会工作报告

2024年,中国教育后勤协会学生公寓管理专业委员会(以下简称"寓专会")在教育主管部门和中国教育后勤协会的指导下,在各省级寓专会、各委员单位的共同努力下,牢记"立德树人"的根本任务,以构建高质量现代化后勤保障体系为目标,积极适应校园生活需求的多样化,不断促进高校学生公寓管理服务工作提质增效。在适应高校学生公寓服务管理多元开放和规范发展的趋势中,寓专会以服务师生为宗旨,以标准化建设为先导,以安全管理为根基,以数字化建设为抓手,以服务育人为导向,在资政辅政、标准研制、培训交流、组织建设、安全管理、活动宣传等方面持续深入探索,潜心研究,取得了一系列成果,专委会治理能力和建设水平取得新突破、新提高,学生公寓事业正逐步进入高质量发展的新阶段。

一、机构建设

2024年,全国寓专会秉持规范自律与健康发展原则,持续深化组织建设,成功召开"中国教育后勤协会学生公寓管理专业委员会二届三次委员会议"(见图1)等行业活动,协同与会代表深入讨论行业发展方向、自律机制及行业热点,为组织及行业长远发展注入强劲动力;秘书处定期统筹、协调寓专会主任秘书长单位的人事调整变更工作,高效管理人事变动,确保团队的稳定与活力;同时,携手安

图1 会议现场

全管理专业委员会、信息化建设专业委员会、标准化技术委员会等协会分支机构以及江西省寓专会、山东省寓专会、上海市学校后勤协会、四川省寓专会、浙江省寓专会等公寓组织构建有效联动，共同组织开展行业活动，促进后勤领域跨界融合与深度合作，引领行业谱写协同发展新篇章。

二、能力提升

高校公寓安全是教育后勤系统工作的关键环节，也是全面构建高质量教育体系、实现教育现代化的重要基础和根本保障。2024年高校学生公寓火灾事故频发，寓专会深入贯彻落实党中央、国务院、应急管理部和教育部关于安全生产、应急管理、防灾减灾的决策部署，在寓专会年会、全国高校学生公寓标准化建设高级研修班、全国高校学生公寓标准化管理服务与信息化建设高级研修班等行业活动中，开展公寓安全专题培训课程，印发宣贯《高等学校消防安全管理规定》，传达教育部有关高校学生公寓安全工作的指示精神，提升管理人员风险防控与管理能力；2024年12月，秘书处联合山东省寓专会开展安全专题培训讲座，向与会人员深入解析学生公寓安全管理要求和管控要点，切实提升管理人员风险防控与管理能力（见图2）。

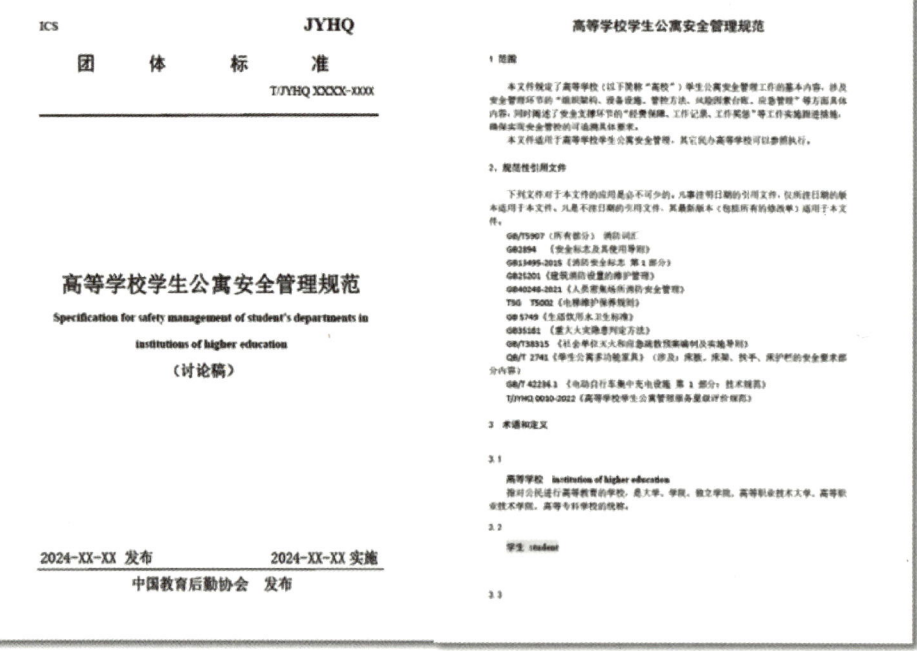

图2 高等学校学生公寓安全管理规范

三、重点工作

过去一年，寓专会密切关注着行业热点，不断收集全国各地各校的舆情信息，及时应对网络传闻，积极回应社会关切。针对"高校宿舍床帘禁令"的舆论问题，根据教育部发展规划司要求，寓专会迅速展开针对个别省份宿舍挂窗帘问题的调研，向教育部提交《"高校床帘禁令"调研报告：平衡学生需求与学校管理是关键》；第一时间关注到"家具甲醛超标"等热点舆情案例，撰写《高校宿舍甲醛超标等舆情调研报告》，从学校和行业协会角度分析归因、给出解决思路；针对"宿舍天价电费"的热点舆情，寓专会迅速面向各大高校摸排学生公寓用电管理和收费情况，短时间内完成对黑龙江省、陕西省、江西省、广东省、重庆市等17个省市共计100余所高校的用电情况调研，并向教育部发展规划司提交《全国高校学生公寓用电情况调研报告》，为各地高校公寓用电规范管理提供了较大的参考价值。同时，寓专会还及时关注学生宿舍水质问题、老校区宿舍环境问题、住宿空间问题等热点舆情，定期进行信息整理和收集，详细分析典型案例，为寻找有效、快速的解决方案和思路提供有力的保障。

四、课题研究

伴随着高校新一轮大规模扩招，学生对美好生活的需求日渐多样化。高校在学生公寓住宿资源、设施设备、住宿条件、服务质量、保障能力以及管理体制机制等方面的问题逐步显现出来，成为制约高校学生公寓管理服务面临的新课题。2023年底至2024年初，全国寓专会受教育部发展规划司委托，面向全国31个省、自治区、直辖市，采取文献研究、问卷调查、电话采访、现场考察以及案例分析等方法开展高校学生公寓管理服务调研工作。各省级寓专会积极配合，相继组织召开学生公寓工作座谈会，还对辖区内的典型高校进行实地调研，与学生公寓的基层管理者和住宿学生进行了深入的交流，从而更准确地把握学生公寓的管理服务现状及其实际需求。全国寓专会共收到来自各省的调研报告18份，涵盖了样本数据1 263组，通过对数据进行系统分析，成功编制《全国高校学生公寓行业调研报告》，翔实反映出当前学生公寓的管理服务现状；并针对存在的问题提出了建设性的建议和举措，该报告不仅获得了教育部的肯定，更为国家七部委联合印发《关于加强高校学生宿舍建设的指导意见》提供了有力的数据支持和决策依据（见图3）。

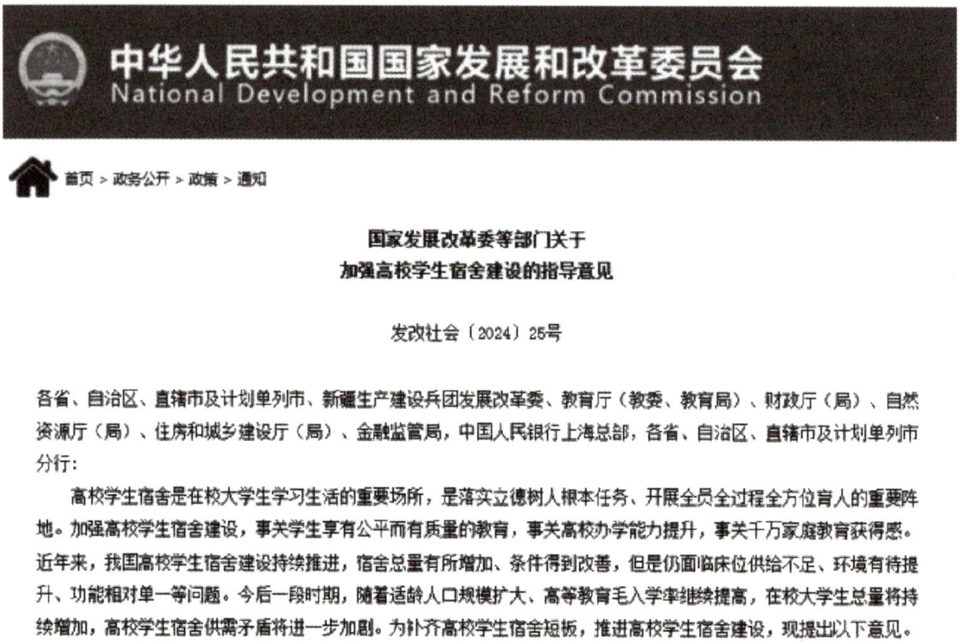
中华人民共和国国家发展和改革委员会
National Development and Reform Commission

首页 > 政务公开 > 政策 > 通知

国家发展改革委等部门关于
加强高校学生宿舍建设的指导意见

发改社会〔2024〕25号

各省、自治区、直辖市及计划单列市、新疆生产建设兵团发展改革委、教育厅（教委、教育局）、财政厅（局）、自然资源厅（局）、住房和城乡建设厅（局）、金融监管局，中国人民银行上海总部，各省、自治区、直辖市及计划单列市分行：

高校学生宿舍是在校大学生学习生活的重要场所，是落实立德树人根本任务、开展全员全过程全方位育人的重要阵地。加强高校学生宿舍建设，事关学生享有公平而有质量的教育，事关高校办学能力提升，事关千万家庭教育获得感。近年来，我国高校学生宿舍建设持续推进，宿舍总量有所增加、条件得到改善，但是仍面临床位供给不足、环境有待提升、功能相对单一等问题。今后一段时期，随着适龄人口规模扩大、高等教育毛入学率继续提高，在校大学生总量将持续增加，高校学生宿舍供需矛盾将进一步加剧。为补齐高校学生宿舍短板，推进高校学生宿舍建设，现提出以下意见。

图3 “国家发展改革委等部门关于加强高校学生宿舍建设的指导意见”截图

五、项目建设

2024年以来，全国寓专会在广泛征求各省级寓专会及专家团队意见的基础上，正式启动了“高等学校学生公寓管理服务星级评价及验收”项目的具体实施工作，并组织专家力量在全国范围开展内容宣贯和贯标指导（见图4）。目前，各地各校积极响应，山东、安徽、江西、四川等省份已经启动推进试点工作，引领学生公寓管理服务向更高品质、更多元化的方向迈进，持续推动学校公寓整体建设水平进一步提升。同时，由寓专会秘书处和专家组牵头研制的《高校学生公寓安全管理服务规范》已经成功获准立项，并完成征求意见稿的意见整理，将来用以指导公寓部门安全组织建设、制度建设、日常管理和安全风险隐患排查，以实际行动为学生公寓安全领域建立新依据，为实现有效防范、化解各类风险、确保学生公寓长治久安奠定了坚实的基础。

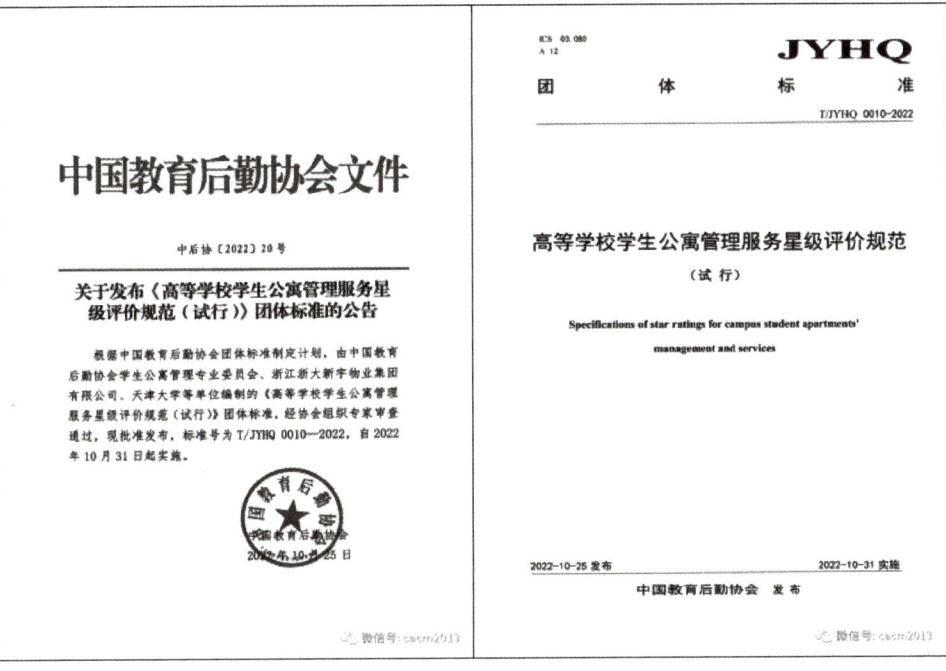

图 4　公告截图

六、活动及宣传

寓专会深度洞察行业需求，发挥行业服务职能，积极搭建行业交流平台，精心筹划并成功举办"全国高校学生公寓管理服务高质量发展论坛""全国高校学生公寓管理服务数字化转型论坛"等行业交流活动，同时建立健全高校学生公寓荣誉体系品牌，每年定期组织学生公寓领域的"最美后勤人（团队）"的推介活动。2024 年 9 月，为充分发掘、展示各高校在提升学生公寓管理服务水平方面的新理念、新做法和新亮点，促进各高校之间的实践经验交流与分享，全国寓专会面向全国高校开展"高校学生公寓管理服务优秀案例"征集活动，并评选出优秀案例 114 篇纳入《高校学生公寓管理服务案例汇编》，为学生公寓工作的提升分享新的思路和方案，推动各地学生公寓工作均衡发展，为行业高质量发展注入全新的动力（见图 5）。

七、人才培养

全国寓专会深度洞察行业需求，发挥行业服务职能，积极搭建行业交流与学生

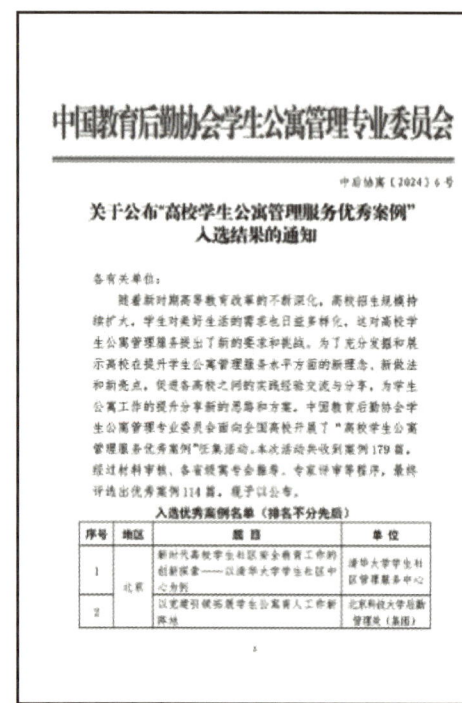

图 5 "优秀案例"截图

公寓人才建设平台，精心筹划并成功举办"全国高校学生公寓标准化建设高级研修班""全国高校学生公寓标准化管理服务与信息化建设高级研修班"等培训交流活动，并邀请相关部门领导、业内权威专家以及知名学者围绕"学生公寓标准化建设""学生公寓信息化建设""一站式学生社区建设""学生公寓管理安全要点""服务育人建设"等多项主题进行了专题演讲、案例分析等宝贵的经验分享，促进参会人员积极参与，为学生公寓管理服务领域注入了全新的活力（见图6）。

图 6 会议现场

八、总结

站在新的历史起点上,寓专会将牢记育人宗旨和使命,以崭新的姿态迎接未来的挑战,以更高的站位、更宽的视野、更实的举措,发挥好行业服务职能,努力打造"有社会责任感,值得信赖,有凝聚力,有文化,有特色"的现代行业组织,持续推进学生公寓管理工作创新发展,为建设教育强国、培养德智体美劳全面发展的社会主义建设者和接班人贡献智慧和力量。

中国教育后勤协会物业管理专业委员会工作报告

中国教育后勤协会物业管理专业委员会（以下简称"物专会"）在中国教育后勤协会的领导下，学习贯彻党的二十大精神，落实习近平总书记关于教育强国的重要论述，紧紧围绕"推进校园物业高质量发展"这个中心，不断完善行业组织体系建设，充分发挥职能作用，探索高质量发展时期高校后勤面临的难点、痛点和堵点问题，不断提升校园物业发展的科学化、规范化、精细化水平。

一、加强规范化、体系化建设

物专会秘书处认真学习协会章程和对分支机构的财务管理制度，严格执行协会依法规范办会的精神。按照校园物业工作的内在规律和协会的工作要求，针对校园物业发展面临的新情况、新问题，继续完善内部管理规章和制度体系，强化物专会秘书处的服务功能和专业水平，不断提升物专会自身的治理体系和治理能力现代化，力求将物专会建成一个学习型、服务型、研究型、开放型、资源整合型的现代行业组织。进一步完善物专会与上级协会及省级物专会的工作交流机制，加强各省级物专会之间的交流和先进经验的推广，积极推进空白省份物专会建设，先后有山西省（2023年12月17日）、陕西省（2024年6月20日）成立物专会。力争把物专会建成一个汇集行业声音、反映行业诉求、规范行业行为的平台型组织。相关资料见图1~图6。

图1　山西省高校后勤协会物业管理专业委员会成立大会

图 2　张富强、刘靖灏共同为山西省高校后勤协会物业管理专业委员会揭牌

图 3　山西省高校后勤协会物业管理专业委员会成立大会合影留念

图 4　张玉明、赵国华共同为陕西省物业管理专业委员会揭牌

图 5　中国教育后勤协会物业管理专业委员会秘书长刘德明致贺词

图 6　陕西省教育后勤协会物业管理专业委员会成立大会合影留念

二、加强领导班子和工作团队建设

为确保物专会各项工作衔接与运行，加强物专会领导班子成员建设，根据各学校工作调整与人事变动，秘书处及时与各副主任、副秘书长单位沟通联系。同时，秘书处继续加强自身建设，目前物专会秘书处编制为 7 人，设立会员部、宣传部、研究部三个职能部门，主要工作分为组织建设、能力建设、宣传工作三大模块，保障秘书处各项工作全面开展。

三、开展紧缺人才系列培训

加强行业人才培养，为行业发展赋能。为帮助会员深刻理解和正确实施校园物业团体标准，有效促进高校物业管理质量的提升，按照"十四五"期间建设"高质量校园物业服务管理体系"的战略规划，依托行业专家团队，积极开发有效提升校园物业管理质量的专业课程系列，针对校园物业管理新模式新技术与质量监管、设施设备管理、招投标规范管理、维修工程管理、绿化管理等开展了两期培训班，为行业高质量发展培养更多专业化人才。

（一）举办"校园物业管理新模式新技术与质量监管高级研修班"

为了进一步提升在后勤高质量发展背景下，校园物业服务管理对新理念、新模式、新技术的了解和应用，全面提升校园物业服务品质，2024年4月17日至4月20日"校园物业管理新模式新技术与质量监管高级研修班"在武汉举行，近200名来自全国各地的高校后勤管理人员参加本次培训并顺利结业。本次培训旨在进一步提升校园物业服务管理对新理念、新模式、新技术的了解和应用，全面提升校园物业服务品质。相关资料见图7。

图7　校园物业管理新模式新技术与质量监管高级研修班图集

(二）举办"'双碳'背景下高校绿化管理与园林景观维护高级研修班"

为了营造良好育人生态，推进绿色校园建设，提升高校绿化管理和园林景观维护水平，2024年6月25日至6月29日"'双碳'背景下高校绿化管理与园林景观维护高级研修班"在大连举行，百余名来自全国各地的高校后勤管理人员参加培训并顺利结业。相关资料见图8。

图8 "双碳"背景下高校绿化管理与园林景观维护高级研修班图集

（三）举办"新技术应用与高校设施设备管理质量提升高级研修班"

高校设施设备管理是校园物业管理的重要领域，直接关系到高校办学质量和师生生活保障。随着互联网、智能技术的应用和数字校园、绿色校园建设的推进，高校设施设备管理工作面临许多新情况、新问题。为了保障教育现代化建设，促进校园物业管理理念、模式、手段创新，加快实现校园设施设备管理的提质增效，加强校园物业管理紧缺人才培养，提升校园设施设备管理水平，2024年12月3日至12月7日"新技术应用与高校设施设备管理质量提升高级研修班"在昆明举行，百余名来自全国各地的高校后勤管理人员参加培训并顺利结业。相关资料见图9。

图 9 新技术应用与高校设施设备管理质量提升高级研修班图集

四、召开"物专会 2024 年度主任秘书长工作会议"

根据物专会的工作安排和需要，2024 年 8 月 14 日—16 日在呼和浩特召开"物专会 2024 年度主任秘书长工作会议"，来自全国各地的主任、秘书长近 50 人参加会议。会议总结了上半年的工作，分析了当前形势，制定了下半年的工作计划，从而加强会员单位之间的交流与合作，学习贯彻落实党的二十届三中全会精神，着力聚焦进一步深化高校后勤改革的热点难点问题，以推动中国式现代化高校后勤体系建设为宗旨，为建设与高质量教育体系相匹配的高质量后勤保障体系发挥重要作用（见图 10）。

图 10 中国教育后勤协会物业管理专业委员会
2024 年度主任秘书长工作会议合影

五、召开物专会 2024 年年会

为学习贯彻党的二十届三中全会精神，促进新形势下深化高校后勤改革，构建现代化校园物业管理服务体系，为维护校园稳定和保障高校办学质量贡献智慧和力量，积极响应国家教育数字化战略行动，进一步展示现代数字技术、智能设施设备在校园建设、管理、服务等各个环节的创新应用，持续推动教育后勤适应发展新质生产力的要求，助力各级各类学校构建现代新型后勤"大系统、大服务、大保障"体系，促进大后勤领域的创新与发展，中国教育后勤协会于 2024 年 10 月 31 日—11 月 2 日在成都举办"第八届中国教育后勤展览会"，"中国教育后勤协会物业管理专业委员会 2024 年年会暨大学校园物业标准化管理论坛"与之同期举行。11 月 1 日，中国教育后勤协会物业管理专业委员会 2024 年年会在成都隆重召开，中国教育后勤协会会长刘建平出席会议并致辞；中国教育后勤协会副会长兼常务副秘书长、物专会主任黎玖高出席会议；四川省学校基本建设与后勤产业中心主任刘士喜出席会议并致辞。物专会副主任、副秘书长、专家组成员等出席会议，近 500 个委员单位代表参加会议。会议采用图片直播形式进行线上同步展播，点击观看次数突破 16 900 次。相关资料见图 11。

图 11 "中国教育后勤协会物业管理专业委员会 2024 年年会暨大学校园物业标准化管理论坛"图集

六、物专会宣传媒体建设

充分发挥"中国校园物业管理"官方网站及微信的自媒体宣传优势，利用平台推广协会，加强校园物业管理行业的交流互动，截至 2023 年 12 月，"中国校园物业管理"公众号更新宣传 153 篇，为会员学校、单位提供了宣传阵地，连载展播省级物专会及会员单位活动风采；转载、展示行业同仁创新思路，传递行业资讯，形成宣传合力，在普及校园物业管理知识、宣传行业信息等方面持续发力，凝聚行业正能量。持续做好中国校园物业管理官方网站的信息维护，强化网上问题答疑功能，为广大后勤工作人员答疑解惑。与省级物专会平台加强联系，加大其宣传力度，共建、共享物专会宣传平台。

中国教育后勤协会能源管理专业委员会
工作报告

2024 年是新中国成立 75 周年，是实施"十四五"规划的关键一年。2024 年，也是中国教育后勤协会能源管理委员会（以下简称"能专会"）发展的关键之年，迎来了能专会成立十周年。在技术革命迭代发展的当下，能源管理的初心使命，就是通过数字化技术应用，推动节能降耗，从专委会出发，辐射教育后勤，服务学校发展。这一年，能专会全体成员齐心协力、开拓创新，取得了一系列积极成果。这一年的路程，能专会走得很坚实；这一年的路程，能专会走得很有力量。

2024 年，能专会以习近平生态文明思想为指引，积极贯彻落实党的二十届三中全会精神和全国教育大会精神，紧紧围绕落实"双碳"目标，结合协会的年度工作要点，大力推进建设"低碳校园"相关工作，在机构建设、能力提升、人才培养、重大活动上，取得了新成果、新突破。

一、深入推进机构建设，久久为功结出硕果

2024 年是中国教育后勤协会能源管理专业委员会成立的十周年。作为协会最早成立的专委会之一，十年来，能专会积极践行创新、协调、绿色、开放、共享的新发展理念，以"服务政府、服务高校、服务企业"为宗旨，以推进数字化能源监管体系建设为核心，以节能改造、可再生能源利用等建设为抓手，坚持政府为主导、高校为主体、市场为驱动和协会组织推动的工作格局，构建了政府、协会、高校、企业相互交融，系统化、全方位、多角度的校园能源管理服务平台，形成了专业的校园能源管理智库。过去这一年，能专会深入推进组织机构建设，取得了丰硕成果。

2024 年 6 月 19 日，中国教育后勤协会能源管理专业委员会举行常务委员工作会议，会议讨论了提请全体委员会审议的能专会 2023 年度工作总结与 2024 年度重要活动计划报告，讨论了能专会 2023 年度财务收支情况报告以及委员单位变更情况报

告。会议中，与会的各省、区、市节能（能源管理）专业委员会（工作部）的负责人充分研讨交流了本年度的重点工作。

2024年6月20日，中国教育后勤协会能源管理专业委员会第二届第五次全体委员会议暨中国教育节能（2024年度）发展论坛在重庆顺利召开（见图1）。这是在全面贯彻落实党的二十大精神和总书记关于"教育强国建设"重要讲话精神的关键之年召开的一次年度会议，对助力教育强国建设、推动校园能源管理事业高质量发展，具有重要意义。出席本次大会的有中国教育后勤协会副会长兼常务副秘书长黎玖高，中国教育后勤协会副会长、能源管理专业委员会主任田备，重庆教育后勤协会常务副会长王平，中国教育后勤协会副秘书长、能源管理专业委员会副主任兼秘书长张西峰。还有来自全国20个省市、120余所高校的240多名委员单位代表，以及10余家协会企业会员单位代表参加会议。会议对委员单位人员进行了调整与增补。

图1　年会·合影

会议指出，能专会将不断推动能源管理数字化水平，一是提升数字化意识，通过提升思想认识、理论水平，增强指导实践的能力。二是通过技术更新，模型打造，实现服务、管理、运维三位一体；三是推动数字化服务于师生，推动技术不断积累，从量变到质变。四是增强信息化、数字化建设的原动力，通过政校企合作，推动组织结构、管理方式、业务范围转型发展。最终通过数字化，赋能校园发展，助力教育强国建设。

能专会以大会精神为引领，不断加强自身建设，提升规范化专业化水平，努力建成一支能闯会创的干事创业队伍，为实现校园能源管理改革创新，探索新理念，钻研新技术，解决新问题。

二、深入学习贯彻各项重要会议精神，提升节能降碳"内功"

2024 年 7 月，党的二十届三中全会胜利召开，会议系统擘画了进一步全面深化改革、推进中国式现代化的宏伟蓝图，是新时代新征程推动全面深化改革向广度和深度进军的总动员。全会提出了 300 多项重要改革举措，对未来 5 年进一步深化改革作出系统谋划和战略部署。会议召开后，能专会第一时间组织深入学习贯彻全会精神，以更大力度推动能源改革，加快规划建设校园新型能源体系，为推动低碳校园创建贡献专委会力量。

5 月，国务院关于印发《2024—2025 年节能降碳行动方案》的通知，对 2024—2025 年节能降碳工作作出了总体部署，提出分领域分行业实施十大节能降碳专项行动，并要求各地要细化落实方案，强化部署推进，尽最大努力完成"十四五"节能降碳约束性指标。能专会深入学习方案要求，并就校园节能降碳提出了一系列落地实施推进方案。

9 月，新时代第二次全国教育大会召开，对新时代新征程加快建设教育强国作出全面动员部署。能专会认真学习习近平总书记在全国教育大会上的重要讲话，努力推动教育、科技、人才一体化建设，把人才培养培训、节能技术创新和构建低碳校园有机结合，努力满足师生日益增长的对美好校园生活的期待。

三、圆满完成各项重点工作　持续打造品牌活动

2024 年，能专会在协会的领导下，在全体成员的团结协作下，在其他兄弟单位的大力支持下，各项事业再创佳绩，一系列品牌活动不仅得到了延续，其影响力和权威性也在稳步提升。

（一）中国教育节能发展论坛不断壮大　学术引领作用进一步增强

2024 年 6 月 20 日下午，中国教育节能（2024 年度）发展论坛在重庆顺利召开。众多专家学者和企业会员代表汇聚一堂，畅所欲言，大家围绕校园节能的关键问题、重要环节进行了深入交流，分享的内容既有理论高度，也有思想深度，更有重要的工作实践层面的指导价值，论坛凝聚起专家学者和企业一线管理人员的智慧力量，搭建政校企交流合作的桥梁，为推动绿色低碳校园建设贡献力量（见图 2）。

（二）配合国家部委开展一系列重要活动

2024年5月13日至19日是全国节能宣传周，主题是"绿色转型，节能攻坚"，5月15日是2024年"全国低碳日"，主题是"绿色低碳 美丽中国"。能专会配合国家节能中心等有关部委，开展了一系列宣传教育活动。

图2 田备主任作年会总结

（三）配合协会举办好第七届、第八届中国教育后勤展览会等活动

2024年4月1日，第七届中国教育后勤展览会在上海开幕。为全面贯彻落实《中共中央 国务院关于全面推进美丽中国建设的意见》，探讨美丽校园建设的目标与实现路径，推广在校园适用的先进绿色低碳、安全智能、高效便捷的技术和经验，"数字引领 科技赋能"推动美丽校园建设论坛在展会首日成功举办。国家部委领导、行业专家、典型高校后勤管理者及后勤服务企业代表围绕国家战略需求，探讨美丽校园的内涵、现实意义和建设目标及数字化，助推美丽校园实现路径，分享适用于美丽校园建设中的先进技术经验，以及科技赋能平安校园、低碳校园、智慧校园典型案例。

2024年10月31日，第八届中国教育后勤展览会在成都中国西部国际博览城举行。能专会在协会领导下，深度参与协会年度重要工作，贡献了专委会智慧和力量。

四、扎实开展课题研究 推进低碳校园建设

能专会自成立以来，高度重视课题研究工作，把调查研究作为自己的"法宝"，立志于建设成为方向明确、民主和谐、学术氛围浓厚、充满活力的行业组织。近年来，能专会围绕新时期学校能源管理工作中的特点、规律、改革方向和途径，探索学校能源管理工作新模式，加强对绿色低碳校园的理论研究。

2024年1月,协会面向全国教育后勤系统开展2023—2024年度课题申报工作,其中"绿色学校创建典型案例研究""高校低碳建筑能源管理研究""高校能源定额管理研究""低碳学校建设标准与生均能耗比较研究""高校能源管理规范研究"被列为一般课题。

一年来,能专会积极组织专家学者参与课题申报,以课题研究推动理论创新,引领实践发展,并对课题的进展进行及时追踪,确保课题高质量完成。

五、开展全国高校后勤能源管理能力提升专题研修班

图3 牛维麟常务副会长兼秘书长到会,作开班动员讲话

2024年6月24日—26日,由中国教育后勤协会主办、能源管理专业委员会、培训部承办的全国高校后勤能源管理能力提升专题研修班在重庆市成功举办,来自近20个省份、60多所高校及4家协会企业会员单位的110名学员参加了此次研修班(见图3、图4)。

图4 培训现场

此次研修班的举行旨在贯彻落实习近平总书记关于完善能源消耗总量和强度调控，逐步转向碳排放总量和强度双控的重要指示精神，针对当前高校节能降碳工作中的突出矛盾和难点，切实提升校园能源管理水平，提高有关人员专业能力，加速推进"美丽校园"建设向更高水平迈进。

9月26日—28日，由中国教育后勤协会能源管理专业委员会承办的全国高校后勤能源管理能力提升专题研修班（第二期）在云南昆明成功举办。来自近20个省份、50多所学校及4家协会企业会员单位的90余名学员参加了此次研修班。通过专家课堂、案例展示、实地调研等环节，学员对高校后勤能源管理发展方向有了进一步认识。

2025年，能专会将继续加快全国高校后勤能源管理能力提升人才培养工作，提升高校节能降碳专业化水平。

六、宣传推广工作进一步铺开，专委会影响力持续扩大

依托中国教育节能发展论坛，"创新·创造·创建"低碳校园发展论坛等品牌活动，能专会打造引领行业舆论阵地，做好主题宣传，依托地方能专会及会员单位，广泛动员、深入挖掘典型案例，充分利用全国能专会微信公众号（中国教育节能）官方宣传平台进行专题宣传，发出教育节能声音，展示有担当、有情怀、有温度的后勤形象。

七、总结与展望

回望过去这一年，能专会深刻体会到，2024年，是整装再出发的一年、是锐意进取的一年、是充满挑战的一年，工作有压力、更有动力，有目标方向、更有实际行动，有刻苦创新、更有不断突破。

2025年是"十四五"规划的收官之年，我国经济航船即将开启新的一程。能专会将坚持干字当头，增强信心、迎难而上，以"功成不必在我 功成必定有我"的精神，敢担当善作为，深入贯彻落实"双碳"目标，完善能源管理体系，推进节能管理数字化转型，实现办好人民满意的教育。为了共同的梦想砥砺前行，为促进中国教育后勤事业高质量发展，为推动美丽中国建设，为满足广大师生对美好校园生活的向往，作出新的更大贡献。

中国教育后勤协会商贸管理专业委员会工作报告

2024年，在中国教育后勤协会的领导下，商贸管理专业委员会（以下简称"商专会"）始终坚持以习近平新时代中国特色社会主义思想为指导，贯彻落实党的二十届三中全会和全国教育大会精神，坚持以服务育人、立德树人为工作宗旨，正确认识、充分分析校园商业服务工作面临的形势和任务，不断探索和创新校园商业服务模式，始终以服务师生为核心，对标教育现代化，筑牢安全底线，努力做好校园商业服务与管理工作。

一、机构建设

（一）以党建引领促工作实效，切实提高政治站位，全面推动主题教育与校园商业服务工作深度结合

2024年以来，各地商专会和高校始终把政治建设放在首位，坚持用习近平新时代中国特色社会主义思想武装头脑、指导实践，扎实推进学习贯彻习近平新时代中国特色社会主义思想主题教育走深走实。通过精心组织学习会、研讨会等活动，各地商专会和高校深入学习贯彻党的二十届三中全会精神、开展党纪学习教育，以学习促落实，不断巩固和完善校园商业服务育人工作的相关制度和举措，不断增强"四个意识"、坚定"四个自信"、做到"两个维护"，确保党的教育方针在校园商业管理服务领域的贯彻落实。

山东省各高校通过宣讲报告会、党纪学习教育部署会、专题党课、参观红色教育基地等形式多样化开展党的二十届三中全会和全国教育大会精神学习。安徽省商专会认真落实习近平总书记关于安徽工作的重要讲话重要指示精神，深入贯彻安徽省委十一届五次、六次、七次全会部署。浙江工业大学容大集团商贸党支部与浙江

科技大学后勤公贸党支部联合开展主题党日活动。中南大学后勤保障部组织开展"谈心谈话明纪律，廉洁自律守底线"廉洁教育活动。西南大学后勤集团经营服务中心与接待服务中心积极响应学校"红岩先锋"基层党组织创建及"五高"建设战略要求，精心部署并扎实开展"党员五个一"实践活动与"党员整改承诺"专项行动。合肥工业大学商贸中心坚持双周三学习制度并设置党员示范岗。上海教育超市连锁有限公司结合"三会一课"、开展主题党日专题学习、警示教育、党课等20余次。浙江同力信息科技有限公司通过签订党风廉政承诺书、发布《致广大供应商的一封信》等方式营造廉洁安全高效的采购环境。浙江新宇商业集团通过在门店设立"红旗书屋"，常态长效开展党的教育，营造浓郁"红色书香"。

（二）坚持公开、透明的工作准则，不断加强规范化建设

定期召开常委会议，传达学习有关文件和上级工作要求，明确商专会新时期、新阶段的发展方向和工作重点，研究在工作中遇到的新情况、新问题，部署相关工作等。

3月，召开二届七次常委会，通报了常务委员变动情况、2023年年会暨校园商业服务管理发展论坛准备情况、第七届中国教育后勤展校园商业管理与服务专题展组织情况、"新时代后勤育人共同体建设研讨会暨'育人星光计划'推进工作论坛"准备情况。6月，召开主任秘书长视频会议，传达协会《关于进一步严明纪律坚决禁止违规吃喝的工作提醒》等文件精神，讨论暑期研修活动安排及设立高校文创办公室等事宜，并讨论交流了上半年工作开展情况及下半年的工作计划。8月，召开二届八次常委会，讨论了2024年迎新及下半年商专会重点活动计划和第八届教育后勤展"校园文创与校园文化育人论坛"的筹备工作，部署了2024年下半年"样板店"现场评审与验收工作，通过了《高校教育超市样板店评审管理实施细则》及《全国教育超市标准化建设评估标准（2024年修订版）》，同意成立高校商专会文创办公室、将商专会联合采购办公室功能并入市场协作与企业发展办公室，撤销联合采购办公室、将商专会市场监管与行业自律办公室更名为校园商业服务与规范化建设办公室。

山东省商专会成立专家委员会，为高校商业发展提供战略规划和专业建议，并参与制定和完善高校商业服务标准，不断推动服务质量的提升。4月，安徽省商专会召开第三届第一次会员大会，完成了换届工作，修订了《安徽省高等院校后勤协会商贸管理专业委员会组织规则》，制定了《商贸管理专业委员会工作组分工职责》（皖教后协商〔2024〕6号），正式成立6个工作组，确定各组职责与负责人。

（三）强化制度建设，规范商业服务工作流程，明确工作职能

重庆工业职业技术学院及时修订《经营性用房及场所管理规定》，并对商业街门面实施了严格的周排查与月调度会议制度。安徽省商专会联合合肥市旅游客运协会举办2024年高校车辆管理和公务出行工作研讨会，发布了《校车驾驶员服务规范守则》，为实现"标准化＋亲情化"的"增值服务"，提升校车驾驶员整体服务质量提供了标准。中国地质大学（武汉）劳动服务中心制订和修订了《社会合作服务保障用房维修管理办法》《社会合作服务保障用房管理廉政风险点》《南望山校区出租出借公用房管理细则》《中心"三重一大"议事制度》等文件。上海教育超市连锁有限公司于11月形成公司《规章制度汇编》初稿。西南大学经营服务中心出台了《市场监督管理规定》与《市场考核与奖惩细则》。河北易百超市进一步完善了滞销商品管理制度，适当调整超市新品准入流程。合肥工业大学商贸中心以申报"样板店"为契机，中心成立样板店建设筹备小组，对现有制度进行全面梳理，查缺补漏。

二、能力提升

积极探索校园商业服务发展新形式，多措并举开展特色化商业服务工作。商专会不断发挥自身平台作用，始终坚持推动各地商专会与各高校间进行交流合作，共同提升校园商业服务的质量与水平。3月，召开2023年年会暨校园商业服务管理发展论坛，总结了商专会全年工作，通报了2024年全国商专会和校园商业服务工作重点，并进行了教育超市样板店评审专家聘任仪式、全国教育超市样板店授牌仪式；会议同期举办了"校园商业服务管理发展论坛"，共同探讨了育人积分系统、校园文化建设与文创、校园商业规划、经营用房出租出借、食品安全与多样化服务等主题。

重庆师范大学后勤与资产管理处连续开展两轮师生意见征询活动，落实学校常态化"三服务"工作方案。浙江工业大学之江学院打造生活购物、学习休闲、产教融合、劳动育人、文化沙龙等为一体的校园商业综合体。中南大学后勤保障部按照"一店一景"和打造"便捷中南"服务品牌的目标，对企业的装修布局及服务品类划分提出明确要求。重庆三峡学院在校园商业场地中积极引入电子商务和移动支付等新型商业手段。合肥工业大学商贸中心针对各个超市区域特点，深入研究00后学生群体和教职工群体的消费特征。辽宁龙寅教育超市鞍山门店举办"好柿来了——毕业嘉年华活动"，为毕业生提供二手商品展卖区域。徐州工程学院后勤

管理处经营管理科引进实力商家打造"校园文化创意服务街区"和"品牌特色餐饮街区"——"59 工坊""橙堡""芒多"商贸街区。

三、重点工作

（一）大力推动教育超市样板店、标准店建设，促进教育超市高质量发展

超市是校园商业服务的基本业态，体现基础性和保障性，人流量大、影响面广。商专会发轫于教育超市、始终把教育超市的样板店、标准店建设作为提升服务质量的重要抓手。积极鼓励各高校教育超市申报"全国教育超市样板店"，推动"百千工程"走深走实。4 月，召开教育超市标准化建设评审专家工作会，听取了《关于健全全国教育超市样板店评审程序和修订部分评审标准条款（草案）情况的说明》，在总结《全国教育超市标准化建设评估标准》（2023 年修订版）新标准开展评审实践经验基础上，对全国教育超市样板店评审程序进一步规范完善，增加"前置预审"环节，并对部分评审标准条款或分值作出了修订。11 月，在浙江、安徽、江苏、上海商专会的积极发动和周密部署下，经各单位申报，本着优中选优的原则，经过层层筛选和逐项考评，17 家门店被申报到全国商专会参加 2024 年度的"全国教育超市样板店"评审。收到申报材料后，教育超市标准化建设办公室组织专家立即开展前置预审，筛选出 10 家符合现场评审的门店，专家组于 12 月分别赴这 10 家门店进行了严格专业现场评审与验收，现处于公示阶段。

在全国教育超市样板店评审工作开展影响下，山东商专会成立专家组，对山东财经大学等 50 余所高校进行标准店评审工作，推动了教育超市"百千工程"向纵深发展。江苏省商专会举办标准化建设培训，赴浙江大学后勤集团、浙江农林大学、浙江交通职业技术学院等单位学习创建全国教育超市样板店的成功经验。河北易百超市通过"内修外治"的方式，对内侧重超市商品陈列、商品价签等精细化管理，对外及时引进网红商品，引领网红商品售卖。浙江同力信息科技有限公司推行超市标准化贯标 2.0 版本。

（二）把握校园特质、加强标准引领，推动校园商业服务高质量发展

商专会始终坚持以标准化建设为抓手，以服务师生为根本，以立德树人为宗旨，大力推动校园商业服务与管理标准化建设。在上海学校后勤协会和各高校的支持下继续试点开展"校园商业服务与管理标准化项目"，推动校园商业服务规范化、特色

化发展，促进校园商业服务工作在高校后勤服务领域发挥更大的作用，该试点项目于 2024 年 6 月以高分通过上海市市场监督管理局的终期验收，为接下来团体标准的制定提供了坚实的理论基础和标准实地应用经验。

（三）文化赋能，立德树人，夯实服务育人长效机制

4 月，积极组织高校和会员企业参展第七届中国教育后勤展览会，设立由多家校园商业服务企业参与的"校园商业服务与管理专题展区"，专题展区由商专会总体工作展示、特色工作展示、校园服务企业展示三部分组成。精心的展台布置、丰富的展示内容、前沿的产品技术等受到高度关注与认可。展会现场特别打造服务育人和由复旦大学、西北工业大学、中国计量大学等 8 所大学组成的文创特色区域，以图文、视频等多媒体展示和实物展相结合的方式展示高校在后勤育人、劳动教育和校园文化建设方面的创新实践，促进了行业内的资源共享和优势互补，扩大了商专会的品牌形象以及行业影响力。11 月，举行中国教育后勤协会校园文创与校园文化育人论坛，论坛设主题演讲、活动发布及优秀社会企业分享等环节，邀请了西北工业大学、北京大学、华中科技大学、电子科技大学、中国计量大学及陕西历史博物馆、部分优秀社会企业进行校园文创与文化育人经验分享。

承办新时代后勤育人共同体建设论坛，共同探讨新时代背景下后勤育人工作的新模式、新理念和新实践，并邀请嘉宾围绕建设后勤育人共同体，就如何解决当前校企合作中存在的问题、如何让学生更为有效地参与、如何发挥高校后勤的主导作用、企业的协同作用，以及教育行政部门如何发挥引领作用等开展讨论。8 月，举行新时代后勤育人暨育人星光计划研讨会，深入探讨后勤育人的新思路、新路径，交流育人星光计划实施经验。

各省市商专会和高校进一步探索与校园文化建设和学生成才培养相结合的劳动教育机制，注重在校园商业服务过程中培养学生的社会责任感、养成良好的生活习惯，培养平等尊重和自我管理意识，建立完善服务育人长效机制。山东大学以中心校区为核心，打造带有山大文化印记、深受年轻人喜爱的校园文化网红邮局。山东商业职业技术学院与山东纳博士集团公司合作打造校企联营校园超市的新模式，以校园商业平台为基础，进行实践教学改革和课程资源开发，打造商业育人长效机制。安徽省商专会组织了多次省内外调研交流活动，先后至中国科学技术大学、安徽大学、浙江大学、浙江师范大学、浙江旅游职业学院等地调研校园文创产品开发成果和经验。中国地质大学（武汉）劳动服务中心结合中心特色，制定了《劳动教育实

施方案》，并联合辖区商户开展系列劳动教育活动，通过举办"甜品制作""手工缝纫"等劳动技能比赛，实现劳动教育与服务育人的深度融合。嘉兴大学文创雪糕以嘉大"景、筑、物"为元素，融入了学校的地标建筑虹源湖、龙星阁以及校园萌宠"虹源湖天鹅"。南京林业大学围绕校园文化育人初步完成5大类100余款的校园文创产品开发和门店设计。

（四）时刻紧绷安全生产这根弦，强化风险意识，规范安全管理工作

商专会认真学习贯彻国务院食安办等五部委《关于印发〈校园食品安全排查整治专项行动实施方案〉的通知》，重点聚焦校园商业服务领域，围绕食品安全、消防安全、环境卫生和承包经营等工作重点，积极倡导"源头可溯、过程可控、风险可防、责任可究"的食品安全管理体系，全面排查消防安全隐患，深入推动校园商业服务场所实施清洁、整齐、有序的环境卫生管理标准，不断加强对校园商业服务承包经营企业的监管力度，夯实主体责任，加强依法依规管理，督促服务企业加强标准化建设。

6月，浙江省商专会开展"'食'刻守护 安全同行——校园食品安全线上知识竞赛"，采用系统题库随机组卷、"线上答题"的方式进行，内容涵盖食品安全法律法规、食品安全管理等方面知识，共有来自全省27所高校商贸领域81名员工参赛。重庆市商专会通过组织专题工作会、消防安全知识培训讲座、开展高层建筑火灾扑救实战演练等方式，践行安全生产工作。上海教育超市连锁有限公司落实"党政同责、一岗双责"要求，建立健全全员安全生产责任制。易百超市重新梳理、完善"保定易百商贸有限公司质量安全工作手册"，与全体员工层层签订安全责任书。南京师范大学后勤管理处服务网点管理科积极配合市场监督管理局的抽查和第三方检查，服务网点2024年未发生一起安全责任事故。浙江同力信息科技有限公司组织开展食品安全的培训，组织学习《中华人民共和国食品安全法》和《中华人民共和国消防法》等安全生产制度。

（五）强化数字赋能，稳步推进商业服务信息化建设

浙江同力信息科技有限公司积极完善求是生活超市大数据地图，利用业务场景数据的天然优势，协助针对现有自贩机点位和商户点位，进行全面的网格化管理工作。中国地质大学（武汉）劳动服务中心以"师生端、商户端、管理端"三端融合为理念，搭建并推广"CUGers生活服务圈"小程序服务评价模块，实现了后勤服务

的数字化管理与监督。上海教育超市连锁有限公司搭建 OA 系统，通过线上 e-cology 软件赋能办公自动化建设。

四、课题研究

集思广益，创新整合，继续做好校园商业服务课题研究工作。

积极参与中国教育后勤协会标准化技术委员会 2024 年协会团体标准制定工作，并申报《高等学校校园商业管理通用规范》（以下简称"标准"）项目，成立标准起草小组，通过线下会议、线上会议等方式，建立了协调、统一、优化的标准化工作机制，对本团体标准的起草原则、制定依据、内容范围和主要技术内容进行研讨，确定了团体标准的架构和主体结构。8 月，利用暑期研修班机会扩大讨论范围和征求意见，通过上台发言、线下交流等形式为本标准内容的进一步优化提供了新的改进思路。12 月，召开标准征求意见稿审定会，各与会代表从各自的专业角度出发，逐字逐条地对标准文本进行了仔细推敲，以确保标准的一致性和权威性。

为了《关于推动高校后勤高质量发展的指导意见》的制定和完善，商专会认真梳理准备了 7 项 12 个影响当前和未来发展的问题，并根据实际情况提出 4 个解决措施，为协会提供全面而深入的信息支持，确保指导意见能够有效指导高校后勤管理工作向更高水平迈进。

五、活动及宣传

加强交流，相互促进，充分发挥商专会平台作用，提高服务影响力。

近年来，商专会致力于将高校商业资源协调整合，深挖高校服务与商业协同发展、联动联营的潜力。通过商专会这一平台，充分发挥商专会微信公众号的作用，实现信息共享，资源共享，多方获益，切实发挥平台引导作用。商专会推动各地开展线上交流互动，加强高校商业服务与管理单位联动，针对现实问题，研讨对策，交流经验，促进了高校商业服务向专业化、规范化、标准化发展。

为挖掘和推广高校在商业管理和服务领域蕴含的新理念、新方法，促进各高校之间的实践经验交流与借鉴，江苏省、浙江省开展高校校园商贸管理服务优秀典型案例征集活动，案例从不同角度、不同层面展现了各高校在应对校园商贸管理服务过程中所面临的各种挑战，所采取的创新性思维与务实性举措，也是各高校在校园商贸管理服务领域积极探索的身影以及所积累的丰富实践经验的一次系统总结。

山东省商专会组织会员单位和专家代表赴安徽对中国科学技术大学和安徽农业大学的商贸管理工作进行学习调研。安徽省商专会组织会员单位赴浙江省学习调研浙江师范大学、浙江大学、浙江旅游职业学院的超市样板店建设经验。浙江农林大学、清华大学、华中科技大学、中南大学、中国地质大学、江苏教育超市、上海教育超市、浙江新宇贸易等校园商业服务企业多次利用年会、研讨会、培训等机会就高校商业管理的政策与机制、校园特色商业服务项目、校园食品安全管理等工作进行了深入的探讨。

六、人才培养

加大培训力度，内强素质、外树形象，提高服务竞争力。

业务培训是商专会工作的一项重要任务。8月，举行2024年校园商业服务与管理人员暑期研修活动，设置了包括校园商业与食品安全风险分析防范、中国式现代化与校园服务高质量发展、校园商业服务与服务育人工作、人工智能、新质生产力与校园商业服务，校园文化创意产业创新发展等讲座，还特别邀请江苏、浙江、湖北等高校、社会零售企业专家做经验介绍及案例分享，通过咨询答疑和交流研讨环节，确保每一位学员都有实质性的收获，从而更好地应对未来的挑战和机遇。课程结束后，学员们前往兰州大学进行实地考察，参观了校园超市、兰州大学校史馆及兰大校园文创店"翠英轩"。

各省商专会积极开展系列员工培训活动，通过组织召开专题培训、趣味活动等，加强员工队伍建设，增进员工间的交流，进一步提升员工的质量意识和团队意识。山东省各高校开展形式多样的食品安全和消防安全培训。易百超市积极组织员工开展进口食品销售培训，提高员工对进口食品信息的了解。南京师范大学后勤管理处服务网点管理科做好服务网点员工的意识形态培训工作以及落实意识形态工作责任制，针对门店及合作单位开展多轮培训。浙江同力信息科技有限公司落实"领头雁"培训计划，大力推进员工专业化、技术化水平的提升，通过外聘讲师集中授课等方式，开展了《服务礼仪培训》《情绪控制与沟通技巧培训》等专项培训。中国地质大学（武汉）劳动服务中心着力推进门面从业人员第二服务梯队建设，通过制定《门面从业人员帮扶方案》，针对不同业态开展专业类别培训。上海教育超市连锁有限公司开展商品陈列技能大赛，做好开学迎新前超市员工的"技能大练兵"。

中国教育后勤协会安全管理专业委员会工作报告

2024年，中国教育后勤协会安全管理专业委员会（以下简称"安专会"）以习近平新时代中国特色社会主义思想为指导，在中国教育后勤协会的领导下，依据协会和安专会的章程，围绕校园安全管理这一主题，紧密结合后勤工作实际，以"提供服务、规范自律、反映诉求"为宗旨，团结各委员单位努力开展工作，形成了良好的局面。现将主要工作总结如下：

一、机构建设

（一）顺利召开安专会主任秘书长工作会议

2024年4月1日，安专会二届四次主任秘书长工作会议在上海成功召开（见图1）。中国教育后勤协会常务副会长兼秘书长牛维麟，南京工业职业技术大学副校长崔新明，北京交通大学党委常委、学校办公室主任姚念龙，江苏省高校后勤协会安全管理专业委员会副主任兼秘书长、南京工业大学后勤保障处处长朱兴同，北京科技大

图1　安专会二届四次主任秘书长工作会议

学后勤管理处处长张东平，以及安专会副主任、正副秘书长等共 42 人参加会议。会议旨在进一步加强专委会工作交流，结合国家新形势和行业发展新要求，统筹谋划好教育后勤安全领域工作。安专会副主任兼秘书长郑广天就 2023 年工作总结及 2024 年工作计划进行报告；与会代表对专委会工作报告内容及下一步工作方向提出建设性意见，并就各自所在省份、高校的先进做法和经验展开交流分享。

（二）完善自身建设，积极拓展安专会成员单位及省安专会

在安专会现有工作团队基础上，扩充安全管理专业委员会委员单位规模，逐步优化和完善委员单位分工合作体系；加强与省级协会和研究会的沟通，积极推动各省组建"省安全协作组"，逐步推动成立省安专会，让更多地方高校参与到学校安全管理工作中，提升全国教育后勤安全管理专业整体的能力和水平。目前，四川省安专会成立筹备工作正在进行中。

二、重点工作

在教育部发展规划司和中国教育后勤协会的指导下，安专会结合新时代学校安全管理新特点、新需求、新趋势，积极发挥咨政作用，主动作为，协助教育部积极开展方案草拟、专题材料撰写、活动评选等专项工作，为落实总体国家安全观、开创校园安全管理工作的新局面做出了应有的贡献。

配合教育部发展规划司、中国教育后勤协会参与《全国高校安全生产管理后勤管理干部安全管理能力提升研修班实施方案（草案）》起草；完成《关于推动高校后勤高质量发展的指导意见》安全领域提纲草拟及消防安全专题材料汇总整理。

针对云南学校食堂"臭肉事件"和广州高校食堂"过期食品事件"，对接安专会领域专家，配合起草《食品安全管理建议》。

协助教育部发展规划司对 2024 年绿色出行宣传月和公交出行宣传周活动成绩进行初评。

三、课题研究

（一）顺利完成《科技赋能提升高校学生公寓安全管理水平的实践探索》《高校校园应急救护设施建设方案》两项课题结题

《科技赋能提升高校学生公寓安全管理水平的实践探索》：该课题旨在探索利用

大数据、物联网、人工智能等科技手段，结合先进设备，优化高校学生公寓管理模式，提升公寓安全管理水平。课题内容聚焦于用电安全、消防安全、传染病防控等方面，通过智能化手段降低火灾、人身安全事故等风险，为学生打造高安全感的校园生活，促进学生健康成长，同时弥补传统公寓管理方式的不足。课题调研涉及多所高校学生公寓安全管理现状，致力于形成一套完善的智能预警系统。目前正处于实际验证阶段，以期形成可推广的管理模式和规范性文件。

《高校校园应急救护设施建设方案》：该课题针对当前高校应急救护设施不足、公众急救知识缺乏等问题，提出校园应急救护设施建设的具体方案。课题内容涵盖AED等应急救护设备的配置、应急救护教育培训的开展等，旨在提升大学生应急救护能力和校园应急救护服务能力。课题调研以北京市高校为例，通过文献分析、案例研究、问卷调查等方法，形成了一套可行的应急救护设施建设方案，并在北京理工大学进行试点实施。课题旨在积极响应国家号召，加强校园应急救护体系建设，保障师生生命安全和健康，同时推动社会群体对应急救护的关注。

（二）持续推动《后勤安全管理体系及评价标准》课题研究

该课题致力于构建一套适应新形势下高校后勤安全管理工作要求的评价指标体系，以明确高校后勤安全保障要素，覆盖后勤安全全部内容。内容涵盖安全生产目标、组织机构和职责、安全投入、安全管理制度等多个方面，旨在提升高校后勤安全管理水平，为高校后勤安全管理和绩效评价提供理论依据，推动建立长效体系和运行机制。课题调研基于江苏省高校后勤协会安全管理专业委员会的实践经验，通过需求分析、资料研究、高校调研等方法，初步形成了评价体系框架，并将在后续研究中不断优化和完善。

四、活动及宣传

7月2日—6日，由安专会联合培训部主办，内蒙古高等教育学会后勤管理专业委员会、内蒙古师范大学协办的"全国高校后勤管理干部后勤安全管理能力提升专题研修班（第二期）"在呼和浩特成功举办（见图2）。共有来自全国各地高校近150名大后勤领域负责人参加专题研修班。培训邀请行业专家，围绕教育系统重大安全隐患及识别、高校后勤系统安全风险体系构建、学校食堂安全管理等内容进行授课。同时，研修班围绕食堂安全管理、学生公寓安全管理制定了详细的安全隐患排查细则，组建专家队伍，带领学员深入学校现场进行安全隐患模拟排查的沉浸式教学，并进行讨论总结，切实提高高校后勤领导干部安全管理能力。

图2　全国高校后勤管理干部后勤安全管理能力提升专题研修班（第二期）

10月15日—19日，由安专会联合培训部主办，山东省学校后勤协会协办的"全国教育后勤领导干部安全管理能力提升专题研修班（第三期）"在青岛成功举办（见图3）。研修班围绕教育部办公厅颁发的《教育系统重大事故隐患判定指南》涉及的核心领域，邀请国家级专家针对教育系统重大安全隐患及识别、学校工作中的舆情预警与处置、后勤巡视（巡察）工作政策解读及后勤领域主要管理风险问题分析等内容从不同视角进行解读，并邀请山东大学进行了工作经验分享，切实提升后勤管理干部的廉政风险意识及防范化解重大安全风险的意识和能力。

图3　全国教育后勤领导干部安全管理能力提升专题研修班（第三期）

积极组织安专会主任秘书长及委员单位参加第七届、第八届中国教育后勤展览会，并做好相关服务支持工作。

立足新时代，安专会将继续把自身建设发展融入中国教育后勤协会总体治理体系中，积极配合协会打造行业品牌、建立荣誉体系、建设智库平台，定期与协会交流阶段性工作及制度、分享典型经验；协同好与其他分支机构的关系，协同好与政府、学校、企业的关系，以合作共享凝聚协会的强大力量；通过搭建平台，积极开展论坛、培训、展览等交流学习活动，共谋发展、贡献成果、共话行业难点痛点问题，共同将协会打造成为"值得信赖、有社会责任感、有凝聚力、有价值、有文化、有特色"的行业组织，为建设与高质量教育体系相匹配的高质量后勤保障体系贡献力量！

中国教育后勤协会思想文化建设与人力资源管理专业委员会工作报告

2024年,在中国教育后勤协会的正确领导下,在各地教育后勤社团组织、全体委员单位的大力支持下,中国教育后勤协会思想文化建设与人力资源管理专业委员会(以下简称"思专会")深入学习贯彻习近平新时代中国特色社会主义思想和党的二十大精神,积极推动高校后勤领域的党建工作与思想文化建设;紧密结合教育后勤行业的实际情况,将新时代党的先进理论全面融入工作实践,通过强化学校后勤文化建设,开展育人论坛,总结并推广高校后勤"三全育人"的优秀经验和做法,着力推进高校后勤系统思想政治工作创新、行业标准化建设以及后勤人力资源管理能力的提升。

一、机构建设

思专会深耕内部建设,秉承"三全育人"理念,以提升服务管理质量为核心,建设有利于协调化解矛盾,增强凝聚力的和谐后勤文化。本年度,思专会进一步强化了主任、秘书长的工作职责,确保工作紧密贴合后勤实际,满足委员单位需求。同时,根据职能履行与工作推进需求,及时掌握思专会委员工作情况并做必要调整。

二、能力提升

在新时代高质量教育体系建设与行业组织框架的推动下,思专会积极作为,聚焦能力提升。积极参加分支机构办公室主任工作会议,精准把握协会发展方向,洞悉各分支机构最新动态,有力驱动自身蓬勃发展。

三、重点工作

为深入学习贯彻习近平总书记关于加快教育强国建设的重要讲话精神,围绕立德树人根本任务，努力探索通过技术赋能、模式创新，提升后勤育人品质，丰富后勤现代化发展内涵，推动后勤高效能、高质量发展，思专会3月在上海协助组织举办了"新时代后勤育人共同体建设研讨会暨'育人星光计划'推进工作论坛"（见图1）。

图1 新时代后勤育人共同体建设研讨会暨"育人星光计划"推进工作论坛

论坛以后勤育人为核心主题，探讨学校后勤在树德、增智、强体、育美等方面的综合育人功能；探索学校后勤服务全流程中建立符合当代大学生需求的育人激励模式，协同后勤服务企业共筑育人共同体，为后勤育人目标达成提供多维实现路径。

论坛汇聚了教育后勤领域的专家、学者、高校后勤管理者、服务校园的企业共计约300人参加，共同探讨新时代背景下后勤育人工作的新模式、新理念和新实践。论坛的成功举办彰显了在教育强国建设背景下教育后勤人的使命和担当。通过"新时代后勤育人共同体"建设，在持续提升教育后勤保障服务能力的同时，为构建全方位、高质量的育人体系贡献新的力量。

思专会积极协助协会开展《关于推动高校后勤高质量发展的指导意见》（暂名）文件起草工作，在加强后勤队伍建设和强化后勤育人职能方面列出了详细的问题清单及处理对策。

四、活动及宣传

高校文创作为校园文化传承创新和传播的重要载体，承载高校的历史、传统与精神，成为高校对外展示自身形象、传递文化理念的窗口。为了深入贯彻党的二十大精神，坚定文化自信，围绕举旗帜、聚民心、育新人、兴文化、展形象，建设社会主义文化强国，不断推动高校文化建设发展，提升文化育人水平，思专会11月在成都协助组织举办了"校园文创与校园文化育人论坛"（见图2）。

论坛以"发展校园文创　厚植育人沃土"为主题,汇聚各方智慧与力量,搭建高校文创的发展平台(见图3),协会代表、高校后勤管理部门、资产管理部门、校园文创产品管理机构、后勤服务实体相关负责人、校园商业综合体管理和各服务企

图2　校园文创与校园文化育人论坛

图3　文创产品展览

业负责人、优秀文创企业代表等 300 余人参加论坛。论坛的成功举办彰显了在建设文化强国、教育强国的征程中，高校后勤始终秉持立德树人的政治责任感与历史使命感，勇担新时代文化使命，始终致力于全方位提升学生文化素养，引导学生成长为中华优秀传统文化的忠实传承者。以文创产品承载高校校园文化，以传承创新绘就文化强国、强校的蓝图，为中华民族的文化繁荣注入源源不断的动力。

五、人才培养

思专会积极探寻强化后勤干部团队建设与提升人力资源管理效能的新路径，不断拓宽与深化培训范围及规模，着力提高培训质量。为增强培训的专业化与精准性，定期开展面向高校后勤干部的系统性培训工作，策划专题培训项目，以期全面优化后勤干部队伍的整体素质与专业能力。

六、下一步工作思考

第一，强化与协会分支机构及省级协会专委会的联动合作，在沟通中激发立德树人合力，共探行业发展新航向，全面提升高校后勤思想文化建设和人力资源管理效能。

第二，广泛征集高校后勤思想文化建设与人力资源管理的优秀案例，深入开展专题调研，探索打通育人"最后一公里"的有效路径。积极推广成功经验与做法，搭建学习交流平台，助力更多高校借鉴提升。

第三，深化高校后勤队伍建设研究，精准剖析现存问题，提出针对性解决方案，供各单位借鉴，全面提升后勤队伍素质与能力。

七、总结

2024 年，思专会工作稳步推进，在高校后勤党建、行业标准化及育人功能提升等方面取得了一定的成绩。展望 2025 年，思专会将勇立潮头，遵循行业规律，高效规范开展工作，引领会员单位精准把握立德树人使命与后勤改革方向，强化"三全育人"功能，探索后勤改革新路径，为提升教育后勤软实力贡献力量。

中国教育后勤协会信息化建设专业委员会工作报告

2024年，中国教育后勤协会信息化建设专业委员会（以下简称"信专会"）全面贯彻落实党的二十届三中全会和全国教育大会精神，在中国教育后勤协会的正确领导下，在各委员单位的大力支持下，积极履职尽责、努力开拓进取，取得了一定工作实绩。

一、机构建设

密切联系委员单位，保持委员单位常新。联系并收集了3名副主任、7名副秘书长、9名常务委员、2名委员更替情况及1名常务委员增补情况并提交常委会审议，目前信专会共有主任1人，副主任13人，秘书长1人，副秘书长31人，常务委员111人，委员266人。发扬共商共议的工作作风，于12月12日召开信专会二届七次常委工作会议，围绕重点工作开展研讨及审议工作（见图1）。

图1　会议现场

二、重点工作

（一）深入开展行业调研

为进一步了解我国教育后勤信息化发展现状，分析我国各级各类学校后勤信息化发展趋势、特点及影响因素等，于2024年下半年以线上线下结合的形式开展了全国教育后勤信息化建设发展状况调研，收集了156所各级各类学校后勤信息化建设相关数据。经过数据分析、挖掘，形成《2024年教育后勤信息化行业年度发展报告》，在第九届中国教育后勤互联网大会上进行发布，以期通过调研工作，助力各级各类教育行政部门及学校精准施策、靶向发力（见图2）。

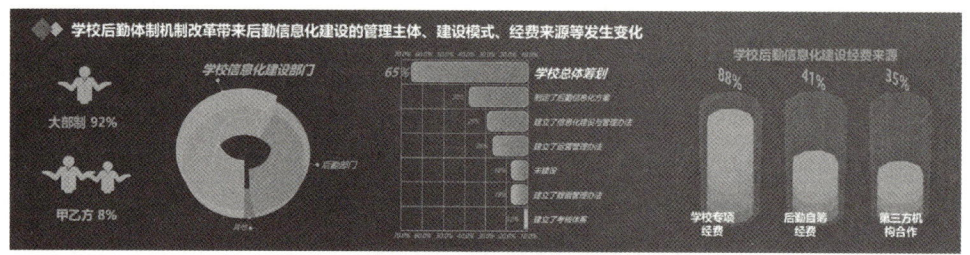

图2 发展报告部分内容

（二）加紧完善行业著作

为拓宽后勤信息化行业研究深度广度，全面总结近年来教育后勤信息化行业成果经验，信专会加紧开展了《数字赋能 智享未来——教育后勤数字化转型研究与实践》专著的完善，不断优化修改文稿内容，并与出版社进行紧密沟通，根据出版社工作要求，对各章节语句、文献等进行了校对和核查工作，于2024年底完成了著作的内审并交付出版社，预计将于2025年上半年出版发行，以期为各学校开展后勤信息化建设提供指导。

三、项目建设

为全面落实我国教育数字化战略行动，科学规范指导各高等学校开展后勤信息化建设工作，信专会提出《高等学校智慧后勤平台 基本功能要求》团体标准方案并获批协会立项。2024年成立了以信专会主任为组长，信专会专家库成员、部分委员单位代表为成员的标准起草工作组，深入调研学习了 10 余项行业内国家标准及规范文件，并召开标准工作会议进行分工，制定了团体标准整体框架，在此基础上持续进行标准的初稿撰写工作。

四、活动及宣传

（一）举办第七期全国高校后勤信息化建设高级研修班

为贯彻落实国家教育数字化战略行动，有力提升我国高校智慧后勤建设水平和有关人员专业能力，信专会于 7 月 24 日—7 月 28 日在辽宁省大连市举办"第七期全国高校后勤信息化建设高级研修班"，邀请了厦门大学等专家学者现场作专题报告，组织学员前往大连理工大学、大连海事大学等高校现场参观学习，并安排了研讨交流、破冰团建等活动，参训学员 150 余人（见图 3）。

图 3　第七期全国高校后勤信息化建设高级研修班现场

（二）合办全国高校学生公寓标准化管理服务与信息化建设高级研修班

为推动学生公寓管理服务向高品质和多样化升级，加强高校公寓领域后勤信息化建设水平，信专会与寓专会于 9 月 23 日至 9 月 27 日在贵州贵阳合办全国高校学生公寓标准化管理服务与信息化建设高级研修班，通过邀请专家现场授课、组织学员实地学习等方式，拓宽视野、交流思路，参训学员 200 余人（见图 4）。

图 4　全国高校学生公寓标准化管理服务与信息化建设高级研修班现场

（三）协办"人工智能时代未来后勤的机遇与挑战"主论坛

积极搭建行业交流平台，在中国教育后勤协会的指导下，于 10 月 31 日第八届中国教育后勤展览会期间，协办"人工智能时代未来后勤的机遇与挑战"主论坛，协助进行了内容筹划、嘉宾联系等会务工作，近千人现场参会，多名专家学者到会作主题报告，共话人工智能对高等教育以及教育后勤当前和未来发展带来的机遇与挑战（见图 5）。

图 5　"人工智能时代未来后勤的机遇与挑战"主论坛现场

(四)承办第九届中国教育后勤互联网大会

为积极响应国家教育数字化战略行动,大力推动数智技术在教育后勤领域的应用,由中国教育后勤协会主办、信息化建设专业委员会承办的第九届中国教育后勤互联网大会于12月13日在福建福州成功召开。大会以"新质促发展、智汇创未来"为主题,精心安排了鹿鸣谷主题论坛、圆桌对话、高朋满座沙龙、校园新技术成果展、信专会年会等多种形式。围绕人工智能在校园服务领域的应用成果、未来发展等主题,中国工程院院士郑庆华等专家学者作现场报告,协会部分分支机构及地方行业组织秘书长进行对话交流。会上同期发布了《2024年教育后勤信息化行业年度发展报告》,展示了后勤信息化领域新技术成果等。共有来自全国各级各类学校300余名教育同仁参会,大会为广大后勤同仁搭建了交流桥梁、建立了合作平台、传播了先进理念、共享了前沿成果、展望了发展方向(见图6)。

图6 第九届中国教育后勤互联网大会现场

(五)组织参加中国教育后勤协会高校后勤乒乓球大赛

积极响应协会号召,组织并选派了由吉林大学、西安交通大学、哈尔滨工程大学、淮阴师范学院等委员单位后勤人员组成的信专会代表队,于8月1日在长春参加中国教育后勤协会"中浦慧联杯"高校后勤乒乓球大赛,获得乙组三等奖,通过参加比赛,凝聚了信专会委员单位合力、展示了委员单位风采(见图7)。

图7 信专会乒乓球代表队合影

五、其他

加强同协会分支机构及各地区行业协会的合作交流，与北京、重庆、山西、山东、安徽、河南、江苏、浙江、上海、四川、广东、云南、湖南、黑龙江等地教育（学校）后勤协会（研究会）及相关地区信专会紧密联系沟通，参与并协助了浙江省信专会数智后勤论坛活动、陕西省教育后勤协会信专会成立大会、协会接待服务分会工作会议等相关活动，为相关领域及区域的后勤信息化建设工作提供助力。

中国教育后勤协会房产管理专业委员会工作报告

2024年，中国教育后勤协会房产管理专业委员会（以下简称"房专会"）在协会的领导下和全国各高校的大力支持下，始终坚持以习近平新时代中国特色社会主义思想为指导，以党的政治建设为统领，全面加强组织建设，积极推进指导区域、省市级房专会组织持续开展工作，推动房产管理工作高质量发展。房专会以钉钉子精神认真抓好学习宣传贯彻，坚持学思用贯通、知信行统一，把党的二十大和二十届二中、三中全会精神以及全国教育大会精神体现到做好各项工作之中。

一、以党的政治建设为统领，全面加强组织建设

加强政治建设，确保房产管理工作的正确方向。政治建设是党的根本性建设，对于房专会而言，坚持政治建设为统领，意味着确保房产管理工作始终沿着正确的政治方向前进。这不仅关系到组织的凝聚力和战斗力，也是推动房产管理工作高质量发展的关键。通过加强组织建设，能够更好地贯彻落实党的教育方针，确保房产管理工作与国家的教育战略同步，为实现教育现代化提供坚实的组织保障。

2024年，房专会始终坚持以习近平新时代中国特色社会主义思想为指导，以党的政治建设为统领，加强组织建设。积极推进指导区域、省市级房专会组织持续开展工作，推动房产工作高质量发展。通过组织学习党的二十大、二十届二中、三中全会和全国教育大会精神，确保了全体成员在思想上、政治上、行动上同党中央保持高度一致。

2024年11月4日，长三角地区举办第一届长三角地区高校房产管理工作论坛。论坛深入学习贯彻落实党的二十届三中全会精神，总结长三角地区高校在房屋资产管理发展中形成的经验特色，加强校间交流合作，助力学校高质量发展。秘书处代表房专会参加论坛并提出希望，希望长三角地区能够发挥区域优势，在房产管理

方面大胆探索、勇于实践，能够为高质量的房产管理推动高质量发展提供先行先试经验。

在论坛上，浙江大学、扬州大学、上海大学等房产管理领域内专家从理论与实践相结合的视角，就高质量房屋资产管理推动学校事业高质量发展进行了深入交流。论坛还组织了房屋资产管理、房产管理数字化转型、房产经营管理等三个主题的分论坛，来自华东理工大学、浙江工业大学、江苏开放大学、南京航空航天大学、上海海洋大学、中国矿业大学等单位房屋资产管理负责人和专家在分论坛上介绍分享了各自的实践与探索，与会高校代表积极参与讨论。来自江苏、浙江、上海以及江西、西安等地近80所高校的150余名房屋资产管理部门负责人和专家参与本次论坛。通过本次论坛，加强了长三角地区高校之间的合作与交流，共同推动房产管理工作更好地服务于教育强国建设。

2024年11月17日，房专会在西安成功举办了房专会主任及秘书长工作会议。协会会长刘建平出席并讲话。会议期间，与会人员深入学习了"中国教育后勤协会第二届理事会第六次会议"和"2024年度全国教育后勤系统社团组织会长秘书长工作会议"的精神，研究讨论了高校深化房产资源配置及公房有偿使用改革。此次会议的核心目标是加强组织建设，提高工作效能。在此基础上，会议还特别强调了贯彻落实全国教育大会精神的重要性，紧紧围绕立德树人这一根本任务，高校在房产资源配置及管理中，要体现育人为本的理念，为学生提供良好的学习和生活环境。通过共同探讨和学习，与会者致力于将会议精神转化为实际行动，以推动房专会及高校房产管理工作的持续进步和发展，为实现教育强国的战略目标贡献力量。

二、以交流活动为载体，搭建信息共享平台

房专会通过交流活动促进知识共享，提升房产管理的专业水平。交流活动是房专会工作的重要组成部分，它不仅为各高校房产管理专家和学者提供了一个交流思想、分享经验的平台，也是推动房产管理工作创新发展的重要途径。通过交流活动，房专会汇聚各方智慧，共同探讨房产管理的最佳实践，从而提升整个行业的专业水平和管理效能，为高校房产管理工作的持续进步提供智力支持。

房专会以高质量举办年会和论坛为载体，凝聚大家的共识，共谋房产管理工作的发展。2024年4月21日，中国教育后勤协会房产管理专业委员会2023年年会暨房产管理发展论坛在徐州举行。本次年会暨房产管理发展论坛汇聚了来自全国高等

教育机构的房产管理专家和学者，旨在探讨和分享房产管理的最佳实践，推动房产资源的高效利用和持续发展。

年会上，房专会秘书处全面汇报了自 2023 年以来的工作进展和取得的成绩，宣布了 2024 年的工作计划。公布了 2023 年房产管理工作案例评选结果，12 所高校荣获典型优秀案例，22 所高校获得提名入围案例，参会领导为获奖单位颁发了证书。这些案例涵盖范围广泛，包括信息化建设、资产管理、服务创新等，具有很强的代表性和借鉴意义。代表了我国高校房产管理的最高水平，更在一定程度上反映了我国高校房产管理工作的整体风貌。同时还鼓励高校房产管理者在工作中大胆尝试，勇于创新，不断探索适合本校实际的房产管理新模式、新方法。

在论坛中，来自华中科技大学、山东大学、东北大学、兰州大学、同济大学、厦门大学等的专家，通过线上线下相结合的方式，就各自学校的房产资源管理进行了深入的交流与分享。兰州大学、天津大学、北京大学、中国矿业大学、同济大学、浙江大学、华中科技大学、西安建筑科技大学、黑龙江大学、四川大学等一百多所高校的 300 余名代表参加了本次会议。会议内容丰富、组织有序，获得了参会代表的一致好评。本次年会暨房产管理发展论坛不仅为房产管理领域的各高校提供了一个交流和学习的平台，也为推动我国高校房产管理的创新与发展做出了积极贡献。

三、以政策研究为先导，开展咨政辅政工作

房专会注重政策研究，为房产管理提供科学决策支持。政策研究是房专会工作的重要先导，涉及对国家教育政策的深入理解和应用，以及对房产管理实践的科学指导。通过开展政策研究，为高校房产管理提供政策咨询和决策支持，帮助高校更好地理解和执行国家政策，同时也为政府主管部门提供政策建议，促进高校房产管理工作的科学化、规范化。

2024 年 10 月 8 日，教育部发展规划司开展《关于推动高校后勤高质量发展的指导意见》文件制定工作，房专会快速组织，根据各高校提出的房产管理工作中的重点和难点问题形成一份高质量汇报材料。在房专会 2024 年主任、秘书长工作会议中研究讨论了高校公房有偿使用改革工作，深入学习了《教育部直属高校和直属单位国有资产管理办法（征求意见稿）》，参会高校代表就如何贯彻落实征求意见稿中的要求进行了热烈的讨论。代表们普遍认为，征求意见稿通过优化国有资产的配置和使用，确保了资产的安全性和完整性，从而强化了对直属高校和直属单位国有资产

的管理。这不仅为教育事业的持续进步提供了坚实的保障，也为其发展注入了新的活力。体现了既"放得活"又"管得住"。与会的高校代表根据自身学校的具体情况，对征求意见稿中部分条款的实施提出了建设性意见，最后形成了一份反馈稿并提交至教育部。为高校与政府主管部门之间搭建了沟通的渠道，很好地发挥了桥梁纽带作用。这也是落实第二届理事会第六次会议领导讲话精神的具体体现。

四、以课题立项为牵引，加强专业领域研究

房专会通过课题研究推动房产管理领域的理论创新和实践发展。课题立项是房专会提升专业研究能力的重要手段，不仅能够推动房产管理领域的理论创新，也能够促进实践发展。通过承担和完成各类课题，可以深入探索房产管理的新理念、新方法，为高校房产管理工作提供新的视角和解决方案，从而推动整个行业的现代化进程。

新时代面临很多发展中的新挑战，要求房专会不断创新，提升管理中的现代化水平。房专会高度重视参与协会课题立项研究工作，作为管理能力提升的有力抓手。根据协会立项课题研究整体工作安排，2024年房专会承担一般课题6项，分别来自东南大学、泸州职业技术学院、新疆大学、西安明德理工学院、中国矿业大学（徐州）、西安科技大学，涉及信息化建设、评价体系构建等多个研究领域。

目前上述6个课题均在进行中，房专会将进一步加强过程控制，提高课题研究水平和含金量，努力向协会递交高质量的结题报告。

五、以能力建设为基础，强化队伍建设取得成效

房专会注重加强能力建设，打造高素质的房产管理人才队伍。能力建设是房专会工作的基石，它涉及提升房产管理人才的专业技能和管理水平。通过加强队伍建设，培养一支懂管理、善经营、会服务的高素质房产管理人才队伍，为高校房产管理工作的高质量发展提供人才保障，同时也为实现教育现代化的宏伟目标贡献力量。

为充分展现新时代新征程教育系统高质量后勤保障队伍建设的突出成就，大力弘扬学校后勤员工立足岗位，担当作为、默默奉献的精神，中国教育后勤协会在全国教育后勤系统开展以"新时代新奉献"为主题的"2023年度最美后勤人"推选活动。房专会根据协会反馈的学校及个人报名情况，组织评议，最后房专会推荐的中

国矿业大学基建与修缮处公租房与公积金管理科科长蒋家平老师获得全国教育后勤系统 2023 年度"最美后勤人"高校个人奖。

队伍建设永远在路上，房专会将驰而不息地加强队伍建设，以高水平的队伍建设来推动自身高质量发展。

2024 年，作为贯彻落实党的二十大精神的关键时刻，也是"十四五"规划深入实施的攻坚之年。房专会坚持问题导向，针对房产管理中的难点和痛点，开展了一系列富有成效的工作。通过政策研究、课题立项、能力建设等多方面的努力，推动了房产管理向科学化、规范化和现代化发展。在协会的坚强领导下，全体成员团结协作，共同推动房产管理专业委员会的工作达到了新的高度。

中国教育后勤协会建设与修缮专业委员会工作报告

回首 2024 年,中国教育后勤协会建设与修缮专业委员会(以下简称"建专会")以习近平新时代中国特色社会主义思想为指导,紧紧围绕深入学习贯彻党的二十届三中全会精神和全国教育大会精神这一主线,认真贯彻落实习近平总书记在全国教育大会上的重要讲话精神,结合中国教育后勤协会工作要求,建专会围绕队伍建设、人才培养、论坛交流等方面,上下一心、敬业奉献、开拓进取,取得了一系列不平凡的成绩。作为中国教育后勤协会第十个专业委员会,在成立的近三年时间里,整体面貌焕然一新,各项工作迈出了新步伐、取得了新成效。

一、持续完善组织机构建设

2021 年 12 月 10 日,中国教育后勤协会建设与修缮专业委员会成立大会在北京举行。建专会的成立,是校园建修工作的崭新起点,协会对建专会给予了高度期待。如今近三年时间过去,建专会明确自身的职责使命、理念宗旨,不断扩大自身的业务范围,在诸多方面取得了可喜的成绩。

2024 年 5 月 26 日,建专会举行常务委员工作会议,会议由中国教育后勤协会常务副会长兼秘书长、建设与修缮专业委员会主任牛维麟主持。会议听取了提交大会审议的建专会 2023 年度工作总结和 2024 年度重要活动计划的报告、建专会 2023 年度财务收支情况报告,以及人员变动及增补情况报告(见图 1)。

5 月 27 日,中国教育后勤协会建设与修缮专业委员会第一届委员会第三次全体委员会议在陕西西安圆满举行。这是在全面贯彻落实党的二十大精神和习近平总书记关于"教育强国建设"重要讲话精神的关键之年,建专会举行的一次凝心聚力的大会,对助力教育强国建设,推动校园建设与修缮事业高质量发展,具有重要意义。出席本次大会的有中国教育后勤协会常务副会长兼秘书长、建设与修缮专业委员会主任牛维麟，住建部科技与产业化发展中心绿色建筑发展处处长梁浩，陕西省教育后勤协会常务副会长卢胜利，建专会130家委员单位的代表，以及近20家协会企业会员单位代表参加会议（见图2）。

图1　常务委员工作会议

图2　年会合影

会议系统总结了2023年度的工作，并就2023年重点工作进行了研讨。会议对全国建专会委员、常务委员单位进行了调整及增补。会议指出，建专会成立以来，在校园建设与修缮事业发展上，做出了具有基础性、开创性的工作，填补了部分领域的空白，工作成果突出。

此次会议为建专会2024年各项工作的开展奠定了良好基础，指明了前进方向。会议指出，建专会将始终坚持提高站位，加强政治建设和组织建设，推动专委会规范化发展；加强自身能力建设，做好科学发展规划；持续打造品牌活动，夯实专委会交流平台和桥梁纽带作用；利用好专委会平台，加强对建修方面人才培训。

成立3年来，建专会不断完善组织建设，将自身逐步建设为一支练就过硬本领、锤炼过硬作风的队伍，在建机制、重实干上见行见效。

二、深入开展学习交流　加强自身能力建设

2024年，建专会深入学习贯彻党的二十届三中全会精神和全国教育大会精神，对"强国建设、教育何为"时代课题的认识持续深化，围绕建设师生满意的美丽校园这一目标，坚持把与时俱进落实到思想和行动上。

一年来，面对科技革命和产业变革日新月异，经济社会发展变化，建专会更加自觉地把校园建设与修缮事业放在教育后勤的重要一环来思考、谋划和推进，主动超前布局、应对变局、开拓新局，建设修缮支撑、引领、服务校园高质量发展的作用日益突出，战略地位作用不断提升。

通过坚持不懈提升能力，建专会将党建、业务学习常态化，坚持全面系统学、及时跟进学、深入思考学，把学习成效转化为干事创业的强大动力，建专会成员的执行能力、协调能力、沟通能力明显增强，勇于突破路径依赖，敢于担当、豁得出去的精气神和团结协作、善于共事的好作风更加鲜明，彰显了新时代教育后勤人的铁肩膀、硬脊梁、真本事（见图3）。

图3　建专会秘书处参加协会组织的学习

三、确保重点工作如期开展　圆满完成各项目标任务

岁月无声，奋斗留痕，2024年，奋斗中的建专人，在前行的道路上，用不懈的创业奋进精神，圆满完成各项重点工作。

（一）持续深入开展品牌活动　扩大影响力

2024年5月27日，校园建设修缮·管理创新发展论坛在陕西西安举行。数十位专家学者进行了主旨报告和专题研讨。论坛主题为"将创新发展新质生产力融入校园建设修缮"，来自政企学研的200多名代表，围绕校园建设与修缮、施工维护、资金筹措、管理模式等方面，展开了深入的交流与探讨（见图4、图5）。

图4　"新理念、新产品、新技术"专题访谈录·第一组

作为建专会的品牌活动，校园建设修缮·管理创新发展论坛参会代表人数不断增加，影响日益扩大，充分发挥了专委会职能，促进会员单位交流交往交融，共研行业发展难题，共商解决方案。

图5　"新理念、新产品、新技术"专题访谈录·第二组

（二）协助协会开展第七届、第八届中国教育后勤展览会及同期活动

4月1日，第七届中国教育后勤展览会在上海开幕，"数字引领　科技赋能"推动美丽校园建设论坛在展会首日成功举办。国家部委领导、行业专家、典型高校后勤管理者及后勤服务企业代表围绕国家战略需求，探讨美丽校园的内涵、现实意义和建设目标及数字化，助推美丽校园实现路径，分享适用于美丽校园建设中的先进技术经验，以及科技赋能平安校园、低碳校园、智慧校园典型案例。

展览会设有数字校园团餐暨智慧食堂、绿色低碳校园建设暨数字能源、智慧校园建设暨数字生活、校园安全管理、中小学后勤五大主题展区。

10月31日，第八届中国教育后勤展览会在成都中国西部国际博览城开幕。本届展会展览面积 28 000 平方米，参展企业近 300 家，聚焦校园大后勤保障体系建设，展示范围涉及智慧食堂建设、能源管理、校园安全、后勤信息化、物业管理、校园文创、校园建设修缮等。

两届中国教育后勤展览会，建专会始终坚持在协会的整体领导下，发挥自身专业优势，积极参与到展览会的筹办、巡展等各项工作中，取得了积极成效。

（三）推动校园建设与修缮专业人才队伍建设

5 月 28 日—6 月 1 日，由中国教育后勤协会主办、建专会承办的"2024 年度校园建设与修缮"项目管理研修班在陕西西安成功举办，来自 24 个省区市、86 家单位的 170 余名学员参加了此次研修班（见图 6）。

图 6　牛维麟主任出席开班仪式并作开班动员讲话

此次研修班的举行旨在推动校园后勤修缮管理工作适应新质生产力的发展要求，学习领会并落实好国家发展改革委、住房城乡建设部等有关部委发布的《加快推动建筑领域节能降碳工作方案》《关于加强高校学生宿舍建设的指导意见》，以高质量校园建设服务教育强国战略，推进绿色学校创建、建筑节能降碳、低碳校园转型。

12 月 27 日—30 日，由中国教育后勤协会建专会主办，国家建筑绿色低碳技术创新中心协办，广东省高校后勤协会和广东外语外贸大学承办的"2024 年度校园建设与修缮"项目管理研修班（第二期）在广州成功举办，来自 19 个省区市、近 60 家单位的 130 余名学员参加了此次研修（见图 7）。

此次研修以"如何将'新理念、新要求、新举措'融入校园建设修缮管理工作中，更好推动校园建设修缮管理工作实现高质量发展"为主题，旨在贯彻落实党的二十届三中全会精神和全国教育大会精神，以高质量校园建设服务教育强国战略，

图 7　培训班·合影

推进绿色学校创建、建筑节能降碳、低碳校园转型。

2025年，建专会将持续推进人才培养和教育培训工作，以高质量校园建设服务教育强国战略，推进绿色学校创建与低碳校园转型，满足广大师生对美好校园生活的向往，为实现新时代教育后勤高质量发展贡献智慧和力量。

四、持续深入开展课题研究　让专委会更"专"

开展课题研究是扎实推进校园后勤高质量发展的一项重要举措，它对于促进建设修缮工作改革创新、优化学校管理、引领学校可持续发展具有示范性、指导性、实用性意义。建专会高度重视课题研究，始终致力于打造"专家型"委员会，探索学校后勤业态中的建设与修缮工作的特点规律、业务方向和革新途径，为委员单位提升技术手段、建立长效机制提供数据支撑。

2024年1月，中国教育后勤协会面向全国教育后勤系统开展2023—2024年度课题申报工作，其中就包含《"双碳"后勤建设研究——高校低碳建筑能源管理研究》《校园建筑安全管理与风险防范研究》等。建专会积极组织会员单位和专家学者进行申报，并在全年积极关注、推进课题开展，目前，相关课题研究工作正在有序推进。

此外，围绕"双碳"目标、绿色建筑、数字化转型等重点领域，建专会也开展了一系列调研活动和课题研究。未来，建专会将进一步以课题研究为引领，推动建修领域理论创新、技术创新、实践创新。

五、持续做好宣传工作

建专会依托《变迁中见证历史——"百所学校"校门讲述》、校园建设修缮·管理创新发展论坛等品牌活动，讲好专委会故事，展示好专委会形象，为专委会品牌建设提供有力支持。通过广泛联络专委会会员单位，广泛动员、深入挖掘有温度的宣传案例，充分利用专委会微信公众号等媒体平台进行专题宣传，深入讲好教育后勤故事，发出建修"好声音"，展示有担当、有情怀、有温度的建修人形象。

六、总结和不足

习近平总书记在全国教育大会中指出，"我们要建成的教育强国，是中国特色社会主义教育强国"，进一步明确了教育强国的科学内涵——具有强大的思想引领力、人才竞争力、科技支撑力、民生保障力、社会协同力、国际影响力。

建专会对照习近平总书记要求，在过去一年里，努力团结其他专委会，在协会的带领下，促进校园建设与修缮工程规范实施、安全运维、智能管控，建设绿色、安全、智慧、环保校园，充分发挥高质量后勤保障对实现教育现代化、建设教育强国的促进作用。

作为协会的第十个专业委员会，也是最年轻的专委会，面对师生日益增长的对美好校园学习生活环境的需要，面对纵横交错的后勤发展环境和形势，建专会在自身能力建设、制度化规范化程度上仍有较大的提升空间，专委会的专业优势、人才优势，转化为推动建设修缮事业发展的动能仍有不足，工作的质量和效率有待提高。

围绕"有社会责任感、有凝聚力，值得大家信赖，有文化、有特色"的办会理念，建设与修缮专委会将继续践行创新理念，响应时代要求，为学校后勤服务工作指明方向，发挥政府、学校、企业之间的桥梁作用，解读好政府政策和规划，总结和分享典型案例；搭建共享平台，研讨和解决热点、难点问题；围绕校园文化建筑，讲好高校建筑文化内涵；立足数字化校园建设，推动智慧校园建筑文化建设工作；紧跟时代步伐，助力实现"双碳"目标，开展绿色校园建设工作。

时间如江河，奔腾不息。2025年是实施教育强国建设规划纲要的关键一年，建专会将继续心怀"国之大者"，满怀对教育后勤事业的热爱，凝心聚力向未来，携手共赴新征程，为建设好教育强国作出专委会贡献。

中国教育后勤协会后勤研究院工作报告

2024年,中国教育后勤协会后勤研究院(以下简称"研究院")持续聚焦教育后勤领域的重点、难点、热点问题,开展学术研究、平台建设、行业交流、标准制定等工作,为教育后勤事业高质量发展发挥方向引领和决策支持作用。

一、机构建设

(一)增补研究院学术委员会委员,建立学术委员会年度会议工作机制

2024年增补北京大学总务部部长张胜群,四川警察学院舆情治理与计算传播重点实验室执行主任张学勤,壮大学术委员会力量。2024年12月14日,研究院在福建泉州举行研究院学术委员会2024年度工作会议,总结近期重点工作成绩,展望未来重要举措计划,共商研究院未来发展方向和路径(见图1及图2)。

图1　年会·会议合影

图 2　新晋学术委员·颁发聘书

（二）完善研究院周工作例会制度，高效推进研究院各项工作

研究院每周五召开周工作例会，院领导及主要工作人员出席会议，汇报主要工作进展，商讨重点工作计划，及时解决工作中遇到的问题和困难，不定期就相关重点工作邀请外部力量参与会议，并形成会议纪要，对推动研究院工作开展起到了重要的促进、监督作用。

二、能力提升

（一）创新工作理念

研究院贯彻新发展理念，紧跟行业关切和最新发展趋势，围绕未来后勤、社会责任、智慧后勤、后勤人才培养、后勤服务育人、绿色校园、美丽校园建设等前沿问题，创新性开展课题研究、人才培养、行业交流、荣誉体系构建等工作，为构建高质量教育后勤体系贡献智库力量。

（二）优化工作方式

研究院不断优化研究工作方式方法，加强调查研究，提升充分的调研工作对研究院研究工作所起的基础作用。充分整合行业内优秀高校后勤管理机构、后勤服务企业、智库机构等资源，形成发展合力，开展产学研一体化的高水平的教育后勤研究工作。

三、重点工作

（一）发布"百所高校后勤服务软实力——动态竞争力指数"

为科学量化评价高校后勤服务软实力，保持指数研究工作的连续性，研究院在2022年、2023年发布"百所高校后勤服务软实力——动态竞争力指数"的基础上，继续以教育部直属高校和具有代表性的省属高校（其中教育部直属高校75所，各地具有代表性的高校31所）为样本，开展"2023年度百所高校后勤服务软实力——动态竞争力指数"研究。2024年9月12日，研究院召开"2023年度百所高校后勤服务软实力'动态竞争力指数'发布会"，教育部发展规划司、中国教育后勤协会有关领导，多所高校分管后勤校领导、后勤部门负责人、专家、企业负责人、媒体记者出席会议。自2022年开展指数研究工作以来，课题组累计聚合全网舆情、高校后勤部门网站、微信公众号、社交媒体平台、主流新闻媒体报道等数据近2 800万条，指数发布成果得到《光明日报》《中国教育报》《中国青年报》、央视网、新华网、中国经济网、中国教育网络电视台、《新京报》、中国青年网等中央媒体积极转载，得到了高校后勤领域的广泛关注。相关资料见图3～图5。

图3　教育部发展规划司二级巡视员于洋·出席发布会

图4　牛维麟院长·介绍"指数"研究背景与意义

图5　研究院副院长、课题组执行负责人
曾繁文·发布"指数"研究成果

（二）编撰出版《中国教育后勤蓝皮书（2023）》

研究院连续三年编撰出版中国教育后勤蓝皮书，于 2024 年上半年完成了《中国教育后勤蓝皮书（2023）》编撰工作，并于 2024 年 7 月由中国财政经济出版社出版（见图6）。《中国教育后勤蓝皮书（2023）》内容主要包括年度总报告、专题报告两大板块，其中年度总报告系统总结了我国教育后勤年度发展情况，包括后勤行业年度发展情况综述、协会年度重点工作、重大事件、政策法规环境分析、行业观察与思考，全面展现教育后勤发展态势；专题报告包括机构风采、区域风貌、校园气象、企业典范、行业之声、荣誉体系六个部分内容，从教育后勤领域各大主体、教育后勤事业年度各大重点出发，梳理工作成果。中国教育后勤蓝皮书的连续编撰出版，对教育后勤事业发展具有重要的史料价值。

图 6 《中国教育后勤蓝皮书（2023）》·官微推送

（三）协助国家部委开展教育后勤相关研究工作

研究院协助教育部发展规划司等相关部门，围绕国家重大战略部署和教育后勤面临的实际问题，组织调查研究，提出教育后勤深化改革的政策建议。具体包括：发挥研究院专家智库和学校联系广泛优势，协助教育部发展规划司制定《关于推动高校后勤高质量发展的指导意见》；受教育部发展规划司和国家机关事务管理局公共机构节能管理司的委托，与中国标准化研究院资源环境研究分院合作修订了国家标准——《绿色校园评价导则》，就该项标准修订工作多次召开专家研讨会和终稿审议会。

（四）面向高校、后勤服务企业会员开展调查研究

为贯彻落实党中央印发的在全党大兴调查研究的工作方案，借中国教育后勤协会重要活动举办之机，研究院赴北京科技大学、合肥师范大学、四川警察学院等高

校，北京碳中和学会、上海现代高校智慧后勤研究院等相关机构，以及北京卡特加特智能科技有限公司、中浦慧联信息科技（上海）有限公司等企业会员单位进行调研，重点考察后勤服务育人、智慧后勤、绿色校园建设、舆情管理等方面情况，通过实地走访、深度体验、座谈交流等方式，掌握高校和企业的后勤服务情况、发展方向、面临困难、迫切需求以及建议，并将调查结果用于课题研究、会员服务优化、公共平台搭建、荣誉体系建立等工作当中（见图7）。

图7 调研合影

（五）开展高校服务育人劳动教育示范基地遴选活动

为深入推进后勤服务育人工作，发挥劳动教育在"三全育人"中的重要作用，根据中国教育后勤协会会长办公会决议，研究院协助组织开展第一批"高校服务育人劳动教育示范基地"遴选活动。遴选活动包含以下流程：制定"高校服务育人劳动教育示范基地"建设标准、评审流程、评价细则；发布"关于开展后勤服务育人劳动教育示范基地遴选活动的通知"，共收到17个省份的50所高校申报材料；成立工作组，对50所高校申报材料进行合规性审查，对通过合规性审查的高校，由专家组对照"高校服务育人劳动教育示范基地"建设标准和评价细则进行集中评审，形成建议名单，经协会会长办公会审议形成正式名单后对外发布，共28所高校入选首批高校服务育人劳动教育示范基地名单。相关资料见图8、图9。

图 8　刘建平会长·为北京林业大学授牌

图 9　刘建平会长·为院校代表授牌

（六）参与制定教育后勤相关标准

研究院协助中国教育后勤协会标准化技术委员会，与部分高校、企业合作共同开展教育后勤领域相关团体标准制定工作。例如，与中浦慧联信息科技（上海）有限公司、中国标准化研究院合作，共同制定《学校食堂数字化运行及健康饮食管理指南》团体标准；协助开展《中小学食堂管理服务规范》团体标准的编制、审查，于4月2日在上海正式发布；在《低碳学校（高等学校）建设指南》《低碳学校（高等学校）评价规范》两项团体标准制定过程中，研究院多次组织标准初稿的研讨论证工作。

四、课题研究

（一）协助编写中国教育后勤协会课题指南

研究院围绕教育后勤行业改革发展的重点难点问题，协助协会编写 2023—2024 年度研究课题指南，并组织评审确定课题立项名单。在广泛征集、反复研讨和论证的基础上编写年度课题指南，面向全国教育后勤系统发布申报研究课题的通知，并根据课题研究的导向性、研究价值、研究基础、研究方案，对申报课题进行评审，确定年度重点课题和一般课题，体现新时代教育后勤深化改革的新趋势和新要求。最终课题立项共计 146 项，其中一般课题 126 项、重点课题 20 项。

（二）围绕国家重大战略和教育后勤需要开展专题研究

研究院不断增强自身研究能力，开展"高校后勤高质量发展的重点、难点问题研究""高校后勤发展新质生产力研究""高校'美丽校园'建设路径研究""高等院校碳绩效评价体系建设研究""高校后勤管理人才培养路径研究""智慧食堂建设现状和发展模式路径"等重点课题研究，以高质量的学术研究成果引领行业发展。在课题研究过程中，研究院注重产学研紧密结合，邀请相关高校、企业共同组建课题组，推动协会和校企合作，紧紧围绕高校、企业实际需要开展研究。

五、项目建设

指导开发上线"中国教育后勤协会会员单位云展示平台"（见图 10）。为充分发挥中国教育后勤协会对高校后勤建设的引领、指导与桥梁作用，助力协会提升对会员的服务能力，联合协会秘书处以促进高校后勤智能化、数字化建设为核心开发"永不落幕的会员云展示平台"。通过平台展示会员企业的资质、优质产品、服务案例、服务质量以及高校会员的服务

图 10　云展示平台·首页缩略图

模式、服务需求等方面的内容，致力于推进高校后勤数字化建设，为行业数字化转型发展提供重要平台。云展示平台已于2023年试上线运行，平台的各项功能在持续优化提升中。

六、活动及宣传

为了充分发挥研究院学术委员的智力支持作用，自2022年9月研究院学术委员会成立以来，研究院每年举办一次学术委员会年会暨年度教育后勤发展论坛，学术委员会成员围绕教育后勤发展和研究院重点工作进行研讨，为我国教育后勤高质量发展贡献智慧。此外，研究院还协助协会在重要活动期间举办学术交流活动。例如，在2024年10月31日—11月2日第八届中国教育后勤展览会期间，协助举办"人工智能时代 未来后勤的机遇与挑战"论坛，组织政府、高校、企业、行业嘉宾近千人齐聚一堂，共话人工智能给高等教育以及教育后勤当前和未来发展带来的机遇与挑战，共商教育高质量发展的创新举措。相关资料见图11至图13。

图11 刘建平会长·出席论坛并作讲话

图12 武汉理工大学党委副书记、校长杨宗凯教授·作主旨演讲

图13 协会常务副会长、秘书长牛维麟·主持论坛开幕式

此外，研究院还与中国教育后勤协会秘书处一起积极参与"最美后勤人"推选、人才培养方案制定等协会相关工作。

在中国教育后勤协会的领导下，研究院将持续开展教育后勤领域具有前瞻性、战略性、全局性的具有重大影响力的学术成果研究和转化应用，创新举办教育后勤学术交流和人才培养活动，服务国家相关重大战略部署，推动教育后勤领域深入贯彻落实新发展理念，助力我国教育后勤实现高质量发展。

中国教育后勤协会接待服务分会工作报告

2024年是实现"十四五"规划目标任务的关键之年。中国教育后勤协会接待服务分会坚持以习近平新时代中国特色社会主义思想为指导，全面贯彻落实党的二十大和二十届三中全会精神，深入学习贯彻全国教育大会精神，紧跟协会步伐，以"建立一套体系，建好一个平台，带好一支队伍"为思路，不断完善分会内部管理、增强资源吸取能力，带领各会员单位加强自身建设，推动高校接待服务行业高质量发展取得更大成效。

一、完成的主要工作

（一）坚持党建引领，完善工作机制

一是常态化加强理论学习。团结带领全体会员单位，把学习贯彻习近平新时代中国特色社会主义思想和党的二十大、党的二十届三中全会精神作为首要政治任务，认真贯彻落实习近平总书记关于教育的重要论述和全国教育大会精神，主动融入建设教育强国的重要战略任务，全力促进高校酒店提档升级、客房服务融合创新、酒店品牌塑造传播三大工程，促进高校接待服务行业大发展和接待服务水平大提升。二是推进党建和会员工作深度融合。认真督促各会员单位把加强党的基层组织建设作为首要任务，围绕"立德树人"的中心任务，在实际工作中牢牢把住为高校服务的核心不走样，不断增强以党建引领业务发展的思想意识。举办高校酒店总经理研修班，通过专题辅导、现场教学、经验交流等多种形式进行培训，全面增强高校酒店总经理（负责人）党建工作本领，推动党建工作与会员单位发展深度融合。

（二）积极发展会员，强化管理监督

一是扩大分会规模，提升服务"新效能"。依托微信公众平台，拓宽分会宣传范围，增强影响力，持续吸引符合条件的高校或优质企业成为分会的新成员；携手6

个协作区域及 34 个省级工作组，定期举办新晋会员与杰出会员间的交流活动、调研项目以及现场观摩等特色活动；紧跟行业动态，深入分析市场走向，构建会员反馈机制，定期征集会员对分会工作的看法与建议，灵活调整和优化分会工作规划及活动部署，确保分会服务质量和运营效率不断提升。二是加强信息化建设，搭建宣传"新平台"。2023 年 10 月 7 日，正式开通"中国教育后勤协会接待服务分会"公众号。一年以来，坚持广泛搜集会员单位的基础信息、运营实例及市场经验，定期更新分会工作进展与行业最新资讯。截至 2024 年 11 月 28 日，共发布优质推文 122 篇，构建起更高质量的高校接待服务领域交流空间，为提升分会社会知名度和促进会员单位间的交流合作提供优质平台，有力驱动教育后勤事业不断顺应新时代高质量发展的需求与步伐。

（三）优化组织架构，提升工作效能

一是积极推进各协作区及省工作组建设。结合会员单位人员变动实际情况，严格按照分会会员管理办法，于 2024 年 11 月 30 日—12 月 1 日在北京地大国际会议中心召开领导小组会议，讨论完善各级组织架构。构建并完善高效的工作体系，积极探索和优化信息化交流平台，增强本区域内会员单位间的联络、互动与合作，充分发挥协作区的桥梁纽带作用和省工作组的基层堡垒作用。二是加强分会各专业部建设。根据工作进展和事业推进需求，结合高校接待服务工作的专业性，进一步充实餐饮专业部、客房专业部及综合保障专业部的人员构成。各专业部要认真总结工作经验，找准定位，明确任务，创新思路，制定措施，努力在本专业领域不断提升各会员单位的服务质量。

（四）搭建交流平台，推动行业发展

采取线上课程、实地培训、座谈会等多样化形式，深入挖掘行业需求，为会员提供行业知识、技能提升等方面的专业培训，鼓励会员单位之间交流经验，形成良好的学习氛围。2024 年 4 月 1 日，在华中科技大学总务后勤处学术交流服务中心召开餐饮专业部工作研讨会，与会代表围绕"接待餐饮工作如何传承中华优秀传统餐饮文化，推动高校接待餐饮工作形成特色，实现高质量发展"主题进行讨论，结合高校餐饮行业特点，剖析行业现存问题，拓宽思路、互相学习，为高校餐饮行业如何推进传统餐饮文化的传承和创新提出了诸多宝贵意见和建议。2024 年 5 月 25 日—31 日，在扬州大学成功举办总经理研修班，邀请多位专家学者，从多视角探讨新质

生产力主导下酒店可持续发展，以及新技术、新业态和新模式的应用。2024年10月28日—31日，在成都天府阳光酒店召开客房专业部班子调整会议暨客房专业部研修班，围绕主题化、绿色化、智能化、新产业、新模式、新发展，从理念到思路、方法到运用等方面对新时期客房工作进行了深入浅出、循序渐进的授课与探讨，并集体前往"第八届中国教育后勤展览会"观展。

（五）狠抓基础建设，夯实发展根基

一是研究推举2024年度"最美高校接待人"。2024年11月，在协作区、省工作组、各专业部内部开展"最美高校接待人"推举活动，积极做好材料审核、事迹宣传等工作，为协会"最美后勤人"推举活动做好先进案例储备。二是着力提升分会标准化规范化建设水平。制定并试行《中国教育后勤协会接待服务分会会员管理办法》，明确各级组织、各部门职责和工作要求，推动会员管理制度化、规范化，确保各项工作有序落实。持续推进《教育接待宾馆登记划分及评定标准》制定工作，在充分调查研究的基础上，计划于2025年内在部分会员单位试点施行，根据实施情况和会员反馈进行修改，并报协会审查。

二、存在的问题及不足

对照年度工作计划，2024年，分会重点工作稳步推进，但仍然存在以下问题。一是政治方面，带领会员单位对党的创新理论学习不够深入、不够全面、不够具体。二是分会标准化管理体系建设尚未健全，部分协作区、省工作组负责人员调整配备不够及时。三是部分协作区、省工作组发展新会员动力不足，分会工作开展有待深入。

三、下一步工作思考

教育是强国建设、民族复兴之基。党的十八大以来，党中央坚持把教育作为国之大计、党之大计，全面贯彻党的教育方针，作出深入实施科教兴国战略、加快教育现代化的重大决策，确立到2035年建成教育强国的奋斗目标。当前，教育强国建设迈出坚实步伐，对教育后勤事业提出了新的要求，指明了发展方向。

（一）紧扣"新"，锚定发展会员"新方向"

充分发挥省工作组的职能作用，统计各省份高校下属酒店的数量，确保数据的

全面性和准确性；积极动员、引导省属及市属高校加入分会；扩大合作范围，着力发展企业会员，重点发展与高等教育、旅游住宿等相关行业的企业，丰富信息来源，促进多方资源的有效整合与共享，为优化高校酒店资源配置、提升服务质量奠定坚实基础。

（二）抓牢"质"，打磨竞赛培训"金招牌"

各专业部每年至少应开展一次专业培训活动或研修班，通过系统的学习和交流，督促成员不断更新知识结构、提升专业技能；采取灵活多样的形式，如内部竞赛、以赛代训等，最大程度激发参与者的学习热情，在实践中检验和提升培训效果，实现理论与实践的紧密结合；活动场地原则上不在社会层面广泛征求，兼顾各协作区及省工作组的实际情况，采取会员单位轮流举办的方式，实现资源的合理利用；各协作区、省工作组的负责人应深度参与筹备工作，发挥好组织协调职责，积极宣传和推广地区优秀经验，实现协作区、省工作组与专业部之间的有机联动，促进信息的共享和资源的互补。为确保各项工作的有序开展和有效沟通，各协作区、省工作组原则上每年至少召开一次工作会议，总结工作成果，规划发展方向，加强各层级之间的沟通与协作，共同推动整体工作不断进步。

（三）发好"力"，共绘发展"同心圆"

依托中国教育后勤协会平台，主动与各省后勤部门、后勤协会或教育部门建立紧密高效的联动机制，共同推动高校接待服务事业的持续发展和优化升级。充分发挥各专业部的领域优势和指导作用，提供针对性的业务培训、政策解读、技术支持等，为地方后勤部门或后勤协会提供及时、准确且实用的专业指导，提升服务质量和运营效率。依托联动机制，进一步宣传和推广协会和分会的宗旨、服务内容和会员权益，不断扩大会员队伍，增强分会的凝聚力和影响力，为会员单位提供更多的合作机会和资源支持，推动教育后勤事业的繁荣发展。

2025 年，接待服务分会将在协会的领导下，继续秉持"服务国家、服务社会、服务群众、服务高校、服务行业"的宗旨，聚焦餐饮、客房、综合保障与信息化等领域，深入行业前沿，紧抓发展机遇，激发创新活力，积极应对市场挑战，带领全体会员单位为推动高校接待服务行业实现高质量发展不懈奋斗。

中国教育后勤协会中小学后勤分会/校服管理专业委员会工作报告

2024年是全面贯彻党的二十大精神，落实习近平总书记关于教育的重要论述和重要指示批示精神关键的一年，中小学后勤分会（校服管理专业委员会）在中国教育后勤协会的领导下，在各级教育行政部门的指导支持下，经过全体会员单位的共同努力，围绕协会的工作要点，聚焦"四个服务"，分会（专委会）立足实际、开拓创新，为不断提升后勤服务保障能力，主要做了以下工作：

一、健全工作机制，推进分会建设固本强基

中小学后勤分会（校服管理专业委员会）聚焦中小学后勤问题，坚持以服务为宗旨，以中小学后勤建设需求为导向，围绕中心任务，从分会（专委会）的性质、特点出发，不断强化自身建设，致力于推动中小学后勤的创新发展，打造高效智慧后勤体系。遵循分会的办会理念，坚持服务政府、服务社会、服务学校、服务会员、服务企业的宗旨，充分发挥社会团体的服务职能。一年来，依托"两院一中心"，取得了积极的成效，有力推动了后勤工作的规范化、智慧化建设。

二、规范后勤管理，引领分会服务提质增效

分会（专委会）一年来努力工作，积极进取，挖掘行业组织的独特优势，积极调动各种资源，更好地发挥桥梁和纽带的作用。举办论坛交流研讨、开展行业调研、标准研制、资政辅政等工作，搭建中小学后勤交流合作平台，充分发挥中小学后勤发展引领者作用，服务行业发展。

三、研制标准，形成规范

后勤工作走向高质量发展，标准先行。分会用了一年多的时间，经过了大量的调研、研讨、专家审查，完成了《中小学食堂管理服务规范》研制，于2024年4月发布并实施。该标准规定了中小学食堂的组织管理、硬件设置、人员管理、食品安全与安全作业、食品供应、学生膳食营养与食育、财务管理、智慧食堂建设、集体用餐配送单位要求等方面，共14章，理顺了中小学食堂管理体系，明确了中小学食堂的监管要求。保障广大师生食品安全与营养健康，注重实用性和可操作性，为中小学食堂管理提供科学依据。自实施以来，各地反响良好。

校服专委会制定的《中小学学生装（校服）》团体标准，《"领跑者"标准评价要求 校服》团体标准，一直在宣贯中，团标的宣贯对增加中高端产品和服务有效供给、支撑高质量发展推动经济新旧动能转换、供给侧结构性改革和培育一批具有创新能力的排头兵企业具有重要作用。推动全国校服生产经营从无序走上了规范化的轨道，也成为提升校服品质的依据。

同时，完成了《质量分级与领跑者评价要求校服》团体标准修订工作。

四、举办活动，宣传推动

分会（专委会）多次召开工作会议指导帮助中小学开展后勤工作的实践及理论研究；为先进经验和研究成果提供发布、推广、交流、展示的平台；积极推进中小学后勤信息化建设；在为会员单位服务的同时，完成了协会及教育主管部门交办、委托的各项工作任务；积极探索创新品牌活动，举办论坛、充分发挥了分会、专委会的职能作用。

2024年初在人大附中航天城学校举办"科技创新赋能教育高质量发展"论坛，以数字技术打造和丰富教育新场景，不断提升学校育人质量。4月在上海举办数字化转型推动中小学后勤高质量发展论坛暨《中小学食堂管理服务规范》团体标准发布仪式。7月在昆山召开"关注学生健康 守护民族未来"中小学生营养与健康论坛暨《中小学食堂管理服务规范》团体标准解读会。10月与食品安全报社联合举办了第三届中国食育膳食技能大赛（中小学、幼儿园组）。这次活动受到了社会和学校、幼儿园的广泛关注，10月底在成都召开中小学食堂安全管理和智慧化建设论坛。这些活动对中小学校深化后勤服务体系改革、构建完善后勤服务保障体系，满足师生日益增长的美好校园生活需求，助力中小学后勤高质量发展具有重要意义。

10月，分会联合相关单位发出守护"中小学生均衡营养、安全健康饮食"的共同倡议；内容围绕创建培育星级食堂、制定中小学学生营养餐指南和行业标准、数字化赋能标准化食堂建设守护学生"舌尖"安全等方面。

6月，分会召开了成立十周年座谈会，回顾总结了中小学后勤分会主要工作和取得的成绩。在砥砺奋进、开拓进取的十年里，中小学后勤分会围绕新时期新任务，以服务为宗旨，探索符合时代要求的发展之路，在推动中小学后勤高质量发展进程中充分发挥引领作用。

校服专委会2024年1月在宁波举办"文化与科技赋能校服高质量发展论坛"；4月在重庆召开全国星级标准校服生产基地建设工作推进会。

协办中央广播电视总台体育青少节目中心《大风车（异想天开）》栏目举办中国校服设计大会。

五、深入调研，关注发展

围绕分会（专委会）校服、食堂、标准化等工作内容，分赴多个省市区，对学校、企业开展了调研工作，掌握了大量情况信息。对推动实际工作进展起到了重要作用。现已调研北京、山西、福建、重庆、浙江、四川、河南等省（市）。

同时，同行业间紧密联系，10月，分会赴西安与中国教育后勤协会信息化建设专业委员会、民办院校后勤分会座谈交流。

六、基地建设，团标宣贯

为了更好地宣贯团标，校服专委会启动全国星级标准校服生产基地创建工作。经过两年时间认定星级标准校服生产基地。五星标准校服生产基地16家，四星标准校服生产基地20家，三星标准校服生产基地31家。通过示范引领，推进校服行业健康发展。现已经对星级标准企业进入培育阶段。

七、开展课题研究

受协会的委托，评审了中国教育后勤协会2023—2024年课题（中小学）。同时，中小学后勤研究院申报了协会的两个重点课题。分会研究院将依托研究中心，开展课题研究工作。

八、发展会员，强基健体

为滋养中小学后勤分会的生命力，在做好服务职能的同时，还十分重视会员的发展工作。一年来，通过有效的组织，核心的服务，吸纳了包括后勤领域与校服企业在内的多家会员单位，其中包括集体会员，如湖州市织里镇校服行业协会、兴城市学生装行业协会、惠安县校园服饰装备行业协会等。中小学后勤分会逐步扩大理事单位队伍。其中有众多全国的名校、名企，为分会的发展增添了力量，注入了活力。通过有效的组织，核心的服务，新申请入会企业 16 家（分会 6 家、校服 11 家），截至 2024 年 12 月共有企业会员 92 家。

九、支持各地方协会工作

为了拓宽工作渠道，分会坚持与各省市区教育行政部门及中小学后勤分会保持密切的沟通联系，依靠各地分会积极开展工作。2024 年参加了浙江省教育后勤基建协会中小学分会二届二次会员代表大会、"惠安校服产业高质量发展大会"，支持山东省后勤协会中小学后勤分会成立。

十、展望未来，乘势而上，推动分会工作再上新台阶

坚持政治引领，构建后勤服务新格局。分会将认真学习贯彻党的二十大精神，深学笃行习近平新时代中国特色社会主义思想。围绕立德树人根本任务，发挥后勤服务育人作用，既立足传统，又改革创新，在为教育教学提供坚实保障的基础上，探索后勤育人的新途径。

秉持改革创新的发展意识，继续推动智慧后勤建设。分会将始终坚持以提升师生对后勤服务的满意度作为价值追求，提高后勤保障专业化、标准化、职业化水平，贯彻落实理论指导实践、实践深化理论的原则，做推进教育高质量内涵式发展的坚强后盾。重视数字化转型，培育和发展后勤新质生产力。

立足服务职能，促进后勤服务新发展。中小学后勤分会将坚持服务好政府、学

校、企业、会员单位，发挥行业组织"提供服务、反映诉求、规范行为"的作用，强化为学校、企业、会员单位提供服务保障的职能，听取这些单位的意见建议，反映他们的诉求，切实解决他们的实际需求。同时，分会也将积极组织开展合作交流活动，分享经验和资源，共同推动后勤服务的高质量发展。

过去的一年，分会（专委会）工作取得了一些成绩，未来，分会（专委会）再接再厉，续写新篇章。

中国教育后勤协会民办院校后勤分会工作报告

2024年中国教育后勤协会民办院校后勤分会（以下简称"民办分会"）重点围绕搭建民办院校后勤交流平台、盘活和共享服务资源、开展行业交流与培训、提升行业服务水平等核心内容，以《中国教育后勤协会2024年工作要点》及《中国教育后勤协会民办院校后勤分会工作思路与规划实施方案》为抓手推动工作开展，致力于提升民办院校后勤管理整体水平，助推高等教育高质量发展。现将2024年工作开展情况总结如下：

一、机构建设

为了更好地发挥分会的服务职能，服务好各会员单位，民办分会持续完善组织内部建设，围绕《中国教育后勤协会2024年工作要点》，进一步细化《中国教育后勤协会民办院校后勤分会组织规则》，完善《中国教育后勤协会民办院校后勤分会工作思路与规划》，明确分会的职责、使命及运行体系。

持续完善"中国教育后勤协会民办院校后勤分会秘书处"建设，机构常设专职工作人员2名，围绕中国教育后勤协会各项章程要求，积极开展民办院校后勤分会各项工作。联系中国教育后勤协会秘书处，做好民办分会各会员单位的服务工作。

二、重点工作

（一）多渠道发展会员，持续扩大分会影响力

民办分会持续发展会员力量，通过走访、调研、活动等多种途径深入开展会员征集活动，截至目前，已参与民办院校后勤分会的会员单位达到150家，较2023年

增加了 28 家。通过不断壮大分会自身力量，提升行业影响力。

（二）启动会费收取工作，助力分会进一步发展

为保证分会各项活动和服务工作的正常开展与有序运行，根据《中国教育后勤协会会籍与会费管理办法》和《中国教育后勤协会民办院校后勤分会组织规则》的要求，经请示商榷，2023 年 11 月 20 日，在协会秘书处的大力支持下，民办分会发布《关于收取 2024 年度会费的通知》，正式启动会费收取工作，并持续进行推广，开展费用收取及手续办理工作。

截至目前，民办分会共完成 96 家高校会员单位 2024 年会费的收取，其中副秘书长及以上单位 37 家，会员单位、理事单位、常务理事单位 59 家，整体会费收缴率为 78%。

（三）积极参与协会工作，助力协会发展

民办分会积极参与中国教育后勤协会各项工作。2024 年 4 月，组织民办分会会员单位共计 80 余人，前往上海参加"第七届中国教育后勤展览会"。5 月，协助中国教育后勤协会开展"全国教育后勤管理干部舆情管理能力提升专题研修班"校园参观，协助中国教育后勤协会建筑与修缮专业委员会开展"校园建设修缮管理创新发展论坛"及"2024 年度校园建设与修缮项目管理研修班"校园参观，协助中国教育后勤协会后勤研究院举办"智慧食堂建设现状和发展模式路径"重点课题交流座谈会。7 月，前往长春市参加"中国教育后勤协会第二届理事会第六次会议"及"2024 年度全国教育后勤系统社团组织会长秘书长工作会议"。在"新时代教育后勤改革创新与高质量发展交流研讨会"上，民办分会副理事长、西安欧亚学院党委副书记、副校长张军宏作《新质生产力引领：高校后勤的创新变革与高质量发展路径探索——以西安欧亚学院为例》专项报告。10 月，中国教育后勤协会中小学后勤分会来访，与民办分会就后勤管理、创新合作等方面进行交流与碰撞。11 月，组织民办分会会员单位共计 120 余人，前往成都参加"第八届中国教育后勤展览会"。

通过深入参与中国教育后勤协会的各项核心活动与事务，民办分会不仅彰显了在推动协会整体发展中的积极作用，更在促进分支机构与专业委员会间的沟通协作上树立了典范，通过资源共享、经验互鉴，不断强化协会内部的协同效应，共同探索后勤管理的新思路、新方法。

三、课题研究

承接行业课题，开展专项课题研究，积极筹备并推动《应用型本科院校后勤育人体系构建研究》课题研究。这一课题的开展，不仅标志着民办分会在后勤育人领域的研究迈上了新的台阶，更彰显了民办分会对于行业未来发展的深刻洞察与前瞻布局。在课题研究的过程中，通过深入调研、广泛讨论与科学论证，力求在理论与实践的交融中探索出一条适合应用型本科院校后勤育人体系构建的新路径。同时，注重将研究成果转化为可操作的实践方案，为分会品牌的塑造注入新的活力与内涵，推动其在行业内的影响力与竞争力持续提升。

四、活动开展

（一）开展考察调研活动，促进会员互动与合作

为不断加强分会自身建设，提升分会的组织能力，更好地学习、收集、借鉴各民办院校后勤管理、服务模式、先进经验等，充分发挥后勤分会的桥梁纽带作用。2024年，在理事长柳娜的带领下，分会秘书处组织学校及企业代表，共计开展了四次考察调研活动，分别前往上海、南京、昆明、成都、广州、东莞等地共计12所高校、企业开展参访调研。调研活动不仅深入了解了各民办院校的发展情况、管理理念和服务模式，还搜集了各院校在后勤管理方面的先进经验和典型做法，进一步加强了与各地区民办院校及后勤组织的联系和合作。这些调研成果将为分会后续的工作开展和研究方向提供重要的参考依据和有力的决策依据。通过加强与各地区民办院校及后勤组织的交流与合作，分会将不断提升自身的建设水平和服务能力，为会员单位提供更加优质的服务。

（二）组织召开专题培训，提升会员服务管理水平

2024年8月，民办分会于云南省昆明市举办"全国民办院校后勤管理干部综合能力提升研修班"及民办院校调研交流活动，共计100余人参与。通过培训交流与经验分享，促进各会员单位的合作交流和资源共享。这不仅是一场知识与智慧的盛宴，更是推动高校后勤服务高质量发展的重要举措，有效推动民办院校后勤服务管理水平的进一步提升。

(三) 组织召开分会会议，共商分会发展

2024年11月1日，在"第八届中国教育后勤展览会"同期，民办分会组织召开了"中国教育后勤协会民办院校后勤分会一届二次常务理事会"，民办分会理事长、各位副理事长、副秘书长、常务委员等特邀嘉宾，共计80余人出席了本次会议。大会对民办分会阶段性工作做了报告，对民办分会人事变更情况、2025年工作计划进行了审议。大会充分听取了分会各常务理事对分会发展的指导意见，共同探讨了民办分会发展的核心要旨与战略蓝图。

2025年，是贯彻落实国家关于促进民办教育健康发展的关键一年，中国教育后勤协会民办院校后勤分会将继续致力于提升民办院校后勤服务质量，切实发挥分会对民办院校工作与发展的指导和促进作用。

中国教育后勤协会专家委员会工作报告

2024年，中国教育后勤协会专家委员会在协会各级领导的关心指导下，在各位专家委员的共同努力下，以习近平新时代中国特色社会主义思想为指导，深入学习贯彻党的二十届三中全会和全国教育大会精神，全面落实教育部相关要求以及协会工作安排，不断加强政策研究和政策咨询，组织开展了一系列工作，持续为教育后勤事业的发展贡献力量。

一、2024年专家委员会重点工作

2024年，专家委员会各成员在程天权主席的带领和指导下开展了一系列活动，包含调查研究13次、标准研制7个、专题会议28次、培训讲座24次、论文发表3篇、文件起草7项，审查活动5次、咨询服务6次，为协会理论成果凝聚与教育后勤事业高质量发展提供智力支撑。

（一）参与会议论坛，发挥智库作用

2024年4月和10月举办的第七届、第八届CCLE中国教育后勤展览会期间，部分专家委员积极参与各分会当中，并在相关论坛上进行了专题分享，专家们的深度分析和前沿见解有力拓宽了行业视野，为论坛深入开展提供了帮助。

2024年5月，苏州大学后勤社会化改革二十周年暨校园后勤（FM）高质量发展论坛圆满召开。会议总结提炼了"苏大模式"的改革经验和方法，与会人员针对新时期、新阶段高校后勤改革发展进行了深入交流。中国教育后勤协会会长刘建平、监事长王芳、副会长高聚慧、副会长张柳华、协会副会长兼常务副秘书长黎玖高及部分专家委员到会指导并发表讲话，为新形势下教育后勤改革指明了方向。

2024年7月，全国教育后勤系统社团组织会长秘书长工作会议在长春召开。部分专家委员出席会议并作主题发言，围绕教育后勤工作面临的新机遇、新挑战和新问题进行了深入交流和探讨。

（二）开展专题调研，提升服务能力

为落实国家战略发展规划和专家委员会 2024 年工作要点，进一步提升服务能力，专家委员会组织专家团队，分专业、分项目、分地区深入开展专题调研活动，强化对教育后勤各领域实践经验的总结以及典型案例的挖掘，供行业组织和教育行政部门参考。

在程天权主席带领及指导下，副主席皮光纯，秘书长韦曙和，委员赵相华、贾水库、化小峰、胡征宇、蒋中全等分别赴北京、江苏、广东、四川、重庆、陕西、内蒙古、新疆等地开展专题调研，针对高校后勤面临的热点、难点问题与当地后勤同仁进行了深入交流与研讨。

（三）参与标准研制，助力行业规范

专家委员会赵相华、王习印、赵肖等专家委员 2024 年参与起草了《高校食堂管理服务规范》《高校食堂成本核算指导意见》《中小学食堂管理服务规范》《广东省高校物业服务评价标准》等各级各类标准 8 项，为教育后勤事业的规范化和科学化发展做出了贡献。

（四）开展培训讲座，提升后勤管理服务能力

2024 年，专家委员会副主席皮光纯、秘书长韦曙和、委员赵相华、贾水库等分别赴重庆、浙江、安徽、河南、江西、上海、新疆、成都、宁夏、浙江、黑龙江开展教育后勤相关专题讲座 24 次，培训内容涵盖政策宣贯、职业培训、招标采购、安全管理、体系建设等内容，有力提升了教育后勤管理与服务整体水平。

（五）专家委员会队伍调整

2024 年，两位专家委员（王武海、刘宏进）因个人原因申请不再担任专委会委员职务。同时有两位专家申请加入专家委员会。未来，将重点吸纳各个领域的中青年专家，提升专委会在个案咨询、专题调研、政策支持、理论研究、标准制定等方面的综合支持能力。

（六）聚焦学校后勤，办好《教育后勤参考》

1. 刊物编辑出版工作成效显著

（1）刊物编辑出版：2024 年，编辑部完成日常稿件搜集、整理、审读、编辑、

校对和印发工作，编辑出版10期刊物（2023年第10－11期至2024年第10期），合计发稿617篇，约100万字。其中原创稿件271篇，刊物原创率为44%，刊物每期印发量1 100册。内容覆盖全国各学校公寓管理、餐饮服务、劳动教育、智慧后勤、校园安全、垃圾分类、低碳节能、后勤好人好事、后勤优秀工作案例、人物采访等多个方面，全面展现了我国教育后勤工作的新进展、新风貌。

（2）刊物封面封底发表情况：2024年以来，刊物封面/封底发表8所学校，展现了学校的良好形象和风采：无锡学院、山东农业大学、河南大学、广西民族大学、内蒙古大学、南京大学、西南林业大学、广东工业大学。

（3）人物采访：2024年编辑部采用书面或实地采访的形式，形成采访稿2篇。无锡学院副校长胡剑凌：《提供优质服务保障　践行后勤育人使命——专访无锡学院副校长胡剑凌》；武汉大学党委常委、副校长李资远：《一以贯之践行"六个必须坚持"——推动高校后勤保障服务事业高质量发展》。

（4）栏目创新（刊登后勤公益广告）：2024年，在刊物封二页面新增发表公益广告，发表了对学校后勤文创产品介绍的广告（西北工业大学、南京大学），学校后勤公众号风采展示（电子科技大学中山学院、杭州科技职业技术学院），丰富了刊物的多样性。

2. 刊物实体及电子版发放情况

通过线上线下相结合的方式，共计发放了12 921份实体刊物和电子刊物，进一步扩大了读者覆盖面，增强了信息传播的时效性和便捷性。

（1）实体刊物发放：2024年，刊物面向部分省教育厅、市教育局、省后勤协会（研究会）、协会领导、协会分支机构、会员单位、高校、中小学、刊物理事单位等发放刊物共计11 000册。

（2）电子刊物发放：为了进一步提升学校后勤信息传播力度，扩大刊物影响力，从2022年开始，《教育后勤参考》对外发放电子刊物。截至2024年11月底，编辑部面向后勤同仁每期发放电子刊物1 921份（其中13份微信群成员达1 761人）。

3. 约稿活动丰富多彩，促进行业交流

为了挖掘优秀稿源，丰富刊物内容，增加投稿单位和稿件数量，编辑部积极举办组稿约稿活动，激发了行业内的创新活力，加强了与同行间的沟通与合作。

（1）成功举办劳动课具体操作方案征集活动：为了收集学校优秀劳动课具体操作方案，分享实践经验，总结和推广有效的劳动教育教学模式，丰富劳动课程内容，为广大教育工作者提供可借鉴的教学资源和思路，编辑部面向广大教育后勤工作者征集劳动课具体操作方案，截至目前，收集投稿方案10篇。

（2）成功举办庆祝新中国成立75周年征稿活动。为热烈庆祝中华人民共和国成立75周年，回顾新中国成立以来我国教育后勤事业的发展历程，推动教育后勤领域理论研究和实践经验的交流，展现教育后勤工作者的精神风貌和奋斗故事，弘扬爱国主义精神，《教育后勤参考》编辑部面向协会会员单位和全国教育后勤同仁发布征稿启事，截至目前，征集稿件10篇。

（3）成功举办高校后勤公众号征集活动。为了展示各高校后勤公众号在内容创新、服务优化、品牌建设等方面的优秀成果，促进相互学习与交流，《教育后勤参考》编辑部面向广大后勤部门及有关单位发布"高校后勤公众号风采展示"启事。截至目前，收到投稿16篇。

（4）2024年以来，编辑部收到投稿937篇。其中吸引了一些高校第一次给刊物投稿：江西水利电力大学、浙江工业大学之江学院、山东建筑大学、南京市高淳区湖滨高级中学、郑州大学、常熟理工学院、江南大学、中国石油大学、广西民族大学、宜春幼儿师范高等专科学校等。

4. 通讯员队伍建设取得新进展

（1）聘任情况：截至目前，《教育后勤参考》编辑部聘任通讯员270人，特约通讯员54人，包括学校后勤领导、办公室主任、科长、宣传干事、科员、秘书、文员等，较2024年初，通讯员和特约通讯员增聘67人，进一步壮大了通讯员队伍。

（2）通讯员沟通：编辑部积极做好通讯员微信沟通平台的维护，经常转发后勤新闻资讯、节日祝福、专家观点分享至通讯员沟通群，增强通讯员群的活跃度和凝聚力，促进了教育后勤领域的知识交流和经验传播。

（3）通讯员稿件发表情况：截至2024年第10期，编辑部发表通讯员稿件68篇，根据排名，评选出《教育后勤参考》"2024年优秀通讯员"（见表1），并发布了"2024年度高校后勤发稿量排行榜"（见表2），激励了广大通讯员的积极性和创造性。

表1　　　　　　　　　　2024年度优秀通讯员

序号	单位名称	通讯员姓名
1	嘉兴大学	皇琴
2	江苏环宇物业服务有限公司	陈静
3	东营科技职业学院	李松松
4	南京医科大学	曹梦杰

续表

序号	单位名称	通讯员姓名
5	山东建筑大学	曹振
6	海南大学	陈颖
7	山东理工大学	康馨允
8	浙江财经大学东方学院	杨洁
9	汉江师范学院	陈超
10	浙江海洋大学	付丽
11	四川职业技术学院	田振晓
12	杭州电子科技大学	王术海
13	南京理工大学	王亚英
14	西南大学后勤集团	张洪菁
15	杭州电子科技大学	赵晗池
16	宁波大学	胡静力

表2　2024年度高校后勤发稿量排行榜

序号	单位名称	序号	单位名称
1	电子科技大学	10	江苏环宇物业服务有限公司
2	中南大学	11	成都中医药大学
3	苏大教服集团	12	杭州师范大学
4	嘉兴大学	13	南京医科大学
5	杭州电子科技大学	14	中国矿业大学
6	南京理工大学	15	东营科技职业学院
7	海南大学	16	南通大学
8	中国海洋大学	17	浙江财经大学东方学院
9	九江学院	18	华中科技大学

5. 为理事单位提供服务

编辑部积极响应理事单位的需求，2024年以来，发表理事单位稿件48篇，有效传递了各理事单位的先进经验和优秀成果，促进了资源共享与合作共赢（见表3）。

表3　交稿情况

序号	类别	单位名称	发稿数量（篇）
1	常务副理事长单位	苏大教服集团	13
2	理事单位	杭州电子科技大学杭州文一教育发展有限公司	9
3	常务理事单位	九江学院后勤管理处	8

续表

序号	类别	单位名称	发稿数量（篇）
4	常务理事单位	中国海洋大学	7
5	副理事长单位	东吴服务产业集团（江苏）有限公司	4
6	常务理事单位	苏州大学	3
7	常务理事单位	成都大学	2
8	常务理事单位	浙大新宇集团	1
9	副理事长单位	武汉大学后勤服务集团	1

6. 印发《教育后勤参考》协会成立十周年优秀征文集

2023年7月，为庆祝协会成立十周年，编辑部承办中国教育后勤协会成立十周年主题征文活动。经专家遴选评审出54件优秀作品及4个优秀组织单位。2024年4月，编辑部将优秀作品结集成册，印发协会成立十周年优秀稿件征文集，以此回顾协会发展历程，展望美好未来，增强了会员单位的归属感和凝聚力。

7. 举办培训交流活动

2024年以来，编辑部积极举办了两期后勤宣传干部培训班，有效提升了后勤系统宣传队伍的专业素养和业务能力。

（1）4月23日至26日，编辑部在山西太原成功举办"2024年全国教育后勤系统信息宣传干部培训班暨教育后勤宣传工作高质量发展论坛"，近130人参加本次活动。学员们表示，将结合自身工作实际，以更加饱满的热情、更加昂扬的斗志、更加务实的作风投入到今后的后勤工作中。

（2）12月10日至13日，编辑部在江苏南京举办"2024年全国教育后勤系统信息宣传干部培训班（第二期）"，近100人参加培训活动。学员们纷纷表示，将以此次培训为契机，切实把学习成果转化为工作实效，不断探索新形势下的信息宣传工作的新方法、新路径，推动后勤信息宣传工作迸发新的活力，为新时代教育后勤高质量发展贡献新的力量。

二、困难与不足

（一）专家委员会队伍建设仍需不断完善

目前，专家委员队伍分布不均，缺乏中小学、高职、民办、中外合作大学等相关领域的专家，且年轻专家的比例相对较低，专职研究人员数量较少。

（二）多层次学术交流平台打造较为欠缺，成果转化能力不足

全年组织开展的行业专题论坛较少，行业专家、政府主管部门、学校领导、优秀企业等相关实践经验与管理思想的交流与推广不多。各项日常工作的开展与协会各级领导的要求以及广大后勤同仁的期望还有一定差距，特别是在参与协会各类活动及研究成果转化方面还有更大的提升空间，智库潜力没有得到全面发挥。

（三）与协会和其他专业委员会的沟通还需加强

与中国教育后勤协会的工作衔接还不够紧密，日常的工作沟通还需加强。未来需进一步加强协会内部信息共享、研究协作以及与其他分支机构的协同工作能力，找准着力点共同发力，推动教育后勤事业的高质量发展。

（四）《教育后勤参考》面临的问题与思考

1. 投稿单位数量与参与度不足

尽管在过去一年中积极拓展了通讯员队伍，但投稿单位的覆盖面和参与度仍有待提升，导致刊物内容的多样性和代表性受限。未来，将进一步加强与各高校及后勤服务企业的沟通联系，通过举办更多形式的交流活动，激发更多单位的投稿热情，丰富刊物内容来源。

2. 内容创新方面仍需加强，与读者互动较为欠缺

未来，将继续努力，创新工作方法，不断提升《教育后勤参考》的品牌价值和社会影响力。2024 年是充满挑战与收获的一年，编辑部将以此为契机，不断探索前行，为推动我国教育后勤事业的发展贡献力量。

中国教育后勤协会标准化技术委员会
工作报告

中国教育后勤协会标准化技术委员会（以下简称"标委会"）在中国教育后勤协会的领导下，在各位委员的共同努力下，贯彻落实国家标准化相关工作要求，通过聚焦体系建设、重点标准编制和标准落地等工作，持续提升行业标准化水平，促进行业提质增效和规范发展，支撑教育后勤行业高质量发展。

一、标委会工作回顾与总结

（一）筹备全国教育后勤标准化技术委员会

为贯彻落实《国家标准化发展纲要》相关要求，加强行业基础性标准建设、提升标准的广泛性、提高标准的权威性，亟须通过建立国家标准来实现统一语言、树立规则和创新引领，推动教育后勤行业高质量发展，支撑教育现代化建设。标委会经过积极准备和策划，在协会领导大力支持下，推进筹建"全国教育后勤标准化技术委员会"，并于2024年9月，成立了由会长牵头，标委会及后勤研究院相关专业人员组成的筹建工作组，目前经过充分沟通讨论，已编制形成详细的筹建工作推进方案，梳理确认筹建关键节点、具体工作事项、时间计划及相关表单函件等内容，下一步将按计划完成相关申请，推动筹建工作顺利进行。

（二）发布及更新团体标准体系

为强化协会团体标准的顶层设计，发挥标准体系的牵引作用，基于教育后勤行业发展现状和趋势，经过充分征求各相关方意见和调研，标委会组织完成了《中国教育后勤协会团体标准体系》，并在协会第二届理事会第五次会议审议通过，当前标准体系涵盖了物业管理、学生公寓服务、餐饮服务、校园安全等多个关键领域，旨在为行业提供明确的标准编制方向。同时，本年度基于行业各相关方对标准的需要，标委会组织进行了团体标准体系的动态更新，使其更加科学、系统和协调，贴近实际需求。目前在团体标准体系的牵引下，协会各项标准立项和编制得到有效的指引，为行业标准化工作的规范管理和创新发展奠定了坚实基础。

（三）全面提升标准供给数量与质量

2024年，标委会在提升标准供给质量和数量方面持续发力，组织完成《中小学食堂管理服务规范》团体标准的编制、审查与报批。该标准已于4月2日在上海正式发布。作为围绕中小学食堂科学服务管理的行业规范，该标准旨在促进中小学校食堂标准化、规范化建设，助力校园食堂管理模式创新升级，助推校园食品安全工作取得更大实效，对于保障广大中小学师生营养健康具有重要的指导意义。此外，针对当前正在编制的9项教育后勤团体标准，标委会加强过程中的协调引导工作，通过组织技术研讨、同行交流、定期评审等，对框架和技术内容进行严格把关，确保标准能高质量地输出。

（四）加快推进团体标准的实施落地，积极开展标准宣贯

为确保已发布的团体标准得到有效贯彻和实施，标委会持续加强标准宣贯和实施保障工作的力度。通过多种形式的培训和讲座，积极推广《高等学校学生公寓星级管理服务评价规范》《高等学校物业服务规范》《高等学校物业服务费用测算规范》以及《中小学食堂管理服务规范》等重要标准。通过与分支机构合作开展标准培训，邀请多位行业专家进行现场讲解，就标准中的关键技术和管理要点进行深入解读，对各会员单位及相关从业人员进行了系统化的标准培训，不仅涵盖了标准的具体内容，还结合实际案例进行讲解，帮助参训人员更好地理解和掌握标准要求，增强了标准宣贯的效果，确保了标准的有效实施。

（五）推动落实与中国物业管理协会标准化合作，提升教育后勤行业标准的影响力

协会与中国物业管理协会共同编制《高校物业服务质量评价规范》，标委会紧密推进双方合作。双方协会就标准编制组建了起草小组，汇集各方专家，就标准的技术内容和框架进行深入讨论，同时为了更好地借鉴同类标准的经验，标委会组织中国物业管理协会《写字楼物业服务质量评价规范》起草组进行多次交流研讨，增强

行业内的技术交流与合作。目前《高校物业服务质量评价规范》的编制工作正在稳步推进，预计将在年内完成征求意见稿并进入审查阶段，未来这项标准的发布将为高校物业服务的质量评价提供明确的指导。

二、2025年标委会工作计划

2025年标委会将全面落实《贯彻实施〈国家标准化发展纲要〉行动计划（2024—2025年）》要求，进一步强化协会在团体标准建设工作中的基础性、引领性和主导性作用，聚焦重点标准建设、保障标准实施有效，全力提升行业标准化工作水平，促进教育后勤行业提质增效，支撑行业高质量发展。

（一）扎实推动全国教育后勤标准化技术委员会筹建工作

在2024年的基础上，标委会将继续按计划推进"全国教育后勤标准化技术委员会"筹建工作，保持与教育部、国家标准化管理委员会的密切沟通汇报，争取更多的支持和指导。在国家相关法规和管理规章制度的框架指导下，完成详细的筹建申请材料，确保内容详尽、符合要求，提交教育部审核，报国家标准化管理委员会批准。积极跟进各关键节点的审批进程，做好资源保障和协调，争取能够尽快获批。依据相关批复文件，组织委员征集并召开成立大会，为教育后勤行业的高质量发展提供更高的标准制定和管理平台。

（二）扩大供给，深化团体标准编制与发布

一方面，标委会将采用滚动申报，定期立项的方式，在团体标准体系的框架指引下，广泛发动各分支机构和相关单位，组织2025年团体标准的立项，进一步增加协会团体标准供给。另一方面，继续提升教育后勤团体标准的质量，强化过程管理和结果管理。对于2024年立项在编团体标准，将依据各项标准研制的进度，给予相应的方法、资源和技术支持，包括组织标准主要起草人参与标准编制能力提升培训班，提高起草人员专业水平；组织相关行业专家进行辅导，提高标准的技术质量；组织对标准中的重要技术内容开展广泛调研论证和公开征求意见，确保标准的科学性、广泛性。通过多种途径帮助各标准起草承担单位快速提高编制质量，努力实现各项团体标准按期高质量发布。

（三）做好标准宣贯实施保障工作

为提升标准应用成效，保障标准有效实施落地，标委会计划针对不同标准应用群体，设计不同形式的宣贯活动，具体计划通过线上与线下两个渠道开展标准落地推广。线上渠道以互联网为载体组织公益培训，帮助更多人员了解和知晓标准，理解和掌握标准实施要求。线下渠道，以协会及分支机构的培训班为平台进行标准宣贯，覆盖全国多个城市，邀请标准起草人和行业专家进行现场详细解读。同时，标委会还将组织教育后勤标准化综合能力培训、考察交流等，邀请相关会员单位和人员参加，促进经验分享和技术交流。

（四）加强标委会组织建设与横向技术交流合作

继续强化组织牵引和管理作用，建立标委会与委员之间的高效工作推进渠道，形成协作推进的组织合力。具体包括进一步优化管理制度，修订和完善标委会组织管理文件，强化标委会年会、标准审查会、标准研讨会等各项技术会议的管理，确保各项工作的高效推进。加强委员管理，探索实行更加科学、细致的委员分工模式，确保标委会成员的动态更新和优化，打造更加高效的组织机构。推动建立标准化人才和专家培养机制，提升行业各相关单位的标准化能力，构建能有效支撑行业标准化高质量发展的管理和技术团队。

此外，标委会还将持续强化与其他相关行业协会和地方教育后勤协会的标准化合作，通过联合发布、贯标试点等方式，促进相互交流学习和经验分享借鉴，不断提升行业标准化水平和影响力。

中国教育后勤协会新业态及快递工作委员会工作报告

在2024年，中国教育后勤协会新业态及快递工作委员会（以下简称"工作委员会"）在中国教育后勤协会的指导下，深入实践党的二十届三中全会和全国教育大会的精神，致力于发挥工作委员会平台作用，紧密围绕教育改革发展的实际需求，通过深入的调研工作和广泛的交流研讨活动，工作委员会积极推进后勤服务与管理向社会化、现代化的快速转型升级。

一、加强组织建设、强化能力提升

面对新时代校园服务发展的新需求，工作委员会以高质量发展为导向，依托中国教育后勤协会的平台资源，积极与各省后勤协会保持紧密联系。自成立至今，工作委员会现有（高校）委员单位172所，（企业）委员单位17家，副主任单位34个，常务委员单位74个、专家成员28人。同时不断深化与企业及社会资源的合作，共同构建高效、便捷的后勤服务平台，促进资源的共享与优势互补。

二、聚焦行业需求、深入走访交流

在深化教育综合改革的新背景下，工作委员会专注于"新业态赋能校园后勤高质量发展"的建设，紧密围绕行业发展中的关键和难点问题，积极调动行业资源，深入各地进行调研。委员会成员相继走访了湖北省、四川省、江苏省、广东省等地，进行学习交流和实地考察，为推动教育后勤高质量发展搭建了交流心得、碰撞思想的平台，积极推广校园后勤领域的新应用，切实做到了直面问题、提出建议、汇聚思路、推广经验，从而探索校园后勤服务的新格局。

三、深入开展调研，积极探索新需求

为了深入探究适应教育后勤高质量发展的内外部环境与条件，并深入分析当前高校后勤所面临的重点和难点问题，以推动高校后勤的高质量发展和教育后勤的现代化进程，工作委员会在 2024 年度成功申报了中国教育后勤协会的《高校后勤高质量发展的重点、难点问题研究》课题，并有计划地组织了行业专家前往各省高校进行实地调研，旨在迅速形成一份既具有理论深度又具备实践指导意义的课题研究报告，为课题寻找更多的研究依据，形成强有力的研究成果，为构建高质量后勤保障体系贡献工作委员会的力量。

2024 年 9 月，中国教育后勤协会会长刘建平带领《高校后勤高质量发展的重点、难点问题研究》课题调研专家组赴湖北省，举行了开题座谈会并开展了相关行业调研活动。在此期间，调研组成员访问了武汉大学、华中科技大学、华中农业大学、湖北大学和武汉理工大学，进行了实地考察，并与校方代表进行了深入的座谈研讨，广泛交换了意见。本次活动特别邀请了江苏、山东、北京、四川、河南等省（市）的协会秘书长以及来自 15 所湖北省高校和 2 家企业的 10 多位专家，共计 50 余人参与调研。会议深入探讨了高校后勤高质量发展的关键问题和挑战，并就如何加强政府、社会与高校之间的合作机制，优化顶层设计，强化管理人才队伍建设，以及加速推进校园市场管理的规范化和标准化建设提出了宝贵建议。在调研过程中，刘建平对湖北高校在后勤保障管理方面所展现的先进理念、独特做法以及近年来取得的显著成就表示了充分的肯定和高度赞赏。他期望通过汇聚高校后勤领域专家的智慧和力量，共同打造具有创新性和实践性的研究成果。

2024 年 11 月，刘建平会长带领《高校后勤高质量发展的重点、难点问题研究》课题组，在江苏省开展了一次深入的调研活动。调研期间，课题组成员先后调研了东南大学、河海大学、扬州大学以及江苏科技大学，进行了现场考察和座谈。同时考察了扬州大学扬子津校区食堂、"一站式"学生社区、学生公寓；在江苏科技大学，考察了"稼穑学堂""合异坊"等地，并与各校代表进行了深入的交流和讨论。专家组由教育后勤协会领导、新业态及快递工作委员会负责人、各地教育后勤协会代表以及特邀嘉宾组成，他们针对在资源约束条件下高校后勤工作所面临的挑战进行了深入探讨。其间，专家委员会主席兼新业态及快递工作委员会主任程天权提出，建设教育强国须具备六大核心能力：思想引领力、人才竞争力、科技支撑力、民生

保障力、社会协同力和国际影响力，这些能力是教育强国建设的关键所在。课题调研应服务于教育、师生和育人工作，积极探索后勤服务的新模式、新路径，为师生提供更加多元化、个性化的服务体验。同时，各专家还提到了人才队伍建设跟不上新质生产力的需求、后勤服务的公益性与市场化之间的矛盾，以及校园新业态低门槛准入导致的服务质量监管难等一系列问题。调研活动对于推动高校后勤工作的高质量发展、智能化进程、新技术和新理念的应用以及现代化水平的提升具有重要意义，并为课题的后续研究工作指明了方向。

四、总结

回顾 2024 年，既有成就也有待改进之处。展望 2025 年，工作委员会将继续在中国教育后勤协会的指导下，严格执行年度工作计划，深入学习贯彻习近平新时代中国特色社会主义思想，认真学习贯彻党的二十届三中全会和全国教育大会的精神。将保持谦逊和务实的工作态度，发扬创新和进取的精神，同时严格控制安全风险，加强廉政建设，确保风险处于可控状态，同时通过深入的研讨，将继续探索校园的新业态、新理念、新技术以及合作模式的新需求，推动校园后勤服务的高质量发展，使其与新质生产力的提升相适应，为新业态赋能高校后勤高质量发展贡献力量。

中国教育后勤协会中国教育后勤招标采购网工作报告

顺势而为谋新局，拼搏奋进谱新章。2024年后勤招标采购网在中国教育后勤协会和秘书处的领导下，认真贯彻落实协会2024年工作要求，围绕服务建设教育强国大局，聚焦招标采购业务，坚持开拓创新，不断提升工作能力和水平，充分发挥服务高校后勤高质量发展的基础保障作用，推动网站各项工作取得新成效。

一、强化政治意识，加强党的领导

在协会党支部的领导下，认真学习贯彻习近平新时代中国特色社会主义思想和习近平总书记关于教育的重要论述，全面贯彻落实党的二十大、党的二十届三中全会和全国教育大会精神，充分认识和把握教育、科技、人才是全面建设社会主义现代化国家的基础性、战略性支撑，深刻认识全面建设中国特色社会主义现代化，全面推进中华民族伟大复兴，必须增强"四个意识"，坚定"四个自信"、捍卫"两个确立"、做到"两个维护"，提高政治能力，自觉用习近平新时代中国特色社会主义思想武装头脑、指导实践、推进工作。

在协会和秘书处的指导下，2024年网站组织开展高校后勤招标采购高级研讨班，推动网站承接的协会重点研究课题加快结题和课题成果转化落地。加强意识形态工作，网站党员同志充分发挥政治核心、战斗堡垒作用和党员干部的先锋模范作用，认真落实意识形态工作责任制，规范网站各项工作，依法依规规范有序开展活动，引领高校后勤招标采购事业健康发展。安排专人管理网站和网络媒体平台，抓好意识形态和网络安全工作。

二、立足网站基础业务，提升服务质量和效率

中国教育后勤招标采购网主要服务高校后勤招标采购工作，2024年立足网站基

础业务，继续稳步推进，各项工作取得了新的成效。一是各类信息发布及时准确。发布全国各高校后勤协会及高校关于招标采购的政策规定、工作经验介绍等900余篇，发布食品安全、智慧校园、平安校园、节水节电、杜绝餐饮浪费等后勤工作信息动态1 950余条，所发信息图文并茂，点击量达到40万余次。二是微信公众号方便快捷。截至2024年12月，网站微信公众号推送资讯采编980余篇，转发1 500余次，阅读人数2.5万余人，还为全国各类高等院校发布（含转发）近16.5万次货物、服务，建设类招标采购行业动态等。三是网络基础设施投入有所提升。根据2024年网站提质增效工作要求，继续加大投入资金升级网站架构，增设网络服务器，修改网站源代码等。

三、聚焦网站核心业务，创新培训课程和模式

在2023年取得培训和课题研究工作双丰收的基础上，2024年网站聚焦核心业务，报请中国教育后勤协会秘书处，先后在广西南宁、河南开封、宁夏银川、云南昆明和浙江温州先后举办了5期高校后勤招标采购高级研讨班，全国各地200多所高校分管后勤（总务）、资产、招标采购工作的领导，部门负责人及相关工作人员，近100家服务高校的社会企业的负责人及相关工作人员，高校大后勤领域中相关职能部门负责人及相关工作人员和领导、嘉宾等600多人参加了研讨培训。

为提升研讨班纾解全国高校后勤面临招标采购工作遇到的难点、痛点和堵点的能力和水平，在协会秘书处的指导下，网站紧跟国家相关部门发布招标采购领域的新政策、新规定和新要求，创新授课模式，灵活调整研讨内容，以理论为先导，以交流为契机，以实践为基石，在整个培训期内，切实提高参训学员到高校实地参访交流的比重，大大满足了学员们的学习热情和充实感。中国教育后勤协会和秘书处领导，对网站举办研讨培训班高度重视，亲自审阅培训计划，亲临培训班作开班动员。国内招标采购知名专家、从事实际工作的领军人才等，亲自为培训班授课，答疑解惑。全国各类高校后勤管理人员和部分企业负责人济济一堂，学新规，议政策，谈工作，互交流，一致认为，研讨培训，形式活泼，收获颇丰。网站2024年支付中国教育后勤协会专项调研经费和购买服务（举办研讨班）产生的收益共计56.036万元。

四、深化课题研究工作，推动结题和落地转化

网站自2021年主动请缨承担中国教育后勤协会2021年重点研究课题——《高

校后勤招标采购研究》的组织协调工作至今，在中国教育后勤协会常务副会长兼秘书长牛维麟担任课题组长、协会副会长兼常务副秘书长黎玖高、合肥工业大学和安徽大学党委常委、副校长季益洪、周飞担任执行组长的领导下，在一批专家学者、高校后勤服务实际工作者和部分企业负责人担任课题组成员共同努力下，课题组于2022年底形成了《高校后勤招标采购研究（征求意见稿）》和《高校物业招标采购工作指南》《高校食堂招标采购工作指南》。为验证该课题研究成果的实用性，安徽省高等院校后勤协会于2023年7月率先将论文和指南编入《高校后勤课题研究成果选编》，居于篇首，并于2024年2月将研究成果中的《高校物业招标采购工作指南》《高校食堂招标采购工作指南》印发全省高校先试先行。2024年7月，网站不负协会期望，正式向协会递交《高校后勤招标采购研究》结题报告和研究成果，圆满完成了协会交付的课题研究工作。

五、参与协会重点工作，促进行业交流与合作

网站围绕协会2024年工作要点，积极参与协会年度重点工作，在协助协会咨政辅政、服务会员、推动行业标准化建设、打造培训品牌、促进行业交流与合作、引领教育后勤高质量发展等方面略尽绵薄之力。积极协助协会做好咨政辅政工作，为教育部发展规划司制定《关于推动高校后勤高质量发展的指导意见》提供招标采购领域的背景材料；积极组织高校后勤分管领导及相关工作人员参加第七届、第八届中国教育后勤展览会及相关系列活动、在重庆召开的中国教育后勤协会能源管理专业委员会第二届第五次全体委员会议暨中国教育节能（2024年度）发展论坛和在福州召开的第九届教育后勤互联网大会；参加在长春召开的中国教育后勤协会第二届理事会第六次会议和2024年度全国教育后勤系统社团组织会长秘书长工作会议；组建招标采购网代表团参加中国教育后勤协会"中浦慧联杯"高校后勤乒乓球大赛，取得团体乙组第二名的优异成绩。

回顾总结2024年网站工作，网站的体会是：网站各项工作成绩的取得，得力于协会和秘书处及协会相关部门的领导和大力支持，得力于举办研讨班所在地教育后勤协会和相关高校的积极帮助和紧密配合，得力于招标采购专家的智力支持和具体指导，得益于网站全体工作人员的团结奋斗和辛勤劳动。

中国教育后勤协会会员部工作报告

2024年是中华人民共和国成立的75周年，是实施"十四五"规划目标任务的关键一年，也是推动教育"十四五"规划任务全面落地的攻坚之年。会员部在协会领导的关心指导下，紧密围绕协会中心工作，以更好地服务会员单位为宗旨，扎实推进各项任务，在发展会员、服务优化、活动组织以及守正创新等方面均取得了显著成效，为推动教育后勤行业交流与发展发挥了积极作用。

一、加强思想建设，提升服务意识

2024年度，协会秘书处多次开展党建主题教育，会员部在协会带领下深入学习贯彻习近平新时代中国特色社会主义思想，切实提高思想认识水平，持续在以学铸魂、以学增智、以学正风、以学促干上下功夫，巩固拓展主题教育成果，以实干实绩不断开创会员事业发展新局面。深入理解后勤工作的特殊性和重要性，牢固树立"服务育人"的宗旨。经过学习，显著提升了服务意识和专业技能，为更好地服务于会员单位打下了坚实基础。

二、优化资源配置，提高服务效率

会员部依据会员类型、地域分布、服务专长等多维度信息，对会员进行分类标签管理，建立会员"画像"，为后续开展个性化服务、组织针对性活动以及促进会员间业务对接创造了便利条件。

三、积极完成各项重点任务，开创会员部发展新局面

（一）会员发展与管理

通过协会举办的展会、培训、会议及活动，宣发协会宣传资料、云展示平台手

册、入会手册等千余册，广泛宣传协会的宗旨、任务、服务内容及会员权益，吸引了来自全国各地教育后勤领域多业态、多品类的企业单位加入。本年度新增提交审批会员单位 118 家，截至 2024 年底，协会会员总数达到 200 余家。

（二）会员会费收取情况

截至 2024 年 12 月，共有 149 家企业会员单位缴纳会费；共收取会费 157 万元，其中，中航物业管理有限公司、上海水成环保科技股份有限公司、近邻宝科技有限公司、厦门矽创微电子科技有限公司、北京千喜鹤餐饮管理有限公司、西安汕鸿餐饮管理有限公司、青岛鸿程达制衣有限公司补缴 2023 年度会费。

（三）会员信息整理工作

完善会员信息管理系统，对会员资料进行持续梳理与更新，确保会员信息准确无误。通过定期联络回访、问卷调查等方式，加强与会员单位的沟通联系，及时了解会员需求与意见，提升企业会员服务满意度。持续使用"轻流"网站企业会员管理系统，高效能管理会员单位信息。累计录入信息 500 余条，丰富会员单位信息存储。

（四）做好会员单位宣传工作，持续推动打造"永不落幕的展会"

积极组织企业会员单位参加协会举办的各项活动：一是于第七届中国教育后勤展览会为 21 家参展会员单位制作专属信息展示牌；二是于第八届中国教育后勤展览会期间创新性举办企业会员单位空间"试点"，有 11 家参与到为期两天的展会中；三是"中国教育后勤协会会员云展示平台"自 2023 年上线运行，经过近一年实际使用，会员部协调开发单位共同完善云展示平台使用细节、优化前端及后台端的多项使用流程，于 4 月发布《云展示平台使用手册》（第二版），10 月发布《云展示平台使用手册》（第三版）以求吸纳更多高校、企业会员单位更好地了解和利用网站的功能与服务。现已将高校理事单位、所有会计期内的会员单位基础信息全部录入于云展示平台，会员单位在线上全年度、全方位、全要素地动态展示，是彰显会员单位的特色与底色，更是提升校企"协同增质，精准对接，综合施策"的有力保障。

（五）加强沟通增进交流互信

根据协会发布的各项会议通知、培训通知、推举通知以及课题申报等活动内容，通过邮件、信息、微信图文等即时推送给会员单位负责人，与各会员单位增进交流互信，加强沟通合作，促进共同发展。

四、健全工作机制　迈向会员部高质量发展新征程

（一）有待优化会员发展与管理

按照协会要求，筹划制定企业会员单位退出机制，加强对会员单位的动态管理，定期对会员资格进行审核，对长期不履行会员义务或不符合会员条件的单位予以清退，确保协会会员队伍的活力与质量。

（二）有待深化会员服务内涵与品质

开展行业调研交流，扩大协会企业会员单位群体力量，同时探索企业服务高校业态的特点规律、业务方向和革新途径，为会员单位提高规范管理与提升技术手段提供支撑。建立会员单位定期沟通机制，每季度召开会员单位调研会、会员座谈会或线上交流会，及时向会员单位通报协会工作进展、行业动态，收集会员单位意见建议，加强协会与会员单位之间的互动与信任。

（三）有待推出品牌活动，强化会员沟通与协同发展

打造会员部品牌活动，推出一系列具有针对性、创新性的会员服务项目，策划举办"第九届中国教育后勤展览会企业会员展示空间""2025中国教育后勤协会企业会员创新发展大会"等主题活动，聚焦行业数字化转型、绿色低碳发展、人才培养创新等前沿热点话题，设置高端对话、专题研讨、项目路演等多元化环节，汇聚各方智慧，拓宽会员单位的视野与发展空间，为教育后勤行业创新发展提供新思路、新方案。

展望2025年，会员部将继续秉持服务会员的初心，聚焦行业发展需求，持续改进工作方法，努力提升服务水平，引导全体会员单位为推动中国教育后勤事业高质量发展贡献力量。相信在协会领导的正确带领下，通过会员部的共同努力以及广大会员单位的支持配合，协会会员工作必将迈上新台阶，取得更加辉煌的成绩。

中国教育后勤协会培训工作报告

一、部门介绍

中国教育后勤协会培训部是协会的职能部门，以习近平新时代中国特色社会主义思想为指导，按照协会"有社会责任感、值得信赖、有凝聚力、有文化、有温度、有特色"的办会理念，以"为教育后勤培养德才兼备的高素质人才，为后勤现代化提供人才支撑"为使命，整合协会内外部优质教育资源优势，负责协会"全国教育后勤人才助跑培养计划"的全面实施。

培训部面向全国学校后勤领域管理干部、骨干员工、服务学校企业，开展管理干部能力提升、多业务领域专业技能等方面分级、分类、专业化培训。聚焦政府工作重点、教育政策热点、教育后勤高质量发展焦点，以服务为本，不断拓展培训工作的内涵和外延，努力建设成为我国教育领域具有公信力、引领性、权威性、影响力的教育培训组织。

二、2024 年协会培训工作整体情况及经验启示

2024 年度协会共举办各级各类培训 27 期，培训学员 2 960 人，覆盖院校近 1 000 所。经过三年的积累，协会初步建立了针对后勤管理队伍的领导力、后勤风险防控、舆情管理、后勤安全管理、后勤党建与业务融合 5 个管理干部能力提升培训品牌项目；针对业务骨干的后勤招标采购、物业管理、公寓标准化建设、后勤信息化建设、能源管理、"校园名厨"、后勤信息宣传、建设与修缮、企业会员服务等专业能力提升培训，构建了具有较强行业特色的人才队伍培训课程体系，遴选了一批深受学员欢迎的师资队伍。

回顾总结，我们的基本经验和主要启示是：

一是培训工作必须聚焦教育强国战略进行系统谋划。深刻把握教育强国战略对

后勤提出的新要求和新任务是设计好培训产品的基础和方向。培训部年初要求各分支机构深刻分析后勤发挥支撑保障职能的急难愁盼问题，制定培训规划，统筹组织实施，确保培训工作的战略方向不偏移。

二是培训工作必须坚持"以人为本"。培训工作必须对培训对象尤其是后勤管理队伍进行准确画像，深刻把握需求的差异，例如后勤管理队伍新人对政策的掌握、后勤管理风险点辨识、典型成功案例的需求格外强烈等，在培训内容中适度加入相应场景化设计，取得了较好的效果。

三是培训工作必须注重研究引领。持续研究制约不同类型学校当前后勤改革发展的现实关键问题，是设计培训内容、遴选师资的重要依据。依据研究成果，兼顾后勤工作实践性要求设计课程内容，切实保障学员学有所得。

三、培训工作面临的形势

（一）后勤队伍整体素质提升任重而道远

当前一方面后勤队伍整体上职业化素养不强、专业化能力不足、管理队伍流动性频繁等客观现状没有得到根本性转变。另一方面，政策、技术对后勤发展内外部环境带来的深刻变化。鉴于此，行业培训必须要体现时代的责任和担当，加快推进后勤队伍的职业化和专业化进程，切实满足后勤队伍对实施教育强国战略的基础性、支撑性需求。

（二）全面提升后勤管理干部数字素养迫在眉睫

在推动后勤数字化建设发展进程中，必然要求后勤管理队伍具备高水平的数字素养，以此来准确把握新一代信息技术的创新发展和应用规律，让数字化成为提高后勤治理效能的有效工具。当前后勤管理干部在数字技术认知、应用和拓展等方面都有所欠缺，数字素养亟待提升。如何提升后勤管理干部数字素养，成为后勤数字化转型不可回避的问题，更是协会行业培训面临的重要任务。

（三）人工智能给培养范式带来深刻变革

人工智能对培训工作的观念、模式、技术三个层面进行了系统性赋能。首先是从"标准化培养"到"个性化发展"的理念更新。其次是从"单向传递"到"多维互动"的培训模式变革，推动培训场景从"课堂讲授"延伸至"虚拟实践"，构建起沉浸式、实战化的多维互动学习生态。此外从"工具应用"到"体系进化"的融入培训体系的各个环节，成为推动体系进化的关键力量。协会培训工作必须充分认识到人工智能对培训范式带来的革命性变化并主动应对。

四、总体部署

（一）加强统筹规范管理

按照协会"风清气正　规范高效"的总体要求开展培训工作，结合中央社会工作部、教育部和民政部对协会行业培训的相关要求，严格培训纪律，坚决杜绝违背中央八项规定要求的问题出现。

（二）优化培训体系

一是培训体系流程化。从俯瞰角度建立系统性的行业人才培育体系，制定从业务分析、岗位职责能力模型、人才识别、培训咨询、培训实施、成果产出以及业务检验的全流程培养路径。

二是培训效果可量化。探索在培训的各个环节中建立清晰可量化的评价指标，让培训效果可以量化测评。

三是培训内容紧贴业务。紧贴业务是后勤培训的重要使命。要进一步强化培训项目以赋能业务为导向进行体系规划、方案策划、内容设计、项目实施和成果应用。

四是讲师遴选精准化。师队伍建设是培训工作的核心要义。强化培训讲师的专业化选拔与培养，促使讲师在人才培训中精准发挥作用。

五是成果应用信息化。探索设计更加个性化与智能化的学习平台，建立培训项目、培训成果知识库，在线上学习系统中有选择性地进行推广，使培训成果应用最大化。

中国教育后勤协会《高校后勤研究》杂志社工作报告

2024年在协会的指导和领导下，在全国各级后勤管理部门、期刊各理事单位，以及全国广大后勤研究人员的大力支持下，期刊工作取得了新进展、新成效。

一、重启微信公众号，提供更加广泛服务

由于人员短缺，2016年停开了"高校后勤研究"微信公众号。2024年初重新恢复了期刊的微信公众号，不仅扩大了期刊的影响力，而且能够为全国更广大的后勤干部职工提供理论支撑和实践指导，得到了各级后勤领导和广大读者的充分肯定和认可。

二、发布研究力排行榜，推动高校后勤研究

在以往对全国高校后勤研究力进行研究的基础上，5月，组织人员对全国高校后勤研究力进行了研究，并发布了2023年全国高校后勤研究能力排行榜（见表1）。

表1　　　　　　　　　　2023年高校后勤研究能力排名

排名	学校名称	发表论文数（篇）
第一名	清华大学 北京化工大学	8
第二名	北京大学 南京审计大学 西北工业大学 浙江大学 中国矿业大学 中山大学	5

续表

排名	学校名称	发表论文数（篇）
第三名	厦门大学 上海交通大学 四川大学 郑州大学 常州大学 兰州大学 山东大学 北京第二外国语学院 湖南环境生物职业技术学院	4
第四名	复旦大学 福州大学 天津大学 对外经济贸易大学 浙江农林大学 中央财经大学 广东外语外贸大学 吉林大学 扬州大学 山东科技大学 苏州苏大教育服务投资发展集团 江苏工程职业技术学院	3

三、举办高端研讨会，深入研究现代后勤发展之路

6月，杂志社在西北大学举办了"大学校园服务与管理"小型高端研讨会，国内外三十几位与会者就构建现代后勤保障体系进行了深入研究和探讨（见图1）。

会上，美国爱玛客服务产业有限公司的两位高管采用录播的形式，系统介绍了北美高校设施管理趋势，以及北美教育市场的重新实践；韩国京畿大学副校长做了"数字时代的大学保障"报告；浙江大学、同济大学、西北工业大学、天津理工大学等

图1 "大学校园服务与管理"高端研讨会合影

与会者重点介绍了各自学校的改革与尝试，其他与会者围绕如何构建现代后勤保障体系进行了深入研讨。与会者一致认为，参加这样的小型高端研讨会比参加大型研讨会收获更多，建议未来多举办此类小型高端研讨会。

四、举办高校后勤改革研讨会，探讨深化高校后勤改革之路

11月，由《高校后勤研究》杂志社主办，广东海洋大学协办的"深化高校后勤改革研讨会"在湛江市召开（见图2）。来自全国16所代表性高校、安徽省教育厅、黑龙江省教育厅、广东省高校后勤协会、山东省高校后勤协会、四川省高校后勤协会和知名社会企业的领导、专家、学者、企业家共30多位代表参加。本次研讨会旨在学习贯彻党的二十届三中全会精神，充分发挥理论研究在深化高校后勤改革中的先导作用。会议围绕新时期高校后勤改革创新与高质量发展，后勤管理体制机制改革，深化高校后勤改革面临的矛盾、问题与对策，建立与高等教育相适应的高质量后勤保障体系等议题进行了主题演讲和认真研讨。

图2 研讨会合影

广东海洋大学党委书记杨洲进行了热情洋溢的欢迎致辞，中国教育后勤协会张柳华副会长在会议上作了重要讲话。张柳华副会长指出，党的二十届三中全会审议通过的《中共中央关于进一步全面深化改革、推进中国式现代化的决定》，为我国全面深化改革、推进中国式现代化指明了前进方向，也为我们坚持和深化高校后勤改革增强了信心，注入了动力。我们要把党的二十届三中全会精神和习近平总书记关

于建设教育强国及发展新质生产力的系列重要讲话精神结合起来学习领会和贯彻落实，把思想和行动统一到党和国家及教育部的决策部署上来，继续高举改革大旗，自觉深入推进高校后勤的体制机制改革，构建与新质生产力发展相适应的管理体制，创新组织模式、服务范式，破除阻碍新质生产力发展的制度藩篱，释放创新活力和后勤潜能，推动高校后勤高质量发展。

张柳华副会长强调，面对当前高校后勤存在的矛盾、困难和问题，只能通过不断深化改革来解决，倒退没有出路。而有效解决这些问题，需要在政府部门的主导下，学校后勤大胆探索，进一步解放思想、探究理论、确立新理念，以新体制新机制推动改革实践，贡献后勤改革者、理论研究者的智慧、经验、成功的方法、路径和模式。

在主题演讲中，唐山学院校长王胜本、中国教育后勤协会专家委员会秘书长韦曙和、电子科技大学后勤保障部部长曾翎、南昌大学后勤保障处处长晏育松、浙江大学总务处副处长姜群瑛、郑州大学后勤服务中心主任罗敬党、广东海洋大学副校长邓逢光等领导、专家结合本单位和本地区高校后勤改革、管理、服务实践案例，以及就后勤高质量建设、新质生产力发展和面临的关键问题、现实困难、对策措施进行了高水平演讲。

专题讨论中，山东大学后勤保障部部长徐健、安徽省教育厅高校后勤服务中心主任陈鹏、四川省高校后勤协会副会长兼秘书长高庆、喀什大学党委办公室副主任兼新疆德润资产有限公司董事长周振鑫原宁波理工学院党委书记胡征宇、山东省高校后勤协会秘书长刘学祥、西北大学后勤集团总经理贾腊江、四川大学后勤保障部部长肇启伟、武汉大学总务后勤部党委副书记郑英、石河子大学后勤处党委书记姜伟、成都中医药大学后勤处处长王洪志、黑龙江省教育服务中心主任赵永强等领导、专家均围绕研讨会议题并结合实际作了精彩的专题发言。

通过研讨交流，代表们一致认为，参加本次高质量研讨会收获很大，进一步开阔了视野，获得了高价值信息，学习了成功经验，找到了焦点问题，研究了有效对策，增强了深化后勤改革的信心。

专题报告二　区域风貌

锚定协会服务之本　聚焦教育后勤工作
——江西省高校后勤协会工作报告

一、协会基本情况

江西省高校后勤协会成立于1985年，前身为江西省高校后勤管理研究会，2010年更名为"江西省高校后勤协会"（以下简称协会）。协会是由省内高等院校后勤管理者和经营者以及为学校提供后勤管理与服务的相关部门、企事业单位自愿结成的后勤系统行业社会团体，是非营利性社会组织。

协会的宗旨是：全面贯彻国家的教育方针；以服务为立会之本，努力为会员、行业和政府服务；实施教育后勤行业规范自律管理，促进行业健康发展；在政府与行业之间发挥桥梁纽带作用。

协会会员为单位会员，分为高校会员和企业会员两类。第四届理事会于2021年5月选举产生，江西师范大学当选为会长单位，协会负责人12名，其中会长1名，副会长10名，秘书长1名。协会下设学生宿舍管理专业委员会、伙食管理专业委员会、物业管理专业委员会、校服专业委员会等分支机构。

二、自身建设工作

（一）健全工作机制，促进协会规范高效运行

协会重视体制机制建设，促进行业协会规范健康发展。一是重视内部制度建设，

2023年全面梳理落实协会现行的分支机构管理、财务管理、会费管理、评优评先等内部管理制度，2024年对评优评先办法进行修订，增加了一票获优、一票否决。二是进一步优化管理流程，围绕全省高校后勤改革工作的总体要求，编制协会年度计划，定期召开工作会议，进一步激发专委会在专业领域的工作潜能。三是开展内部专项审计，按照《社会团体登记管理条例》和《民间非营利组织会计制度》要求，编制财务年报表，聘请专业会计师事务所进行专项检查审计。

（二）聚焦队伍建设，提升协会履职能力

为提高管理水平，促进协会可持续发展，协会积极派员参加上级部门组织的培训活动。2023年参加了《全省本级行业协会商会能力建设培训班》《2023年度党务（纪检）干部培训班》学习；2024年参加了《全省行业协会商会工作会议暨行业协会商会负责人培训班》《2024年度党务（纪检）干部培训班》学习，深刻认识加强党的建设、深化改革发展对协会工作的重要性，并对《行业协会商会财务管理》《新时代行业协会商会职业化建设》《社会组织等级评估指标及评分细则》《中国共产党纪律处分条例》《党的组织生活制度》《纪检工作中问题线索的排查和处置》等有了更加清晰的认识，为协会履职尽责打下坚实的能力基础。

（三）加强会员管理，促进会员单位良性发展

为促进高校后勤服务市场的良性发展，2023年伊始，协会相继组织实地调研新申请入会企业，现场考察其经营项目、运营状况及发展前景，把好入会关，保障企业会员在推进高校后勤现代化建设方面发挥作用；进一步完善入会会员动态更新机制，对不履行会员义务、不按时缴纳会费的单位会员，按照有关规定退会。

（四）开展评先评优，营造争先创优良好氛围

为进一步激发行业活力，充分发挥先进单位和个人的示范引领作用，协会及专委会组织评选表彰了江西省高校后勤工作及伙食管理、物业管理、学生公寓管理等先进单位和个人；评选推荐的南昌大学后勤服务集团物业中心楼栋管理员徐剑，获全国教育后勤系统"2023年度最美后勤人"荣誉称号；江西青年职业学院的《四位一体、数智赋能，推进学生公寓育人管理精细化发展》等8所高校的8篇案例，入选全国学生公寓管理服务优秀案例并汇编发行。相关资料见图1。

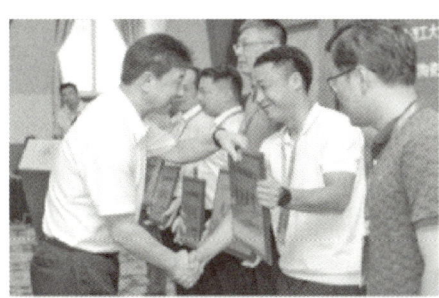

图1 相关活动场景

三、思想政治建设工作

（一）政治引领，夯实协会党建工作

一是坚持用党的创新理论武装头脑。协会党支部坚持"第一议题"制度，贯彻落实习近平总书记关于社会工作、教育的重要论述，准确把握高校立德树人为根本任务和后勤发展改革方向，发挥党建"把方向、管大局、保落实"引领作用。二是进一步健全党支部工作责任体系。2023年因岗位变动，及时调整支部委员，坚持守正创新，在提高工作水平和运行效率方面发挥好指导、监督、保障作用。三是进一步加强党风廉政建设。对评选评比、会费设置、会费收缴等开展自查自纠活动，保障协会规范健康发展。四是扎实推进党纪学习教育，2024年协会根据自身特点，在自学和集中学习的基础上，从日常易于疏忽的细节出发，开展警示教育，进一步厚植遵规守纪的底气。

（二）协同发力，促进党建和业务工作融合发展

进一步树立"党建和业务一盘棋"的理念，结合江西省高校实际，探讨高校后勤党建工作特点，把后勤业务工作中的热点、难点作为党建与业务工作的最佳结合点，围绕食堂管理模式、食品安全、消防安全、节水节电、智能化信息化、片区作用发挥等展开了热烈讨论，以实际行动促进党建与业务工作的深度融合。

（三）文化聚力，积极推动高校后勤文化建设

全面贯彻落实习近平文化思想和习近平总书记考察江西重要讲话精神，扎实推动高校后勤思想文化建设取得新成效。一是开展红色文化主题党日活动，利用江西红色资源，开展革命传统教育，2023年组织参观红色文化纪念馆，传承红色精神；2024年在井冈山进行红色拓展训练——重走红军路，汲取奋进力量。二是弘扬传承中华优秀传统文化，2023年组织赴景德镇考察陶阳里历史文化街区，感受学习习近平文化思想，进一步增强文化自信。三是推动后勤行为文化建设，依托网站平台等媒体传播后勤喜闻乐见的好故事，好声音，特别是通过评优评先活动，用身边人身边事教育身边人，打造爱岗敬业和诚实守信的后勤行为文化。相关资料见图2。

图 2　活动图集

（四）宣传引导，把牢舆论宣传主阵地

加强宣传阵地建设和管理，协会安排专人管理网站，严把政治方向关、政策引领关、舆论导向关，把协会网站打造成传播后勤一线"好声音"、宣传"正能量"的平台（见图3）。

图 3　网站图片

四、服务提升工作

（一）全力守护保障师生"舌尖上的安全"

学校食品安全是事关师生健康安全和校园安全稳定的大事，协会高度重视食品卫生安全工作。一是提高站位。认真学习贯彻落实习近平总书记关于"四个最严"的重要指示精神，指导督促高校后勤餐饮部门和服务高校的餐饮企业，筑牢校园食品安全防线。二是优化组织架构。2024年8月伙专会对秘书长单位、秘书长人选和副主任单位进行了调整，明确职责与分工，更好地发挥专委会作用。三是完善评优制度。2024年7月，审议通过了《省伙专委评优评先管理办法》，评优工作更加科学合理。四是强化食品安全培训。2024年8月邀请了南昌市市场监督管理局食品安全总监进行《食品安全专题讲座》，解读食品安全法律法规和实际操作指导，有效提高食品安全意识和专业技能。五是加强交流与合作。2024年8月邀请专家作了"江苏高校餐饮管理典型模式分析与发展趋势"专题讲座；组织省内高校参加了全国高校后勤协会的相关会议和活动，学习借鉴兄弟省份的先进经验和做法，拓宽工作思路。六是抓好全过程管理。一分部署，九分落实，严格落实"四个最严"要求，加强对食堂从业人员培训，严格食品加工制售全过程风险防控，按照"日管控、周排查、月调度"的要求加强监管，全力做好学校食品安全各项工作。相关资料见图4。

图 4　活动图集

（二）全省高校公寓育人工作取得喜人成绩

协会及寓专会坚持以"三全育人"为中心，创新高校学生公寓管理服务形式，深入推进江西省高校学生公寓工作高质量发展。一是研讨探索育人新途径。专题学习习近平总书记重要讲话精神，2023年7月、9月先后召开"新时期高校学生公寓育人管理模式讲座""高校学生公寓育人工作座谈会"，研究推进全省高校学生公寓育人工作；12月成功举办江西省高校"公寓育人"暨江西高校寓专会成立30周年纪念文艺演出，充分展示江西省高校在提升服务、育人方面的新理念、新做法和新亮点。二是以一站式社区建设为契机，深化服务育人功能。充分发挥党建引领作用，在"一站式"学生社区设立学生党员志愿服务站、党员工作坊等，开创了学生社区教育、管理、服务新局面。三是继续推进高校学生公寓星级管理建设。积极响应落实《高等学校学生公寓管理服务星级评价规范（试行）》文件精神，号召全省高校对标对表先期开展试点工作，以新时期高校学生公寓模板的新标准，引领行业高质量发展。四是提升公寓育人素养。2023年7月，在井冈山成功举办首期"江西省高校学生公寓管理骨干培训班"，全省高校百名处科级干部和管理骨干参加为期一周的学习培训，为更好地落实公寓育人功能打下坚实的基础。五是倡议把"对学生好"的理念贯穿管理服务始终，围绕学生、关照学生、服务学生，推进全省高校学生公寓管理服务育人工作。相关资料见图5。

图5　活动图集

（三）高校物业管理专业化、标准化水平稳步提升

高校物业管理服务作为校园建设管理的重要部分，在学校教育事业后勤保障中发挥着积极的作用。一是加强组织建设，以打造高校物业管理专业化交流平台为目标，定期召开工作会议，明确工作方向，整合高校、企业、协会的资源，搭建交流

平台。二是提升专业素质。2023年举办"第四届江西高校后勤物业管理人才培训班",组织参加"高校物业标准化管理研修班""校园物业管理新模式新技术与质量监管高级研修班",学习省外高校物业管理新理念、新模式、新技术,促进江西省高校物业服务创新发展。三是推动绿色低碳高质量发展。2023年参加"中国校园物业管理绿色低碳高质量发展论坛",探讨高校物业管理的效率和质量,学习成功经验和创新理念。四是探究高校物业管理高质量发展新路径。针对物业人员短缺、经费紧张、信息化程度不高、管理标准化程度不高等问题,开展高校物业管理高质量发展工作研讨会,积极探索、创新服务模式和方法,满足师生对物业服务的新需求和新期待。相关资料见图6。

图6 活动图集

五、重点特色工作

(一) 深化培训交流,搭建学习平台

为进一步增强后勤管理人员攻坚克难的能力,针对高校后勤管理难点、热点问题,协会积极邀请专家授课。2023年12月邀请专家作了《高校后勤巡视(巡察)廉政风险点解析》《高校食堂管理存在的问题、产生的原因及未来发展方向》专题讲座;2024年8月,邀请专家作了《坚持底线思维,强化责任担当,努力做好校园风

险防控》《全媒体时代的舆情管理与舆论引导》专题讲座，有效提高了江西省高校管理人员在后勤巡视整改、食品安全管理、校园安全风险、舆情管控等方面的能力素质（见图7）。

图7　讲座图集

（二）积极探讨高校物业服务乡村振兴的路径

为深入了解乡村振兴战略在高校的推进情况，透彻领悟高校在乡村振兴中的角色定位与自身作用，2023年协会物专会组织赴华东交通大学"十四五"乡村振兴重点推进村进行学习实践活动，切身体会乡村振兴战略的实施进展、面临的困难及解决方案等，为江西省的高校后勤管理提供了新的思路和方法，引领其更好地服务于乡村振兴战略，推动农村地区的发展和进步。

（三）精心组织、热情服务，成功承办了全国高校学生公寓标准化建设高级研修班

2024年6月2日至6日，中国教育后勤协会委托江西省寓专委承办了全国高级学生公寓标准化建设研修班。江西省高度重视，提前1个月研究部署，主要领导积极组织协调，会员单位全力支持，当好东道主，展示新风尚，研修班圆满成功，得

到了中国高校后勤协会领导、寓专会和全国高校学员的肯定和鼓励。

六、结合实际，大力开展调查研究

（一）积极组织赴省外协会及高校调研

为进一步优化组织架构，7月20日至8月初，协会组织常务理事赴广东省、江苏省调研考察后勤协会的组织架构、运行机制和工作成效。同时，走访了华南农业大学、东南大学、南京师范大学、江苏科技大学等高校，了解后勤工作现状和发展趋势，交流在校园餐饮管理、物业管理、节能减排、信息化建设等方面的先进经验和创新做法（见图8）。

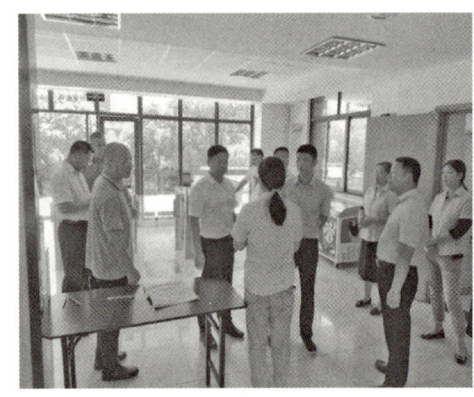 

图8　调研图片

（二）积极落实全国高校学生公寓管理工作调研

2023年协会寓专会组建专项工作调研组，集中两个月时间分期分批进行专题调研，发放调查问卷，形成了江西省高校学生公寓调查现状数据和调查报告，提交至寓专会及中国教育后勤协会。2024年初国家发展改革委、教育部等7部门联合印发《关于加强高校学生宿舍建设的指导意见》，其中江西省关于高校学生公寓建设筹资融资、扩大学生宿舍资源、改善学生宿舍条件的建议，都在国家政策层面有所体现。

（三）开展高校后勤物业管理调研交流工作

积极参与中国教育后勤协会物业专业委员会的专题调研，为高校后勤物业管理提供数据支持和决策依据；充分发挥《高等学校物业服务费用测算规范》的科学指导作用，研究在后勤费用财务预算和物业服务招投标工作中的实际运用；积极开展对外交流与合作，建立与外省市的优秀高校后勤物业管理工作联系机制（见图9）。

图9　现场图片

七、总结与思考

江西省高校后勤协会在中国教育后勤协会的支持和指导下，在全体会员单位以及各专委会的共同努力下，协会理事会工作取得长足进步。在组织建设方面，切实加强党在社会工作领域的引领，开展组织机构调研，学习先进理念，提升工作效率；在制度建设方面，经费管理、企业会员管理、评先评优等工作更加规范；在开展培训方面，发挥专家作用，增强针对性，培训效果显著；在调查研究方面，方向明确，方法得当，咨政辅政能力有所增强；在宣传方面，利用网站平台发布新闻报道，开展榜样宣传，激发工作热情。同时，也清醒地认识到工作还存在很多不足，比如，协会的组织架构规格不高，与上级业务单位的联系沟通不够紧密，桥梁纽带作用发挥有限；学校后勤运行经费紧张、后勤基础设施老化，一线人员知识素养、学历水平较低等，客观上影响后勤工作开展与推进；协会创新管理思维还不够深入，宣传方法还欠缺多样性等。

求真务实践初心　开拓创新谋发展

——浙江省教育后勤基建协会工作报告

一、协会基本情况

2011年5月在原浙江省高等教育学会后勤研究会的基础上成立浙江省高等学校后勤协会；2015年，中小学加入，更名为浙江省教育后勤协会；2018年4月，与浙江省教育基建学会合并，成立浙江省教育后勤基建协会。协会现有高校会员单位116家，中小学会员单位197个，无企业会员；协会理事会理事42人，其中，会长、秘书长各1名、副会长17人，协会法人由秘书长担任。协会设有思想文化与人力资源管理专业委员会、校园建设与管理专业委员会、零碳校园管理专业委员会、房产管理专业委员会、餐饮管理专业委员会、物业管理专业委员会、学生公寓管理专业委员会、商贸管理专业委员会、信息化建设专业委员会、中小学分会、秘书处等11个分支（内设）机构，另有高校后勤工作咨询委员会、绿色学校创建指导委员会、高职院校后勤工作组等非常设工作机构。2017年4月至今，浙江师范大学为会长、秘书长单位，秘书处设在浙江师范大学校内。

二、协会近年来的主要工作

协会坚持以习近平新时代中国特色社会主义思想为指导，牢牢把握教育后勤基建事业的发展大局，始终秉承办会宗旨，求真务实践初心，开拓创新谋发展，努力持续推进浙江省教育后勤基建事业高质量发展。

（一）加强自身建设，协会内部管理运行规范有序

协会着力规范管理，深化落实"协会总牵头、负总责，分支机构各司其职"的

工作机制,不断加强自身建设,提升服务能力,努力开创协会发展新局面。

1. 建立协会党组织,两项工作相融合

根据上级"两个覆盖"要求,修订协会《章程》,将党建工作相关内容纳入其中,协会党建工作有章可循。2022年7月,成立了由协会秘书处及各机构党员执行秘书组成的协会功能型党支部。建立工作群,平时在群里学习、讨论时事政策,结合执行秘书工作会议,开展专题学习或专题党日活动,使党建工作与协会业务工作相互融合,在协会工作中更好地学习宣传、贯彻落实党的路线、方针和政策。

2. 健全制度规章,推进规范管理

根据协会实际,先后制定出台了《分支机构管理办法》《关于进一步规范活动组织管理的若干规定》《协会经费收支管理办法》《协会差旅报销相关规定》《协会团体标准管理办法》等,重新修订了协会《财务管理制度》,进一步健全协会管理制度,为协会规范管理和有序运行奠定基础。及时召开分支机构执行秘书会议,学习贯彻并严格执行相关制度规定,强化纪律规矩意识,统一工作规范,切实加强分支机构规范化管理,确保协会运行合法合规、健康有序。

3. 照章举办会议,务求质量实效

按照协会《章程》的相关规定适时组织召开理事会议,根据会议内容灵活采用线上线下方式,就协会重大事项进行集体研究决策,审定协会年度工作计划和协会规章制度、决定吸收会员单位、审批年度财务预算方案及相关人事调整等。各分支机构按照《组织规则》召开委员会议,研究、部署和推进工作,结合培训研讨举办年度成员代表大会。适时召开分支机构负责人会议、执行秘书会议,交流、研讨和推进各项工作的开展。举办会议务求实效,杜绝无实质内容会议的组织召开。

4. 依规收支经费,严格管理使用

坚持协会公益性、非营利的属性,本着"节俭办会"和"取之于会员,用之于会员"的原则,依法依规收费和支出。加强经费管理,严格执行财务相关制度规定,年初有预算,年终有决算,执行年度财务审计制度。严格遵照《民间非营利组织会计制度》,按照收付实现制进行会计核算。历年财务审计无任何"不合规"事项。

(二)发挥平台优势,增进互联互通互学互鉴

协会充分发挥协会桥梁平台作用,着力搭建和维护各类平台,努力把协会建设成为会员间交流沟通、协同合作的大平台,促进资源共享,增进互联互通、互学互鉴。

1. 完善信息平台

改版了协会网站，加强网站维护和管理，专人负责网站信息审核发布，及时报道会员动态，分享推广经验做法。开通了协会公众号"浙江高校后勤"，组建运营团队，进一步讲好浙江后勤故事。自 2021 年以来，协会网站已发布信息 4 500 多条，协会微信公众号已发布推文 190 余期 1 200 多条。此外，组建了"浙江后勤"微信工作群，及时更新"移动彩云"高校后勤电子通讯录，方便会员间互相联系交流，增进彼此互联互通。

2. 加强信息共享

建立信息报送制度，每季度编发协会《工作简报》一期，内容包括协会重点工作推进、协会常规工作进展、协会分支（内设）机构工作动态、高校后勤（基建）工作典型案例等。《简报》直接报送省教育厅，同时通过"浙政钉"、微信群发至各协会理事、各会员单位，使协会业务主管部门、理事、会员及时了解协会工作。建立学校后勤（基建）工作典型案例征集报送机制，常年面向全体会员单位征集学校后勤（基建）工作相关典型案例，各会员单位可随时向各分支机构报送，各分支机构组织遴选具有典型推广价值的案例定期报送至协会秘书处，编入协会《工作简报》，并在协会官网"典型案例"专栏中发布。

3. 优化比武评优

定期组织开展全省高校后勤餐饮、物业、学生公寓、校园商贸管理服务从业人员技能比武，大家同场竞技，互学互鉴，共同提高。2024 年，协会全面梳理了评优评奖事项，根据上级相关规定，取消之前每年组织开展的高校后勤系统各业务领域的年度先进集体和先进个人评选，经协会理事会审定，将高校后勤系统各业务领域的从业人员技能比武、优秀典型案例评选、外包示范项目评选等列为比武评优事项，以更加聚焦树典型、学榜样、共提高。

4. 开展课题研究

继首次（2019 年）以招标形式开展科研课题立项工作，就当时高校后勤管理服务中普遍存在的公用房管理、节能降耗、伙食物资采购等共性问题进行集体攻关，竭力破解难题，取得良好成效之后，2023 年再次以招标形式开展课题研究（立项 9 项，每项协会资助 3 万元），就当前高校后勤管理体制机制、后勤育人、餐饮社会化、基建能源管理、物业公寓管理服务、信息化建设等开展全面调研，了解掌握基本情况，发现、分析存在的问题，提出解决问题的建议和方案。各课题组整合各校资源，通力协作，充分调研，2025 年 1 月经答辩评审已全部结题，后续将对相关成果进行汇编，供各高校参考借鉴。

（三）强化培训研讨，促进工作水平共同提高

协会充分利用协会及分支机构这个行业组织平台，根据教育后勤基建工作实际，坚持问题导向，强化业务培训，着力提升从业人员能力和技能，积极开展交流研讨，共同提高工作水平。

1. 建立分层分类培训体系

探索建立了"协会负责管理干部综合培训、分支机构负责专业业务培训"的分层分类培训体系。据不完全统计，2021—2024 年，组织开展全省教育后勤基建各层面从业人员的培训共 49 次，参培人数达 6 000 余人次。2022 年、2024 年召开协会理事会线下会议期间面向分管后勤校领导开展以高校后勤管理体制机制、高校后勤高质量发展为主题的培训。2023—2024 年，先后举办第 4 期至第 6 期全省高校后勤管理干部高级研修班，以"培训+研讨"的方式，根据正副职干部的职责定位设计培训内容，培训更具针对性和实效性。协会各机构根据各自职能，积极开展各自业务领域各层面从业人员的培训。通过培训，相关人员管理服务能力和技能得到提升的同时，增进彼此友谊，有利于后续沟通交流，共同提高工作能力和水平。

2. 开展各类交流研讨

以问题为导向，积极开展教育后勤基建各领域重点、热点、难点工作的交流研讨。据不完全统计，2021—2024 年，组织各类研讨 34 场（次）。组织全省高校后勤管理干部高级研修学员开展高校后勤管理体制机制等改革发展重大问题的研讨；先后组织了省属高校消费扶贫、高职院校后勤工作、高校电梯安全管理规范、中小学食堂运营、高校清廉后勤建设、高校后勤信息化建设现场会、高校节能降碳优秀案例现场交流会等专题研讨会。举办了全省高校"智慧食堂"、生活垃圾分类、节约型校园建设优秀案例等现场交流会、工作推进会。各专委会充分利用召开成员大会时机，举办高校后勤各业务领域专场研讨会或管理发展论坛；在各类培训期间组织学员开展相关领域的工作研讨。通过研讨交流，相互学习借鉴，共同突破难题，一起推进工作，有效促进教育后勤基建事业发展。

三、协会特色亮点工作

协会紧紧围绕政府重点工作，主动对接，密切配合，努力发挥协会参谋助手和

资政作用，助推职能转移，协力政府重点工作落地落实。

1. 聚焦行业自律，全力抓好高校后勤社会化工作规范

密切把握浙江省高校后勤社会化发展动态，立项开展高校后勤物业、餐饮、学生公寓管理服务等领域社会化调查研究，统一工作规范。2024 年，经省教育厅核准，协会制定发布《浙江省高校学生公寓引进第三方服务指导性意见》，就浙江省高校学生公寓引进空调租赁、空气源热水、洗衣等第三方服务提出指导性意见：规范引进优质企业、合理设定合同期限、校方不得收取管理费、适时收取租赁费、合理收取押金、不得强制消费、校方须加强监管、校方应加大投入等，有效规范了相关工作。后续将进一步推进高校食堂、物业项目外包工作的调研，适时制定出台相关指导性意见，推进高校后勤社会化健康有序发展。

2. 聚焦食品安全，全力抓好国务院食安办专项行动

根据国务院食安办校园食品安全排查整治专项行动的统一部署，全面落实《浙江省校园食品安全排查整治专项行动实施方案》《关于加强高校食堂食品安全工作的通知》要求，组织全省高校餐饮从业人员开展食品安全知识培训，组织高校校园食品安全线上知识竞赛，进一步增强从业人员食品安全意识、强化工作规范；主动对接、联合地方政府相关部门，分区域开展高校餐饮食品安全交叉互查行动，以互查互评找短板，互学互促共提升，坚决守牢高校食品安全底线。

3. 聚焦"双碳"要求，全力抓好绿色学校建设

贯彻落实国家"双碳"目标，全力开展绿色校园创建工作。根据教育部等《绿色学校创建行动方案》及浙江省教育厅等《浙江省绿色学校（高等院校）创建行动方案》，2020 年 12 月，受省教育厅委托，协会设立专项启动《浙江省绿色学校创建内容及评价标准（高等学校）》的前期调研及起草工作，经过大量调研和充分论证，2021 年 8 月，形成《浙江省绿色学校（高等院校）评价规范》。2021 年 1 月，协会专门成立"浙江省绿色学校创建工作指导委员会"，以配合在全省高校开展绿色学校创建指导工作及评价验收工作。在绿色学校创建工作过程中，协会组织开展了一系列绿色学校创建专题培训会、研讨会、现场交流会，根据高校的创建工作实际需求，安排相关专家开展了 40 余场集体指导或学校案例指导，全力推进绿色学校创建工作。2022 年，协会承接省教育厅"浙江省绿色学校创建验收工作（高等学校）"专项（项目经费 60 万元），负责具体验收工作。在省教育厅、省机关事务局的指导下，分别于 2022 年 3 月、11 月组织开展了第一批（28 所）、第二批（62 所）高校绿色学校创建现场评价验收工作。2024 年 3 月至 7 月，组织 10 个工作组对 90 所绿色学校创建整改工作进行了核验，同时，对 19 所申请升星的学校按照评审规范进行了升星复核。到 2024 年 12 月底，浙江省共有 96 所（全省 109 所）普通高校通过绿色学校评审，通过率达到 91.43%，其中有 86 所普通高校荣获三星级"绿色学校"称号。与此同时，协会于 2023 年设立《浙江省低碳学校评价与建设规范（高等学校）》标准研制项目，并于 2024 年 12 月正式发布协会团体标准《浙江省低碳学校评价与建设规范（高等学校）》，以指导浙江省高校开展低碳学校建设工作。

4. 聚焦"三全育人"，全力抓好反浪费和垃圾分类行动

协会发挥高校后勤育人功能，持续开展制止餐饮浪费行动，配合相关部门开展反食品浪费进校园活动，推动各高校进一步发挥食堂的反食品浪费宣传阵地作用；发布《浙江省高校反食品浪费倡议书》，通过研讨交流和案例征集，及时总结、推广高校制止餐饮浪费新举措、好做法。积极推进高校生活垃圾分类工作，认真贯彻落实习近平总书记关于生活垃圾分类的指示精神，协会设立专项研制并于 2024 年 12 月正式发布全国首个《高等学校生活垃圾分类管理规范》团体标准。在全国城市生活垃圾分类宣传周主题宣传活动期间，协会积极发动，各高校积极行动，通过电子屏、官方微信公众号、QQ 空间、网站、横幅、海报等多种形式开展主题宣传活动。适时组织相关研讨会、现场交流会，开展知识竞赛，征集、评选、推广省高校生活垃圾分类典型案例。密切关注浙江省高校生活垃圾分类工作进展，根据教育厅安排做好高校垃圾分类校园知识普及和互动实践季度汇总报送工作，高校生活垃圾分类取得良好成效，4 所高校获生活垃圾分类省级表彰。开展外卖塑料零废弃试点工作，在省发改委和省教育厅的统一指导下，协会联合杭州电子科技大学，围绕打造"无废"高校，与外卖平台和再生资源回收处置企业合作，探索外卖塑料废弃物减量循环典型模式。从全员宣传、信用承诺、志愿引导、投放设施等方面形成了外卖塑料零废弃的新模式，并取得了减塑降废的良好成效。

5. 聚焦共同富裕，全力抓好对口消费帮扶工作

协会每年安排 2 万元公益事业专项资金在年末协助教育厅慰问对口帮扶点——天台石梁镇困难户。协助教育厅协调省属高校落实对口支援消费帮扶任务，做好年度采购计划（数量）和进展情况统计报送等日常具体工作。组织、发动全省高校教职工购买新疆阿克苏农特产品，积极参与对口支援消费帮扶。认真配合省教育厅组织开展的高校消费帮扶"组团式"集中采购相关工作，积极鼓励高校食堂采购使用对口帮扶地区农副产品，组织发动高校积极参与"消费帮扶金秋行动"。协会商专会召开年度成员代表大会期间，安排对口帮扶地区特色农产品专场推荐会，大力推介

对口帮扶地区特色产品进高校，鼓励推动高校教育超市设立对口帮扶地区农副产品售卖点（专区），助力教育消费帮扶工作。

6. 聚焦重大任务，全力协助高校做好亚运保障工作

2023年第19届亚运会、第4届亚残运会在杭州举办，10多个运动项目比赛（训练）场馆设在20多所高校，需要相关高校高质量做好后勤保障服务工作。协会充分发挥桥梁平台作用，积极组织培训、交流、观摩、论坛等活动，助力相关高校全力投入到杭州亚运会、亚残运会的各项保障工作。相关高校后勤人不辱使命、勇于担当，交出了一份完美的亚运答卷，多人获得了亚组委颁发的"红色领杭""奉献亚运大考大赛暨六大行动先进个人""每周之星""火炬手"等荣誉称号。

建设一流高校、实现教育现代化需要一流的后勤工作保障，协会将一如既往秉承办会宗旨，牢牢把握住不断满足师生对美好校园生活向往的工作根本目的，紧紧抓住后勤高质量发展这一首要任务，紧紧团结和依靠全体会员单位，不忘初心、求真务实，开拓创新，不断提升协会自身的治理体系和治理能力现代化，将协会建成一个学习型、开放型、服务型、研究型、资源整合型的现代社会组织，奋力谱写浙江教育后勤事业发展的新篇章，为浙江加快建成教育强省、高质量发展建设共同富裕示范区做出更大的贡献。

惟实励新提质服务　精进臻善赋能发展

——山西省高校后勤协会工作报告

一、协会基本情况

在高等教育快速发展的时代背景下，高校后勤保障的重要性日益凸显。高校后勤是高等教育体系不可或缺的重要组成部分，是高校实现人才培养、科学研究和社会服务的重要保障和必要支撑，具有服务育人、管理育人、环境育人的重要功能，在维护校园和谐稳定承担着重要的责任。2017年5月，山西大学、太原理工大学等10余所高校作为牵头单位，组成"协会成立筹备委员会"；2018年12月，山西省民政厅〔2018〕155号文社会组织名称"山西省高校后勤协会"正式通过；2019年6月，山西省高校后勤协会（以下简称协会）正式成立。协会业务指导单位为山西省教育厅，是山西省从事各级各类高校后勤服务、管理和研究工作的企事业单位和个人自愿组成的全省性、行业性、非营利性社会组织。现有会员单位80个，均为山西省高等院校后勤工作部门。

协会设会长1名，常务副会长1名，副会长17人（其中一人兼任秘书长），副秘书长6名。时任太原理工大学党委常委、副校长吴斗庆为协会会长，原能源学院院长郝建功为常务副会长，时任太原理工大学后勤保障处处长张富强为秘书长。2023年10月18日召开协会第一届二次会员代表大会对理事会成员进行了调整和增加。协会设会长1名，常务副会长1名，副会长18人（其中一人兼任秘书长），副秘书长8名，顾问2名。太原理工大学党委常委、副校长吴斗庆为协会会长，山西农业大学党委常委、副校长张富强为常务副会长，太原理工大学后勤保障部部长师红军为秘书长，原能源学院院长郝建功、山西省教育厅原二级巡视员乔建华为协会顾问。

二、自身建设工作

高校后勤自身建设是保障学校教学、科研和师生生活的基础，也是推进后勤社会化改革和现代化管理的关键。山西省高校后勤协会在规范化建设、管理机制、创新发展、提升服务效能、强化队伍建设等自身建设方面取得了一定成效。

（一）完善组织架构，夯实发展根基

协会于2019年成立以来，始终将"服务、共享、开放、发展"的理念贯穿各项工作中，不断摸索创新，提质改进。目前协会下设秘书处和4个专业委员会，秘书处设在太原理工大学后勤保障部（虎峪校区办公楼办公）。成立了校园餐饮服务专业委员会、学生公寓管理专业委员会、校园物业管理专业委员会、校园能源管理专业委员会。另外，后勤信息化建设专业委员会、后勤安全管理专业委员会、校园商贸及后勤新业态专业委员会和后勤思想文化建设与人力资源专业委员会已确定了牵头筹建单位。相关资料见图1至图6。

图1　山西省高校后勤协会第一次筹委会会议

（二）强化制度保障，提升治理效能

制度保障是治理效能提升的基础，治理效能的提升离不开科学完备、执行有力的制度保障。协会修订完善了《山西省高校后勤协会章程》《山西省高校后勤协会会费管理办法》《山西省高校后勤协会财务管理办法》《山西省高校后勤协会会员管理

图 2　山西省高校后勤协会成立暨第一次代表大会

图 3　山西省高校后勤协会餐饮管理专业委员会成立大会

图 4　山西省高校后勤协会公寓管理专业委员会成立大会

图 5　山西省高校后勤协会能源管理专业委员会成立大会

图 6　山西省高校后勤协会物业管理专业委员会成立大会

办法》《山西省高校后勤协会企业会员管理办法》《山西省高校后勤协会工作会议制度和议事规则》《山西省高校后勤协会固定资产管理办法》《山西省高校后勤协会印章使用管理规定》《山西省高校后勤协会经费开支及报销规定》《山西省高校后勤协会劳务酬金管理办法》等规章制度，各专业委员会分别制定了行业规则和工作条例。协会在建设制度体系中把文化融入制度，从"人治"到"法治"，推动后勤管理从"经验型"向"制度型"转变，持续提升后勤治理效能。

（三）完善标准体系，规范发展路径

协会自成立以来，始终主动超前布局、有力应对变局、奋力开拓新局，协同山西各高校在全国高校后勤的舞台上勇于建言献策、积极交流互鉴，并在后勤领域规范自律管理与服务工作方面进行了卓有成效的开创性探索，用实际行动发出了"山

西声音”，讲出了“山西故事”。在协会成立短短6个月时，百年不遇的新冠疫情让高校后勤保障工作遭遇了前所未有的挑战，在疫情防控阶段，协会先后发布《关于全力做好山西省高校后勤行业新冠肺炎防控工作的指导意见》《关于做好我省高校学生公寓2021年春季返校疫情防控工作的指导意见》（见图7）《山西省高校后勤行业疫情防控办法》《山西省高校疫情防控期间餐饮管理操作指南》《山西省高校新冠肺炎防控工作备览》（印刷成册邮寄给80所高校的后勤工作部门），制作防疫抗疫视频100余个；下发《关于春季校园食品安全风险预警的通知》并在《关于山西省高校学生公寓用品集团购买工作的指导意见》中阐释了“技术参考指标”和“招投标参考技术要求”，力争从源头上杜绝劣质产品流入校园，保护学生利益、维护校园秩序。此外，协会结合突发事件发布了《关于做好校园食堂燃气使用管理和隐患排查工作的通知》《关于加强秋季食品安全工作的指导意见》；制定《学生公寓床上用品》团体标准（见图8），《高等学校学生公寓管理服务星级评价规范》《高等院校校园物业服务标准》《山西省高校学生公寓床上用品》等省内行业标准并进入实施阶段。山西省高校后勤制度体系的完善和提升，为构建和谐、美好的校园生活环境作出了积极贡献。

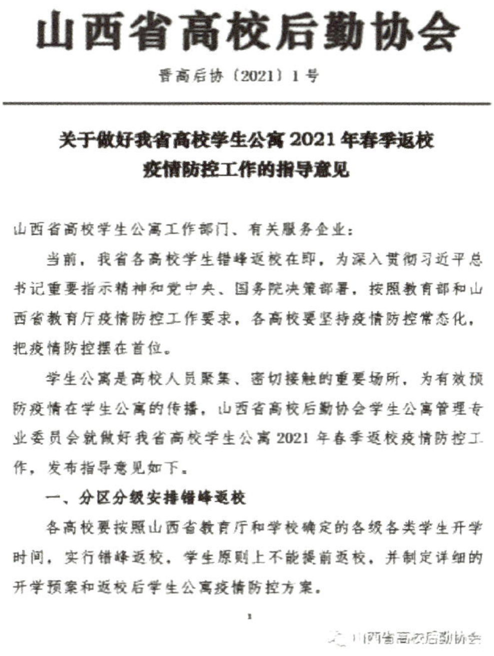
山西省高校后勤协会

晋高后协〔2021〕1号

关于做好我省高校学生公寓2021年春季返校疫情防控工作的指导意见

山西省高校学生公寓工作部门、有关服务企业：

当前，我省各高校学生错峰返校在即，为深入贯彻习近平总书记重要指示精神和党中央、国务院决策部署，按照教育部和山西省教育厅疫情防控工作要求，各高校要坚持疫情防控常态化，把疫情防控摆在首位。

学生公寓是高校人员聚集、密切接触的重要场所，为有效预防疫情在学生公寓的传播，山西省高校后勤协会学生公寓管理专业委员会就做好我省高校学生公寓2021年春季返校疫情防控工作，发布指导意见如下。

一、分区分级安排错峰返校

各高校要按照山西省教育厅和学校确定的各级各类学生开学时间，实行错峰返校，学生原则上不能提前返校，并制定详细的开学预案和返校后学生公寓疫情防控方案。

1

图7　指导意见

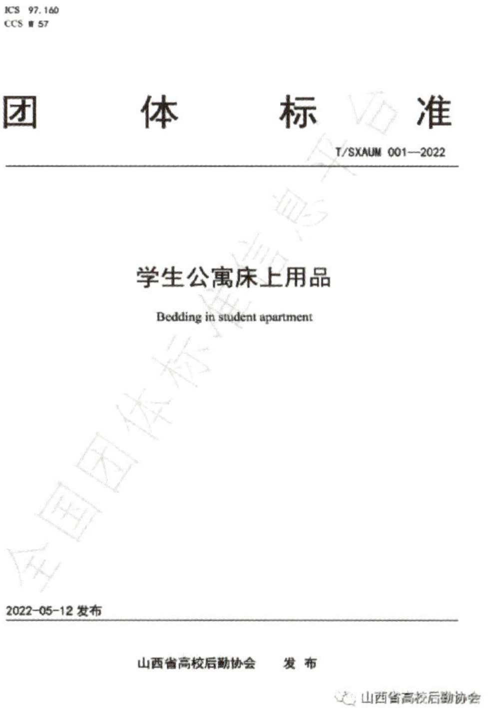
ICS 97.160
CCS W 57

团　体　标　准

T/SXAUM 001—2022

学生公寓床上用品

Bedding in student apartment

2022-05-12 发布

山西省高校后勤协会　发布

图8　团体标准

（四）加强队伍建设，激发内生动力

加强队伍建设是提升组织战斗力和凝聚力的关键举措，是推动事业发展的核心保障。协会通过机制优化、能力提升、文化塑造等多维度协同推进，打造一支政治过硬、作风优良、业务精湛、战斗力强的团队，一支召之即来、来之能战、战之必胜的铁军，为高校后勤高质量发展提供了坚强的保障。

1. 创新学习机制

协会建立"线上+线下"学习平台，促进高校之间的经验共享。疫情期间，协会组织"线上业务培训班"系列活动，包括后勤管理干部能力提升、能源管理类（安全用水、节约用水方面）、餐饮管理（食品安全方面）、公寓管理（服务育人方面）、物业管理（精细化规范化方面）等主题内容；协会邀请行业内专家为全省高校后勤干部职工进行线上培训，4 000 余人参与培训课程并积极互动，受益匪浅。协会还邀请中国教育后勤协会行业内知名专家、学者授课，传授先进的管理理念、专业知识与技术技能；承办全国教育后勤系统信息宣传干部培训；组织山西各高校参加省机关事务管理局和省水利厅联合举办的公共机构节水型单位建设培训班，组织高校与企业进行技术案例分享会等。开放的学习平台，大大推动了会员单位专业水平的提升，有效推进了山西省高校后勤行业发展进步、相互学习、互通有无。

2. 明确价值导向

协会凝心聚力，砥砺奋进铸行业荣光。通过榜样选树、榜样力量等方式弘扬奉献精神，营造"比学赶帮超"的良好氛围。协会能源管理专业委员会副主任姜瑞鹏同志荣获"全国脱贫攻坚先进个人"荣誉称号，成为全国教育后勤行业唯一获此殊荣的个人；协会第一届副会长兼秘书长张富强同志荣获"全国教育后勤系统感动人物"称号，协会有 2 位同志荣获第一届、第二届"全国最美公寓人"，4 位同志荣获"全国最美后勤人"称号。此外，还有"全国党建工作样板支部""全国三八先进集体""节约型公共机构示范单位""疫情防控先进集体""全国高校物业管理机构 50 强""餐饮工作先进单位""信息化建设先进集体""山西省劳动模范"等众多沉甸甸有影响力的集体和个人荣誉，极大地鼓舞了山西省高校后勤的凝聚力和战斗力，提升了干部职工的价值感与获得感。

3. 技能比武赋能

协会大力弘扬工匠精神，树立"奋斗者文化"。通过技能比武，课题攻关，文化宣传，搭建学习平台，促进了知识沉淀与技术传承。例如厨师技能大赛、物业管理

员职业技能比武，应急实战，消防演练、应急急救等活动，涵盖了后勤管理、专业技术、服务技能等多个领域。为后勤人提供了展示自我、勇于创新、相互切磋的学习平台，培养了一批批业务精湛、服务意识强的后勤人才和队伍，赋能与激发了他们的内生动力与奋斗精神。

三、思想政治建设工作

协会始终坚持以习近平新时代中国特色社会主义思想为指导，全面贯彻落实党的二十大精神和习近平总书记关于教育的重要论述。深刻把握新时代新征程对高校后勤提出的新使命和新任务，坚持把"立德树人"作为根本任务，紧紧围绕后勤主责主业，不断深化后勤改革，切实把党的二十大精神转化为协会乃至全省高校后勤工作的行动指南，推动和助力全省高等教育高质量发展，各项工作取得了可喜成绩。

（一）强化政治引领，筑牢信仰之基

高校后勤要深刻领会关于加强党的建设的重要论述，坚定不移地执行党的教育方针，不断拓宽高校后勤高质量内涵式发展道路。协会常态化坚持理论学习，开展专题党课、红色教育，结合行业特点，开展"使命担当"主题研讨，成立"党史宣讲团"队伍，创建"党员先锋岗"品牌，以主题教育为抓手，教育党员牢固树立"四个意识"、坚定"四个自信"、做到"两个维护"，以政治引领凝聚后勤系统干部职工的智慧与干劲，不忘初心、全心全意为人民服务，有力夯实了共产党员的信仰之基。

（二）坚持党建领航，凝聚奋进力量

协会党支部紧紧围绕"学思想、强党性、重实践、建新功"主题教育总要求，构建了"党建+业务"协同机制。在疫情防控、突发事件应急、服务育人、创新实践、校园环境营造、师生生活学习后勤保障等方面，党支部发挥了至关重要的引领作用，党员发挥了新时代党员的模范带头作用。2024年，中共山西省社会组织综合委员会就主题教育评议中，对协会党支部工作给予了高度评价，党支部被誉为山西省社会组织党支部工作的标杆支部。

此外，协会通过广泛宣传"全国党建工作样板支部"——太原理工大学公寓中心党支部等各级各类优秀的党建样板支部的先进经验、优秀党员、感人故事等方式，

积极鼓励和推动山西高校后勤部门积极创建"山西省党建工作样板支部""全国党建工作样板支部",以点带面,将党的建设工作与推动后勤高质量发展有机结合,确保后勤工作与党建工作两手抓、两手硬,全面高效落实党建业务共同体建设。

(三)把牢教育属性,建设新型育人生态

协会准确把握"教育要为人民服务、为中国共产党治国理政服务、为巩固和发展中国特色社会主义制度服务、为改革开放和社会主义现代化建设服务"的总体方针,坚持为党育人、为国育才,以德施教,立德树人,以符合学校发展、学生成长需求为导向,探索和推进新时代高校后勤"新型育人生态体系"的建设。在为学生提供服务的过程中,把牢社会主义教育属性,建设"线上+线下"双循环育人环境,通过各种形式开展对学生的教育工作,致力于培育"培养德智体美劳"全面发展的社会主义新青年,构建校园"五育"融合的新型育人生态。

1. 顶层设计,探索育人新模式

全面贯彻落实党的二十大精神,推进教育后勤系统持续深入开展好劳动教育,在"育人"理念的统领下,把后勤工作场景和"十育人"的各个要素充分结合,积极发挥后勤"育人"功能。依托中国教育后勤协会"后勤服务育人劳动教育示范基地"遴选等活动,在各高校探索创设"后勤学院""劳动学院",并选定试点基地。

2. 线上线下,营造育人新环境

(1)以传承红色基因为主线,积极打造具有地域特色的"红色后勤"品牌。鼓励高校成立职工+学生的"党史宣讲团",通过组织学生参与红色教育基地的维护,红色基地的教育,让学生在听故事和劳动中更深入了解革命历史,感悟革命精神。同时,结合学校实际情况,开展了红色故事、党史宣讲、红色文化体验、校史宣讲等线上线下活动,进一步丰富了"红色后勤"品牌的内涵,让学生在成长中接受爱国主义教育,培植强烈的家国情怀。

(2)高校后勤以劳动育人为目标,充分发挥学生队伍的强大作用,建立"后勤+学生"管理机制,开展形式多样的劳动教育实践课堂、劳动实践和学生志愿服务,共建"劳动育人实践基地"。例如开展"山西省高校讲好节能故事征文、微视频及摄影大赛",成立"节能宣讲团",在全省高校师生中掀起"讲好节能故事,倡导绿色生活"的热潮;开展"我的胃我做主厨艺技能"赛,"美好'食'光"绿色餐饮行动,会议接待培训,校园植树,清扫校园落叶、积雪,学生公寓保洁,宿舍收纳等

劳动实践课堂，旨在拓展"劳动育人"内涵，将"沉浸式"劳动教育实践和"劳动最光荣、劳动最美丽"的观念紧密结合，让学生以主人的身份赋能后勤发展建设。

四、服务提升工作

协会落实山西总体改革发展规划，深化后勤改革新路径，探索建立现代化后勤保障服务体系，努力以高质量发展的新格局实现高校后勤工作现代化"转型升级"。

（一）打造高质量学习平台

在教育事业高质量发展背景下，高校后勤改革肩负着重要而深远的意义，任务艰巨，势在必行。协会在山西省民政厅、教育厅的关怀支持下，在中国教育后勤协会的热情指导下，为省高校后勤搭建了广阔的高质量发展交流平台。协会积极组织参加中国教育后勤协会举办的高校高质量发展论坛、中国教育后勤展览会及同期活动、中国教育后勤协会新时代高校学生公寓改革发展论坛、中国教育节能发展论坛、第六届中国校园物业管理发展论坛；承办了全国教育后勤系统信息宣传干部培训班暨教育后勤宣传工作高质量发展论坛；承办了两届由山西省教育厅、山西省水利厅委托的"全省创建节水型高校培训班""山西省节水型高校评审会"，邀请全国同行业的专家学者共同制定了有关供/节水方面的工作规划，为全省高校"绿色校园"建设树立了工作标杆，提出了发展路径；此外，协会组织团队30余人赴北京与中国教育后勤协会交流会；邀请行业领域专家就后勤信息化建设、绿色校园建设、科学处置舆情、后勤育人系列工程、后勤高质量发展等进行经验交流和案例分享；组织开展了第一期山西省高校后勤管理干部能力提升班、第一届二次会员代表大会；组织召开了"公寓管理专业委员会一届二次主任、秘书长工作会议""能源管理专业委员会一届一次主任、秘书长工作会议"，对校园能源管理及绿色校园建设工作进行了广泛研讨。相关资料见图9至图14。

图9　山西省高校后勤协会赴上海高校协会调研学习

图 10　山西省高校后勤协会赴江苏高校协会调研学习

图 11　高校后勤改革发展高峰论坛

图 12　山西高校后勤工作座谈会

图 13　山西省高校后勤管理干部能力提升班（第一期）

图 14　山西省后勤协会指导各专委会开展工作

（二）智慧后勤升级建设

后勤信息化是服务育人的重要载体。《关于加强和改进新形势下高校思想政治工作的意见》明确指出要坚持全员、全过程、全方位育人，形成服务育人长效机制。通过数字化手段提升后勤服务的便捷性、透明度和响应速度，能够让学生在日常生活中感受到学校的关怀，潜移默化地培养其数字化素养和现代公民意识，实现管理服务与育人目标的有机统一。在后勤信息化建设过程中，坚持以安全为基石，以问题为导向，不断完善后勤信息化建设体系。各高校各具特色：山西大学的智慧公寓指挥中心是现代化"数字社区"的缩影，学生出入分析系统、报修系统和学生公寓管理系统（联动了电控技术实现了人走断电功能）；山西财经大学的"能耗大脑"

实时监测系统；中北大学的人走熄灯的门锁系统；晋中学院的"一键报修"APP；太原理工大学的"1+5+N"后勤信息化建设体系，有序打造完成饮食服务中心"互联网+明厨亮灶"智慧餐饮，公寓服务中心智慧公寓系统升级，物业服务中心教师预约管理平台和会务预约管理平台，智慧能源平台升级建设，实现了校园能耗实时监测、报修服务线上功能，运输服务中心设立班车预约平台和学生直通车预约平台等。智慧后勤建设，赋能精准保障，全面提升了后勤管理效能和服务新体验。

（三）"一站式"学生社区建设

"一站式"学生社区建设是学习贯彻习近平新时代中国特色社会主义思想主题教育的重要实践，是推进"时代新人铸魂工程"的重要载体，也是提升思想政治工作质量的重要抓手，更是促进学生全面发展的重要举措。山西高校秉承教育部"一站式"学生社区建设要求，把思政工作和三晋特色融入学生生活园区，推动具有山西特色的"书院制"建设，将学生社区"末梢"转变为思想引领、发展指导、生活保障的"前哨"。"一站式"学生社区建设，以学生需求为导向、硬件软件投入为保障、机制完善为基础、学生成长成才为目标，以思想教育、安全教育、劳动教育、清廉教育、心理教育为切入点，空间赋能"场景式"文化育人氛围，师资进驻"下沉式"协同育人，服务保障一线法则，探索建设富有山西特色、贴近学生实际生活的"一站式集成、网格化管理、精细化服务、信息化支撑"的学生社区，让思政教育润物无声，让学生服务高效便捷。2024年4月，教育部思政司对于高校"一站式"学生社区建设提出了建设要求和高阶指标，并对山西大学、太原理工大学的"一站式"学生社区建设给予好评。

（四）创新服务保障模式

提升服务能力，提高服务品质，后勤以师生为中心，将服务对象需求作为核心导向，打造"专业化、精细化、智能化、生态化、协同化、育人化"服务新模式，建立满意度反馈机制，以师生满意度为后勤服务最高标准。

1. 优化保障体系。高校高质量完成ISO9001.2015质量管理体系认证和年度监督审核和HACCP食品安全管理体系认证，提升了餐饮管理标准化水平，为更好地服务师生增添了安全"砝码"。

2. 环境提升工程。各高校积极改善学生住宿环境、就餐环境、校园生活环境和学习环境，以优化环境服务育人，提升师生的幸福指数。

3. 优化特色服务。开展"我最喜爱的菜品"评选，打造网红餐厅、网红菜，开设少数民族师生就餐窗口，推出小份菜、半份菜、轻食减脂餐等；为毕业生送"祝福饺"为新生送"迎新面"，中秋送"月饼"；增加移动餐车供应中餐、晚餐，方便学生就餐；设置"食堂开放日""阳光就餐日"广泛听取师生意见和建议，稳定学校饮食服务布局，满足广大师生的服务需求。

4. 品牌集群效应。协会致力于推动高校后勤可持续发展与品牌塑造，打造具有影响力的山西高校后勤品牌项目，通过品牌"集群效应"提升后勤服务质量与管理水平。例如被央视宣传报道的"阳光助学免费餐"和"爱心家园"育人帮扶品牌，致力于培育学生敢于面对困难、战胜困难的勇气，不断增强学生的家国情怀和社会责任；"党员先锋岗"先锋队伍品牌，弘扬共产党员的先进性和奉献精神，培养后勤领域人才和战斗团队；"楼长妈妈"精细服务品牌，以"严爱结合"的方式精细服务学生，引导学生树立正确的世界观、人生观、价值观；"共产党员宿舍"思想教育品牌，以学生宿舍为教育主阵地，充分发挥学生党员"一名党员，一面旗帜"的榜样力量；"绿色先锋队""绿叶服务队""蒲公英"等志愿服务品牌，强化了师生节能意识、绿色意识、志愿服务意识，为学校的能源管理、绿色校园文化传播、和谐美好校园建设贡献内驱力；"安全宣讲团"安全育人品牌，以保障学生校园生活学习安全为目的，以"四防三全"构建育人新阵地，架构"后勤＋学生＋安全"的高校后勤安全保障新体系。

五、重点特色工作

2024 年 12 月变更山西省高校后勤协会法人代表。

筹建后勤信息化建设专业委员会、后勤安全管理专业委员会、校园商贸及后勤新业态专业委员会和后勤思想文化建设与人力资源专业委员会成立。

积极发挥后勤"育人"功能。协会规划在省各高校创设"后勤学院""劳动学院"并选定试点基地。

受省教育厅委托，连续多年对山西省高校后勤安全管理工作开展检查调研。工作小组分赴省内各地 80 余所高等院校进行了交叉检查和调研工作，达到了以查促改、互相学习、取长补短、协作共进、提升服务的效果。

加快高校后勤信息化建设与数字化转型的全面探索。高校后勤信息化建设与数字化转型已成为当前教育改革的重要方向，通过引入先进技术手段，重构管理模式，提升服务效能，为师生创造更加智能、便捷、安全的校园生活环境。

编撰第一期《高校后勤工作案例汇编》并印发给各会员单位。

修订《山西省高校后勤协会分支机构管理办法》《山西省高校后勤协会企业会员管理办法》。

后勤筹建后勤组织开展高校"劳动育人实践基地"创建工作，积极开展中国教育后勤协会"劳动育人实践基地"申报遴选工作。

组织开展各高校后勤"评先评优"活动，激励后勤队伍提升服务效能，助力高校后勤高质量发展。

能源革命，建设绿色校园。山西工程技术学院和山西大同大学引入社会资本，实现了合同节水技术措施，太原理工大学等高校引入社会资本采用BOT模式，对浴室、开水房等设施进行节水改造，并依托智慧化平台实现用水精细化管理，节水成效显著。中北大学、山西大学等高校通过污水再生利用、节水器具改造、计量网络智慧改造等技术项目，获太原市政公用事业中心节水改造资助资金共计20余万元，成为全省高校绿色校园建设的标杆。

六、总结

山西省高校后勤协会始终深入学习贯彻习近平新时代中国特色社会主义思想，认真落实习近平总书记关于加快建设教育强国重要讲话精神，在省教育厅和民政厅的亲切关怀下，在中国教育后勤协会和兄弟省份协会的支持指导下，紧紧围绕协会发展大局，以"服务、共享、开放、发展"为工作理念，凝聚全体会员单位及各专业委员会之力量，踔厉奋发、勇毅前行。在规范行业、标准制定、理论研究、科研课题、交流培训、互访互学等方面做了大量工作；在自身建设、思想政治建设、管理服务赋能等取得了可喜进步；在安全校园构建、绿色校园打造、智慧校园建设、后勤领域规范自律管理与服务工作方面进行了卓有成效的开创性探索。在组织建设方面，变更了协会法定代表人，优化了组织架构，调整并增设了协会会员单位和专业委员会，充实了秘书处力量，吸纳了专职+兼职的优秀人才加入，确保协会能够高效运行。在标准化建设方面，科学制定了会员管理标准、企业会员管理标准、行业标准、应急管理办法及预案、行业指导性文件、各项规章制度等120余项，编撰了第一期《高校后勤工作案例汇编》并印发各会员单位。在协同发展方面，组织开展了第一期山西省高校后勤管理干部能力提升班、协会第一届第二次会员代表大会；

成立了 4 个专业委员会（其他 4 个分支机构正在筹建中）。在学习调研方面，组织骨干力量赴省外参加中国教育后勤协会举办的各种高峰论坛，去省外院校观摩学习、调研，邀请行业专家学者开展各领域的交流座谈和培训，为省内高校后勤搭建互通有无、借鉴学习的高质量交流平台。以先进的管理服务理念和优秀的工作案例，助力后勤干部职工快速成长，在本领域发挥积极的作用。能源革命绿色校园建设突出，以校企协同与示范引领打造绿色校园示范点，形成可复制的节能模式，省内 10 个高校被授予省内"节水型高校"称号，一所高校获评全国"公共机构水效领跑者"。大力宣传已通过验收的"全国党建工作样板支部"先进基层党支部，以党建引领促后勤事业蓬勃发展。以"评先评优"赋能"榜样力量"，用山西高校后勤人的朴实平凡，讲好"山西故事"，树立行业标杆。省高校秉承教育部"一站式"学生社区建设要求，把思政工作和三晋特色融入学生生活园区，推动具有山西特色的"书院制"建设，高质量将学生社区"末梢"转变为思想引领、发展指导、生活保障的"前哨"。积极承办省教育厅、政府交办的各项工作，不断提升协会咨政辅政能力。

山西省高校后勤协会成立以来，主动超前布局、有力应对变局、奋力开拓新局，协同山西各高校在全国高校后勤的舞台上，勇于建言献策、积极交流互鉴，获得了全国协会以及兄弟省市高校后勤同仁的一致认可和好评，用自信的"山西声音"讲出了奋进中的"山西故事"。

回顾总结启新思，踔厉奋发再前行。协会虽然取得了成果，但仍有大量改革难题、发展课题、矛盾问题需要破解，特别是在专业协会建设、学校后勤定位、体制机制改革、管理服务研究、先进技术应用以及重大突发事件应对等方面有很多不足，急需引起重视，亟待优化改进。站在新的历史方位，面对新的历史使命和新的发展机遇，一道"教育强国、后勤何为"的时代命题成为摆在每一位山西高校后勤人面前的时代课题。

七、不断推进高校后勤管理向快、向好、向精、向优发展的举措

第一，旗帜鲜明讲政治，立德树人强根基，构建后勤高质量发展新格局。一是强化政治属性，凝聚奋斗合力。二是把牢教育属性，建设育人生态。三是坚守公益属性，践行初心使命。

第二，探索深化后勤改革新路径，推动建立现代化新型后勤保障新体系。一是树立改革信心，坚定走改革道路，奋力提升行业管理服务水平。二是探索多条改革

路径，推动新时期社会化改革取得新突破。

第三，坚持稳中求进、内涵式发展，促进高校后勤安全稳定取得新成效。一是加快行业标准研制推广，筑牢安全基石。二是加强联防联动，提升安全保障能力。三是加强突发事件舆情处置工作，维护安全稳定大局。四是加强廉政教育，筑牢安全保密防线。

第四，深挖文化建设内涵，践行铸魂育人理念，创建新时代育人新高地。一是要深刻认识后勤"育人"的重要性。二是要建立以"育人"为核心的后勤育人新高地。

第五，明确教育后勤行业组织发展的方向和任务，找准协会发展新路径。一是推进专业协会平台建设，不断健全专业协会组织。二是有组织地开展调查研究工作，切实提升理论水平。三是充分发挥区域优势，主动承接全国协会及专业协会各项工作任务。

在新时代后勤的发展道路上，协会将不忘初心、砥砺前行，在强化基础与协同发展、创新驱动与特色发展、可持续发展与品牌塑造、持续深化后勤社会化改革、推进智慧后勤与绿色校园建设、加强后勤人才队伍建设、强化后勤服务育人功能上下功夫，以时不我待的奋进姿态开创山西省高校后勤事业发展新局面，努力在新赛道上跑出山西高校后勤的"加速度"，以"山西之作"作答"时代之问"。

坚守教育后勤本职使命　开创高质量服务新篇

——陕西省教育后勤协会工作报告

一、协会基本情况

陕西省教育后勤协会（以下简称"协会"）于2023年11月17日在陕西西安成立（见图1），是经陕西省民政厅批准，在陕西省教育厅指导下从事省内教育后勤管理、服务、经营的企事业单位自愿结成的全省性、专业性、非营利性社会团体。

图1　陕西省教育后勤协会成立大会

陕西省教育后勤协会坚持以习近平新时代中国特色社会主义思想为指导，全面贯彻落实党的二十届三中全会和全国教育大会精神，严格按照《社会团体登记管理条例》和《陕西省教育后勤协会章程》及国家有关社会组织管理要求开展工作，不断加强组织建设。协会现有会员242个，包含高校104所，中职学校14所和企业会员124家。其中，常务副会长单位1家，副会长单位12家，监事单位3家，理事单位 28 家，会员单位 198 家。中共陕西省委教育工委、陕西省教育厅原一级巡视员张玉明担任协会会长，陕西师范大学后勤保障处处长刘少锋担任协会法人、秘书长，部分高校分管后勤的校领导担任协会分支机构负责人。协会设有伙食管理专业委员会、学生公寓管理专业委员会、物业管理专业委员会、能源管理专业委员会、信息化建设专业委员会、后勤育人与人力资源管理专业委员会 6 个专业委员会和协会秘书处 1 个日常管理机构（见图 2）。

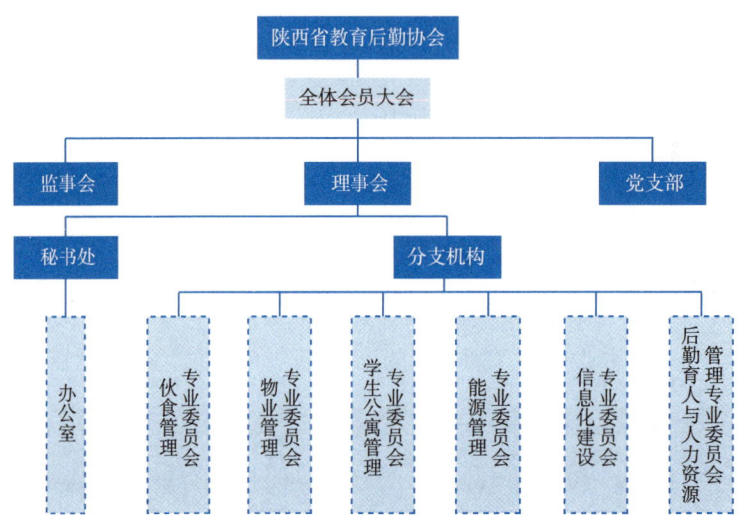

图 2 陕西省教育后勤协会组织架构

二、自身建设工作

（一）加强制度建设，依法依规办会

协会成立以来，始终坚持依法依规办会，健全和完善相关制度，不断加强制度建设。先后制定 10 余项内部管理制度，包括《陕西省教育后勤协会企业会员管理办法》《陕西省教育后勤协会分支机构管理办法》《陕西省教育后勤协会会议管理办法》《陕西省教育后勤协会培训管理办法》等，完善税务、财务等相关手续，有效推动协会行政、财务、会员、培训等相关领域工作的开展，保障协会运行有法可依、有章可循。

（二）完善内部架构，组建分支机构

2024 年 5 月 11 日，伙食管理专业委员会于西安交通大学兴庆校区召开成立大

会；5月17日，学生公寓管理专业委员会于西北大学太白校区召开成立大会。5月31日，信息化建设专业委员会在西安电子科技大学长安校区召开成立大会。6月14日，后勤育人与人力资源管理专业委员会于西北工业大学长安校区召开成立大会。6月20日，物业管理专业委员会于西安欧亚学院召开成立大会。7月11日，能源管理专业委员会于西安建筑科技大学草堂校区召开成立大会。各分支机构要进一步完善自身组织建设，着力在业务领域发挥优势，开展相关活动。相关资料见图3。

伙专会成立大会

寓专会成立大会

信专会成立大会

物专会成立大会

思专会成立大会

能专会成立大会

图3　分支机构成立大会合影

（三）拓宽宣传渠道，传播后勤声音

协会建立微信公众号、官方网站（见图4）、微信工作群、信息通讯员工作群等宣传交流平台，及时发布协会活动、会员动态、行业资讯等信息，2024年累计通过微信公众号发布动态新信息70篇，阅读量2.7万人次，增强了协会与会员单位之间的沟通交流，提升了协会的影响力和凝聚力。此外，秘书处征集组建协会信息通讯员队伍，开展信息通讯员培训，为更好地开展宣传工作奠定基础（见图5）。

图4 协会官网建设

图5 组织开展通讯员培训会

三、服务提升工作

（一）组织开展会员调研走访

协会秘书处通过座谈会、实地走访、调查问卷等形式，多次组织开展学校会员和企业会员单位调研走访活动。先后赴西安交通大学、西安理工大学、陕西科技大学、西安科技大学、延安大学、榆林学院、陕西理工大学（见图6）、商洛学院（见图7）、商洛职业技术学院、西安信息职业大学等学校会员单位，西安每一天便利超市连锁有限公司（见图8）、陕西岳昊餐饮管理有限公司、陕西米阅餐饮管理有限公司、泉润佰合餐饮管理有限公司、杨凌中盛餐饮管理有限公司、陕西鑫辉纺织印染有限公司（见图9）等企业会员单位进行实地走访，深入了解学校会员和企业会员实际情况。

图6　调研走访陕西科技大学

图7　调研走访商洛学院

图8　调研走访西安每一天便利超市
　　　交大创新港校区门店

图9　调研走访陕西鑫辉纺织
　　　印染有限公司

（二）组织开展行业交流

2024年4月、11月，协会先后组织70余家会员单位近300人参加中国教育后勤协会在上海、成都举办的第七届（见图10）和第八届（见图11）中国教育后勤协会展览会，展会期间组织参会人员赴上海师范大学、华东师范大学、四川大学等单位走访交流。2024年7月、8月、12月，协会先后协办了中国教育后勤协会"全国教育后勤管理干部舆情管理能力提升专题研修班（第一期）（见图12）、中国教育后勤协会建设与修缮专业委员会全体委员会议及校园建设与修缮项目管理研修班、河南省教育后勤协会伙食管理专业委员会2024年度会员大会暨高校餐饮安全管理与创新实践培训班等多场行业协会活动。接待北京市教委、湖北省高校后勤管理研究会、中国教育后勤协会后勤研究院（见图13）、民办教育分会、中小学后勤分会、河南省教育后勤协会等多个兄弟单位来陕调研。

图10　组织参加第七届中国教育后勤协会展览会

图11　组织参加第八届中国教育后勤协会展览会

图12　参加全国教育后勤管理干部舆情管理能力提升专题研修班（第一期）开班仪式

图13　接待中国教育后勤协会后勤研究院组织交流座谈会

（三）组织开展乒乓球大赛活动

协会举办了2024年"师苑杯"陕西省教育后勤协会乒乓球大赛，学校会员和企业会员组成的26支代表队70余人参加了大赛（见图14）。获奖的部分优秀选手代表陕西队参加中国教育后勤协会"中浦慧联杯"全国高校后勤乒乓球大赛，取得全国二等奖（见图15）。

图14　举办"师苑杯"陕西省教育后勤协会乒乓球大赛

图15　参加中国教育后勤协会"中浦慧联杯"全国高校后勤乒乓球大赛荣获全国二等奖

四、重点特色工作

（一）积极承担政府职能，协助教育主管部门开展相关工作

一是完成省教育厅委托开展的"全省高校食堂餐桌浪费情况调研"。摸底高校食堂餐桌浪费情况，形成翔实的调研数据和报告上报省教育厅。二是受省教育厅委托，

组织开展"全省高校后勤管理集中整治中期督导检查",由张玉明会长带队,抽调相关高校后勤负责人和从事后勤管理工作多年、经验丰富的同志,分 5 个检查组赴西安、宝鸡、安康等地高校,进行学校后勤管理集中整治督导检查。三是多次参与陕西省教育厅组织的《陕西省高等学校学生食堂管理办法》《陕西省校园食品安全即诉即办工作指南》等文件的讨论、制定工作,为出台陕西省校园食堂、食品安全地方管理办法提供专业支持和可行性建议。

(二)举办高校校园食品安全宣传教育活动周

2024 年 9 月 19 日,协会伙食管理专业委员会组织开展"高校校园食品安全宣传教育活动周"活动,省内 30 余所高校后勤部门负责人、学生和炊事员代表、媒体代表等 100 余人在西安交通大学参加启动仪式。随后学校会员单位纷纷响应活动号召,40 余家会员单位组织开展了丰富多彩、形式多样的宣传教育活动。

(三)组织开展陕西省教育后勤协会"最美公寓人"推介活动

2024 年 10 月,协会学生公寓管理专业委员会以助力学生成长为出发点,深度探寻文化育人的多元潜能,组织开展"最美公寓人"推介活动。累计收到申报材料 69 份,通过专家函评和会议评审等程序,最终授予西北工业大学学生公寓管理中心等 8 家单位"2024 年度最美公寓人"标兵团队,西北大学韩海丽等 12 名同志"2024 年度最美公寓人"标兵称号,授予西安交通大学后勤保障部创新港综合管理服务中心等 26 家单位"2024 年度最美公寓人"荣誉称号,授予宝鸡文理学院张斌等 27 名同志"2024 年度最美公寓人"荣誉称号。

(四)召开高质量能源供应研讨会

2024 年 11 月,协会能源管理专业委员会组织召开高质量能源供应研讨会,140 余名会员单位代表参加。会议以"加强行业交流 提升供应水平"为主题,主要围绕"用电负荷调整、增容批复、供暖温度稳定性、能源收费合理性、管网老化"等问题开展交流研讨。

(五)开展高校后勤信息化建设情况调研

2024 年 11 月,协会信息化建设专业委员会围绕陕西省高校后勤信息化建设情况组织开展线上调研活动,共收集会员单位填写问卷 66 份,覆盖西安、咸阳、渭南、榆林等多个地区。通过了解学校调研各参与单位后勤管理模式、信息化系统应用建设使用和工作计划、资金机制保障等现状，结合实际探索出适合实际情况的改进措施与解决方案，为推动信息技术与后勤管理深度融合提供数据支撑与实践依据。

（六）举行校园物业服务创新大赛

2024年11月，协会物业管理专业委员会开展了"第一届校园物业服务创新大赛"活动，共收到23个单位上报29个创新案例。在现场评审会上，会员单位参赛代表展示创新案例，主题明确、特色鲜明、亮点突出，展示过程形象生动，充分展现了各物业服务的创新做法、典型经验和显著成效。最终评选出"西安电子科技大学：后勤外包项目管理创新"等7个案例获得物业创新服务一等奖；"长安大学：后勤协同育人模式及育人载体挖掘创新"等9个案例获得物业创新服务二等奖。

（七）开展"服务育人劳动教育示范基地""服务育人典型案例"评选活动

2024年12月，协会后勤育人与人力资源管理专业委员会组织开展"服务育人劳动教育示范基地""服务育人典型案例"评选活动，旨在通过活动评选出特色鲜明、成效卓著、创新力与影响力兼具的示范基地及典型案例，形成一系列可复制、可推广的劳动教育模式，以此构建示范引领效应，促进学校劳动教育的高质量发展。

五、总结与思考

2024年，协会在陕西省教育厅、陕西省民政厅领导亲切关怀下，在中国教育后勤协会和兄弟省份协会的大力支持下，围绕着"搭班子、建机构"的核心理念，积极发挥桥梁纽带作用，不断提升服务水平，为推动陕西省教育后勤工作改革与发展做出了积极贡献。2025年陕西省教育后勤协会将以"重育人、强服务、优管理、创品牌"为重点，全力以赴组织开展各项工作，引领教育后勤事业高质量发展。

（一）以党的政治建设为统领，全面加强党的领导

认真学习贯彻党的二十届三中全会、全国教育工作会议精神，全员覆盖抓好主题教育，强化理论武装，提升党建水平；建立健全党建工作机制，明确党建工作主体、党建工作专员、联络员；强化党组织政治功能，制定理论学习和支部活动的年度工作计划，常态化开展"三会一课"等活动，确保党建工作的持续性、有效性。

（二）以理论研究为基础，不断强化内涵建设

结合当前教育后勤业务领域的工作需求、热点和难点问题，制定出台主要业务领域的地方团体标准和组织开展课题立项研究工作。积极协助教育主管部门做好全省教育后勤系统的调研、检查、走访活动，及时反映各校诉求，辅助教育行政管理部门科学决策。

（三）以品牌建设为抓手，大力推进后勤育人

进一步推动陕西省教育后勤服务技能人才队伍建设，践行"劳动育人"功能，将"工匠精神"融入后勤服务工作，协会统筹组织开展"后勤职业技能大赛"及系列活动；针对学校后勤专业领域，联合相关分支机构，举办各类操作技能、管理能力提升等的培训活动，支持各分支机构组织开展特色活动，打造有特色、有权威、有影响力的陕西后勤品牌活动。

（四）以自身建设为保障，助力提升服务质效

修订完善协会各项规章制度，建立健全分支机构，采用信息化手段保障会员服务。密切联系会员单位，做好会员管理、服务、咨询，常态化发展企业会员，定期通过座谈会、实地考察等方式，深入了解协会会员工作现状、后勤工作中的困难和亟待解决的问题。发挥优势互补、信息互通，与中国教育后勤协会、各省级后勤行业协会、陕西省教育类行业组织、兄弟院校等做好联系沟通，组织研讨交流学习活动。

专题报告三 校园气象

锚定"双一流"战略目标 构建后勤高质量发展新范式
——北京大学后勤系统工作报告

一、组织架构

北京大学后勤系统由后勤党委、总务部、房地产管理部、基建工程部、会议中心、餐饮中心、动力中心、公寓服务中心、校园服务中心、肖家河项目建设办公室10个部门组成，在职员工3 500余人。其中，后勤党委下设6个党总支、26个党支部，党员500余人。

长期以来，在学校党委与行政班子的坚强领导下，北京大学后勤系统始终坚持以党建引领为核心驱动，全体后勤人员凝心聚力、协同攻坚。在校园基础设施运维、师生生活服务保障、重大建设项目推进等关键领域持续突破创新，形成覆盖教学科研、师生生活、校园建设的全链条服务体系，为北京大学"双一流"建设提供了强有力的支撑保障。

二、管理模式

1919年，蔡元培校长极具前瞻性首创总务长负责制，设立总务处，奠定了现代高校后勤管理的制度雏形。历经1999年以来的二十余年探索实践，北大后勤创新构建"小机关、多实体、大服务"运行机制，实现管理效能与服务质量的跨越式提升。

当前，北京大学后勤系统通过深化"大后勤+专业中心"协同模式，有机融合垂直管理的集约化优势与横向协作的灵活性特征，形成独具特色的矩阵式管理体系。在服务理念上，始终以支撑教学科研为首要使命，全面推进制度化、专业化、规范化、精细化、社会化、智能化和可持续建设，系统构建起与"双一流"大学定位相匹配的现代后勤保障体系。全方位、多层次满足了学校师生的多元需求，扎实筑牢北大在学术探索、人才培育之路上稳健前行的基石，为北京大学建设世界顶尖大学筑牢服务基石。

三、主要工作

（一）多策并举、综合施策，确保日常服务保障顺利展开

做好水、电、暖、物业服务等运行保障，确保基础设施平稳运行。2024年全校供水量达276.5万吨，供电量达1.9亿度，保障110kV电站8 700余小时无间断运行，无人为操作事故；供暖面积约285万平方米（含新燕园和200号校区）；浴室洗浴累计293万人次，日均洗浴8 018人次，单日最高达12 998人次；物业运行方面，2024年参与校内重大活动保障22项，参与保障人员504人次；暖心服务方面，利用3 319校园环境与后勤报修平台和1 500燕园微后勤服务平台，全年365天24小时不间断为全校师生提供各项业务电话咨询服务，并协调后勤系统各单位处理报修工作。全年共承接33 760件报修单，维修及时率98%，用户服务满意度99.9%。

全力做好餐饮服务保障，打好食品安全攻坚战。2024年，顺利保障每天近6万人次的就餐服务，上新菜品612道、饮品72种，在国家食安委等五部委联合开展的全国范围的食品安全排查专项行动中，顺利通过专项工作组检查，并得到高度评价。

打造美好有序和谐校园，提升育人环境。对所有公共教学楼的公共区域、教室、卫生间等进行精细化保洁，为师生提供常用的爱心雨具、应急物资，持续传递关怀和温暖（见图1）。

图1　第二教学楼服务驿站

坚持绿色、科学、和谐、安全施工，确保各类工程项目顺利推进。2024年，进行了多项工程改造，施工面临着诸多考验，为了确保施工期间校园的安全和谐，设立专门的施工管理人员和监督人员，制定相应的管理制度和目标，确保绿色施工措施得到有效执行（见图2）。

图 2　燕南园 54 号施工改造

（二）聚焦民生、服务育人，扎扎实实为师生群众办实事

深入贯彻落实党的二十届三中全会和全国教育大会精神，以新质生产力赋能校园后勤建设，打造绿色节能型校园，不断提升师生的获得感、幸福感、安全感。

发挥后勤服务育人功能，与学校相关部门密切配合，每学期召开两次师生座谈会、绿色燕园文化周、燕园微后勤公众号和"以新质生产力引领校园高质量绿色发展"为主题组织学生参观后勤基础设施等多渠道多形式开展的活动。不断完善配套服务设施，及时补充校内缺失业态，组织迎新大卖场，稳妥处理学生迎新、毕业和双十一期间快递积压等问题，有效提升校园服务质量。

根据整体规划及工作安排，先后实施了燕南园南侧、小东门周边、燕东新园、西侧门增设人行通道和周边环境整治（见图3、图4），治贝子园、静园四院南侧等多个区域的环境综合整治项目，增设景观座椅，优化绿化层次，重现历史记忆，重组生态功能，为师生员工营造了更加优美、舒适的校园生活环境。

图 3　西侧门周边环境整治　　　　　　图 4　西侧门增设人行通道

迅速响应居民诉求,妥善处理园区隐患。除了校内区域外,后勤系统承担着周边家属区的维修维护和绿化养护工作。

落实民生保障工程,努力改善教职工居住条件。落实肖家河人才住房配售工作;推动学校与北京城建集团签订"誉燕雅园"商品房团购协议;做好高层次人才教师公寓配租工作,为高层次人才及高端访问学者提供拎包入住的公寓住宿保障。

(三)积极探索,全力防控,确保特殊时期校园环境和谐

积极探索应急防控模式,确保汛期平稳度过。一是制定保障预案,开展技术练兵,完善预防、预警、预控机制;二是做到"呼叫通、出动快、到位早、判断准、处置好"。整个汛期出现3次较大降雨,均迅速排除险情,保证校园安全(见图5)。

图5 汛期应急防控工作

(四)全面从严治党、积极监督,守好后勤廉政教育底线红线

坚持党的领导,推进全面从严治党。后勤党委坚持"第一议题"制度,深入开展并高度重视学习、研究工作,出版后勤理论研究课题报告选编,并在校报副刊推出"后勤专辑",形成理论学习成果,宣传传播后勤精神。

创新党员教育形式,推进党纪学习教育。创新开展党员集体学习,近400名党员"同上一堂党课",重点工作和细化任务全部完成,确保党纪学习教育取得积极成效。

落实管党治党主体责任、监督责任,履行"一岗双责"。在全体党员干部中,开展全面从严治党工作,扎实推进校内空间专项巡视整改落实和内控建设工作,营造后勤风清气正的良好政治生态。

加强党的政治建设,发挥政治核心作用。坚决落实学校部署,守牢政治安全、意识形态安全底线,推进风险预警、防控机制建设,加强后勤领域各类风险隐患研判和排查整治力度,对后勤宣传思政、评优推优等工作加强审核、严把政治关。

四、亮点工作

(一) 坚持党管人才、提升队伍素质，推动党建工作融合创新

严格落实党管人才原则，全面提升队伍素质。2024年，成功举办第二届"求实"奖教金颁奖典礼（见图6）、首届后勤职工职业技能大赛（见图7），选出先进典型，弘扬工匠精神，促进职工成长。后勤工会被授予北京大学"模范工会委员会"称号，多名个人获评"全国高校最美后勤人""首都高校最美后勤人"，北京市教育系统"育人榜样（先锋）"称号，北大后勤影响力持续提升。

图6 "求实"奖教金颁奖典礼

以"创新提质年"为契机，有效促进后勤党建与业务工作深度融合，推动"教师之家""地热井改造"等162项校园民生工程和重点任务落地见效，助力学校双一流建设和高质量发展。

同时，积极开展多层次技术交流，组队参加行业博览会、烹饪培训、各高校美食节等各类技术交流，创新"以赛促学、以学促技"培养模式，构建"培训+竞赛+交流"三维赋能机制，多次在全国餐饮大赛中获奖（见图8）。

(二) 深化文化育人、提升服务育人实效，打造多项后勤文化品牌

通过系统性改革，推动文创工作逐步走向规范化、专业化发展。通过建立专营机制、拓宽销售网络、创新产品体系三大抓手，形成线上线下立体化销售网络；产

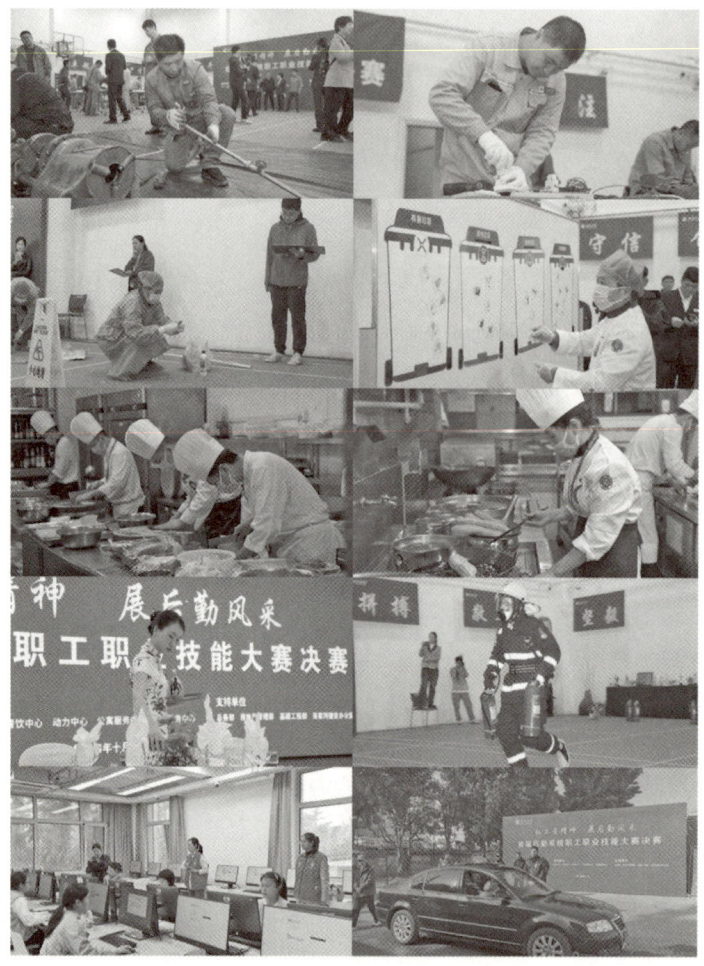

图 7　后勤职业技能大赛

图 8　参加中国厨师节博览会

品开发坚持文化引领，紧扣重大文化政策主题，累计推出 1 995 个 SKU，形成传统文化、文物系列、校史主题、学术特色等多元化产品线，以文创产品为载体讲述北大故事（见图9）。成功举办首届供应商大会，吸引全国 45 所高校、66 家企业参与，展示产学研协同创新成果。

图 9 部分文创产品

2024 年，北大后勤开始探索以服务教师发展为核心，统筹推进学术交流空间建设。依托燕南园人文底蕴，创新打造文化雅集、艺术展览等高品质活动品牌，升级改造老锅炉房，建成"教师之家"，共同构建涵盖教学研讨、学科聚会、学术沙龙、休闲简餐等多元场景的综合性平台（见图10、图11）。作为北大历史上首个为教师群体专属定制的独立交流空间，该项目成为学校推进高素质教师队伍建设、优化学术生态的创新实践。

图 10 教师交流中心

图 11 燕南园 50 号

坚持以饮食文化为载体，构建多元化育人平台，创新"三全育人"工作形式，全面提升服务育人实效。积极开展劳动育人实践，实现沉浸式、多维度的劳动教育；持续深化餐饮文化传播，打造特色品牌矩阵，开展"有滋味"的三观教育；建立信息员工作机制，推进"寻味燕园""调味燕园"等系列栏目；举办"品味燕园"地方美食进北大活动专场，展示地方人文风貌，引导学生职业规划；推出"回味燕园"毕业季美食记忆、"燕园味道送祝福"龙年喜饼、北大专属三元牛奶等特色项目，增强师生情感联结，开展爱校荣校教育。

以留学生公寓这一重要场所为服务范围，努力提升育人服务水平，用实际行动践行"文化育人、环境育人、管理育人"的服务模式。融合中华传统文化宣传与公寓服务创新，传承传统文化，开展传统美食课堂，推出中医养生课堂及二十四节气茶会，弘扬中国传统文化。留学生公寓活动注重五育并举，举办系列活动，劳动节与地球日环保实践彰显劳育价值，形成全方位育人格局。聚焦迎新、毕业关键节点，毕业季推出留言征集、毕业写真拍摄、毕业驿站及手绘纪念纸袋等特色服务；迎新季为新生定制迎新手袋、地图折页及公寓指南，传递人文关怀（见图12、图13）。

图12　学生厨艺大赛　　　　图13　中外学子中医养生课堂

（三）践行绿色理念，共同打造绿色、生态、节能校园环境

加强品质校园建设，打造有活力的校园文化景观。坚持规划先行，编写《北京大学昌平新校区校园规划（2021—2035）》和《北京大学新燕园校区总体规划建设方案》，妥善规划新燕园校区建筑功能布局。在实施道路维修与环境综合改造时，充分考虑与雨水综合改造相结合，利用海绵城市理念，同时对周边空间、交通进行整体规划，个别区域开辟新的步行环线，缓解局部交通压力，营造舒适的人车分流空间；实施宿舍地下空间改造工程，区分功能区域，优化空间布局，项目获评中央国家机关人防办示范项目。

坚持传承和守正创新，加强校园文物和历史建筑保护。开展了校园散落石构件集中保护和展示工程，活化利用校内文物遗存；对校园西侧围墙、校内石雕石刻等进行维护，传承历史文脉。建立文物语音导览和文物数字化展示平台，突破时空限制，促进社会参与和文化共享。

深入贯彻落实国家关于制止餐饮浪费的号召，全方位构建"源头管控——过程监督——末端治理"的节约型餐饮体系，切实推动绿色餐饮理念落地见效。通过宣传教育、食堂运营、供应链管理、服务升级等方式，形成从田间到餐桌的全链条反浪费机制。

积极统筹规划并推进两眼地热井改造工作，于2024年11月完成施工，通过了北京市相关部门的评审验收后投入使用。该项目是按照充分高效地利用地热资源、取热不取水的北京市相关政策，是建设绿色校园的又一重大举措和成功范例（见图14）。

共同推出的创新成果——艺术小品区隔桩，改善了家园食堂南门车辆乱停乱放的情况。区隔桩的图案以校园里常见的十个树种的叶片造型为元素进行设计创作，叶片表面刻有植物科普内容，倡导师生加强植物保护，珍惜燕园的一花一木（见图15）。

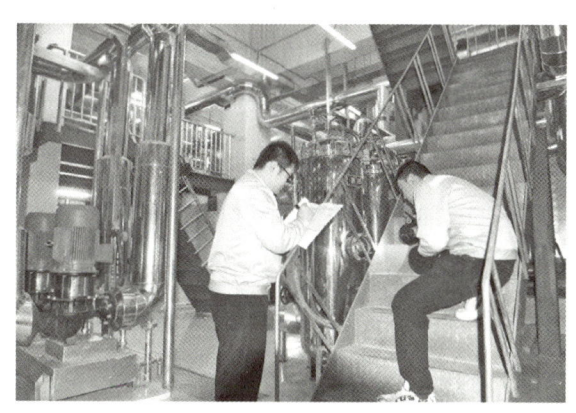

图14 地热井改造

图15 家园食堂艺术小品区隔桩

（四）合理资源配置、提升校园品质，推进智慧校园建设

在学校东侧门、勺园等区域草坪内安装智能喷灌系统。园林养护人员只需通过手机、平板电脑等终端设备，可随时随地对喷灌系统进行操作和管理，不仅减少了人力投入和人工成本，还有效提升了节水灌溉效率。

开发迎新车辆预约系统，在迎新接站工作中发挥了重要作用，开创了精准接站的全新模式。开发车辆运行管理系统，显著提升管理效率和服务质量，是数字赋能运行保障的深度探索与积极实践。

运用智能手段，完成燕园校区三维航拍建模工作（见图16）；搭建教职工住房补贴申请系统和公共空间预约系统；更新肖家河车位、储藏间续签系统，实现师生办事少跑腿、数据多跑路。

2024年，建成集智能物流、文化传播与便民服务于一体的"南门驿站"示范项目，成为北京市首个新就业群体"友好校园"共建标杆（见图17）。项目形成三大功能模块：一是智能物流服务区；二是文化服务窗口，推出"南门有礼"文创主题空间，延伸校园文化传播渠道；三是便民生活空间，引入喜茶品牌门店，提供简餐饮品及休憩交流场景。不断以"科技赋能＋文化浸润"模式构建起开放包容的校园服务生态。

图16　三维航拍建模工作　　　　　图17　北大南门驿站

优化空间资源和布局，持续提升校园空间效能和品质。制定并实施校园空间优化调整十项规划，有序推动勺园、理科5号楼职能部门入驻燕园大厦行政办公区；推进新大楼建设和入驻分配，智华楼（数学科学学院）、新奥工学大楼（工学院）等新建楼宇投入使用；实现学院空间进一步集聚、实验室空间进一步拓展、行政办公空间进一步集中。

积极破解公寓资源短缺瓶颈，营造温馨宜居的住宿环境。近年来，北大陆续将主校区核心位置的行政办公区域整体搬迁至校园周边楼宇集中办公，显著提升青年教师和学生住宿硬件条件、有效破解学生分散居住产生的管理难题；启动学生公寓"焕新计划"，推动楼宇"智能化"管理改革，让"古园换新颜"，将一批宿舍楼宇建设成为"焕新计划"的标杆；努力推动楼宇文化建设，推动公寓物业管理职能向立德树人职能延伸，践行"共建共治共享"管理服务理念，与在住师生共同设计改造自习室、活动室、中心花园等公共空间，营造积极向上、富有特色的公寓文化氛围（见图18、图19）。

 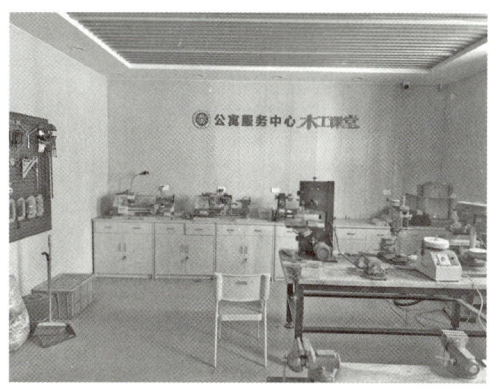

图 18　宿舍楼入楼智能闸机　　　　　图 19　公寓服务中心木工课堂

五、总结与思考

服务保障工作永无止境。当下，人民生活品质飞速跃升，学校"双一流"建设持续深入推进，在此背景下，北大师生对校园品质的期望与日俱增。习近平总书记指出，面对复杂局势，需以正确战略策略应变局、育新机、开新局，凭借顽强拼搏开辟事业新境界，而重中之重便是把自身事务做实做细。北京大学后勤系统将聚焦校园品质提升，在资源盘活、服务优化、管理升级、绿色发展等方面持续发力，根据师生在服务体验中反馈的满意程度等多维度指标，全面审视工作成效，为北京大学"双一流"建设提供坚实保障。

科技赋能 勇于创新 保障权益
——复旦大学总务处工作报告

一、基本情况

复旦大学始创于 1905 年，是中国人自主创办的第一所高等院校。作为一所综合性大学，学校共有邯郸、枫林、张江、江湾四个校区，占地总面积约 240 万平方米。总务处作为全面负责学校后勤服务保障工作的管理职能部门，下设 7 个办公室（综合办公室、餐饮管理办公室、物业管理办公室、校园管理办公室、能源管理办公室、房屋调配办公室、房屋运维办公室）、1 个内设机构（场馆管理中心）、1 个公共服务体系（校医院）和 1 个直属机构（后勤服务中心），其中管理干部 40 余人。

自 1999 年起，复旦大学启动后勤社会化改革，并始终坚持社会化方向不动摇。2019 年根据中央校企体制改革要求，启动学校后勤公司"脱钩剥离"，截至 2020 年底，学校已基本完成后勤社会化改革，实现所有后勤业务 100% 社会化运营，严格执行后勤"全领域"招投标制度。

学校坚持"只管不办、管办分离"，通过统一招投标流程，目前共有 50 余家餐饮、物业、绿化、变配电站、设备维保等各类社会企业、3 000 余名社会企业人员进入学校提供服务，服务全校师生 6 万余名。后勤服务保障实现四校区业务"横向到底、纵向到边"。食堂日均供餐 10 万人次，物业管理面积 190 万平方米，绿化养护面积 189 万平方米，六条校车线路年乘车 82 万人次，建设 14 个菜鸟驿站快递站点，200 多套新能源车充电桩，2 000 多个电动自行车充电插座，管理 89 个变电站，管理运维 3 000 余套教师公寓。

二、亮点工作

近年来，学校通过深入学习贯彻党的二十大和二十届二中、三中全会精神，全面落实全国教育大会精神，坚持深化改革，推动创新发展，主要围绕"监督管理方式""服务保障模式""评价反馈机制""数字后勤赋能""国际化校园环境""后勤文化育人""绿色低碳建设"等方面开展实践与探索：

（一）监督管理方式创新

随着学校发展，后勤管理的业务量和范围不断扩大，监管要求越来越高，为了最大程度地保障学校师生权益，学校始终坚持政府部门、行业协会、学校甲方、服务企业、师生员工、第三方共同参与的六位一体监管模式。针对资格准入类业务，以餐饮为例，学校进一步建立校长、食品安全总监、食品安全员的三级管理组织体系，明确校长作为食堂法人，后勤副校长担任食品安全总监，后勤管理干部与经营单位共同设立29名食品安全员，形成"双食品安全员"制度。制定并实施《食堂综合考评方案》，考评内容覆盖食品安全、采购、财务及师生满意度等多个维度，考核方式包含一票否决事项、动态跟踪计分考核和第三方考核，加强了对食堂经营行为的全过程监管。针对服务购买类业务，以物业为例，牢牢抓住物业管理中"人、设备、安全"三大牛鼻子。一方面，学校预留10%考核金，制定管理方、师生用户2方、第三方暗访、专家评估等多方参与的综合考核方案；另一方面，搭建复旦物业精细化管理平台，对在校服务人员、设施设备档案进行电子化管理，实现统一标准、提高效率、管理留痕，完成从招标、合同签订到服务考核等全生命周期管理，使监管更加科学、规范与高效。

（二）服务保障模式创新

针对师生最关注的校园食堂，不断拓展"星点式布局"餐饮业态布局，有大众餐特色餐，还有面包房、咖啡吧、移动餐车，有称重自选餐、轻食、西餐、小份菜、半份菜，极大丰富师生选择；在餐饮品牌方面，除了传统团餐，不断引进肯德基、必胜客、星巴克、七分甜、蜜雪冰城、光明等行业知名品牌；在食堂环境方面，不断加强标准化食堂建设，消除老旧食堂安全隐患，同时升级食堂功能，增加自由移动桌椅、讨论室、静音仓等，满足师生学习交流活动等需求，打造开放包容的校园生活综合体，也是更大意义的节约资源；不断创新美食主题活动，第一届校园咖啡节、绍兴衢州等城市美食节，食堂成为宣传中华传统文化和校园历史文化的重要载体。针对师生咨询较多的后勤业务，制作、分发并上线师生《后勤服务指南——医食住行一本通》；官网引入智能问答机器人，分类汇总师生常见后勤服务问答库及服务信息并定时更新；官微开设"总务+"专栏，集成电瓶车充电、班车时刻等高频服务应用；在官网和 eHall 办事大厅开设"校园医食住行快通道"，整合文体场馆借用等 50 项后勤服务业务，打通业务查询与办理的"最后一公里"，师生可通过 PC 端及手机端一站式查询办理。针对智慧后勤服务保障应用场景需求，与菜鸟驿站合作，在四校 3 区设置 10 个快递站点、7 组智能快递柜，搭建 2 个"无人快递微站点"，年入库包裹达 167 万件，解决快递"最后一公里"难题；校医院添置 90 多台 AED 设备，同步配备 4G 信息化管理系统，方便即时快捷查询设备位置；游泳馆配备数字化防溺水与心肺复苏教学设备，保障师生安全的同时提升校园生活服务品质。

（三）评价反馈机制创新

针对师生投诉建议，坚持树立乙方思维，始终把满足学校发展师生需要作为甲方需求，把自身放在乙方的角度来思考行动；坚持"师生有所呼，学校必有应"的原则，畅通信息渠道，及时回应诉求。尽管校区多、业务杂、后台企业多，通过整合建立校园生活服务平台，开通后勤一体化呼叫中心，实现师生只进一扇门，只打一个电话，全天候接收反馈后勤业务咨询和投诉意见处理，全年受理各类投诉意见 600 余件，处置率达 100%。针对高校食品安全工作舆情燃点低、风险高的特点，为了快速有效反应和处理，搭建了"食堂小红书"——食事即答桌卡，放置在每一张餐桌上。师生就餐过程中遇到任何问题可以拨打小红卡上的经理电话或扫码反馈，5 分钟内食堂经理必须响应需求回复解决，全年共处理 1.3 万条记录。学校对处理情况进行监管审核，并纳入考核。随着食堂小红书的使用，极大畅通和便捷了师生反馈渠道，原有的投诉平台如 12345、校长信箱、校外自媒体等的投诉量大幅度减少，师生全员参与到对食品安全的监督管理，共同携手推进构建校园食品安全共治格局，该举措被市教委和市场监管局作为典型推广。

（四）数字后勤赋能创新

全面推进后勤数字化转型。2023 年开发搭建了基础数据和一周动态运行两个大屏，将数据实时分区可视化呈现，基础数据大屏可以了解学校后勤资源基本分布情况，一周动态运行大屏可以了解一周内校园生活服务相关数据和运行使用情况，有效提高信息传递与沟通的效率。2024 年持续深挖后勤业务数据集成展示，搭建"校园能耗数据平台""校园充电查询地图"等七个二级业务数据看板并上线运行。其中"校园能耗数据平台"与"食堂综合数据平台"聚焦内部管理决策，通过对能耗、食堂运营等数据的深度分析，为管理策略制定提供科学依据。而"校园充电查询地图""教师住房服务平台""食堂服务数据平台""物业服务数据平台""校车快递数据平台"等看板，主要向校领导和广大师生公开后勤保障运行情况，将校园充电设施分布、教师住房信息、食堂菜品服务、物业工作动态、校车快递服务等内容透明化呈现，提升服务透明度，让师生体验更便捷友好。

（五）国际化校园环境创新

推进落实全球开放合作行动要求。习近平总书记在全国教育大会上强调，要深入推动教育对外开放，统筹"引进来"和"走出去"。通过制作推出双语版《医食住行一本通》后勤服务手册；在总务处网站增加双语导览；在食堂、校车、快递站点、校医院、体育场馆、公共会场、充电桩系统等校园生活场景实现双语标识；引入国际企业和项目团队，增加西餐厅及各国美食品种；在留学生宿舍、南苑专家楼配置翻译设备，加强涉外礼仪及英语培训，不断提升国际服务能力。

（六）后勤文化育人创新

强化后勤队伍建设。平时不断加强管理干部担当作为教育和履职能力培训，提升队伍的服务创新意识，持续打造"业务本领充电站"，开展主题培训，通过"请进来"和"走出去"相结合，紧跟发展潮流，向业内专家学习、向优秀同行请教，不断自我提升与改进。传播后勤正能量。以官微官网为载体宣传"最美后勤人""致敬劳动者"，开展"总务创新之星"推荐评选，树立"看得见、摸得着、在身边"的总务榜样人物和先进典型。发挥后勤育人功能。在管理育人方面，积极推进节能环保、垃圾分类教育融入课程和学生日常生活，将绿色环保理念转化为全校师生的共同责任和文化自觉。在服务育人方面，通过后勤体验岗、美食制作等劳动教育实践活动，教育引导学生树立以辛勤劳动为荣、以好逸恶劳为耻的劳动观；开展爱粮节粮主题活动及宣传，让"厉行节约、反对浪费"理念内化于心、外化于行，营造杜绝浪费、文明用餐的校园新风尚；游泳馆在每年全民健身日组织活动引导师生加强锻炼积极生活。在环境育人方面，持续推进公共绿地改造，为师生生活休闲提供新场所，开展认树种挂树牌种草花等活动，做到环境巧育人、润物细无声。

（七）绿色低碳建设创新

聚焦"双碳"节能减排。编制并发布《复旦大学绿色低碳公约》和2024年学校能耗分析报告，试行楼宇能耗公示，推进能源管理体系建设；大力实施光伏车棚、变频冰库、空气源热泵等节能技改工程，全面升级照明系统，地下车库采用智能感应灯具节电率达80%；布局安装新能源车充电桩、智能水电表具等，推动校园能源智慧化管理；开展形式多样的节能节水宣传教育活动，引导师生践行低碳生活，形成全员参与的绿色发展格局。学校获评全国公共机构能效领跑者、上海市公共机构水效领跑者、上海市节约用水示范（标杆），曾以总分第一获"上海市绿色学校"称号等荣誉。

三、总结与思考

当前，复旦大学正处于教育科技人才一体改革的关键时期，为加快推进新工科发展，建设创新型大学，走出独具复旦特色的创新之路、强国之路，需要凝聚全校上下的智慧与力量。后勤部门作为学校发展的重要支撑之一，要坚持以《教育强国建设规划纲要（2024—2035年）》和《教育部办公厅关于推动高校后勤高质量发展的通知》（教发厅〔2025〕1号）为指导，推进后勤治理体系和治理能力现代化，构建具有思想引领力和民生保障力的高校后勤服务保障体系，要全面提高后勤保障系统化、精细化和智能化水平，用心用情解决师生急难愁盼问题，为建设中国特色世界一流大学提供高质量后勤保障。主要从"更高标准党建引领""更高品质医食住行""更高效率资源使用""更高水平一网统管"四个方向精准发力。

（一）更高标准党建引领

始终将政治建设摆在首位，严格遵守政治纪律和政治规矩，深化与各级党组织的学习共建机制，开展多样化劳动育人活动。通过拓展合作"朋友圈"、绘制思想"同心圆"，持续凝聚复旦共识、增强文化认同。创新党建学习模式，丰富学习内容，系统性开展履职能力培训与党风廉政教育，以高质量党建引领后勤工作高质量发展。

（二）更高品质"医食住行"

医疗服务方面，打破信息壁垒，搭建与附属医院的互联互通桥梁，持续提升校医院服务水平，推动学校公共卫生与健康管理社会化进程；餐饮服务方面，创新拓展多业态、"星点式"餐饮布局，推进老旧食堂改造升级，建设标准化食堂，引入优质餐饮企业,丰富师生就餐选择;物业管理方面,强化大物业"精细化"管理,做好新建楼宇的物业、设施设备等接收和维保服务,持续推进民生"微改革",不断满足师生对于美好生活的新期待。校车运行方面,根据师生需求动态调整优化校车线路,开发"复旦校车"小程序实现预约查询功能。

(三) 更高效率资源使用

科学制定顶层设计规划,充分发挥市场在资源配置中的决定性作用,优化资源配置结构,激发内生发展动力。通过精细化管理,提升各类房产和空间资源的使用效率,实现学校资产的保值增值,为学校发展提供坚实的物质基础。比如健全能源管理体系,完善校院二级协同机制,落实用能分担与定额管理,规范能源费收支;打造育人生态化校园景观,发挥文体场馆的育人功能;盘活自有产权房源,精准运维整体租赁房源,不断拓展社会合作房源并争取租金优惠,为人才引进提供坚实支撑。

(四) 更高水平一网统管

不断深度挖掘数据,提升数据治理能力,构建"数据+场景+服务"的智慧生态体系,为学校教育教学、科研创新提供精准后勤服务支撑。一方面,将2+7看板打造成为领导科学决策的管理驾驶舱和师生便捷查询的服务平台;另一方面,充分分析校车班次、能源使用、餐饮行为习惯、学生生活轨迹等海量数据,精准把握师生需求,推动后勤管理服务从被动响应向主动服务转型升级,为学校教育教学、科研创新提供精准高效的后勤保障。

相关资料见图1至图10。

图1 "食堂小红书"——食事即答桌卡

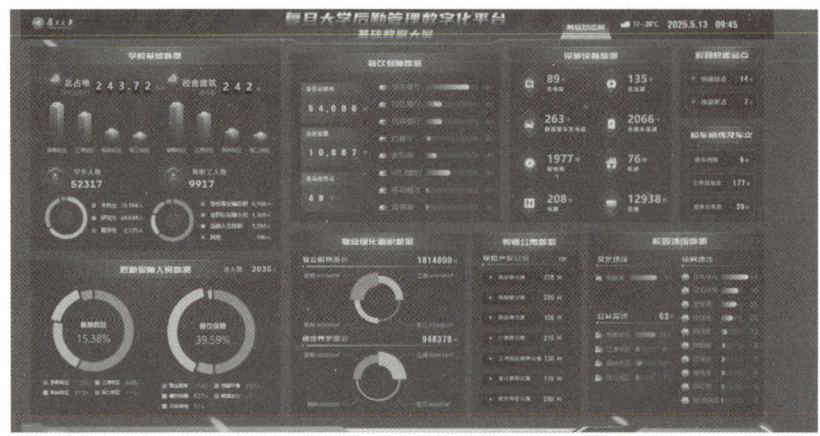

图 2 基础数据大屏

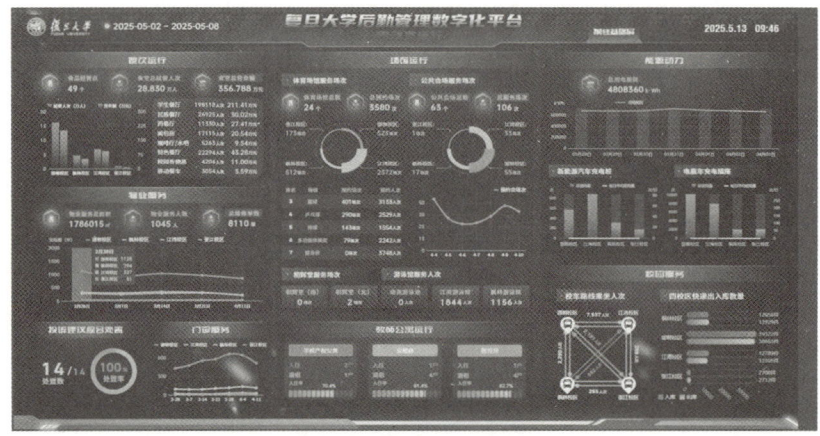

图 3 一周动态运行大屏

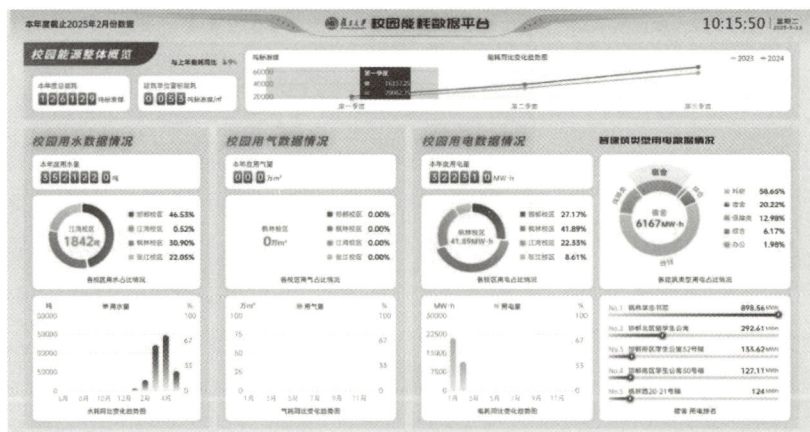

图 4 校园能耗数据平台

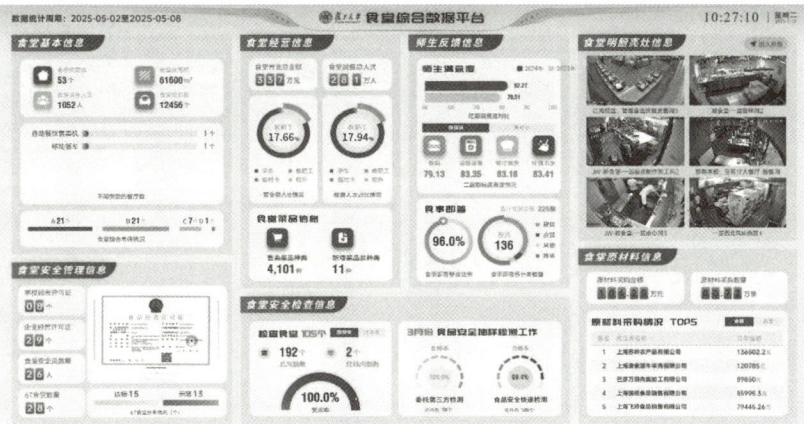

图 5　食堂综合数据平台

图 6　校园充电查询地图

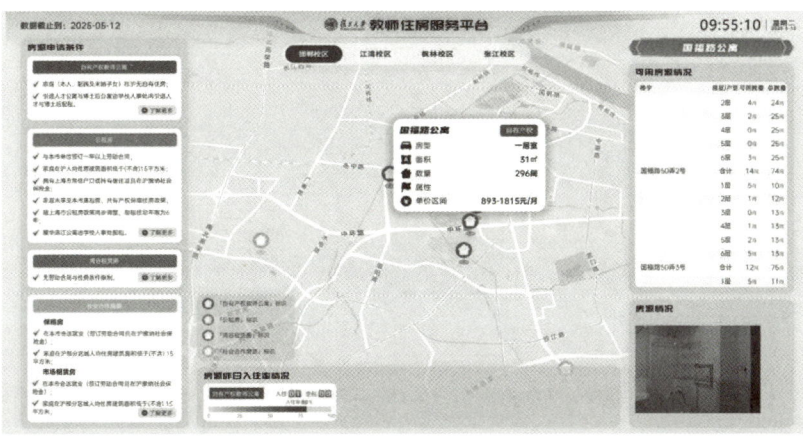

图 7　教师住房服务平台

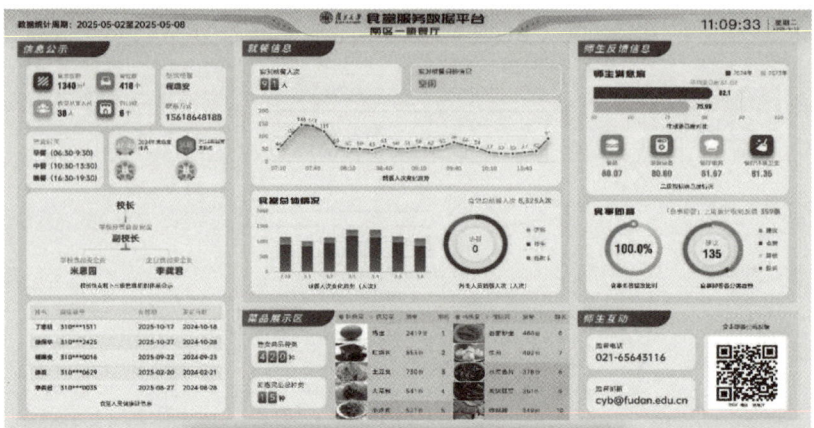

图8 食堂服务数据平台

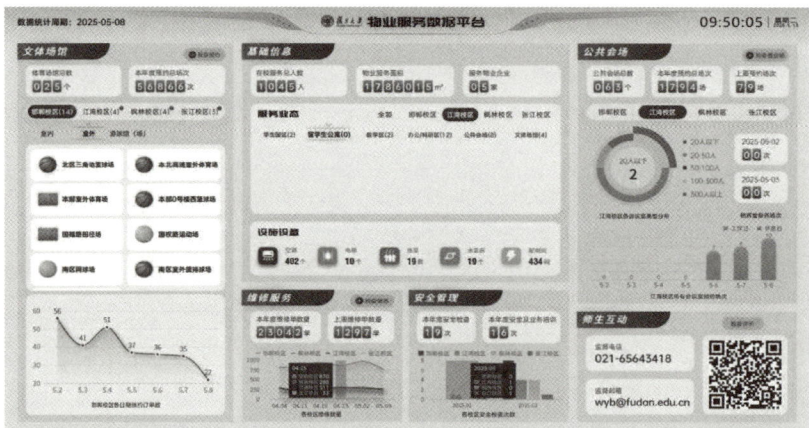

图9 物业服务数据平台

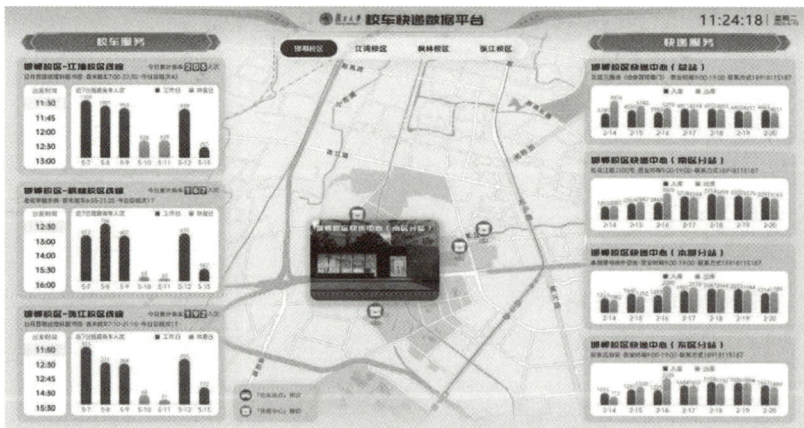

图10 校车快递数据平台

坚定改革谱新篇　助力发展新征程

——中山大学总务部工作报告

一、基本情况

中山大学总务部坚持学习贯彻习近平新时代中国特色社会主义思想，坚持贯彻落实学校党委决策部署，坚持服务学校事业改革发展，坚持聚焦部门主责主业，建立职责明确、架构合理、层级明晰、协同高效的总务服务保障体系，着力推动总务后勤工作安全、高效、规范、廉洁，更好地发挥服务师生需求、保障吃住用行、支撑学校发展的作用。中山大学总务后勤领域工作的社会化程度较高，总务部主要负责管理与监管，服务保障事项的具体运营主要由社会企业主体提供。

二、架构职责

近五年来，为进一步推动落实立德树人根本任务、推进建设中国特色世界一流大学，结合学校三校区五校园办学格局实际，学校党委2次研究调整总务后勤工作机构设置。学校立足校区建设发展、强化总务后勤工作延伸管理职能、推进各校园总务后勤服务同质化的需要，成立总务部，分管校领导兼任总务部主任，下设后勤处、房产处、修缮处、综合管理办公室和珠海校区、深圳校区总务工作办公室。设立总务部党总支，隶属于中山大学机关党委，下设6个在职员工党支部、3个退休人员党支部。

部门主要职责为：统筹校园食堂、学生宿舍、校园环境与道路、水电节能、公务车与校园通勤等总务后勤方面的资源配置、服务保障及监管工作；统筹全校公房规划调配、房屋和土地管理、经营性用房管理、公房信息化管理、公房综合管理（含文物保护）；统筹全校住房事务管理、住房信息化管理及房改业务。负责学校维修工程相关制度的制定和相关工作流程的规范；负责维修工程的设计、施工、监理、造价咨询、招标等过程管理。

总务部已构建起较为完善的制度体系，现有制度 49 项，其中校级制度 23 项、部门级制度 26 项。

三、工作情况

2024 年是中山大学建校 100 周年，习近平总书记亲致贺信。牢记习近平总书记殷切嘱托，建设中国特色世界一流大学，高质量的总务后勤服务既是题中之义，也是重要支撑。中山大学总务部以习近平新时代中国特色社会主义思想为指导，突出党建引领，深化改革创新，奋勇担当作为，为学校事业高质量发展提供有力支撑，为推进中国式现代化后勤作出应有贡献。

（一）以党建引领总务高质量发展

一是抓好决策关。学校党委严格落实党委领导下的校长负责制，贯彻落实民主集中制原则。总务部党总支于年初召开扩大会，将党建工作与年度重点工作同谋划同部署同推进。总务部建立健全议事决策规则与程序，对重点工作落实做好协调督办。二是抓好学习关。建设学习型党总支，打造"总务大讲堂""业务工作坊"和"新人加油站"等学习平台，明确"学理论、学法规、学业务、学纪律"四学重点，构建"党总支示范学、党支部集中学、党员深入学"的学习链条，推动习近平新时代中国特色社会主义思想走深走实，提升全体党员干部的政治素养，增强履职能力，强化责任和底线意识（见图 1）。三是抓好群众关系。总务部党总支贯彻落实新时代群众路线，与师生党支部、业务主管部门开展联学共建活动。畅通师生意见建议渠道，建立总务信箱、珠海校区后勤服务热线、官方

图 1　广州市党员干部纪法教育基地参观现场合影

微信公众号等意见反馈平台，实行师生投诉意见办理销账工作机制。发挥党员先锋模范作用，定期研究民生工作重点难点，督促师生反映的重点难点热点问题及时解决。

（二）推动校园安全保障能力建设

防范化解总务领域安全风险是工作的重中之重。一是聚焦主体责任落实，严格按照党委统一部署，明确各内设部门各岗位安全主体责任。针对总务领域第三方服务单位类别多、人数多的特点，编制《加强总务领域第三方服务机构安全管理工作指引》。推动负面清单管理强化第三方服务单位监管，分类制定《总务部第三方服务机构安全管理负面清单》《总务领域安全隐患事项清单》。二是聚焦工作机制完善，在学校党委统一要求下制定业务领域安全应急预案，理顺突发事件应急处置工作机制和流程，做好应急演练。三是聚焦风险隐患排查，会同保卫部门定期开展总务领域安全隐患排查，排查结果台账管理销账处理整改到位。四是聚焦应急队伍建设，依托物业、维保、维修队伍，成立应急工作队伍、备足应急保障物资、加强应急处置培训，重要时期、敏感节点落实值班值守。

（三）推动总务服务保障能力建设

硬件设施建设是一项长期而艰巨的任务。总务部聚焦宿舍、食堂、水电基础设施和实验室改造等，改善学校办学条件，增进师生福祉。一是改善学生宿舍条件，针对各校园学生宿舍条件不均衡的问题，分批实施宿舍集中维修、家具设备集中更新等工作；做好毕业生宿舍、新生入住宿舍准备工作清洁及维修等；推进老旧宿舍楼栋加装电梯工作。二是加强食堂建设，实施涉及食品安全、食堂用餐条件改造、厨具更新更换等维修改造项目。三是推进基础设施和办公教学科研场地改造。相关资料见图2至图9。

图 2　全新修缮的历史文物中山医红楼

图3　格兰堂维修改造工程竣工

图4　改造后的拖曳水池

图5　教学楼教师休息室

图6　北校园学生食堂

图7　维修改造后的学生宿舍

图 8　南校园英东田径场

图 9　全面焕新的校园道路

针对总务"工作范围广、保障时间长、专业要求高、安全责任大、监管任务重、廉洁风险高"的特点，总务部立足学校三校区五校园办学格局，持续通过体制机制创新增强后勤保障能力。一是创新维修工程管理机制，优化流程，规范项目全周期全过程管理。二是持续完善学校食品安全监管体系，严格落实"日管控、周排查、月调度"制度，三校区五校园开展覆盖学生食堂和食品经营商铺的校园食品安全第三方监管服务；通过日常巡查、联合检查、"校园餐"专项整治等，切实保障校园食品安全、卫生、营养可口（见图10、图11）。三是大力推行"互联网+服务"，已建设包括报修管理系统、维修工程管理系统、公共用房管理系统、公有住房管理系统、水电收费管理系统等5个信息化管理服务系统。借助电子签章、电子合同等手段逐步推进总务服务事项从申请、审批、签署、归档全程数字化。

图 10　定期组织食堂巡查

图 11　组织食品安全主题培训

维修工程领域是高校廉政风险防控的重点领域，为了管好、管活、管优、管廉维修工程项目，总务部多措并举，压实廉洁风险防控责任体系，强化项目管理。一是建立健全维修工程管理制度体系：建立健全立项管理、施工过程管理、项目变更管理、专项资金项目管理、工程合同管理、项目验收管理等制度，建立学生宿舍、校园道路维修改造标准等，确保维修工程管理"有法可依"；二是全面加强重点环节风险管理：工程立项环节预算统筹审核校、部、处分级审批，工程采购环节评分表集体决策审核、招投标中心审定，工程变更环节全覆盖集体决策审批、完善变更现场材料，材料进场环节实施"工程样板"制度、加强现场抽检，工程实施阶段强化现场施工管理巡查检查，工程验收阶段多部门联合验收，合同管理强化合同工期管理、增强处罚力度，确保工程管理"执法必严"；三是构建多部门监督控制防线：总务部、政府采购与招投标管理中心、发展规划办公室、审计处、校长办公室、财务处等部门对维修工程招投标、合同、结算、支付等过程管理工作负责，形成"全方位监控、多部门联动"的权力运行机制，构筑严密的廉政风险控制防线，确保工程管理"违法必究"。

"十三五"以来学校三校区五校园校舍面积实现倍增，优化房屋资源配置，把房屋资源使用好是总务部重点推动的工作之一。一是以办公用房调配与房屋资源使用收费改革为抓手，整合院系分散用房，实现校园空间布局与功能优化，强化公共用房资源的集约共享。常态化开展公房清查，强化公房资源使用监管。二是以公有住房规范公选与租赁为抓手，为教职工提供多层次、多元化的住房保障，在珠海和深圳校区探索公有住房"随到随选"工作机制提高服务效率。三是以经营性房产优化设置与管理为抓手，完善校园生活配套，引进瑞幸咖啡、全家便利店、7-11便利店、罗森便利店、肯德基等品牌连锁经营单位，为师生提供优质服务（见图 12、图 13）。

图 12　南校园怡乐路教师公寓

图 13　校园配套

四、未来展望

当前,高校后勤管理正处于从传统模式向智能化、数字化转型的关键阶段。结合后勤工作社会化、智能化、综合化的发展方向,要实现总务工作高质量发展,高校总务战线要积极回应"教育强国、总务何为"的时代之问,必须在建设现代总务工作体系上下功夫,践行创新、协调、绿色、开放、共享的新发展理念,重点在建设现代总务后勤服务体系方面发力,借助信息化技术手段建设智慧总务。中山大学制定并发布了《中山大学推进人工智能发展工作方案》,推动学校人工智能赋能人才培养、科学研究、行政治理等工作,加快构建人工智能领域教育科技人才一体化高质量发展体系。未来,中山大学总务部将在学校的整体部署下推动总务治理由"人力密集型"向"智慧密集型"转变,推动跨业务部门、多业务线条的全要素整合,在加强基础资源保障、加快管理数据治理、推进业务流程优化、构建智能体生态系统,以及开展"人工智能+"专项培训等方面持续用力。

赓续奋进 改革创新 绘制好后勤高质量发展蓝图

——四川大学后勤保障部工作报告

一、基本情况

四川大学后勤保障部是学校下属的业务实体单位，负责学校后勤服务保障工作。2001年5月30日，为顺应高等教育事业发展和后勤社会化改革的时代潮流，原四川大学、成都科技大学、华西医科大学的后勤部门合并组建后勤集团。2006年10月，学校成立后勤管理处，近20年来，逐步形成了以后勤管理处（甲方）和后勤集团（乙方）为依托的后勤服务保障体系。2020年1月，按照《四川大学机关及业务单位机构设置调整方案》（川大委〔2019〕62号），原后勤管理处和后勤集团合并成立后勤保障部。2021年4月，后勤保障部与社区建设办公室合署办公。

四川大学后勤保障部人员队伍超过3 000人，采取多种用工形式，包括学校聘用、后勤自聘、劳务派遣及业务外包模式，实现人力资源的高效利用与后勤保障体系的稳健运行。后勤保障部主要工作职责包括：学校后勤服务保障中长期发展规划、年度工作计划的制定，学校后勤服务的监督评价工作；学校公有住房的规划、调配、管理，学生和教工食堂的管理服务，学生宿舍（公寓）的管理、运行和维护，学校水电气的管理服务，校园绿化及保洁、楼宇及公用教室物业管理服务，校医院、幼儿园、宾馆、车辆的管理服务工作，承担学校房屋、道路及水电等设施的日常维修维护及应急抢险及其他后勤服务运行保障工作。

二、组织架构（见图1）

职能管理部门（8个）	业务实体单位（13个）
行政办公室 | 党委办公室 | 江安综合办公室 | 纪委办公室 | 财务与资产管理中心 | 人力资源管理办公室 | 服务监督与信息化办公室 | 住房工作委员会办公室	饮食管理服务中心 | 学生宿舍管理服务中心 | 能源管理服务中心 | 收发服务中心 | 校园物业管理服务中心 | 维修与通讯服务中心 | 接待服务中心 | 交通服务中心 | 四川大学校医院 | 四川大学第一幼儿园 | 四川大学第二幼儿园 | 四川大学华西幼儿园 | 四川大学江安幼儿园

图1　组织架构

三、亮点工作

（一）以老旧学生宿舍改造为锚点，大力改善四川大学基本办学条件，大幅提升学生的住宿水平

四川大学望江、华西校区学生宿舍多修建于20世纪80年代至90年代，宿舍内部灯光昏暗，设备设施老旧，房屋渗漏问题时有发生。从2021年起，学校以"居住环境更优，服务设施更全，育人功能更强"为目标，按照"一楼一策、一楼一规划、一楼一目标"的改造思路，对望江、华西校区38栋老旧学生宿舍进行改造，并在2023年底全面竣工。本次改造累计建筑面积29.6万平方米，覆盖宿舍房间9 105间，床位家具更新近1.9万个，改造内容包括房间内部装修、电器及插座更新、卫生间及洁具更新、门窗及安全设施优化、"一站式"学生社区空间整合及升级等。在改造过程中，坚持以学生为中心，充分考虑学生的实际需求，突出"一站式"建设内涵，形成有力的育人支撑。在宿舍内设置了学习区、休闲区等功能区域，满足学生不同的生活和学习需求，在提升学生住宿条件的同时，充分发挥学生社区育人功能。

（二）统筹学校医疗资源，华西医院高质量领办校医院，大幅提升诊疗水平

充分整合校内医疗资源，由华西医院领办校医院是全面提升校医院整体水平、解决师生员工看病就医等急难愁盼问题的有效举措。华西医院领办校医院团队自 2023 年 8 月正式入驻以来，充分借助华西各附属医院优质资源，结合校医院实际，通过开设午间门诊和周末门诊、开展义诊服务、强化急诊双岗设置、优化就医流程、引进学科主任、打造临床特色优势专科、推进同质化管理、建立方便快捷的双向转诊机制、构建全员慢病管理体系、强化师生健康管理、加强人才双向轮训机制等一系列措施，取得了立竿见影的显著效果。极大方便了师生职工就医，提高了诊疗水平和主动服务能力，让师生员工切实感受到华西领办校医院带来的实惠和便利。

（三）深化校地合作，共建江安幼儿园和川大附小江安校区，积极筹备托育班，切实解决教职工的后顾之忧

后勤保障部纵深推进校地深度合作，努力打造环高校高水平基础教育，更好地服务地方发展、服务市民需求、服务广大教职工。高质量领办江安幼儿园，幼儿园整体运行良好，优先满足川大教职工子女入园需求，目前在园幼儿总数已达 620 人。积极筹备幼儿园托育班，健全开班资质。协调武侯区教育局、双流区教育局与四川大学完成三方合作办学协议书的签订，推进川大附小双流分校建设，配合落实师资配备、招生筹备等工作，2024 年川大附小双流分校建设完成并在 9 月如期招生投运，为四川大学附属实验小学的高质量发展提供有力支撑。

（四）全面升级改造江安 i 创街，完善师生生活服务配套项目，提升师生的幸福感

为着力打造一流的师生校园生活服务配套体系，有效支撑学校中国特色世界一流大学建设，由后勤保障部牵头，会同学校多部门，采用公开遴选的方式引入第三方企业打造一体化运营平台。已完成江安校区"i 创街"师生校园生活服务配套建设一期项目，实现高品质、多元化品牌业态引入和呈现，项目所含的 14 个品牌业态已全部投入运营。配套完成江安校区食堂档口美化及环境改造升级，不断改善食堂就餐环境及硬件设备条件，整体提升了"i 创街"生活服务配套品质。

（五）打造后勤精品服务 IP，搭建多样化劳动教育基地，全面提升川大后勤品牌效应

后勤保障部坚持以活动聚力量、以活动促发展、以活动提质量，用心打造后勤保障精品服务 IP。将每年 5 月定为后勤优质服务月，与劳动育人有机结合，依托后

勤业务场景搭建多元化的劳动教育基地。联合校工会、学工部、研工部等部门举办教职工厨艺比赛和"我最喜爱的家乡菜"大学生厨艺比赛，举办"四川大学高校美食交流活动"，邀请国内兄弟高校厨师代表来校交流，为师生奉上了多元化的美味佳肴。各业务单位要创新服务形式，丰富活动内容，进一步提升优质服务月活动的品牌效应和影响力，更好地服务师生员工。牵头组织策划每年6月的四川大学"安全生产月"系列活动，深入学习领会习近平总书记关于安全生产重要论述，紧扣活动主题，组织开展安全生产学习、校园安全教育、常态化应急演练和安全隐患排查等工作，通过多元化、多样化的活动形式，拓宽宣传渠道，增加师生参与度，强化师生员工的安全生产意识。通过特色活动的举办，大胆探索与劳动教育相关的课程，将育人理念贯穿后勤服务全流程，加强师生对后勤服务的理解与认知。

（六）筑牢食品安全防线，守护校园"舌尖上的安全"

食品安全始终是高校后勤工作的重中之重，保障师生的饮食安全，就是为学校的高质量发展保驾护航。严格落实"日管控""周排查""月调度"管理制度，建立健全安全生产三级监管队伍，完善食堂食品安全管理体系，推行6T精细化管理模式，确保全链条、全流程规范操作。严格按照《食品法》及国家相关法律法规规定，不断完善各类应急预案、管理制度、各岗位规范操作等规章制度建设。修订完善《食品安全管理制度》，明确食品安全管理责任，强化食品安全培训和考核，不断提升食品安全治理水平。全力配合各级各类校园食品安全排查整治专项检查，对发现的问题形成工作台账，立行立改，逐条销号，确保整改到位、落实到位。食堂已全面完成"互联网+明厨亮灶"建设，实现了对食品加工制作过程的实时监控，提高了食品安全监管的效能和精准度。加强与属地市场监管、卫生健康等部门的协作配合，建立健全了食品安全信息共享、联合执法、应急处置等工作机制，形成了监管合力。全方位、多维度守好食品安全底线和红线。

（七）纵深推进绿色低碳校园建设，持续改善校园风貌，全力保障能源供应

推进校园绿色低碳与可持续发展是国家"双碳"目标在高等学校落地的一项重要行动。积极将绿色低碳发展纳入学校整体发展战略规划，树立绿色低碳发展理念，从顶层设计上为校园绿色低碳转型提供坚实保障。有序推进学校雨污分流及管网病害治理、燃气安全改造、能源基础设施建设等工作。建成投运校园配网运行监控调度中心一期项目，依托和发挥电气学院等单位专业优势，借力属地国家电网公司支

持，分步实施老旧供电设施设备更新升级和电力增容工作。环境育人是后勤立德树人工作最重要的载体之一，通过加大校园环境整治力度和校园绿化专业化维护程度，做好校园生活垃圾分类宣传和引导工作，加强对基层员工进行垃圾分类培训和实操，切实践行绿色发展理念，提升师生生态文明素养，促进美丽文明校园建设。

四、总结与思考

随着后勤高质量发展的理念不断深化，四川大学后勤保障部在服务保障、改革创新、育人功能发挥等方面取得了显著成绩，为学校的高质量发展提供了有力支撑。当然，也清醒地认识到，随着教育事业的不断发展和师生需求的日益多样化，后勤工作仍面临一些挑战，如服务质量和效率有待进一步提高、资源利用效率需优化、后勤队伍建设需加强等。在未来的工作中，川大后勤将继续坚持以师生为中心的思想，深化后勤综合改革，加强精细化管理，强化能源稳定供应，积极探索智能化、信息化的后勤服务模式，不断提升后勤服务的质量和水平，为学校建设世界一流大学提供更加坚实的后勤保障，努力开创四川大学后勤工作新局面，为教育后勤事业的发展贡献更多川大力量。

从保障到浸润：文明校园视域下后勤育人功能发挥的实践探索

——厦门大学后勤集团工作报告

2024年9月，习近平总书记在全国教育大会上指出，"建设教育强国是一项复杂的系统工程，需要我们紧紧围绕立德树人这个根本任务，着眼于培养德智体美劳全面发展的社会主义建设者和接班人"。作为中央直管的综合性研究型重点大学、国家"双一流"大学建设高校，厦门大学始终牢记嘱托，坚持立德树人，"五育"并举，打造了鲜明的办学特色，培养了大批优秀人才，为国家富强、人民幸福和中华文化海外传播作出了积极贡献。厦门大学后勤集团作为学校的重要组成部分，围绕人才培养之根本，秉持爱国华侨领袖陈嘉庚先生的立校志向，传承"自强不息，止于至善"的校训精神和"爱国、革命、自强、科学"的优良校风，形成了"感恩、责任、奉献"的后勤文化，坚持在文明校园建设中，不断深化高校后勤育人功能的探索与实践。

一、基本情况

厦门大学临海而建，依山傍水，风光秀丽，是一所与党同龄的具有光荣传统的美丽大学，被誉为"南方之强""中国最美大学"。在高等教育体制改革浪潮中，为贯彻落实国家有关深化高校后勤社会化改革的精神，厦门大学后勤集团于2002年12月26日正式挂牌成立，经过20多年的持续努力，如今已发展成为专业化生产、企业化管理、规模化运行、规范化操作、集约化经营、社会化服务的后勤服务实体。近年来，集团获得了"全国高校后勤事业发展先进单位""全国青年文明号""全国教育后勤信息化建设优秀案例""全国教育后勤系统'最美后勤人'""首批全省高校党建工作样板支部"等多项荣誉。

在"十四五"规划中，文明校园创建作为厦门大学"双一流"建设的重要组成部分，既是贯彻习近平生态文明思想的自觉行动，也是落实立德树人根本任务的有效路径。作为保障学校教学、科研和师生生活有序运行的重要支撑,厦门大学后勤集团始终坚持以"服务师生为中心"的工作理念,紧扣"双一流"高校建设目标,积极融入"三全育人"大格局,精准实施"质量提升年"主题行动,通过专业化、标准化、智能化的管理,构建安全和谐、绿色优美的育人环境,以扎实有力的服务保障和"润物细无声"的点滴影响,充分发挥育人功能,为文明校园建设贡献后勤力量。

二、组织架构

厦门大学后勤集团目前设有8个职能部门和7个服务实体,业务包括饮食、公寓、教室、运动场馆、校园绿化保洁、校园快递、水电、运输、会务等服务保障,范围覆盖思明、翔安、漳州三个校区及厦门市中小学、企事业单位(见图1)。

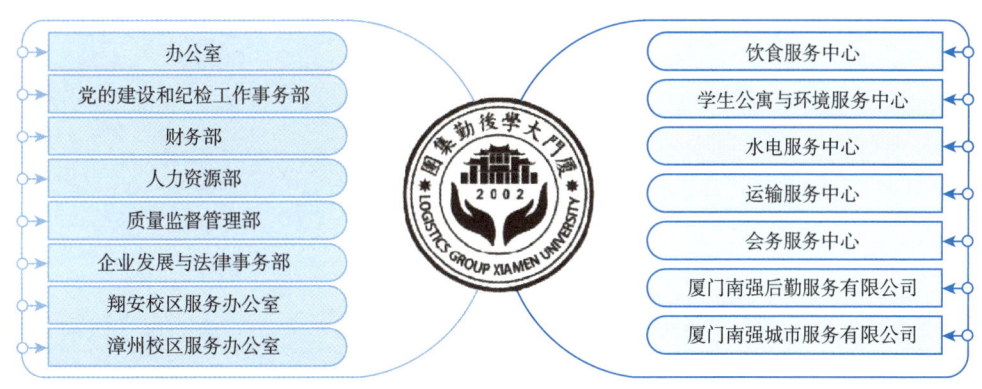

图1 厦门大学后勤集团组织架构图

集团目前建立了五个层级的人才队伍梯队,包括高管、一级管理人员、二级管理人员、基层管理人员和一线员工。现有员工共有4 800多人,基本为自聘人员,其中一级、二级岗近200人,是集团管理的中坚力量;基层管理岗约500人,基本是集团招聘的大学生或技术人才,也是后备骨干,主要协助部门日常运行、现场管理。各梯队管理人员上下沟通、良好协作。集团通过分层级细化管理人员选聘办法及流程,建立绩效考核评价、岗位轮换等机制,有力激发队伍活力,营造干事创业良好氛围。

三、亮点工作

(一)立己达人,筑牢服务育人理念

"己欲立而立人,己欲达而达人",高校后勤队伍是"三全育人"体系的重要组

成部分，要发挥好后勤育人功能，首先要抓好后勤员工自身建设。因此，集团充分认识"思想是行动的先导"，坚持党建引领，强化理论武装和教育培训，引导全体员工充分认识自己肩负的育人使命，牢固树立服务育人理念，做到"育人先育己"。

一是树立思想导向。坚持以习近平总书记致厦门大学建校100周年重要贺信精神为领航，以社会主义核心价值观为导向，深入学习贯彻党的二十大精神、党的二十届三中全会精神及全国教育大会精神，将支部"三会一课"学习融入部门"岗前一刻"教育，推动习近平新时代中国特色社会主义思想进班组、到一线，从思想上强化后勤员工的育人理念，切实把学习成效转化为坚定理想、指导实践的强大力量（见图2）。

图2 集团对后勤员工的培训教育常抓不懈

二是筑牢服务宗旨。集团坚持"一切为了师生"服务宗旨，凝心聚力做好各项服务保障工作，并在全校教职工运动会、新春茶话会、校庆、开学和毕业典礼等大型活动以及疫情防控、防台抗汛等急难险重任务中，打响"做最靠谱的后勤人""句句有回应 事事有着落"等服务口号，在服务实践中，推动员工将服务宗旨内化于心、外化于行，从而不断强化服务意识、优化服务形象、提升服务水平，在潜移默化中形成"育人有我"的行动自觉（见图3）。

图3 厦门大学后勤集团的服务口号深入人心

三是构建特色文化体系。注重榜样示范,通过专项工作总结表彰,评选年度先进集体、先进个人以及"感动在后勤·我身边的好员工""服务育人示范岗"等优秀典型,并加强主题宣传报道,激励员工爱岗敬业、奋斗奉献、创新创造,大力弘扬工匠精神、劳动精神、劳模精神,厚植"爱校如家、爱生如子"的家校情怀,在后勤队伍涵养"感恩、责任、奉献"的文化底蕴。

(二)以美化人,构建优美的育人环境

"一草一木皆关教育",被誉为"南方之强""中国最美大学"的百年老校,厦门大学以其错落有致的嘉庚建筑、层次分明的绿化景观,依山傍海的立体画卷,构建了一种超越课堂的隐性育人体系,在潜移默化中塑造学生的审美品位、环保意识和行为习惯。

一是加强绿化美化,建设"生态校园"。按照"生态化、文明化、可持续化"的理念优化校园空间布局,因地制宜加强绿色校园规划和建设,并结合南方植物生长特性,持续做好校园绿化管养工作,使校园保持四季有花、终年常绿,为师生营造优美的工作学习环境。利用空间布局,变废为宝,建立厦门大学高尔夫球场;利用校友资源,建立师生休闲娱乐的"后花园"情人谷;利用政府资源,建立翔安校区"八闽园",加强校区芙蓉湖周边文化景观提升,启用"沐绿水青山、育八闽英才、建一流大学"的生态实践教学基地"八闽苑"(见图4)。

图4 厦门大学自然景观图

二是加强节能减排，建设"低碳校园"。着力节水节电，建设校园污水处理站，处理后的污水、中水用于校园绿化灌溉，每年实现120多万吨污水再利用；采用发电玻璃环保节能新型材料建设翔安校区快递中心，同时在学生公寓建设采用"热泵+太阳能"供热方式，每年节约用电1770万度，真正做到发展理念与环境治理统一。倡导绿色出行，引进校园公交、投放共享"小绿"单车，推进电动自行车、电动汽车等充电桩建设，投入使用大车库充电桩，让绿色交通、低碳生活理念深入人心。

三是加强共治共享，建设"宁静校园"。作为旅游知名度较高的高校景区，厦门大学最高日均进校人数达10万人次，校园秩序管理面临巨大压力。为了处理好加强校园管理和向社会开放的关系，学校实施《校园参观管理规定》，规范访客入校秩序管理，完善访客入校流向，优化访客入校的组织引导，并用文明提示词，引导游客在校园参观时也自觉维护校园宁静。与此同时，实行校内交通运行路线人车分离，完善分片区机动车停车以及校园公共区域自行车秩序管理，优化局部路段及交通节点的交通组织引导，提高道路的通行能力和运行安全，让教师静心从教、学生安心求学、公众有序参访。教育部也曾报道了厦门大学积极探索宁静校园建设的典型做法。

（三）以诚感人，打造有温度的育人阵地

集团坚持以人为本，在用心用情服务中传递关爱、倡导奉献、强化责任，后勤员工用细心、贴心、匠心的服务让师生在校园里感受到家的温暖，从而增强爱校荣校、感恩、担当的情怀与素养。

一是聚焦"急难愁盼"，落实"润物无声"的务实关怀举措。在食堂设置"敬老窗口""轻食窗口""精准帮扶食品窗口"、特色风味档口等，丰富健康饮食的多样化选择。在学生宿舍设置"便民服务站"，配备爱心伞、打气筒、体重秤、应急药箱、药品冷餐柜、手推车、针线盒、维修工具箱等，以便不时之需。发挥水电维修部"全国青年文明号"的示范引领作用，在本部教工住宅区开展"青老帮扶、号户结对"义务上门维修服务，同时启动小区安防应急服务机制，提供"应急抬担架"志愿服务，帮助解决小区"空巢"老人、特殊困难离退休老人生活不便的难题。此外，后勤员工在日常工作中经常会捡到师生或游客遗漏的钱包、手机、电脑等物品，2024年累计各类好人好事10 753起，拾金不昧总价500多万元，收到感谢信106封、锦旗19面。细微之处显真情，正是基于如此"心系学子、细致如亲"的服务，后勤员工获评厦门大学"服务育人示范岗"，受邀接受每年毕业典礼上的"三鞠躬"致敬（见图5）。

图 5　厦大毕业生向后勤阿姨送花，在毕业典礼上三鞠躬致谢后勤人员

二是关注师生需求，搭建"双向奔赴"的互动沟通桥梁。为广泛收集师生意见建议，精准把握服务对象需求，后勤集团畅通"服务 110"热线、服务建议本、网络监督平台及"后勤回声"等沟通渠道，有力回应了广大师生诉求，进一步提升了服务质量。其中，厦门大学"食堂建议本"2024 年 4 月登上网络热搜，受到央视"新闻直播间"栏目、新华社、《人民日报》等主流媒体相继报道，后勤集团"句句有回应，事事有着落"的工作作风和暖心举措获得校内外的一致好评（见图 6）。

图 6　相关报道

三是弘扬工匠精神，打造"精益求精"的文化浸润工程。设立"师徒传承示范点""大师工作室"，开展"岗位技能大比拼"，举办"寻味八闽　福聚厦园"首届八闽美食节活动，培育专业化服务团队，传承精湛技艺，以"匠心"践"初心"。举办除夕大围炉、毕业冷餐会等大型活动，在校庆当天开展"一岁一礼"福面庆生活动，在传统节日推出"'元'气满满　喜'宵'颜开"活动、"龙粽之选"端午节时令礼盒、"家的记忆""凤凰花开"等中秋月饼伴手礼，并结合教师节开展"月满厦园　感念师恩"主题双节活动，让服务更有厦大温度和文化底蕴（见图 7）。

图 7　活动图片

（四）以劳塑人，丰富知行合一的育人载体

在"五育融合"体系中，后勤集团充分发挥劳动教育功能，整合岗位资源，深挖育人元素，丰富育人载体，通过劳动实践、节约行动、安全卫生宣传等，引导学生形成正确劳动观、强化安全意识和节约理念。

一是开展沉浸式劳动实践。加强党建带团建，通过与学校职能部门、学院共建，搭建餐厅劳动教育"第二课堂""八闽园"劳动实训基地，协同开展"薪伙食课""校园环保卫士""垃圾分类督导""黑天鹅饲养观察日记""后勤员工子女辅导小课堂""七彩夏日暑期夏令营""我在后勤的一天"等项目，大力弘扬劳动精神，引导学生树牢崇尚劳动、尊重劳动的价值观（见图8）。

图 8　劳动现场

二是开展互动式劳动体验。通过"光盘行动""厉行节约、反对浪费"主题活动、设置"匀饭处"、推出"小克重"馒头等举措，引导广大师生养成制止餐饮浪费的自觉行动。结合植树节、世界水日、世界环境日等重要时间节点，开展主题志愿服务活动，加强宣传教育，积极弘扬时代新风，让美丽校园建设既"塑形"又

"塑人"。2024年12月，央视报道厦门大学食堂每天为所有学生提供免费米饭、粥、汤及低价保障菜肴等举措，后勤育人经验做法得到肯定。

三是开展场景式劳动教学。在真实场景中开展应急处突培训教学，组织学生共同参与消防应急疏散演练、防台防汛应急演练、电梯应急预案演练、车辆应急疏散演练、游泳馆防溺水救生演练等，进一步增强师生员工的安全防范意识，提高应急处突能力和防灾减灾能力。

（五）以智慧人，创新优化育人体系

后勤集团通过系统性创新和智能化手段提升服务质量，着力推进规范化、标准化、信息化建设，提升治理体系和治理能力现代化水平，让师生在优质、高效的后勤服务体验中，增强对校园文化的认同感、自豪感。

一是实行标准化管理。按照企业管理要求，加强内控管理。加强制度落实与监督，不断完善ISO质量管理、环境管理、职业健康安全、食品安全、HACCP等认证体系，被认证方授予"质量创新奖""管理创新奖""服务创新奖"。创建并全面推行"整理到位、清扫到位、清洁到位、检查到位、习惯到位"的"5D"现场管理体系，厦门大学"餐饮5D现场管理"被列入省级标准化团体标准正式实施（见图9）。

图9　厦门大学后勤集团ISO管理体系及"5D"现场管理体系

二是推进"智慧后勤"建设。通过办公OA系统、人力管理系统、财务系统、支付系统、采购管理平台、物业管理平台、网上报修、"掌上班车"、自动打饭机、"厦园食光"订餐小程序、智能称重计费平台等技术运用，为师生提供更加便捷、高效的服务。此外，集团创新启用"一站式"后勤服务大厅、校园快递服务中心、

"公安 e 站"（见图 10）等便民服务专区，并分别入选"2021 年度教育后勤信息化建设优秀案例""2024 年度绿色快递示范站点""厦门大学 2024 年度新闻"。

图 10　2024 年，厦门大学快递服务中心、"公安 e 站"陆续启用

三是加强"平安校园"建设。坚守安全底线，强化安全稳定工作责任，织密安全防线，全面筑牢校园安全防线。持续推进"人防、物防、技防"建设，积极推进校园技防设备更新换代，逐步对接"雪亮工程"，坚持落实"明厨亮灶"监管，营造规范透明的食安环境；推动校园人脸识别系统建设，提升校园停车和入校智能化管理水平；探索安消一体化智慧消防系统建设；深化警校合作，推进智慧校园安防建设，提高校园及周边综合治理能力。

四、总结与思考

在文明校园建设中，厦门大学后勤集团坚持政治引领、价值塑造，通过立己达人、以美化人、以诚感人、以劳塑人、以智慧人"五位一体"的育人实践探索，推动后勤工作超越传统的"服务保障"职能，逐步向"浸润式育人"转型。后勤育人功能的发挥，既需硬件支撑的"刚性保障"，更需文化浸润的"柔性涵养"。真正的后勤育人，应如春风化雨、润物无声，在全员、全程、全方位的浸润式生态中锻造"行走的思政课堂"。

尽心尽力　尽善尽美　追求卓越

——哈尔滨工业大学总务处/后勤集团工作报告

哈尔滨工业大学总务处/后勤集团在学校党委的坚强领导下，坚持以习近平总书记致哈尔滨工业大学建校 100 周年贺信精神为引领，始终坚持服从学校大局、服务师生员工的工作定位，逐步形成"尽心尽力、尽善尽美、追求卓越"的精神文化，以高质量党建推动美丽校园建设，在保障学校教学科研、维护安全稳定、提升学校声誉等相关重点任务中奋勇当先，先后荣获"全国节约型公共机构示范单位"等荣誉称号，涌现出一批以全国"最美后勤人"为代表的先进个人和先进集体，为学校卓越发展提供了坚强有力的服务保障。

一、组织架构

哈尔滨工业大学后勤集团成立于 2000 年，2015 年 4 月后勤工作处与后勤集团合并，成立"总务处/后勤集团"。2023 年，制定实施《哈尔滨工业大学总务处/后勤集团机构与岗位设置改革实施方案》，按照业务条线重新捋顺内设机构，现内设机关部门 5 个、实体中心 7 个，分别为综合管理部、监督管理部、采购管理部、计划财务部、工程管理部；能源动力中心、保障管理中心、学生公寓服务中心、饮食中心、物业服务中心、项目管理中心、幼儿保教中心。

总务处/后勤集团领导职数为 7 名，设处长/总经理 1 名，党委书记 1 名、党委副书记兼纪委书记 1 名、副处长 4 名。现有各类在职员工 1 585 人。

二、机构职能

总务处/后勤集团主要承担学校的大修工程实施；负责校内 10 栋、26 个餐厅运行管理；负责校内 28 栋学生公寓管理与服务；负责学校 154 栋教学科研楼宇、15 个体育场馆及校园环境的物业管理与服务；负责学校能源管理，水电暖、电梯、空调的运行及维护，校园零小修缮，校园班车及公务用车服务保障，幼儿园运营及校园商户监管等工作。

三、主要工作

2024年，总务处/后勤集团牢固树立"以师生为中心"的发展理念，围绕学校重点领域改革举措，通过积极改善办学空间、持续推进配套条件优化等举措，用心、用情回应师生关心关切，着力打造高品质学习生活综合体集群，极大提升师生校园生活便捷度、舒适度和满意度，为学校新百年卓越发展提供坚强保障。

（一）全面打造高品质学生住宿环境

1. 全面实施老旧公寓改造计划，学生住宿条件全面提升。"十四五"期间，新建学生公寓3栋并投入使用，2024年秋季，2 800余名博士生喜迁单人间公寓（见图1）。全面实施老旧公寓提档升级维修改造计划，2024年完成6栋公寓整体改造，历史性实现洗浴不出楼（见图2）、洗漱温水全覆盖、空调全覆盖，电梯加装覆盖率达93%，家具设备设施更新4万余件，冬有温水、夏有空调、上床下桌成为哈工大学生住宿新标配。

 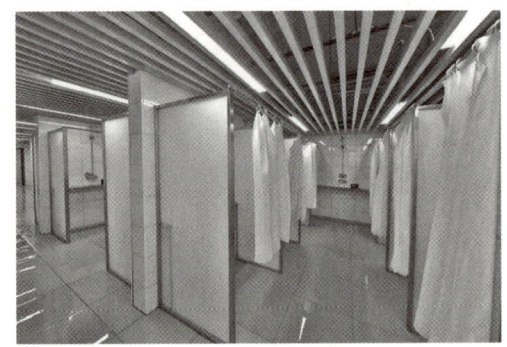

图1　博士生单人间公寓　　　　　　图2　洗浴不出楼

2. 打造综合性一站式学生社区，持续完善服务功能。在公寓内打造数十处交流共享空间，配有休闲沙发、研讨桌椅、共享电视及精美绿植，成为学生交流"聚集地"（见图3）。同时，在公寓内配置自习室、生活角等多功能空间，配备直饮水机、自助打印机、自助洗衣机等十余种自助设施，提供冰箱、微波炉、吹风机、挂烫机、免费被品洗涤等多项公益服务，摆放工具箱、针线包、自行车打气筒等十余种爱心物品，通过交流空间、自助设施、公益服务"三大功能模块"的系统集成，实现从基础住宿向"生活+学习+社交"复合空间的跃升，极大提升学生的住宿幸福感和便捷性（见图4）。

图3　公寓内共享空间

图4　自助设施及公益服务

（二）持续擦亮"哈工大味道"品牌

1. 对食堂餐饮业态、就餐环境、文化设计提档升级，打造集就餐、学习、研讨、休闲等功能于一体的育人空间。采取"软硬协同"发展模式，打造核桃树精致餐厅（见图5）、未来"食"空智能餐区等特色空间（见图6），创新融合智能化无人餐饮、全时自助点餐服务与复合功能场景。学校多个食堂逐步从单一就餐场所转型为集学习交流、文化浸润、科技体验于一体的育人阵地，从传统餐饮服务升级为智慧赋能的生活空间，从基础用餐场所蜕变为展现智慧校园建设成果的网红地标，相关做法被《人民日报》等主流媒体报道。

图5　核桃树餐厅

图6　未来"食"空智能餐区

2. 通过精准供给、精细布局、精品创新，全方位提升校园餐饮服务品质。通过"师生共评"引入湖南下饭菜、小俄餐、老街牛杂面等27个特色档口，总数增至88个。推出50道创新美食，不断丰富师生"美食选项"。在暖廊、公寓、科研楼宇等人员密集场所增设多处"功夫餐车",缩短师生"就餐半径"。免费毕业生早餐、免费春节十餐、中秋月饼、端午粽子等标签,使"哈工大味道"既成为味蕾记忆的载体,更转化为校园文化认同的情感符号(见图7、图8)。

图7 功夫餐车

图8 免费春节十餐

(三)加速推进美丽校园焕新

1. 系统推进校园暖廊建设。为有效缓解极端天气对校园生活的影响,提升师生校园生活的便捷度,学校启动校园暖廊规划建设,将公寓、食堂和教学楼宇等进行有效连接。截至2024年底,建成总长2 244米、通行长度4 455米的暖廊体系,最长单段达285米,实现一校区暖廊四通八达、二校区暖廊闭环通行,师生"冬日不穿棉衣通行校园"(见图9、图10)。相关成效在微博、抖音等平台发布并受到广泛关注,18篇相关报道阅读量破3亿、点赞评论近10万条,哈工大的"人文关怀"和"硬核实力"充分彰显。

图9 校园暖廊

图10 校园暖廊

2. 精塑生态人文校园景观。以"丁香校园"品牌建设为引领,系统推进校园景观提升工程。构建特色植物景观体系,规模化栽植丁香3 000余丛,打造一校区、二校区五线花环，引进红枫、银杏等珍稀树种形成复合林相。实施裸土治理专项，通过委陵菜栽植与草籽播种完成 1 万余平方米地表覆绿。打造多维功能空间，建成集丁香主题园、向日葵田景观点、休闲交流区于一体的生态网络，同步打造楼宇微景观，实现生态与人文的有机融合，塑造"人在景中，和谐相融"的校园生态格局。

3. 构筑航天主题景观地标群。打造"神舟揽月"（见图 11）、"卧震苍穹"（见图 12）等主题景观，将长征五号运载火箭（模型）及长征一号运载火箭（实物）、东风二号弹道导弹（实物）等置于 A03 公寓、科创大厦等重点楼宇广场区，通过硬件装置与文化景观的深度融合，打造兼具科技美学与教育体验的航天精神展示空间。

图 11 "神舟揽月"主题景观　　　图 12 "卧震苍穹"主题景观

4. 构建全时域运动空间体系。系统构建"地上地下联动、四季全时覆盖"的体育设施网络。创新开发地下复合空间，在 4 栋公寓负层建设集成乒乓球、健身等功能的室内运动场馆。实施羽毛球场地倍增计划，通过既有场馆设施改造与闲置空间活化，建成标准化羽毛球场 100 块（见图 13）。打造冰雪运动生态圈，建成含 8 000 平方米的冬季越野滑雪道 + 15 000 平方米的冬季室外冰上场地 + 3 处雪合战场地的冰上运动综合体，新建风雨操场冰上运动馆面向师生正式开放，形成"教学—训练—体验"三位一体的冰雪运动场景（见图 14）。

图 13 羽毛球场地　　　图 14 风雨操场冰上运动馆

(四) 大力推进能耗精细化管理

1. 强化节能宣传机制。将节能管理纳入学校"十四五"发展规划顶层设计，通过健全组织机构、完善制度规范、强化责任落实，形成权责明晰的长效运行机制，为持续建设节约型公共机构示范单位提供组织保障与制度支撑。聚焦世界水日、全国节能宣传周等主题，系统开展绿色低碳、垃圾分类等五大主题活动，深入开展"拒绝浪费、光盘行动"主题宣传活动，建立师生员工多元协同参与机制，实现节能理念与效能双提升。

2. 打造绿色技改体系。持续推进绿色校园建设，加大节能节水技改项目投入力度，陆续对学校公寓、科研房间用电计量系统进行改造，逐步实现楼宇级计量全覆盖，着力构建数据采集数字平台。创新市校共建供热计量模式，建立了节能降耗的供热调节机制，供热能耗节约取得新成效。通过开展水平衡测试，全面了解各校区供水管网状况，运用水平衡测试成果深度挖掘节水潜力，进一步提高节水管理水平。

3. 构建日常管理体系。强化对学校二级单位节能成效考核，建立"政策引导＋标准约束"机制，推行办公用品绿色采购清单与节能产品推荐采购模式。建立供暖、空调、照明、电梯、水泵等用能系统和设施设备管理台账，加强日常巡检、自查、保养、维护、维修全链条管理。在食堂推广应用节水型全自动洗碗机等节能环保设施设备，有效降低餐饮设备能耗。

(五) 着力提升后勤服务保障效能

1. 以党建引领服务育人工作取得实效。以党支部建设为载体，创新打造"支部＋助老""支部＋工地""支部＋志愿""支部＋育人"服务矩阵。全年通过"86412345后勤呼叫中心""随手拍"平台受理师生诉求 1.5 万余件，接诉即办率达 100%。深化智慧后勤建设，依托"哈工大 APP"实现校园巴士实时查询、网上报修等 10 项掌上服务，校园生活更加便捷。创新推出"温情后勤"品牌工程，建立"5 毛钱小份菜""5 元特色水饺"等普惠餐饮体系，首创"共享椅垫""温水擦黑板"等 12 项暖心服务，特色产品"哈工大月饼"年销量超 30 万枚。组建 2 700 余人次后勤志愿服务队，开展极端天气送餐、空巢老人关爱等志愿服务 20 余次，在抗击暴雨雪、大运会保障等急难险重任务中发挥突出作用，相关经验获黑龙江日报以《高校后勤管理的"哈工大样本"》为题进行专题报道。

2. 以内部治理改革推动后勤高质量发展。坚持以制度筑基，2024 年制定、修订

《哈尔滨工业大学学生公寓管理办法》《总务处/后勤集团员工请假管理办法》（试行）、《总务处/后勤集团采购工作实施细则》，汇编现行制度40余项。以信息化技术赋能，优化后勤办公管理系统学生公寓管理及博士生选房等模块，推进饮食中心物流管理、库存管理系统建设，完成电计量管理平台的设计及建设方案，驱动业务流程高效运转。以集采增效，聚焦集中采购、用采分离再发力，办公用品、电脑耗材实现集中采购，大宗食材政府采购形成规模效应，实现年度食品原料成本占比逆势下降4%，有力对冲物价波动压力，守稳校园餐饮"价格线"。

3. 以网格管理筑牢安全底线屏障。实施校园网格化管理，全覆盖张贴网格员责任公示牌，建立网格化监督检查机制，年度累计发现解决维修事项8.9万余项。制定、修订近20项食品安全管理制度，严格执行"日管控、周排查、月调度"食安三级风险管控机制，本年度高质量通过国家级、省级等校园食品安全专项检查10余次，主动邀请市、区市场监管部门领导和行业专家进行食品安全专题培训，切实筑牢校园食品安全防线。建立周巡查、季反馈、定期培训的外协商户管理机制，动态压实主体责任。完成水质监测、四害消杀以及全校消防检测，完成56栋公共楼宇烟感报警系统验收，协同构建后勤领域安防体系。

4. 以精准培训加强后勤队伍建设。建立分层次、全覆盖的内训机制，构建"三全育人"实训体系，常态化开展管理人员专题培训、劳动技能竞赛及岗位练兵活动，实现政治素养与业务能力双提升，年度参训超6 000人次（见图15、图16）。2024年，1人获评全国教育后勤"最美后勤人"，幼儿园以国家级重点课题一等奖跻身"省级一类园"，总务处/后勤集团蝉联校级招生协作贡献奖。

图15 "三全育人"培训班

图16 劳动技能竞赛

四、亮点工作

（一）中俄联合校园正在由蓝图变为现实

哈工大中俄联合大学作为中俄教育合作重点项目，在哈尔滨工业大学建校百年之际，2020年6月7日，中俄联合校园奠基仪式隆重举行。中俄联合校园选址在哈尔滨历史最悠久的城市街区（花园街区），内部有多栋不可移动文物建筑、特色历史建筑。为加速推进中俄联合校园建设，总务处修缮项目团队在无成熟经验借鉴、施工环境复杂及严寒气候等多重挑战下，历时一年完成了53栋历史建筑保护性修复，最大程度传承花园街历史文化街区的传统风貌。中俄联合校园作为学校面向新百年着力打造的国际交流与合作新名片，将由蓝图变为现实。

（二）本科生"高质量四人间"建设成效显著

学生公寓大多建设于20世纪，设备老化、环境陈旧、配套不足，针对学生公寓设施老化等矛盾，学校自2022年起实施系统性改造工程。强化经费保障，公寓改造投入占比由2022年的29.5%提升至2024年的34.15%，累计改造14栋老旧公寓，改造住宿面积12.94万平方米，完成3 000余间寝室提档升级，本科生高质量四人间全面实现。硬件设施迭代更新，更换上床下桌9 700余套，改造变电所和升级电力系统，成为东北地区首个空调全覆盖高校。拓展功能空间，建成4处室内健身场馆，引入便利店、直饮水机等生活服务设施。改造成效获得社会广泛认可，公寓条件在社会评价体系中排名显著提升。

五、总结与思考

对标学校冲击世界一流大学前列的战略目标，总务处/后勤集团将深入贯彻党的二十大和二十届二中、三中全会精神，全面贯彻落实《教育强国建设规划纲要（2024—2035年）》和学校党委有关决策部署，凝结汇聚后勤上下锚定目标、领命先行、追求卓越的思想共识，在推动后勤治理体系和治理能力现代化上下功夫，统筹推进"美丽校园""美味校园""低碳校园""智慧校园"等领域工作持续提档升级，切实做好学校党委关于"综合保障工作同学校教师和学生的规模和结构变化特征相适应、同学校的未来人才培养模式改革相适应、同学校科研组织模式改革相适应、同学校文化建设相适应、同学校未来发展预留空间相适应"的总体要求，加速打造同一流大学建设高度匹配的综合保障能力，以切实行动助力学校向世界一流大学前列迈进。

以钢铁脊梁担当　铸就后勤高质量发展道路
——北京科技大学后勤管理处工作报告

一、基本情况

北京科技大学（见图1）于2001年7月启动后勤社会化改革，成立后勤集团。2017年初，学校成立后勤管理处，与后勤集团合署办公。2017年3月和2018年6月，后勤管理处分别接手管庄校区和昌平创新园区的后勤服务工作。加上沙河创新园区及正在建设的雄安校区，学校形成了"一处两制多地"的后勤管理服务体系。

长期以来，学校后勤紧密围绕"双一流"建设的目标任务，始终将自身发展置于学校改革、发展与稳定的大局中谋划和推进。秉持"学校发展、后勤先行"的高度责任感与使命感，积极构建契合新质生产力需求的高质量、有温度的后勤运行保障体系，全力打造"以师生为中心"的高质量、有温度的后勤服务体系。历经十余年的不懈探索、实践与创新，学校在后勤服务、运行保障、服务育人、劳动教育等方面均取得显著成果。2023年，学校在中国教育后勤协会百所高校后勤服务软实力动态竞争力指数排名中位居第六。

图1　北科印象

二、组织架构

（一）组织机构

后勤管理处（集团）下设 14 个科级建制机构，包括处办公室、财务室、计划管理科、节能办公室、职工住房管理科、住房制度改革办公室等 6 个管理职能科室，以及人力资源中心、饮食中心、物业服务中心、运行保障中心、经营管理中心、车辆管理中心、管庄后勤服务中心、昌平创新园后勤服务中心等 8 个服务职能科室，全面履行学校后勤管理及服务工作职责。主要工作涵盖学校基础设施改造、修缮工程管理及项目决算审核、能源管理与节约型校园建设、职工住房管理等事务；同时，承担餐饮服务、学生住宿服务、校园绿化卫生环境养护服务、楼宇物业服务、水电暖运行保障服务、公车运营服务、资产经营服务以及教学科研和学生生活辅助类服务。

（二）人才队伍建设

后勤管理处（集团）现有员工 840 余人。2024 年，秉持以师生为中心、服务学校发展的理念，以岗责体系梳理构建、员工培训体系优化升级、薪酬制度改革创新为着力点，全面推进人才队伍专业化、规范化建设，为后勤服务提质增效筑牢人才保障根基。

在岗责体系构建方面，科学界定岗位职责边界与能力模型，建立包含岗位说明书、任职资格、考核指标的三维标准体系，明确职业发展通道，为人才梯队建设提供制度支撑。2023—2024 年，重新核定岗位说明书 157 份，实现定编定岗定责，明确职责范围，规范管理责任。

在此基础上，实施薪酬改革，建立岗位价值评估矩阵。通过对岗位所需知识复杂度、劳动强度、责任风险等核心要素进行量化分析，确定岗位基准薪酬等级，优化薪酬结构，搭建标准化薪酬体系，有效控制人工成本，重塑内部公平性，消除因分配不公引发的组织内耗，为员工营造"内外公平、优绩优酬"的良性竞争环境。

在培训体系建设方面，构建"分层分类、精准施教"的培养机制，通过理论授课、技能实训、案例研讨、访问调研等多元化形式，以现代后勤管理理念为引领，全面提升员工智能化服务水平、服务技能与应急响应处置能力，注重将专业知识转化为服务效能。鼓励各级后勤管理干部和专业岗位人员参加校外专题培训，尤其重视维修工、厨师等专业技术人员的业务再教育。2024 年，开展各类培训 115 场次，培训 4 000 余人次，全员培训累计达 200 余个学时，实现培训全覆盖、有重点、深层次的整体目标。

通过专业化培训提升服务能力，通过职岗体系重构优化队伍结构，通过标准化薪酬管理激发内生动力，形成人才"选育用留"的良性循环，推动后勤服务从"保障型"向"育人型"转型升级。

三、亮点工作

（一）提高政治站位，强化服务"一流大学"建设的使命担当

北京科技大学高度重视后勤工作，秉持"大后勤"理念，将其纳入学校事业发展全局。2023 年 10 月，学校党委印发《关于进一步加强后勤工作的意见》，全面部署深化后勤改革工作。2024 年，在《教育部办公厅关于推动高校后勤高质量发展的通知》发布后，学校党委再次专门作出部署，组织后勤系统深入学习文件精神。围绕贯彻落实《教育强国建设规划纲要》各项任务部署，进一步明确构建以师生为中心的高质量、有温度的后勤现代化服务体系这一改革总要求。

后勤紧扣"双一流"建设目标任务，围绕与"一流大学"建设相适配的"一流后勤"的标准及建设路径展开大讨论、大调研。从讲政治、保稳定、促发展的战略高度出发，明确后勤高质量发展的思路方向，增强广大后勤干部员工在办学保障工作中推动创新高质量发展的紧迫感和使命感，积极为后勤发展建言献策。

（二）推动管理运行机制改革，深化管理服务机制创新

加强制度建设，提升后勤工作的规范化、科学化水平。对现有后勤管理制度进行系统梳理完善，2024 年发布《后勤管理处（集团）制度汇编》，更新后勤管理制度 37 份，管理内容涉及综合管理、人事管理、财务管理、采购管理、工程建设等多个领域，构建起全面、系统、有机的制度体系，为后勤工作有序开展提供坚实制度框架（见图 2）。建立健全制度执行监督机制，加强常态化检查与评估，强化制度执行刚性，严格按制度办事，加快补齐后勤治理短板。

优化管理服务流程，全面梳理后勤管理流程，合理调整管理层级，明确各岗位的职责和权限，打破传统岗位壁垒，实现管理的扁平化和高效化，建立统一协调的后勤管理体系。搭建一站式服务平台，构建"互联网+后勤"管理模式，整合后勤服务资源，实现后勤服务的智能化调度与个性化供给，显著提升服务效率和质量。

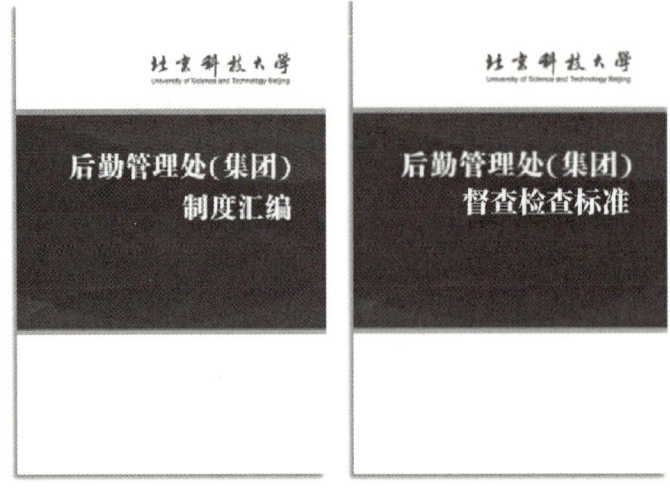

图 2　后勤管理处（集团）制度汇编

（三）践行节能低碳理念，持续推进绿色校园建设

优化常态长效管理机制，学校建立完善的能源管理体系，由校长担任节能工作领导小组组长，后勤处节能办公室负责日常事务，能源管理负责人备案并接受专业培训。近年来，出台及修订节能相关文件十余份，构建长效机制，有效控制能源资源消耗增长。

在全校广泛传播绿色发展理念，着力提升师生节能节水、垃圾分类、绿色出行、爱绿护绿等意识（见图3）。持续加强节能宣传工作，充分利用校园网、公众号、校内电子屏等平台开展绿色生活主题线上线下宣传活动，提升绿色文化的影响力和传播力，与新浪微博联合举办"双十一快递盒回收"活动。

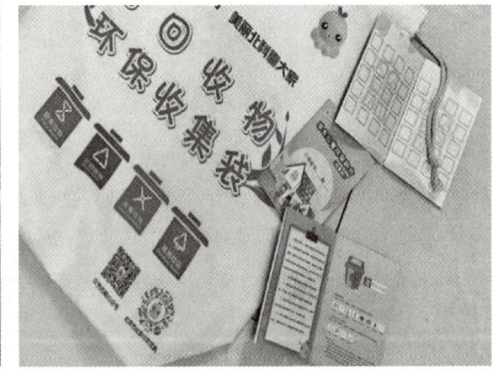

图 3　节能管理

探索多能互补的能源管理体系建设，打造智慧后勤监管体系。以智能管理为出发点，经过四期投资建设，学校完成包括水电暖在内共计 6 000 余个计量点位的建设及对接，构建"一个平台＋多个子系统"，形成"能耗清晰化、数据可视化、管理数字化、分析图表化、水电指标化、消费合理化"的节能监管平台，实时监测能源资源使用状况，实现能源资源数字化运行管理。2024 年，全面升级学校给水管网监测系统，建立给水管网动态水平衡，实现学校给水管网及热力管网"给水实时监测、区域水平衡分析、异常水耗识别、漏水报警推送"等功能，提高节水管理水平，节约保护水资源，减少漏损及能源资源浪费。

优化能源结构，推动能源转型，持续推进节能技改工作。2024 年，完成昌平创新园区东区光伏发电项目，年发电量 100 万度，减少碳排放 800 吨；完成学生公寓、办公楼、理化楼等楼宇的 LED 照明系统改造，年节约用电量 200 万度，在提升整体照明环境的同时降低能耗。

2024 年，学校能源资源消耗均考核达标，连续第五年未购买碳排放量，共为学校节约资金约 200 万元。在顺利通过"节约型公共机构""北京市绿色学校""节水型单位"创建达标验收后，2024 年学校继续完成"节约型公共机构"复评工作。2024 年，学校能源资源节约示范案例《践行节能降碳　构建绿色校园》荣获"2023—2024 年度公共机构绿色低碳发展入围十佳典型案例"。

（四）始终将立德树人根本任务贯穿后勤服务工作始终

坚持以品牌建设带动后勤工作质量提升，做好党建进宿舍工作，以高质量公寓党建引领"一站式"学生社区建设。2024 年 10 月，《以党建引领拓展学生公寓育人工作新阵地》案例获评全国高校学生公寓管理服务优秀案例。

丰富育人实践形式，厚植育人文化，积极组织开展各类主题鲜明、形式多样的校园文化活动，营造浓厚的育人文化氛围，让学生在参与活动过程中受到深刻思想启迪与文化滋养。结合传统节日开展"元宵节猜灯谜""女神节插花""端午节包粽子""中秋游园会"等活动，利用地缘优势举办"柿子文化节""贝壳美食文化节""共享图书漂流""衣旧情深""宿舍整理收纳""共建试验田"种花植树等特色活动（见图 4）。

打造育人特色课堂，拓展劳动教育阵地，在餐饮服务、垃圾分类、运行维护、车辆管理、校园环境绿化等方面建设劳动教育示范平台，创新和丰富劳动教育的内容和形式，探索后勤劳动教育课程化改造，打造"钢筋铁骨"育人模式。将桶站管理、桶站志愿值守、垃圾分类、落叶清理、大树涂白等纳入劳动教育内容，2024年开展各类劳动教育课程，参与人数达1 088人次（见图5）。

图4　后勤特色品牌活动

图5　劳动育人实践活动

积极打造"星光育人计划"新型育人模式（见图6），由后勤牵头统筹，协同后勤服务企业构建育人共同体。聚焦劳动教育，在后勤服务全过程中积极探索契合当代大学生需求的育人激励模式，精准量化学生在校劳动表现，形成"获取积分——消费抵扣——获取积分"的育人良性循环。借助正向激励举措，助力学生养成良好习惯，构建"五育并举"人才培养体系，为后勤育人目标达成提供多元实现路径。自2024年11月该计划启动后，厦门大学育人星光计划系统累计注册人数3 256人，光盘行动成功打卡2 527人次，劳动实践参与人数为1 020人。后勤将积极扩大全日制学生参与范围，以多元路径推动育人体系优化升级，持续激发学生在"德智体美劳"领域的发展活力。

图6 "星光育人计划"启动仪式

（五）聚焦智慧校园建设，促进后勤服务转型升级

不断加强智慧后勤建设，锚定智慧后勤建设长远目标，充分利用信息技术手段，推动后勤管理服务流程再造、效率提升。依托智慧校园平台，打造集学生公寓智能管理系统、报修系统、节能监测系统、房屋管理系统、修缮工程管理系统、餐饮管理供应系统于一体的后勤智慧服务平台，促进后勤核心业务系统深度融合，全面提升后勤服务工作的智能化、人性化和便捷化水平。

在北京高校范围内率先完成智慧食堂建设升级，完成万秀园二层智慧食堂升级改造，实现智慧授权自助选餐无感支付，提升运营效率，优化就餐体验，日均接待量提升至5 000余人次，厨余垃圾减量85%以上。2024年8月，"智慧食堂建设"获评北京高校智慧后勤建设十佳案例（见图7）。

图7　智慧食堂

利用新技术推动服务模式迭代升级，积极创新"智能+人文"服务模式，全力打造服务流程自动化、服务响应即时化、服务供给精准化的"三化"服务体系。全力构建基于数字孪生技术的后勤大数据平台，深度融合地理信息系统、建筑信息模型、物联网等前沿技术，实现校园的3D可视化管理。探索通过部署智能传感终端，实时采集能源消耗、设备运行、服务需求等数据，建立动态监测预警模型，进而形成"数据采集——智能分析——决策支持——执行反馈"的智慧化闭环管理机制（见图8）。

图8　一站式智慧服务大厅

四、其他工作

（一）完善后勤全方位监督架构

建立健全后勤服务监督检查机制，加强对后勤服务质量的日常监督。聚焦师生关切的关键小事，"第一时间"响应并解决师生诉求。定期开展调研，及时了解师生的烦心事、挠头事、揪心事，强化部门协同配合，以钉钉子精神落实"条条有回应、件件重落实"的工作要求。全年共收到多渠道的诉求 332 件，回复率达 100%（见图 9）。

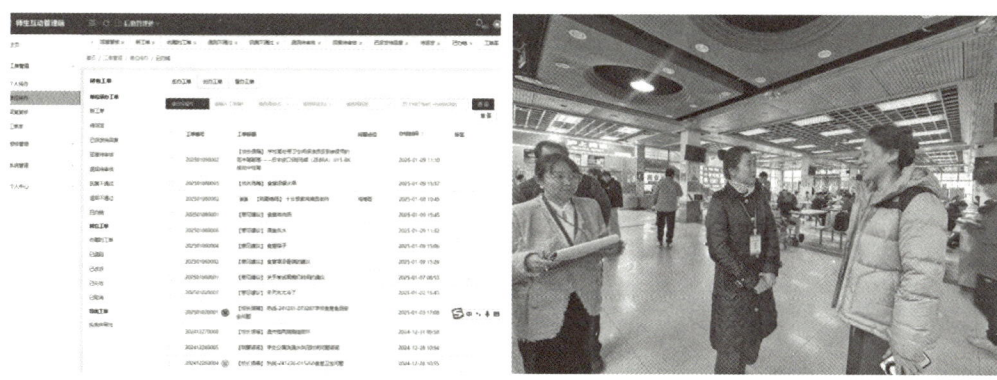

图 9　接诉即办

（二）聚焦服务细节提升

丰富餐饮种类，积极引入特色小吃、风味美食，为师生带来多样化的饮食体验。2024 年全年推出主副食品种达 223 道，涵盖川湘、广东、山西、保定等地的特色美食，满足不同地域师生的口味需求。根据季节变化和师生反馈，适时调整菜单，推出应季菜品和网红特色套餐，鹅腿餐、天水麻辣烫等菜品深受师生喜爱。提升住宿服务体验，本部公寓实现公寓人脸识别门禁，提高住宿管理的便捷性和安全性。根据学生需求，增添洗衣机、直饮水机等设施，增设晾晒区及晾晒杆，为学生提供衣物缝补和熨烫服务，还为新生提供行李运送"专车服务"及被褥"送货上床"等暖心服务（见图 10）。

图 10　暖心服务细节

（三）营造北科特色"大美校园"环境

持续开展校园环境卫生治理、绿化美化行动，打造具有学校特色的绿化景观，重点打造校内首个水系景观鼎新广场，以及银杏"地标"、牡丹花池、海棠花海等校园景观，营造昂扬向上、充满活力的校园氛围。顺利完成校园绿植补种修整，2024年补种绿植 3 万余棵，补种草坪 4 500 平方米，修剪草坪 1.2 万平方米。

（四）全力做好各项后勤保障工作

2024 年，服务师生用餐 1 000 万人次，为 26 300 余名学生提供校内住宿服务，全年完成零维修 2.3 万余次，征订发放教材 8 万余册，办理 5 338 张电子学生卡。聚焦师生的不同需求，与优质供应商合作，引入麦当劳等一批知名品牌商品和特色产品，提升商品品质，开设 24 小时服务便利店，并加强对商户的监督管理（见图 11）。

五、总结与思考

北京科技大学将坚持以师生为中心的服务理念，持续深化后勤体制机制改革，

图 11　校园商贸服务

推动后勤逐步从以保障校园基本运行为主，为学校高质量发展提供强力保障支持转变；从为师生提供基本生活保障，向着力打造美好生活供给转变。主动对接学校要求、师生需求、员工诉求，努力提供多元化、高质量的后勤保障服务，建设师生满意的后勤。

管理运行机制改革是后勤发展的核心。要充分发挥党的领导优势，以党建促发展，将后勤服务与育人任务紧密结合。在后勤服务模式选择上，通过创新体制机制，有机结合自办后勤和外包服务的优势，应对师生多样化服务需求和招工难等问题。

工作质量标准建设是提升后勤服务的关键。依据"标准决定质量"的理念，探索建立涵盖餐饮、宿舍管理等各方面的"高质量"标准。将师生对问题解决的直观感受融入评价标准，为衡量后勤服务质量提供精准尺度，推动后勤服务向更高水平迈进。

人才队伍建设是后勤高质量发展的关键。针对不同岗位人员，应采取差异化激励措施，比如为后勤管理干部畅通晋升渠道；为专业技术关键岗位制定特殊政策，完善薪酬激励机制；对普通务工人员给予更多关怀，改善待遇。良好有效的正向激励将有效凝聚人心，形成强大合力，全面提升后勤队伍的整体凝聚力和战斗力。

新质生产力赋能为后勤工作注入新活力。加大智慧后勤建设投入，培养和引进专业人才，完善信息平台，实现设施设备智能管理和服务精准推送。同时，持续推进绿色校园建设，开展节能技改，构建多能互补的能源管理体系，降低能源损耗，打造绿色环保的校园环境。

展望未来，学校将继续秉持高质量发展的理念，通过持续改进和创新，不断推动学校后勤工作向更高水平迈进。力求为学校的教学科研工作以及广大师生的日常生活提供更加坚实、高效、优质的后勤保障，为学校的整体发展和师生福祉做出更大的贡献。

专题报告四 企业典范

深耕教育后勤领域 铸就行业服务标杆
——新大正物业集团股份有限公司高校服务总结

一、企业溯源——深耕教育后勤，铸就服务典范

新大正物业集团股份有限公司成立于1998年，自成立以来，便专注于智慧城市公共空间与建筑设施的运营和管理，凭借其专业的服务和卓越的品质，成为公建物业服务领域的专家。公司始终秉持着深化研究客户需求、作业场景及服务标准的理念，致力于让客户能够专注于主业，为客户创造出了显著的服务价值和优质的体验。

在行业地位方面，新大正表现卓越，是中国物业管理协会名誉副会长单位、重庆市物业管理协会副会长单位，同时还是国家级服务业标准化试点单位。2019年，公司成功在深交所挂牌上市，股票代码为002968，这不仅是公司发展历程中的一个重要里程碑，也彰显了其在资本市场的实力和潜力。

经过20余年的快速发展，新大正已经建立起了稳固的全国化经营布局。公司拥有员工43 000多人，管理服务面积近1.7亿平方米，设立了940个物业服务中心，服务范围覆盖全国超过28个省（直辖市）、120多个城市，发展速度呈现出较高的水平。

作为第三方专业物业服务企业，新大正紧跟市场步伐，不断开拓新兴产品，丰富自身的产品结构。公司建立了学校物业、公共物业、航空物业、办公物业、医养物业、商住物业等主力业态，并细分出航空、园区、场馆、医养、市政、酒店等N类细分产品。在多个细分领域，新大正形成了行业领先优势。

学校物业是新大正深耕近20年的领域之一。公司以"标准化、专业化、智慧

化"的服务理念打造美好校园，构建了独有的"全流程"学校物业服务链，并针对师生提供特色教辅服务，形成了全方位的校园"贴心大管家"物业服务体系。目前，新大正已为全国近100所学校提供后勤一体化服务，服务对象涵盖了山东大学、西安交通大学、广西大学、中国地质大学、重庆大学等全国重点院校。通过长期的实践和积累，新大正深入了解学校的需求和特点，能够为学校提供个性化、专业化的物业服务，保障学校的正常教学秩序和师生的生活质量。

公司成立之初，就不断尝试和拓展各类新领域，持续完善运营管理体系。现代社区创建、老旧小区物业服务等一体化项目取得了实质进展，城市服务板块也取得了初步成效，为打造基于特色中小城市，发展市政＋公建物业的一体化项目奠定了基础。

新大正还在行业标准化建设中发挥着重要的牵头作用，是全国物业服务标准化技术委员会（SAC/TC 560）副主任委员单位，中国物业管理协会标准化建设专业委员会主任委员单位。同时，公司在2023年当选中国教育后勤协会理事单位，进一步提升了其在教育后勤行业的影响力和知名度。

在社会责任方面，新大正积极履行企业公民的义务。在全国范围内，公司对突发事件应急处置以及对现场服务的专业保障，得到了客户的高度赞誉。

二、情系师生——多元举措护航校园美好生活

在教育后勤服务领域，新大正物业集团股份有限公司始终将服务师生作为核心使命，围绕安全生产、信息化建设、节能减排以及满足师生个性化需求等多个维度，全方位、多层次地开展工作，致力于为师生打造安全、便捷、舒适、绿色的校园环境。

（一）安全生产，筑牢校园安全防线

安全生产是教育后勤服务的基石，关乎师生的生命财产安全和学校的稳定发展。新大正深刻认识到这一点，将安全生产理念贯穿于服务的每一个环节，建立了完善的安全管理制度和应急预案，确保校园设施设备的安全运行。

在实际工作中，新大正的员工们以高度的责任感和敬业精神，坚守岗位，及时处理各类安全隐患。以贵州轻工职业技术学院项目为例，工程部部长熊垒在后勤岗位上已经工作了6年，他始终把学校当成自己的家，无论寒暑风雨，始终坚守岗位。在一个初冬的夜晚，水泵房爆管，积水快到1米，情况十分危急。熊垒接到电话后，第一时间赶到现场，安排值班师傅断电后，立即跳入冰冷的水中找寻爆管位置。在

积水已到腰部的情况下，他不顾寒冷蹲入水中坚持关闭了闸阀，控制了水位上涨，挽回了水泵房供水设备即将被水淹的损失。随后，他又迅速组织人员抢修，及时恢复了供水，保障了学校的正常运转。他的这种敬业奉献精神，赢得了学校领导和老师的一致赞扬。

同样，在华中师范大学，2024年2月春节期间遭遇冻雨和暴雪袭击，校园交通全面瘫痪。项目经理田真胜迅速组织队伍，积极配合学校，协调多方力量，全力开展应急抢险工作。他以身作则，20余天连续奋战在雪灾现场，带领员工顶风冒雪清理枯枝断枝、绿化垃圾等，以最快时间保障了学校正常开学教学工作。此次雪灾的应急清理工作得到了教育部会议表扬全省第一，充分体现了新大正在安全生产方面的强大应急处理能力。

（二）信息化建设，提升服务效率与质量

随着信息技术的快速发展，信息化建设已成为提升教育后勤服务水平的重要手段。新大正积极顺应时代潮流，加大在信息化建设方面的投入，引入智能化服务，运用移动互联网和物联网技术，实现智能安防、维修、保洁和绿化服务。

在智能安防方面，新大正安装了人脸识别进出管理系统与翼闸系统，有效提升了校园安全性，阻止非授权人员进入，保障了师生学习生活环境安全。在智能维修服务方面，通过在设施设备上加装传感器，结合EBA系统平台，实现了线上报事报修与微信服务号联动，提高了维修及时性，降低了设备故障率，减少了师生因设施问题带来的不便。例如，在某高校，学生通过微信服务号报修宿舍的灯具故障，维修人员在接到报修信息后，迅速赶到现场进行维修，整个过程高效快捷，得到了学生的好评。

同时，新大正还积极参与学校后勤信息化建设，推动后勤服务管理的智能化和便捷化。如贵州轻工职业技术学院使用后勤服务在线报修平台，师生们可以随时随地进行报修，大大提高了报修效率和服务质量。此外，新大正还通过建立物业校园数智化管理模式，融合一网统筹的数智运营平台和创新育人的文化氛围塑造的"小机构+大物业"后勤保障体系，为高校提供了更加高效、便捷、个性化的服务。

（三）节能减排，践行绿色发展理念

节能减排是实现可持续发展的必然要求，也是新大正积极践行的社会责任。在服务过程中，新大正注重节能减排，通过优化设备运行管理、推广节能技术等方式，

降低能源消耗，减少环境污染。

在能源管理方面，新大正对校园的水电设备进行了全面的节能改造，采用了节能灯具、智能控制系统等节能设备，合理设置照明时间和亮度，提高了能源利用效率。同时，加强对设备的日常维护和管理，定期进行检查和调试，确保设备处于最佳运行状态。在水资源管理方面，新大正推广使用节水器具，加强对用水设备的巡查和维修，及时发现和处理漏水问题，减少水资源的浪费。

此外，新大正还积极开展节能减排宣传活动，增强师生的环保意识和节约意识。通过在校园内张贴宣传海报、举办节能减排讲座等方式，引导师生养成节约能源、保护环境的良好习惯。例如，在某高校，新大正组织了"节能减排从我做起"的主题活动，号召师生从身边小事做起，节约一滴水、一度电、一张纸，得到了师生的积极响应。

（四）教辅服务，助力教学科研发展

学校物业服务十几年间，新大正物业逐步深入学校的教学、科研和学习生活的各环节，成为学校教学科研工作中不可或缺的支持力量。秉持"教学大于天"的宗旨，新大正深入研究学校需求的共性与差异，精准把握教学服务的关键点，协调并执行教学楼管理的各项事务。

在日常教学服务中，新大正开展了一系列特色化、人性化的温馨服务。早迎晚送环节，工作人员以热情的态度迎接师生开启新一天的学习与工作，傍晚又温馨送别，让师生感受到关怀与尊重。教休室定制服务，精心布置教休室，提供舒适的休息环境和必要的教学用品，让教师在课间能够得到充分的放松和便利的教学准备。自习室的动态管理，根据学生的使用需求和时间规律，合理安排自习室的开放时间和座位资源，为学生营造安静、有序的自主学习空间。

同时，在保障学校统一规范管理的前提下，新大正充分尊重师生的艺术个性追求和自由灵感的发挥。对于艺术专业的教学活动，积极配合提供个性化的场地布置和设备支持；鼓励学生开展创新科研项目，协助解决场地、物资等方面的问题。通过这些举措，新大正保障了学校教学秩序井然、学习生活氛围悠然、环境状态和谐自然，为师生的教学和科研工作提供了有力的支持。

（五）满足师生个性化需求，打造温馨校园生活

师生的需求是多样化的，新大正始终坚持以师生为中心，关注师生的个性化需

求,通过提供亲情化的公寓服务和开展丰富多彩的特色活动,为师生打造温馨、舒适、充满活力的校园生活。

在公寓服务方面,新大正践行"公寓是我家,阿姨像妈妈"理念,宿管阿姨们主动关心学生生活,走访寝室,照顾生病学子,给予情感关怀,营造家的氛围。在重庆大学虎溪校区,宿管阿姨谭渝平就是这样一位充满爱心的"妈妈"。她自2021年7月加入新大正后,像对待自己的孩子一样关爱每一位同学。有同学意外摔伤、腿部骨折,她每天去寝室看望照顾,帮助送饭、换药,还特意从家里为他煲好骨头汤;有同学患上了阳光抑郁症,同时还有严重的痛风无法行走,她每天去食堂打包三餐把他送到寝室,在同学到医院住院时,她也时常去医院看望他,陪他聊天排解情绪。她的付出得到了同学和家长的高度认可,被学校评为"最美宿管"。

在特色活动方面,新大正利用校园资源开展了丰富多彩的活动,为师生创造了更多的交流和互动机会。在银杏季,新大正学校事业部在各大高校开展银杏叶创意活动。重庆大学虎溪校区开展银杏季校园美化共建活动,以"奋进百年、新重大"为主题绘制图案;重庆科技大学用银杏叶布置"妙笔生花、逢考必过"字样,保安大叔写下寄语由宿管阿姨赠予考研学子;重庆幼儿师范高等专科学校布置"连接美好、共创未来"的主题造型,宣扬爱护植被的理念。这些活动不仅为校园增添了人文关怀,还丰富了师生的课余生活,增强了师生的归属感和凝聚力。

三、亮点聚焦——创新实践引领后勤服务新风尚

在教育后勤服务领域,新大正物业集团股份有限公司始终以创新为驱动,积极探索契合时代发展与师生需求的服务模式,在智能科技应用、服务育人实践、标准化建设以及员工队伍塑造等方面亮点频现,为教育后勤服务注入了新的活力与内涵。

(一)智能科技赋能,开启后勤服务新时代

在科技浪潮席卷的当下,新大正深刻认识到智能化是提升服务效率与质量的关键路径。公司积极引入前沿科技,推动智能设备与服务场景的深度融合,为高校后勤服务带来了全新的变革。

智能清洁机器人的全面推广是新大正智能化战略的重要举措。新大正积极与科技企业合作,对智能清洁机器人进行研发与调试,确保其能高效适配校园清洁场景(见图1)。2024年,部分"大白"智能清洁机器人已率先在重庆大学等高校开展了

试点工作。2025年1月3日,"AI赋能,智联未来"智能清洁机器人全面推广启动仪式在重庆大学举行。近40台"大白"智能清洁机器人陆续进驻全国20余所高校。在重庆大学校园,"大白"定时清扫,效率比人工作业提升3~5倍。未来,新大正还计划让其融入校园物联网体系,兼具路况预警与辅助巡逻功能,为校园安全与清洁提供更有力保障。

数智化指挥中心则是新大正智能化服务的核心枢纽。通过物业校园数智化管理模式,融合一网统筹的数智运营平台和"小机构+大物业"后勤保障体系,实现了对校园设施设备的实时监控、数据分析和智能调度。山东大学等高校后勤负责人参观后,对其智能化和高效性给予高度评价,认为这是智慧校园建设的未来趋势。

图1　智能清洁机器人

(二)服务育人深耕,营造多元育人新生态

新大正秉持"服务育人、管理育人、环境育人"的理念,将育人工作贯穿于服务的全过程,通过开展丰富多彩的文化活动、劳动实践和亲情服务,为师生营造了一个充满人文关怀和教育意义的校园环境。

文化育人方面,新大正积极挖掘校园文化资源,开展特色活动。在重庆理工大学两江校区,宿管阿姨"江老师"凭借绘画特长,在公寓大厅教同学们绘画,带动大家感受艺术魅力,弘扬传统文化,让文化育人融入学生日常生活。

劳动育人成效显著。2024年3月,新大正学校事业部联合多所高校开展植树、除草等活动。重庆科技大学师生种下桃树;长江师范学院师生参与植树;重庆文化艺术职业学院开展植树护绿行动;重庆大学国家卓越工程师学院进行除草活动。这些活动让学生亲身体验劳动,培养了团队合作和艰苦奋斗精神。

亲情服务温暖人心。新大正的宿管阿姨们像妈妈一样，照顾受伤、生病同学，帮助困难学生家庭，给予学生无微不至的关怀，让学生感受到家的温暖。

（三）标准化建设引领，铸就服务品质新高度

标准化是企业发展的基石，新大正作为行业的领军企业，高度重视标准化建设，通过建立完善的标准体系和管理机制，不断提升服务品质和管理水平。

岗位标准精细梳理是新大正标准化建设的基础。以华中师范大学项目为例，2024年围绕"一愿景、两翼、三心、五化"的指导思想，针对业务特点和客户需求，梳理出百余项需求文件及标准化作业文件。明确了各岗位的职责和工作流程，提高了工作效率和服务质量。

场景标准创新打造是新大正标准化建设的亮点。在华中师范大学项目中，增设各类标识标牌超上千个，完成10多个标准化场景建设。这些场景的打造提升了校园整体形象，为师生提供了更便捷、舒适的服务环境，也激发了员工的工作积极性，推动了标准化的深入实施。

（四）员工风采展现，凝聚后勤服务新力量

员工是企业发展的核心力量，新大正注重员工的培养和发展，通过打造一支高素质、有担当的员工队伍，为教育后勤服务提供了坚实的保障。

安全服务专业周到的薛璟，在西安交通大学创新港校区秩序维护部工作4年。迎新季，他承诺接送行动不便的新生上下课，65天如一日，赢得学生和家长的信任。在承办重大会议活动时，他提前开展安全检查、培训，会展期间保障秩序，闭幕后协助清场，得到各方高度认可。

新大正凭借在智能科技、服务育人、标准化建设和员工队伍建设等方面的亮点工作，不断提升教育后勤服务水平，为高校师生创造更加优质的学习和生活环境。未来，新大正将继续坚持创新发展，为教育后勤事业做出更大的贡献。

四、未来擘画——乘势而上开启教育后勤新征程

面对不断变化的市场环境和日益增长的师生需求，新大正物业集团股份有限公司将以创新为引领，以服务为核心，持续提升自身的竞争力和服务水平，为教育后勤服务行业的发展贡献更多力量。

产品研发升级是发展的着力点，新大正将聚焦全流程创新。聚焦学校业态，从需求研究到产品定义再到服务落地，构建全流程服务体系。一方面，对现有产品如空间管理、活动保障等进行全面升级，运用新技术提升服务质量与效率。另一方面，积极研发全新产品，涵盖空间资产运营平台、定制活动服务、综合育人平台等。通过严格的质量管控与信息化手段，确保服务落地并持续优化，为师生提供更优质、多元的后勤服务。

智能化服务是发展的方向，新大正将进一步深化科技应用。加大对智能设备的研发与投入，除了现有的智能清洁机器人，还将引入更多类型的智能设施，如智能垃圾分类设备、智能照明控制系统等，实现校园后勤服务的全面智能化。同时，完善物业校园数智化管理模式，强化数据的分析与应用，为师生提供更加精准、高效的服务。例如，通过对学生消费数据的分析，优化食堂的菜品供应；根据教室使用情况，合理安排照明和空调的开启时间，实现节能减排。

服务育人是发展的重要使命，新大正将拓展其内涵与形式。加强与学校各部门的协同合作，共同开展多样化的育人活动。与学校团委合作，组织志愿服务活动，培养学生的社会责任感；与后勤部门联合开展环保教育活动，增强学生的环保意识。此外，注重员工育人能力的培养，使每一位员工都成为服务育人的践行者，在日常工作中潜移默化地影响学生。

人才建设是发展的关键，新大正将加强人才培养与团队建设。建立完善的培训体系，为员工提供专业技能、服务意识、沟通能力等多方面的培训，提升员工的综合素质。同时，搭建良好的晋升平台，激励员工积极进取，吸引和留住优秀人才。通过打造一支高素质、富有创新精神的团队，为企业的发展提供坚实的人才保障。

社会责任担当是发展的基石，新大正将强化公益行动。公司将积极参与社会公益活动，关注教育公平和贫困学生的成长。开展爱心捐赠活动，为贫困地区学校提供物资支持；组织志愿者服务，为特殊群体学生提供帮助。在服务过程中，注重环境保护和可持续发展，推动绿色校园建设，为构建和谐社会贡献力量。

新大正将不断努力，以创新驱动发展，以服务赢得信任，在教育后勤服务领域创造更加美好的未来。

厚植创新服务理念 打造"梅"好校园生活

——南京梅花餐饮管理有限公司高校服务总结

一、企业背景

南京梅花餐饮管理有限公司前身南京梅花商社成立于1995年,是南京市工商局注册登记的最早一批股份制集体企业,一直从事餐饮业经营。2006年更名为南京梅花餐饮管理有限公司。系:"中国教育后勤协会"理事单位、"中国教育后勤协会伙食管理专业委员会"副秘书长单位、"中国烹饪协会第七届理事会"理事单位、"江苏省餐饮行业协会"副会长单位、"江苏省高等学校后勤协会第二届理事会"常务理事单位。

公司现有员工3 051名,管理人员400余人,技术骨干500余人。食堂经理全部通过教育主管部门、市场监督管理部门的从业资格培训。梅花餐饮历经29年的砥砺深耕,始终专注于高校团膳服务领域,以"让师生吃得更安全、更健康、更营养"为目标,致力打造"江南味道"的现代化、智能化、数字化的智慧食堂,通过引入信息化技术手段,搭建食品安全预警安全管理平台,实现了餐厅的智慧化管理,有效提升了师生的就餐满意度与体验感,坚持公益属性,以"菜肴好吃不贵、服务真诚用心、管理科学规范、环境温馨典雅"的经营理念,以"良知良心良品",致力于打造更安全、更营养、更健康的"梅"好校园生活。

南京梅花餐饮的发展理念从做大做强过渡到"做精做强",提出经营管理的四个优先:品牌优先、产品优先、服务优先、管理优先,着重分析不同时期高校团餐经营需求的不同变化,引入"绿色健康饮食"新理念,着重提升服务质量和就餐满意率两个关键性因素,让就餐者感受现代高校食堂的饮食新体验。

现服务区域覆盖江苏,辐射北京、上海、重庆、安徽、浙江、湖南、湖北、四川、吉林、辽宁、广东、海南、山西等12个省份、3个直辖市、33个城市86所高校118个餐厅。

梅花餐饮荣获"中国教育后勤协会先进集体和感动人物"等荣誉，这些荣誉充分展示了梅花餐饮在业界的领先地位和卓越实力。

在品牌建设方面，梅花餐饮经过多年的发展，旗下已拥有众多知名餐饮品牌，如枣自然梅花糕、庆雪美食、煲老大砂锅煲、九哥麻辣拌等，同时也与康师傅牛肉面、顶盛糕点、德克士炸鸡、瑞幸咖啡、蜜雪冰城等知名品牌建立了长期合作关系，继续丰富高校食堂多层次的优质供给。

梅花餐饮在全国百家项目29年来积累的服务经验，建立了符合高校食堂特色的内部管理体制，以先进的理念、全新的管理、优质的服务、良好的运行机制，赢得了社会各界的赞誉和众多服务单位领导的肯定与好评。

未来，梅花餐饮将坚持教育属性、打造学习型组织，且具有创新能力和可持续发展的现代服务型企业，让中国人吃得更安全、更营养、更健康。未来将继续立足江苏，服务长三角，辐射全国，打造中国新时代高校食堂典范，立志成为中国幸福团餐的倡导者与实践家。

二、服务师生工作

（一）安全生产

1. 源头严格把控：严格执行"三证一报告"准入制度，即供应商必须具备营业执照、食品经营许可证、健康证以及质检报告。同时，建立供应商动态评估数据库，对合作供应商实施科学的准入与退出机制，从食材源头降低食品安全风险（见图1、图2）。

图1　检测报告

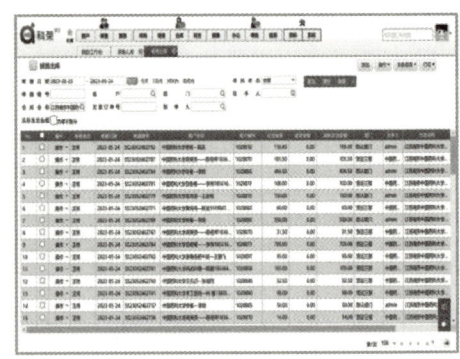

图2　系统录入

2. 强化过程监管：建立完善的索证索票可追溯制度，规范仓储管理。确保仓库通风干燥、具备防鼠防蝇设施；食品存放离地离墙10cm；遵循先进先出原则；对食品添加剂实行"五专"管理；定期进行检查盘库（见图3）。加强操作人员健康与卫生管理，严格执行五病调离制度，规范食堂操作流程，避免生熟交叉、荤素交叉以及刀具、砧板混用等情况。

图3　台账、库房、设备管理

3. 完善体系建设：建立健全企业责任体系，完善风险防控机制，落实"抓住三类人、做好三本账、管好三件事"工作要求，每日召开晨会，复盘工作中的优点与不足（见图4）。定期组织各类安全培训和法律法规培训（见图5、图6）。

图4　每日晨会　　　　**图5　星期四安全培训**　　　　**图6　食品安全考试**

4. 高效的检测与应急保障：餐厅搭建农残快检站，具备果蔬农残快速检测、餐具阴离子及菌落检测能力，检测流程透明化，增强食堂的公信力，成立近20年来从未发生食物中毒事件（见图7）。

 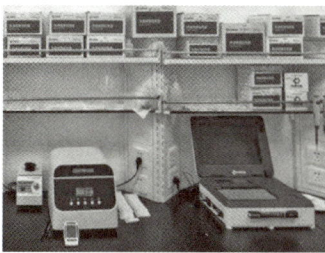 

菌落检测试纸　　　　　　全自动检测仪器　　　　　　云端上传检测结果

图7　检测

5. 系统化的应急机制：涵盖食品安全、消防安全、人身安全、舆情应对以及停水、停电、停气等各类突发情况，并根据实际情况不断动态更新应急预案，确保在面对突发事件时能够迅速响应，有效保障师生的用餐需求，提升公众信任度。

（二）信息化建设

南京梅花餐饮管理有限公司凭借持续的创新技术，不断拓展团餐行业的价值边界，致力于推动教育后勤事业朝着智能化、暖心化的方向高质量发展。

梅花数字人移动屏，是梅花数字化转型的重要载体（见图8）。后台连接"梅花知识库"，涵盖公司介绍、企业文化、规章制度、食安管理流程，以及餐饮行业的政策法规等知识，不仅可以回答有关梅花餐饮公司和餐饮行业政策法规的问题，通过与师生实时对话，还可以精准解答菜品相关疑问、推荐特色菜、提供个性化定制菜单服务。这一创新应用，不仅大幅提升了梅花餐饮的服务效率，更为师生带来了前所未有的优质体验，让每一次用餐都充满科技感与人性化关怀。

图8 梅花数字人移动屏

梅花餐厅的交互式数据大屏实时跳动着订单分析、食安溯源、能耗监控等关键数据，生动展现了梅花餐厅智慧后勤管理的"智能引擎"（见图9）。通过这个平台，梅花餐饮实现了从供应链管理、后厨生产、档口运营到消费终端的全链路数字化管控，构建了一个覆盖"农田到餐桌"的完整智慧生态。

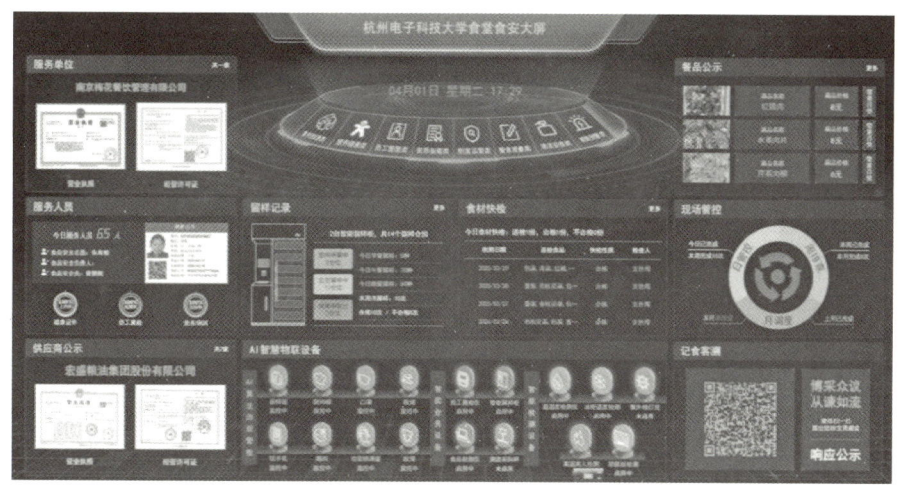

图9 交互式数据大屏

同时,AI标准化监管以及智能视觉识别系统实时监控后厨,实时预警"动火离人""异物混入"风险;食安信息全面公开透明,通过互联网+明厨亮灶模式,师生借助相关平台,实时监督后厨操作。此外,依托专业的营养数据分析,为学生提供个性化套餐,助力学校打造"智慧食育"场景,关注学生健康饮食,构建家校协同监督的信任闭环,促进全面发展。

(三)节能减排

随着消费者对健康营养需求越来越清晰,可持续发展的要求越来越明朗,餐饮企业向绿色低碳方向发展已成为当务之急。

梅花餐饮从意识层面把"厉行节约、反对浪费"的理念贯彻到采购、加工、出餐、用餐的全流程,从建立健全食材的采购、储存、加工管理制度,到将珍惜粮食、反对浪费纳入人员培训内容;从菜单的定量配置设计、标注分量规格到加强食堂的反浪费宣传,从根本上增强梅花员工反浪费的意识。

从行动方面,梅花餐饮运用信息化手段分析用餐需求,通过建设中央厨房、配送中心等措施,对食品采购、运输、储存、加工等进行科学管理。并且根据用餐人数采购、做餐、配餐,提高原材料利用率和烹饪水平,减少食材的浪费以及能源的消耗,与师生共创"梅"好校园。

梅花餐饮供应链注重整合与协同优化,通过整合上下游供应商资源和梅花餐饮企业内部资源,实现信息流、物流、产品流、资金流的统筹管理,降低采购成本,提升运营效率。同时,通过建立优质的种植养殖基地,利用物联网、大数据分析技术等推动供应链与企业、产业、城市多种有效结合,创新运营模式,助力现代供应链建设,实现订单管理、库存监控、配送调度等功能的整合,提升用户体验并优化资源配置。总之,节能减排符合"坚持绿色可持续发展"的国家倡议,也是梅花餐饮的社会责任。

三、亮点工作

(一)产品创新

通过深入的数据分析,精准把握师生用餐喜好。每学期对窗口实行末位淘汰制,构建"特色小吃+健康饮食"的产品架构。针对师生不同需求特点,组织厨师团队考察学习,推出"湘味、赣味小炒"系列,广受好评(见图10)。

图10 菜品展示

在健康饮食方面,提供现磨养生豆浆、五谷杂粮汁、律食魔方轻食餐等。积极响应国家卫生健康委"体重管理年"行动,推广"三减三健"理念,增加"自选称重"模式,实现少量多样,荤素自由搭配,有效减少餐饮浪费和厨余垃圾。

(二)服务创新

梅花餐厅通过智能设备的应用,师生可提前自由选择菜品,进行线上预点餐,实时查看订单状态,有效减少待餐时间,提升就餐效率。该系统还能基于学生消费记录与健康档案数据,智能推送低脂餐、高蛋白套餐等个性化菜单。设立餐桌服务热线,搭建线上反馈渠道,承诺接电后两分钟内管理人员到达现场,高效解决客诉问题,防止事态升级。

设置一站式服务台,免费提供牙线、餐巾纸、小糖果、发箍、创可贴、棉签、口罩等贴心用品,以微笑服务满足师生就餐过程中的各类需求,确保问题在餐厅内得到妥善解决,降低舆情风险,提升师生满意度。

（三）文化育人建设

梅花餐饮通过更科学、更多元、更创新地打造餐厅布局休闲区卡座，配备大型投影仪，让餐厅除了可以享受美味，还可以是学术探讨、学生聚会、休息、观影、举办活动的"第三生活空间"，丰富师生课余生活。

同时，梅花餐饮积极配合学校举办美食文化节、饮食恳谈会等。在端午节、中秋节等传统节日，举办"粽香传情""月满校园"等主题活动，免费发放粽子、咸鸭蛋、月饼等传统美食，让师生感受浓厚的节日氛围，传承中华优秀传统文化（见图11）。

图11　活动现场

（四）公益反哺与品牌共建

南京梅花餐饮管理有限公司始终恪守高校食堂公益性定位，以服务教育事业为己任，积极履行社会责任，在捐资助学、扶贫助农等领域持续发力，展现出卓越的企业担当。

多年来，梅花餐饮通过设立专项奖学金、发放就餐券等形式，切实助力高校人才培养（见图12至图14）。同时，积极响应国家扶贫号召，开展系列精准扶贫行动，以实际行动践行企业使命。在捐赠支持方面，梅花餐饮先后向南京信息工程大学、苏州大学等院校捐赠六台远程测温仪，为校园疫情防控提供物资保障；向南京铁道职业技术学院教育基金会捐款8万元，并协办江苏食品安全周宣传活动；分别向杭州电子科技大学捐赠35万元和湖州师范学院捐赠15万元，助力高校教育事业发展。

图12　杭电捐赠仪式　　图13　饮食文化节捐赠仪式　　图14　教育发展基金

针对贫困大学生群体，梅花餐饮设立勤工俭学岗位，提供优质实践平台，并给予创业指导与支持。在扶贫助农领域，梅花餐饮与陕西省镇坪县上竹镇达成蔬菜基地建设合作协议，通过采购当地农副产品，既帮助农民增收致富，又保障高校食堂食材品质，实现社会效益与经济效益双赢。凭借在教育服务与社会公益领域的突出表现，梅花餐饮荣获中国教育后勤协会"感动人物"荣誉称号，并成为江苏省政府食品安全重点合作企业，先后承担亚青会、青奥会、世界轮滑锦标赛等大型赛事供餐任务，为江苏援汉 23 支医疗队提供后勤保障，赢得广泛赞誉。

2021 年，梅花餐饮积极参与东北师范大学定点帮扶通榆县项目，与通榆县新洋丰现代农业服务有限公司签订两批次扶贫物资采购合同，采购大米、面粉、食用油等农产品，总金额达 50 万元。此外，梅花餐饮充分发挥线上渠道优势，通过脱贫地区农副产品网络销售平台，为南京铁道职业技术学院梅花食堂采购米、油等物资，累计金额超 19 万元，构建起线上线下联动的消费帮扶体系，为巩固拓展脱贫攻坚成果、推进乡村振兴持续贡献力量。

四、总结与思考

（一）师生体验的高质量

一是高水平的安全体验。没有安全一切归零。高质量后勤是梅花餐饮必须给师生在食品安全、人身安全、财产安全、心理安全上提供综合安全保障，让校园平安和谐。

二是高智能的服务体验。为师生提供智慧校园生活是梅花餐饮后勤发展的趋势，通过技术赋能，积极探索"人工智能＋教育后勤"的场景应用，让服务场景更智能和人性化是高质量后勤的重要标志。

三是高品质的育人体验。制定与业务发展趋势相适应的人才规划，让梅花餐饮的后勤队伍都成为"不上讲台的老师"。要不断创新，拓展后勤育人空间和阵地，让更多后勤场景成为"没有课桌的课堂"。

（二）资源利用的高质量

梅花餐饮要在当前总体经费压缩的约束条件下实现高质量发展，结合有效配置人、财、物等资源性要素，围绕"人力成本、资金成本、节能减排、爱粮节粮、节约空间"等方面下功夫，打好组合拳，持续提升物质资源的利用效率，确保服务内容与方式紧密贴合校园环境特色和师生实际需求。

（三）人才队伍的高质量

一是要完善梅花餐饮后勤从业人员在职称评聘、晋升等方面的制度设计，强化高校后勤管理人才队伍专业化建设，明确岗位职责，实施分类、分岗管理。

二是要建立职业发展规划，实现个人目标与组织目标的双赢。

三是要强化以技能水平和创造贡献等为依据，提高一线技术人员的待遇保障。

南京梅花餐饮将继续秉持"良知良心良品，美食温暖校园"的初心理念，致力于推动教育后勤事业智能化、暖心化的高质量发展。梅花相信，通过不断地创新赋能，向善成长，中国教育后勤事业必将迎来更加美好的明天。

践行绿色餐饮服务　赋能创新校园建设
——北京路纪食缘餐饮管理有限公司高校服务总结

一、企业背景

北京路纪食缘餐饮管理有限公司始创于2003年，注册资金1 000万元，是一家集经营大中小学校学生营养餐、军队医院病员营养餐、机关企事业单位员工餐、社会高端酒楼以及进行劳务派遣的多功能大型餐饮服务企业。公司以"讲诚信、重服务、求发展"视为自己的企业文化，以"完善服务、丰富特色、坚持微利"为经营宗旨，推行"管理专业化、流程标准化、服务亲情化、发展创新化"的四化运营体系，并以企业雄厚的经济实力做后盾，经历十几年的发展壮大，形成了路纪食缘独具特色的服务运营管理模式。

目前，公司积累了丰富的管理实践经验，现经营大中小学学生食堂、机关企事业员工餐厅、高端酒楼多家，在团餐服务领域尤为见长。正在运营的有北京大学勺园餐厅、中央民族大学中关村校区第二学生餐厅、中央民族大学丰台校区西区大食堂、中国人民公安大学团河校区学二二层食堂、北京师范大学教工第三食堂、北京理工大学学生第二食堂、北京建筑大学西城校区学生食堂、北京交通大学学生风味餐厅、北京交通大学丰台轨道交通创新基地食堂、北京交通大学海滨学院食堂、北京舞蹈学院食堂、北京电影学院食堂、北京第一零一中学食堂、清华附中稻香湖国际学校食堂、北京第十二中学钱学森学校食堂、北京交通大学附属中学食堂、北京中关村第三小学、首都师范大学实验小学、河北省广宗县第一中学食堂、河北省广宗县第二中学食堂、河北省巨鹿县第五中学食堂、河北省巨鹿县新华学校食堂、河北省河间市第一中学食堂、河北省河间市第十四中学食堂、邢台市大曹庄地区中学食堂、河北省隆尧县第二实验小学食堂、河北省广宗县第四小学食堂等几十个项目。尤其在大中小学营养餐、机关企事业单位团餐服务保障上，推行现代"量化标准"管理模式，制定了严格的服务与操作规范标准，落实到位、督查到位，出品质量、食品卫生、安全生产、消防安全、售饭服务、意见征询等落实机制等均达到了崭新高度，形成了特色鲜明的"亮点"效应，目前经营的所有餐饮项目均得到了甲方高度认可，好评如潮，成功地摸索出一套成熟的、科学的、完善的营养团餐服务保障体系。

二、服务师生工作

（一）安全生产：筑牢食品安全防线

1. 全链条溯源管理

公司建立健全食品安全管理制度，落实食品安全责任制，依法配备与企业规模、食品类别、风险等级、管理水平、安全状况等相适应的食品安全总监、食品安全员等食品安全管理人员，明确企业主要负责人、食品安全总监、食品安全员等的岗位职责（见图1）。

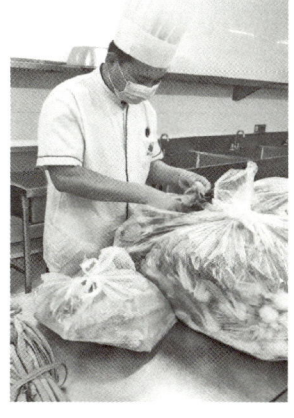
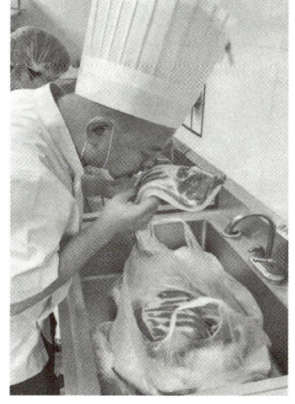

图1　食品安全防控

公司食材来源、加工过程的全程可追溯，食品安全事故零发生。公司始终坚持"源头管控，品质为先"的原则，中小学所有食材均从学校，教委指定的供货商采购（中粮、首农农垦、北大荒等大型企业），确保每一份食材都符合国家食品安全标准。每天清晨，新鲜的蔬菜、肉类、粮油等食材都会经过公司库管专人验收，确保无污染、无变质。每批次必须有批次检验报告，必须由生产厂家提供，禁止由供货商提供！杜绝生熟交叉污染，厨工用具、清洁用具等要做到定位存放，存放处要注明相关名称及负责人名称。每个工作区域设置负责人，实行责任到个人细致化管理。从业人员上岗应有健康证，检查时确保每个人持证上岗，在公示栏进行公示，检查时应对从业人员个人卫生进行检查。遵循教委、三方、市场监督管理所、公司质检部等各部门的制度要求，规范员工操作保障食品安全（见图2）。

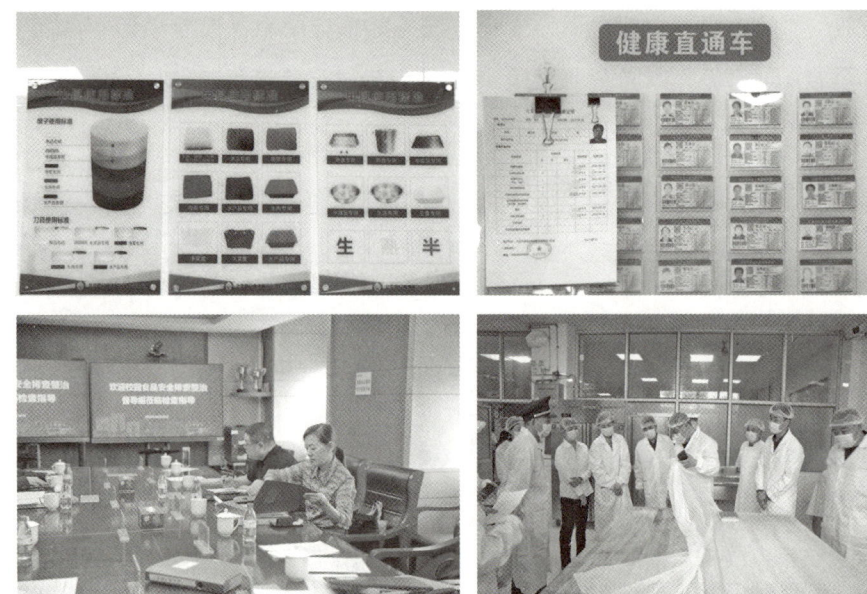

图 2　防控流程图示

公司通过 HACCP 体系认证、环境管理体系认证、食品安全管理体系认证、职业健康安全管理体系认证、质量管理体系认证。

2. 标准化操作体系

制定厨房操作规范等企业标准，食品安全管理人员每天对从业人员上岗前的健康状况进行检查。开展全员安全培训200余场次，每月进行食品安全培训、技术培训、服务培训、机械安全培训、消防安全培训、人员安全与教育培训等。2024年累计培训员工万余人次，帮助员工熟练掌握应急处理流程，培训视频上传至管理群，考核通过率100%。坚持4D（整理到位、责任到位、培训到位、执行到位）、5C（常组织、常整顿、常清洁、常规范、常自律）、6T（天天处理、天天整合、天天清扫、天天规范、天天检查、天天改进），推行"明厨亮灶"工程，后厨操作全程可视化，2024年食品安全事故率为零。食材绿色化、生产标准化、服务人性化、管理精细化，并构建了"全员参与、全程管控"的质量安全管理体系（见图3）。

图3　标准化操作

3. 提升研发能力、创新能力

北京路纪食缘餐饮管理有限公司总部的职能部门设有"研发部"，设有"研发创新工作室"。"研发部"和"研发创新工作室"具有一支由本企业在职的特级高级烹饪技师、注册中国烹饪大师（姓名：陈朝振，中烹协注册号：CA01-2134）、国家级评委、国家级职业技能竞赛裁判员组成的专业研发创新团队，专一进行研发创新主副食和风味品种，针对每一个项目的具体服务对象、具体服务需求和一年四季季节变化，每周研发创新出 10 道主副食和风味品种，并在下一周进行推广和实际供应，由研发团队成员在项目部厨房示范操作，言传身教，让该项目厨师系统学习，熟练掌握，高标准操作新的研发创新产品，让研发创新产品成果转换为让服务对象满意和赞许的膳食供应品种。

（二）信息化建设：打造智慧餐饮新生态

1. 智能点餐系统

使用"校园线上点餐"APP，家长提前了解学生用餐情况，支持在线预订、营养分析、便捷支付、公司通过数据分析优化菜品，减少库存，基于师生用餐数据动态调整菜品供给，根据历史销量、天气、节假日预测食材需求量，精准采购降低食物浪费。滞销菜品比例下降，减少现场排队时间30%。根据学生评分后，调整菜品供应（见图4）。

图 4　点餐用餐

2. 标准化出餐操作

确保每一份餐品口味一致、分量精准、出品高效、安全卫生。食材预处理标准化，标签注明名称、重量、使用时限。引入洗菜机器、炒菜机器、智能煮面机等设备。烹饪工艺标准化，标准化菜品口味，提升出餐效率，缩短出餐时间，减少高峰期拥堵。人员规范做好岗前准备，穿戴清洁工装、手套、帽子，洗手消毒，检查设备状态。标准化动作，投料顺序，清洁间隔。应急处理，设备故障，应急处理报修。对每日进行复盘，通过严格执行标准化出餐，实现"千人一味，精准高效"的智慧餐饮目标，实现从"经验驱动"到"数据驱动"的转型（见图5）。

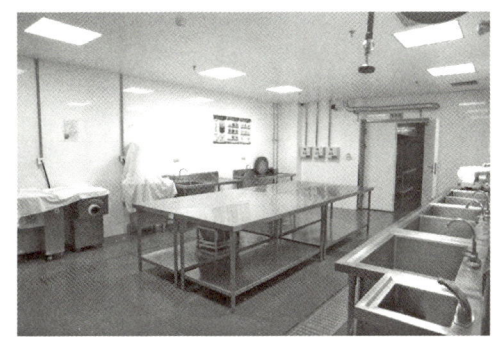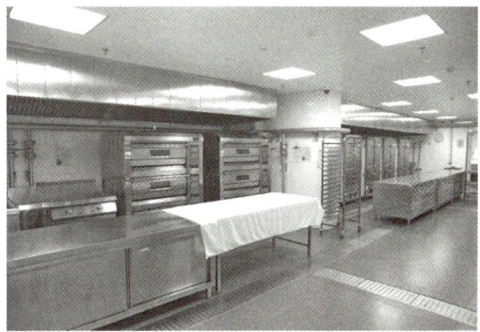

图5　出餐环境

（三）绿色发展：践行绿色校园理念

餐饮企业要实现绿色发展，需从产业链各环节入手，将节能减排理念贯穿始终。

采购环节，本地化采购，进行乡村振兴联动，定向采购帮扶，优先采购偏远地区农产品。可持续食材，选择有机、绿色认证的食材，减少农药、化肥使用，保护环境。减少包装浪费，选择简易包装或可回收包装的食材，减少包装浪费。储存环节，节能设备，使用高效节能的冷藏、冷冻设备，降低能耗。科学储存食材，合理控制库存，避免食材过期浪费。厨房生产与加工，节能设备，使用节能灶具、电磁炉等设备，提高能源利用效率。优化流程，合理规划厨房动线，减少能源消耗。加强水资源管理，安装节水装置，循环利用水资源。

减少一次性用品，使用可重复使用的餐具，减少一次性用品的使用。餐厅运营与服务，绿色宣传，倡导顾客适量点餐，减少食物浪费。环保活动，开展节粮惜米光盘行动，环保主题活动，提升员工和顾客的环保意识。餐饮企业践行节能减排、绿色发展需要全产业链的共同努力。通过采取以上措施，企业不仅能降低成本、提升效益，还能为环境保护做出贡献，实现可持续发展。

（四）个性化服务：满足师生多元化需求

1. 定制化膳食方案

针对少数民族、设立清真餐窗口，过敏体质等特殊群体推出专属餐线。针对舞蹈、体育特长生设计高蛋白、低脂餐食，搭配运动营养餐，在北京舞蹈学院，北京电影学院等艺术特长类院校深受欢迎，日均供应量超2 000份（见图6）。

图6　餐谱

2. 节日暖心活动

在校园美食节、儿童节、教师节、端午、中秋等重要节日举办活动，推出特色美味。在清明、端午、中秋、冬至等传统节日邀请同学们参与制作，品尝自己制作的美食，北京市海淀区中关村第三小学等学校在二十四节气等传统节日推出赋有"家乡味道，地方特色"手抓饭、莜面鱼、炸酱面、四川串串、羊肉泡馍、黏豆包等，累计举办活动50余场，参与师生超10万人（见图7）。

三、亮点工作

（一）绿色校园：创新节约资源反食品浪费

1. 反食品浪费树立节约意识

推出半份菜、拼盘套餐，菜单设计：小份菜、半份菜，提供不同分量的选择，满足顾客需求，减少浪费。菜品上清晰标注菜品分量、口味等，帮助顾客合理点餐。推荐套餐：设计合理搭配的套餐，避免顾客盲目点餐造成浪费。

图7 节日活动

点餐环节：提醒适量点餐，服务员主动提醒顾客适量点餐，避免过量。提供打包服务：鼓励顾客将剩菜打包，并提供环保打包盒。

后厨管理：精准采购，根据销售数据预测食材需求，避免过量采购。科学储存，合理储存食材，避免因变质造成浪费。边角料利用，将食材边角料加工成其他菜品，提高食材利用率。2024年食堂剩菜率下降20%。

员工培训：加强员工节约意识，培训员工树立节约意识，减少各个环节的浪费。制定奖惩制度，对减少浪费的员工进行奖励，对浪费行为进行处罚。通过采取以上措施，可以有效减少食品浪费，节约资源，保护环境。

2. 开展"光盘行动"激励机制

举办"绿色餐饮周"等活动，通过餐厅大厅电视、海报等形式普及环保知识，节粮惜米，杜绝浪费。师生凭"光盘"积分兑换代金券、礼品等，累计参与超10余万人次，剩菜率下降15%。

（二）平安校园：构建智能安全体系

1. 监控与预警

在食堂关键区域部署智能摄像头，实时监测人流密度与异常行为，实时识别员工是否存在未佩戴口罩、操作台面交叉污染等违规行为，全年预防安全隐患事件30余起。

2. 应急演练常态化

联合学校后勤部门模拟食物中毒、火灾等突发事件，全年组织演练40余场，平均响应时间缩短至15分钟，应急处置效率提升50%。参与师生超2万人，应急处置能力显著提升（见图8）。

（三）智慧校园：创新服务育人模式

1. 劳动教育课堂

开设"小厨房"劳动实践课程，组织学生参与学习菜品制作，学校为满足学生劳动素质发展要求，合理设计课程内容，积极推行一系列劳动课程。小厨房多元课中，学生在老师的带领下从辛勤劳动中习得劳动本领、创造劳动价值、享受劳动成果（见图9）。

2. 低碳饮食宣教

公司为深入贯彻落实习近平总书记重要指示精神，倡导文明用餐，制止餐饮浪费行为，深入推进文明校园、绿色校园建设，引导广大师生积极践行"光盘理念"，联合高校在食堂开展"节约粮食·光盘有礼"活动，覆盖师生万余人次。成立学生

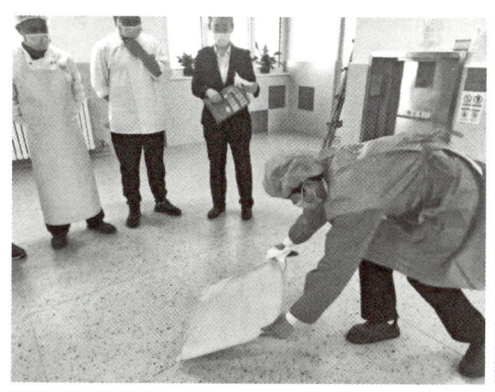
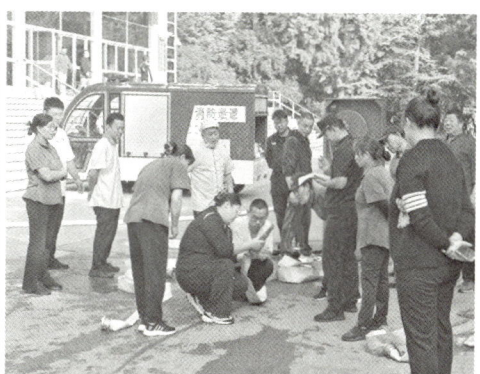

图 8　演练常态化

图 9　活动现场

志愿队与食堂工作人员组成"光盘行动"监督员，一起对师生用餐情况进行监督，及时提醒和纠正浪费行为。提升学生们的环保意识，年参与学生超5 000人次。

3. 文化融合活动

举办"校园美食节""美食新品品鉴会""厨艺大赛"等活动，促进师生互动，提升厨师技能水平，为切实提升食堂厨师烹饪技能和餐饮服务质量，激发员工工作积极性和爱岗敬业精神，增强校园文化凝聚力（见图10）。

图10　活动现场

与学校合作为校区服务，北京电影学院建校70周年，中央民族大学建校70周年，北京舞蹈学院建校70周年等设计"校庆限定餐"，将校徽、吉祥物元素融入菜品摆盘，例如雕刻校训的蛋糕、印有校园标志的饼干，成为师生打卡热点（见图11）。

图 11　活动现场

四、总结与思考

（一）2024 年工作成效

1. 服务能力显著提升

在教育后勤服务领域，服务能力是衡量企业核心竞争力的关键指标。公司以"师生需求"为中心，通过技术赋能、流程优化、人才培育及服务创新四大路径，系统性提升服务能力，推动教育后勤服务从"基础保障"向"品质引领"跨越。通过智能化与绿色化转型，公司服务效率提高 26%，师生满意度达 94%，较上年明显增长。

针对管理层、技术岗、服务岗设计差异化培训考核，如"智慧食堂运营研修""食品安全高级认证培训"等，设立"服务之星"评选制度，从响应速度、师生评价、创新贡献等维度考核员工，关键岗位持证率达 100%。

为了增进教师之间的情感，让教师真正感受到学校的温暖和关怀，为老师们准备了精美的蛋糕。当日免费领取定制蛋糕或长寿面，成为校园口碑传播热点。

2. 行业影响力扩大

获评"中国教育后勤协会理事单位""全国高校后勤服务优秀企业""中国校园团餐联盟会员单位"等称号，打造品牌化，聚焦年轻化、潮流化餐饮体验，出品热门网红美味。通过精准定位、内容深耕与跨界联动，以微信公众号等形式为载体，结合行业活动、校企合作，构建了品牌的传播体系。努力成为行业创新标杆。

3. 培养储备人才

与职业院校共建合作吸纳餐饮人才，鼓励员工考取"公共营养师，食品安全管理员"等专业证书，企业承担考试费用。对基础服务岗进行：食品卫生知识、基础烹饪技能、沟通礼仪、设备操作（如智能点餐机）等培训。对技术岗进行：餐饮系统运维、菜品研发（员工创新优秀餐品，进行奖励）、自动化设备调试等培训。对管理岗进行：团队协调、成本控制、食品安全监管、应急事件处理等培训。为保障食堂管理的可持续发展，系统性招聘和培养具备管理潜力、技术适应力与服务意识的储备经理。

（二）未来展望

2025年，路纪食缘将以"智慧化运营、绿色可持续发展、人文化体验"为方向，推动"智慧健康食堂"建设，并探索"餐饮+教育"跨界融合，为教育后勤事业高质量发展注入新动能。路纪食缘始终以服务教育、回馈社会为己任，未来将继续探索绿色餐饮与智慧校园的深度融合，为教育后勤高质量发展贡献企业力量。

科技赋能　匠心筑梦美好校园

——长城物业集团高校服务总结

在高等教育的殿堂中，后勤服务的质量直接影响着师生的日常生活和学术环境。长城物业集团，作为国内物业服务的领军企业，始终致力于通过创新和责任，以其专业的服务和朴质的情感，为师生的学术追求和日常生活提供着坚实的支持。2024年，长城物业在多个高校项目中，通过安全生产、信息化建设、节能减排和个性化服务等创新实践，显著提升了校园环境的安全性、智慧性和可持续性，成为行业的新典范。本文将以西安交大创新港校区和重庆工商职业学院为案例，分享长城物业在2024年度的服务实践和成果，展望未来的高校后勤服务发展方向。

一、企业背景：深耕物业行业38载，铸就服务标杆

（一）企业概况

创立于1987年，秉承"让社区变得更美好"的使命，以"成为美好社区共建的引领者"为愿景，恪守"值得托付＝诚意链接＋满意服务"的核心价值观，经过38年的发展，长城物业已成为布局全国的全业态物业服务机构，并以"三精化"（专业精深化、服务精到化、经营精细化）服务理念提供一致性和稳定性的高品质服务，赢得客户信任（见图1）。近十年来，集团综合实力一直稳居中国物业管理行业前十强，且市场化运营持续领跑行业，是行业前十强中唯一的独立第三方物业服务机构。2024年，长城物业品牌价值达人民币137亿元，在"科技化＋人性化"的创新之路上持续引领行业转型升级。

图 1 发展历程

在教育后勤业务领域，长城物业依托 38 年的物业管理经验，已为 50 余所高等院校及中小学提供专业化服务。2023 年，集团整合资源成立院校事业部，聚焦校园后勤服务品牌化、专业化、产品化发展，致力于推动教育后勤服务的绿色可持续发展。

（二）业务范围与产品

集团业务覆盖居住物业、商用物业及公建物业三大领域，服务场景包括社区、商业区、校区、医疗、交通枢纽、景区等多元化业态。依托自主研发的"一应云智慧社区运营平台"，集团构建了"平台+工单"（DOC）的数字化管理模式，实现了员工、客户、服务与管理的全流程在线化。在教育后勤领域，其"教学保障+空间运营+育人服务"三位一体体系，集成集团科技信息公司、智慧楼宇公司、秩序环境公司，打造了 AI 数智化人才云训平台、智能设备应用（如无人驾驶扫地车、无人机巡检）等创新方案。

（三）服务规模

截至 2024 年，集团服务范围覆盖全国 31 个省级行政区的 160 余个城市，管理面积超 2.8 亿平方米，联盟成员达 560 家，服务家庭 500 多万户、服务百强企业 60 多家、服务学校项目 50 多所。

（四）企业文化与发展理念

集团以"科技化＋人性化"为发展理念，注重流程优化与组织迭代，其服务宗旨强调与客户建立信任关系，致力于通过技术赋能与人文关怀提升服务品质。

（五）企业最新荣誉

长城物业集团股份有限公司凭借业内领先的综合实力、服务水平及创新能力，荣获"2025中国物业服务百强企业""2025中国物业科技赋能领先企业""2025中国教育物业管理优秀企业""2025中国物业服务质量领先企业"等荣誉。

二、服务师生工作：精细管理，夯实校园服务根基

（一）专业化服务能力和流程体系构建（专业能力）

围绕"业务战略×组织战略×人才战略"，持续聚焦一线阵地，构建战地的组织运营能力。以提升为客户创造价值的组织能力为目标，通过持续的组织迭代，使得战略、流程、组织、IT深度融合，并基于DSTE流程，贯通从战略规划到战略执行的全流程体系，构建流程遵从型服务运营体系，实现组织高效有效运转。并通过打造学习型组织，助力管理处成为使命驱动型组织（见图2）。

（二）后勤服务人才资源和体系的构建（保障力）

长城物业旨在3~5年内将人才培养成为集团的项目经理或关键专业岗位经理，以及集团各事业群的高层继任人。在培养的各阶段都将有不同的阶段性目标，并进行考核、培养、知识竞赛、激励及末位淘汰。遵循以内部晋升为主的用人原则，即80%内部晋升，提供提升的平台，行业内各领域专业赋能，全方位辅导和培养。

- 培训与发展：全年开展员工培训，提升专业技能和服务意识，让每一位员工都能在岗位上发光发热。
- 文化建设：通过团队建设活动和文化节庆活动，增强员工的归属感和团队凝聚力，让每一位员工都能感受到长城物业大家庭的温暖。
- 构建专业人才队伍：构建业务匹配的人才选育用留的体系；培养业务发展所需要的人才及人才梯队；打造COE专家团队、专业人才300多人。

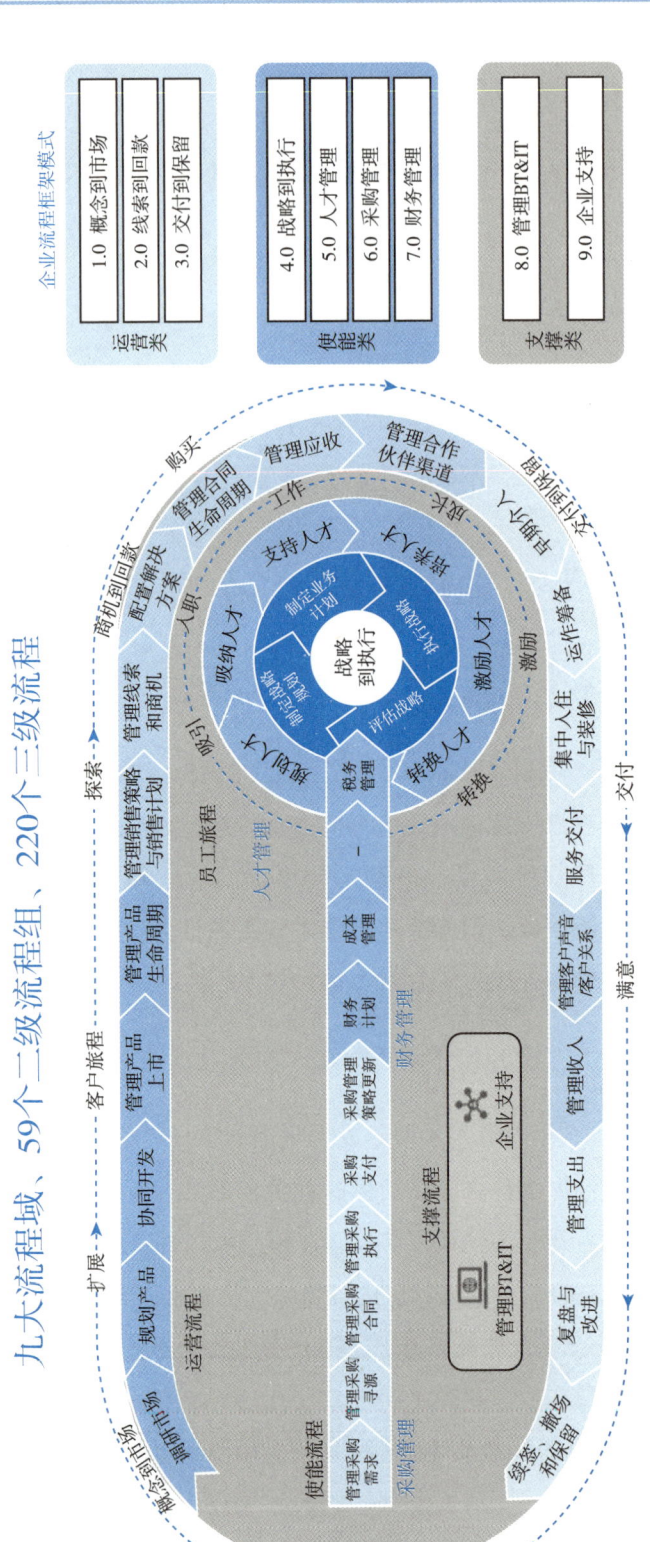

图 2 企业流程体系

（三）围绕师生体验打造有温度的个性化服务（服务力）

在公寓（宿舍）服务上，长城物业不仅是管理者，更是服务者，在学生公寓服务中融入了更多的人文关怀。

- 生活服务驿站：提供针线包、工具借用等便民服务，全年服务师生超 5 万余次，让学生们在细微处感受到家的温暖。
- 文化活动服务：春节布置心愿墙、端午组织包粽子等活动，参与学生达 2 万余人，让节日的温馨与文化的韵味交织在学生的日常生活中。
- 新生关怀：为新生更换棕垫、配备五件套，宿管阿姨提供缝补、送医服务，新生满意度达 98%，让新生在异乡也能感受到家的关怀。

后勤服务是校园生活的保障，长城物业围绕后勤服务全场景，在这一领域展现了其细致入微的服务精神。

- 设施设备严检：每日巡查水电线路、消防器材等，全年累计检查消防设施、配电房等关键点位 1 000 多个，发现问题 100% 整改，确保校园设施安全运行。
- 会务服务专业高效：专业会务服务是校园对外形象的重要展示窗口，长城物业以专业和高效的服务赢得了师生的赞誉。本年度会议服务工作成果显著，西安交大创新港校区保障会议服务 3 747 场，参观接待近 680 场，共计服务人数近 13.7 万人。重庆工商职业学院共计完成会议服务 1 273 场，学校重要活动和赛事服务 230 场次，在服装和妆容上进行统一，并制定了会议服务管理要求，得到学校领导的高度赞赏。
- 行李搬运寄送服务：重庆工商职业学院为顺利完成学校校区搬迁工作。组织全体员工共计 90 余人，6 031 个包裹一对一精准投放至每个宿舍，在大家的共同协作下，搬迁学生 1 798 人在开学时顺利入住。

三、亮点工作：创新驱动，打造校园服务新标杆

（一）建设平安校园：全方位守护师生安全

在西安交通大学创新港，一是建立"24 小时巡查 + 智能监控"双保障体系，协助学校获评"省级平安校园示范单位"。检查消防通道 794 余次，查处存在安全隐患 150 余处，处理工单 14 128 项，完成园区 1 425 个消防栓点检 12 次。通过预案制定、设备检查及专人值守，实现活动"零事故"。二是每月组织员工开展安全培训，涵盖消防、急救等内容，全年累计培训 300 余次，覆盖所有一线员工。通过定期消防演

练，提升师生应急处理能力，全年未发生重大安全事故。

在重庆工商职业学院，一是通过"可视化标准作业流程"和5S管理，实现安全巡检全覆盖，日常维修46 400余次，全年安全事故为零。二是通过"黄金服务节点"设置，全年完成消防设施检查794次，整改安全隐患150余处，确保校园设施安全运行。实现设备故障率同比下降20%。三是参与学院重大活动保障工作15次，完成考试、国赛保电任务6次。完成风扇空调清洗1 763台、灯罩清洁4 580盏，管道抢险15次，外墙排危200次，保障校园设施安全运行。

建设绿色校园：低碳技术引领环保的实践主要有：一是宣传绿色理念：重庆工商职业学院开展"绿色生活周"活动，参与师生超3 000人。二是垃圾分类实践：西安交通大学创新港设置智能分类回收箱20个，垃圾减量率达15%。三是热水机组改造：完成重庆工商职业学院桃园、李园等宿舍区热水机组节能改造，年节约用电15万度。四是绿色清洁技术：推广超细纤维清洁和蓝色清洁技术，减少化学药剂使用量40%，并通过分色毛巾管理降低交叉感染风险。

（二）建设智慧校园：数字化重塑服务生态

长城物业自主研发了一应云智慧运营平台，为全业态全场景服务提供数字化支持。以"平台＋工单"的模式（DOC）作为创新方向，实现"员工在线、客户在线、服务在线、管理在线"的数字化智慧运营（见图3）。

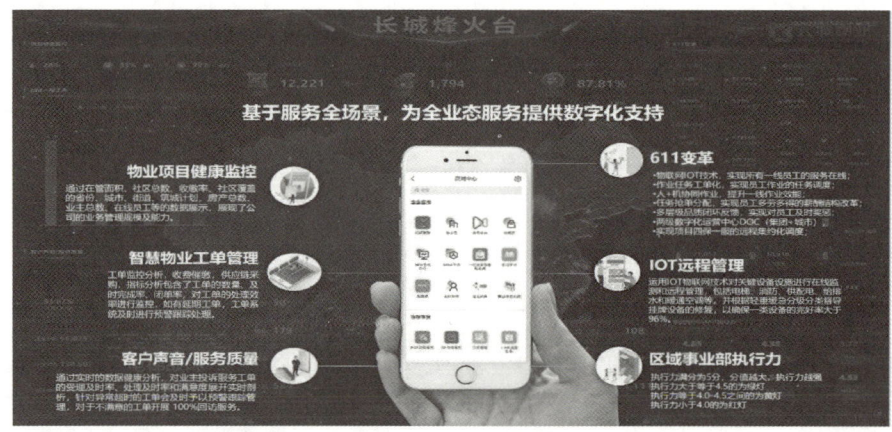

图3　平台展示

- 智慧管理平台：集成设施监控、工单跟踪等功能，实现校园管理"一屏统览"，2024年累计处理工单14万余条，重复性工单量显著降低。
- 数字化服务平台：上线"后勤服务反馈平台"，实现24小时在线受理师生诉求，90% 问题在 5 分钟内响应，5 个工作日内闭环解决，让服务更加高效、透明。

- AI 人才云训平台：通过标准化课程与动态补给机制，开展日常培训，培养专业人才，服务能力提升 30%。

（三）服务育人：校企融合助力学生成长

后勤管理服务在高校有其独特之处，其突出的特点是通过后勤管理工作起到"管理育人、服务育人、环境育人"的功能。为充分发挥这一功能，长城物业紧密联系学校后勤管理部门，积极参与并鼎力支持校园思想文化建设，利用各种机会开展多种活动实现后勤管理的育人作用：

- 文化活动育人：重庆工商职业学院，一年一度的乾坤湖丰收"捕鱼节"由长城物业湖面管理人员协助捕鱼、保洁员协助搬运捕获的鱼类，并送至食堂加工供学生享用丰收的果实，场面火爆，同学们参与热情高涨。西安交通大学创新港通过园林花艺、垃圾分类教育，培养学生环保意识与团队精神。
- 产教协同育人：与高校共建产业学院，开设实训基地，为学生提供实习岗位 150 个，助力职业能力提升。

四、总结与思考

随着教育变革和科技智能化的不断推进及师生需求的多元化，教育后勤服务正迎来一场深刻的变革。未来教育后勤服务将不再局限于传统的保障型角色，而是向着智慧化、绿色化、人文化、社会化的方向转型。智慧化后勤将通过物联网和 AI 应用实现资源的优化配置，提高管理效率；绿色化后勤将致力于实现碳中和目标，推广可再生能源和垃圾回收等可持续实践；人文化后勤将服务与育人深度融合，通过劳动实践和社区活动培养学生的工作技能和责任感；社会化后勤则通过市场化服务采购和资源共享，提升服务的标准化和专业化水平。此外，教育后勤服务还需构建平战结合的应急管理体系，以应对公共卫生和灾害防控的挑战。

教育后勤的核心竞争力将围绕安全、智慧、绿色、人文四大维度构建，形成独特的服务能力。教育后勤服务将更加注重技术投入，如人工智能和物联网技术的应用，以降低人力成本并提高服务效率。同时，教育后勤服务的绿色运营将成为重要指标，推动教育后勤服务向更加环保和可持续的方向发展。校企协同合作也将从单纯的服务提供者升级为育人合作伙伴，共同推动教育事业的发展。

未来，长城物业将坚守"用心服务，共创美好校园"的初心，以技术为翼、以责任为锚，持续探索教育后勤服务的新模式，为更多学校提供优质的绿色校园服务产品，助力教育后勤事业绿色可持续发展。同时，长城物业将整合集团及行业强大的物业服务生态资源，打造"专业化、体验化、增值化、智能化"的校园后勤专属服务，致力于成为师生信赖的校园服务领军品牌（见图4）。

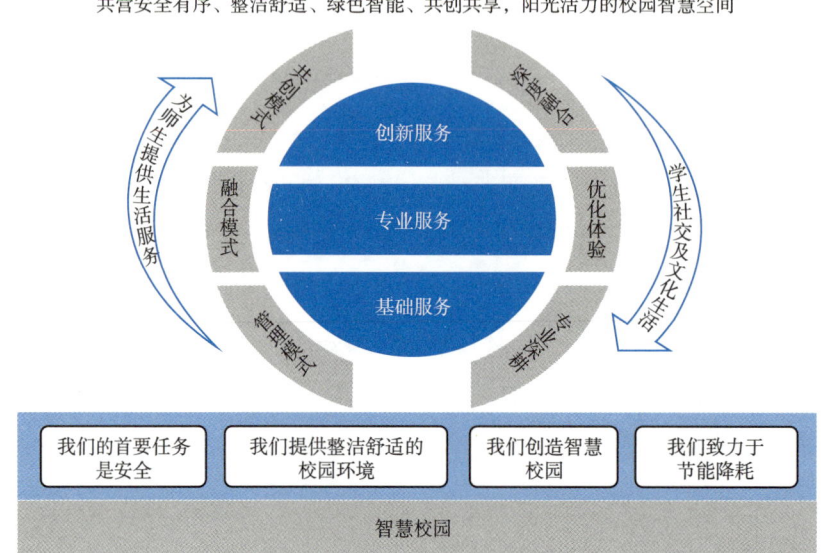

图4　校园服务蓝图

智能制造 AI 赋能 建设低碳安全校园

——百思科新能源技术（青岛）有限公司高校服务总结

一、企业背景

乾程集团有限公司（以下简称"乾程"）成立于 2005 年，全球总部位于中国青岛，是一家专注于数字能源领域的全球化科技公司。乾程持续聚焦数字能源领域，现已形成"智能计量""智能配电"和"新能源"三大业务板块，为客户提供涵盖"数字能源计量、智能配用电、新能源储能、充电产品及智能微电网"的一体化解决方案。

乾程致力于自主核心技术、产品的研发，拥有一支由 600 余位研发人员组成的能源计量与能效管理技术团队，分别在青岛、杭州、西安、深圳、德国五地设立研发中心。公司实验室获得了 CNAS 认证；产品通过了 CPA、MID、KEMA 等项目认证，并取得了欧盟、英国、南美、南非、新加坡、土耳其、印度尼西亚等国家与地区的市场准入；公司先后获得国家企业技术中心、国家知识产权示范企业、国家高新技术企业、国家级智能制造优秀场景、国家级绿色工厂等荣誉称号。

百思科新能源技术（青岛）有限公司（以下简称"百思科"）是乾程科技旗下企业。百思科（BESCORE）致力于为学校提供绿色低碳的校园综合能源解决方案，业务涵盖碳管理、预付费、用电安全、智慧供热、智慧空调、智慧节水、校园微电网在内的六大板块。

在碳管理领域，构建"监测—核算—交易"闭环体系，为校园提供碳排放报告。预付费平台实现电费"秒充秒到"、退费"一键原返"，提升线上化率和资金周转效率。用电安全系统提供全面的用电安全监测管理，涵盖动环监测、电力 SCADA 系统以及末端用电管理三大核心板块。保障涉及配电房、强电井、室内使用终端等校园场景的用电环境安全，筑起校园安全防线。智慧供热板块涉及换热站自控和末端楼控，并融合课表数据与气象预测，实现教室、宿舍分时分区控温，提升综合能效。智慧空调系统通过算法与人体感应，动态调节末端设备，节约空调用电量。智慧节水体系帮助高校实现"分级计量、精准到楼"，通过实时采集管网压力、噪声、漏损等数据，实现水务管理"全流程监控、智能化决策"。校园微电网则通过光伏、储能与电网智能调度，构建"自发自用、余电上网"清洁供能模式，助力高校降低用能成本。

二、服务师生工作

作为深耕高校能源管理领域的新能源企业，百思科始终秉持"以师生需求为核心，以科技服务为纽带"的理念，致力于构建覆盖高校能源管理全生命周期的闭环服务体系，向学校提供从前端设计咨询到后期建设以及实施运维一体化的一站式配套服务。用全流程专业技术护航校园能源系统安全稳定运行，让绿色科技真正服务于师生教学科研与生活。

（一）精准把脉校园能源——构建全场景诊断体系

为更好地协助高校掌握校园综合能源使用及管理情况，百思科在北京、上海、山东、河北、江苏、南京、广东等多省开展调研工作，协助各大高校深入掌握校园能源现状并排查能源体系中的风险和隐患。百思科调研团队为高校提供配电系统安全筛查、供热管网健康度评估、水网漏损定位、空调系统能效分析等多类深度诊断服务，并根据学校的要求提出针对性的解决方案。

（二）赋能管理升级——协助高校日常运维管理

为更好地协助各大高校进行综合能源的管理，百思科开展了相关的培训活动，与高校后勤人员交流管理和技术上的知识。

百思科创新"理论授课＋系统实操＋场景演练"三维培训模式，为后勤团队定制专属成长方案。开发涵盖能源计量标准解读、智慧平台操作、应急预案处置等标准化课程，以此扩充高校后勤工作人员的知识库，提供相应技术文档和操作视频。通过开展各类专题培训，提升了合作院校能源管理自主运维能力，缩短了日常运维中的故障响应时间。

(三)技术普惠校园——搭建产学研融合生态圈

为加深与高校之间的沟通交流,百思科积极参加中国教育后勤协会及省市分会组织的展览活动及工作会议,并在各类活动中积极响应中国教育后勤协会的精神与号召。

在2023—2025年中国教育后勤展览会上,百思科展示了校园综合能源相关项目涉及的智能设备,吸引各大高校现场洽谈。同时,包含碳管理大屏、预付费、安全用电、节水管控、供热管理、校园微电网在内的多板块综合性校园绿色能源管理平台更清晰地向大家展示了智能化的解决方案的平台成果(见图1)。依托智慧平台,百思科向各大高校介绍了针对性的解决方案,受到了大家的一致好评。

图1 智能控制中心

(四)使命必达——以匠心铸就精品工程

在各类项目的实施中,百思科始终践行"师生需求无小事"的服务承诺,建立"7×24小时响应+项目经理终身负责"保障机制。在上海某高校的预付费及安全用电改造升级项目中,为减少施工对教学的影响,工程团队在暑假高温期间,加班加点、保质保量地完成智能电表更换及相关调试工作,保障学校师生在新学期就能用最新的预付费系统,获得了广大师生们的一致好评。

三、亮点工作

（一）绿色碳管理——构建校园碳中和生态体系

百思科针对校园碳排放核算边界模糊、数据接入不完整以及管理手段缺失的校园碳排放现状和痛点，创新打造"监测—分析—治理—交易"全链条碳管理体系，并根据高校的具体需求搭建碳管理平台（见图2）。通过部署物联网碳监测终端，实时采集建筑能耗、交通出行等多类碳排放数据，建立AI驱动的碳排预测模型，展示校园碳排放趋势。

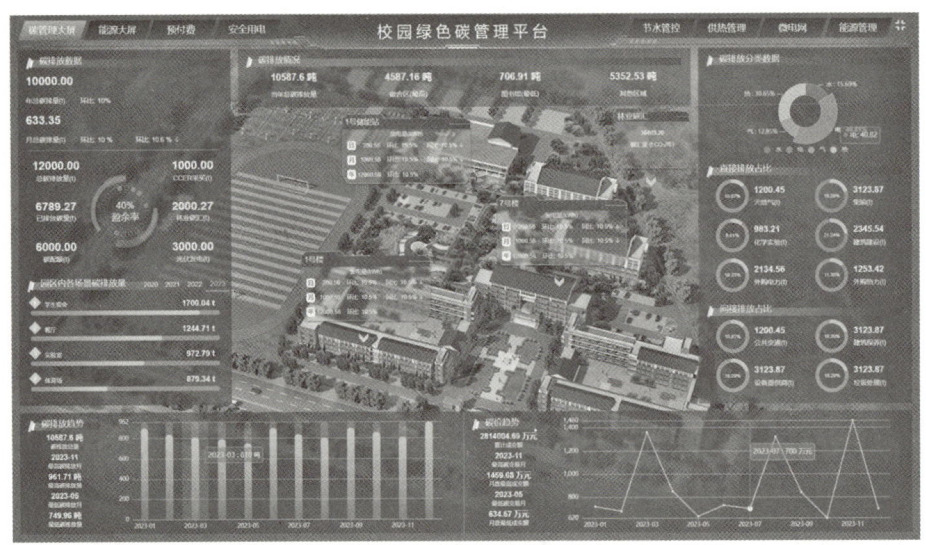

图2　校园绿色低碳管理平台

在管理上，学校指定管理部门的专门人员负责校园碳排放核算工作，并负责汇总统计数据的真实性。通过自查的数据导入平台提供的数据表格，进入数据审核流程。平台后台运营专家审核录入数据的格式，进入平台自动核算流程，由此生成校园碳排放核算结果报告书。

（二）安全用电——打造数字智慧电力系统

百思科以校园"安全、智能、高效、绿色"用电的理念为核心，深入分析和研究各项新技术在校园电力系统中的实际应用，并以具体案例为支撑，建立了更高效安全的安全用电智慧系统。该系统提供全面的用电安全监测管理，涵盖动环监测、电力 SCADA 系统以及末端用电管理三大核心板块。

1. 动环监测

动环监测主要是对各类机房中的动力设备及环境变量进行集中监控。实时监测配电室的环境参数，包括温湿度、水浸、烟雾、门禁等，并配备高清视频监控设备。确保环境异常时能迅速响应并采取措施，有效预防因环境因素导致的设备故障或安全事故。

根据配电房的实际需求，配置温湿度传感器、风速传感器、水浸探头、烟雾监测、变压器噪声及振动监测、电缆温升监测等环境监测设备，以及摄像头等安防监控设备，这些环境信息通过智能网关实现数据集中上传。通过构建数据采集网络，将监测数据实时传输至数据中心。百思科开发了配套的平台软件，实现数据的集中展示、报警管理和统计分析。

图3为百思科为某高校建设的配电房 & 高压总降站试点项目。该项目对总降站（35kV 变电所）和 10kV/0.4kV 配电站中包括环境监测设备、设备运行监测设备、系统运行所需设备、数据传输所需设备的建设（包括模拟大屏、环境监测、电表数据可视化、数据交互与存储管理）。通过"有线+无线"的双重手段实现数据传输联通和系统的发布，将远程的视频监控、报警管理、数据采集、综合联网、分布/集中存储等系统功能有机的结合起来，做到既可以远程的监视、遥控和图像的传输，又具备动力环境的整体监控，并且具有通常联网报警网络的功能。这些功能的完美结合能更加有效地预防事故发生、打击犯罪、保障财产安全，确保系统运行稳定，将配电室的安全防范技术提升到新的水平。

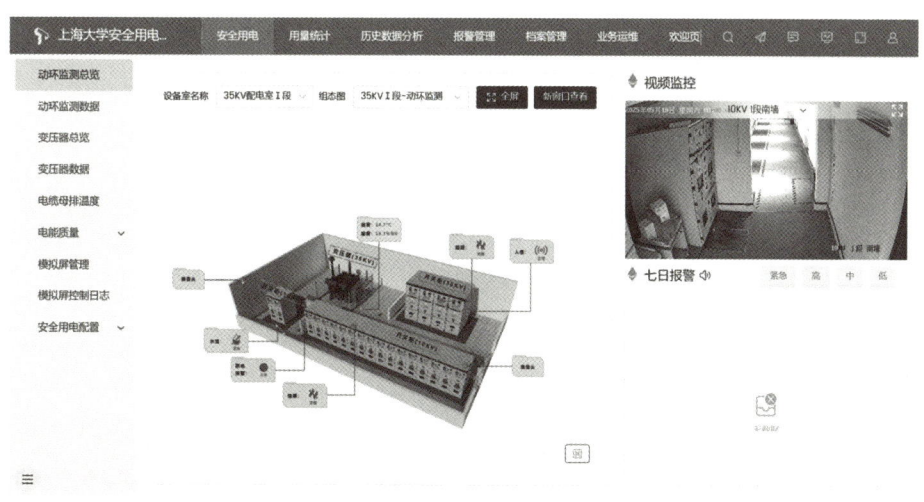

图3　配电房 & 高压总降站试点项目

2. 电力 SCADA 系统

电力 SCADA 系统的功能是通过故障检测、变压器负荷监测等实现故障定位。该系统支持远程操作，减少运行人员操作次数，降低运行人员工作强度，提高管理水平。基于历史数据进行负荷预测，优化电力资源配置。

在配电房关键位置安装电能质量在线监测装置，用于实时监测电流、电压、有功功率、无功功率、电量及谐波等参数，确保电能质量符合国家标准。部署高精度电流互感器，配合前端采集设备，实现对电力设备运行状态的精确数据采集，为系统分析提供可靠依据。

3. 末端用电管理

为避免因电气线路漏电、温度过高、接触不良、老化等安全隐患引发的电器火灾和触电伤亡事故。百思科提出末端用电管理解决方案，最大限度的减少电器火灾发生，保卫单位人员和财产安全。

通过智能断路器设备、配套的边缘算法预言机和平台的有效组合可以实现10个防护、9个控制以及3个警告（见图4）。对用电环境进行监测，并通过多种渠道/方式（云平台、移动端、语音电话、短信通知）提供报警提示，可以实现发现问题后及时切断电源，以免造成进一步危险。

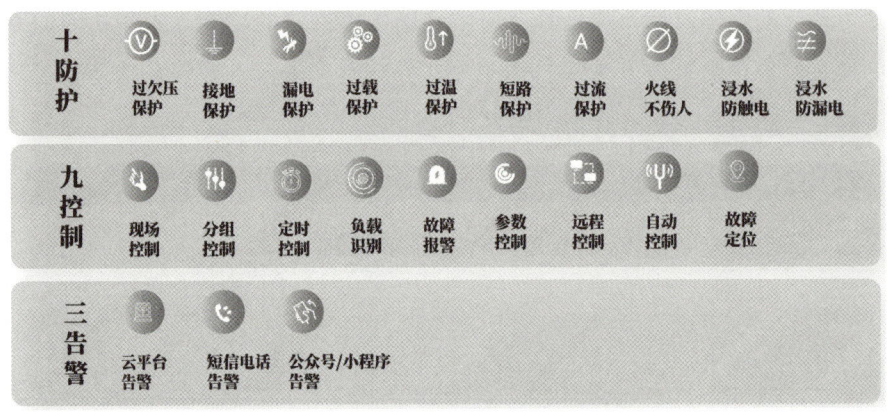

图 4 用电环境监测

另外，针对高校宿舍普遍存在的宿舍大功率电器的用电安全隐患，百思科构建了可以识别恶性负载的智慧用电系统，该系统在识别恶性负载（如电火锅、吹风机、卷发棒等）的0.3秒内完成自动断电，并同步推送预警信息至管理平台，督促宿管人员对违规寝室进行检查并对学生进行安全用电相关知识的教育，提升学生在校用电的安全意识。

该系统的使用可有效降低宿舍违规电器使用率，同时电气火灾风险系数也有所下降，提升了校园的用电安全指数。在日常管理上，宿管人员通过可视化大屏即可实时掌握各楼层用电态势，帮助学校构建起"技防+人防"的双重保障体系。对比原先宿管阿姨比较随机抽查和巡检的方式，该系统能更加智能的监管学校宿舍用电的情况，从根源上杜绝了因为学生私自使用违规电器而产生的一些用电隐患。

（三）智慧供热——重塑高校热能神经中枢

百思科以"精准供热、按需送暖"为核心理念，构建"源—网—站—端"四级智控体系，并创造性地将气象预测、负荷预测、热表数据融入供热策略，通过实时采集室外温度、建筑热惰性、室内人员密度等多类参数，实现供水温度动态寻优，较人工调节更为节能。

分时分区供热是根据教学楼、宿舍区不同使用场景，设置多种供热模式，如图书馆在考试周自动延长高温供热时段，寒暑假宿舍区自动切换至低温防冻模式。智慧供热系统降低了校园用能体系的供热能耗，节约燃气费、供热费用，降低师生投诉率，提升供暖季的供热舒适度。

（四）AI 节水——缔造水资源管理新标杆

智慧节水系统以计量精准化、管控智能化、节水常态化为核心，通过技术赋能、管理创新、文化渗透等方式，构建"数据驱动—智能管控—全员参与"的校园水务管理体系。

系统实现全校用水"分级计量、精准到楼"，漏损率≤5%，数据准确率≥98%。部署物联网水表，覆盖教学楼、宿舍、食堂等全场景，支持远程抄表与异常预警。建立分区计量网络，按市政（校园入水）、区域（如教学区、生活区）、建筑（如楼栋）、三级划分，精准定位高耗水区域。

系统实现水务管理"全流程监控、智能化决策"，管理效率提升 50%。通过传感器实时采集管网压力、噪声、漏损等数据，构建"水务健康画像"，支撑动态决策。构建校园水务管理平台，集成水量统计、漏损分析、水质监测、设备运维等功能，支持 PC 端、移动端、大屏等多终端接入。

（五）智慧空调——开启环境调节新革命

智慧空调系统通过智能插座和断路器实时采集空调的用电数据，由此杜绝待机耗电、空载运行等能源浪费问题。通过统一管理平台，支持对全校空调设备的分组、分区域远程控制，例如一键关闭教学楼夜间空调、批量调节宿舍空调温度阈值等。

管理人员可通过手机 APP 或小程序、PC 端平台实时查看设备状态，并生成运行日志，实现"一屏掌控、全局调度"。

系统平台集成能耗分析模块，分时段能耗曲线及碳排放统计报告，直观呈现各楼宇、楼层甚至单台空调的能效差异。基于数据分析，学校可制定针对性策略。长期数据积累还可为校园能源规划提供参考，助力实现从"粗放管理"到"精细调控"的转型。

四、总结与思考

在绿色校园建设的时代浪潮中，高校能源服务已从单一设施运维向系统化、智慧化的生态体系加速演进。作为深耕该领域的创新实践者，百思科通过绿色碳管理、智慧供热、安全用电、AI 节水等板块的深度探索，构建起覆盖能源全生命周期的服务矩阵，不断对行业进行深刻洞察、对技术创新的持续追求，以此来向校园用户提供更优质的服务。

展望未来的校园能源管理趋势，百思科将今后的工作方向锚定在深度智能化、管理精细化、效益社会化三个方向。

一是深度智能化。探索 AI 大模型在能源管理中的应用，构建具备自主决策能力的校园能源大脑。如在供热系统中引入强化学习算法，使系统能自主适应建筑热惰性、人员流动等变化；在用电安全领域开发预防性维护模型，实现从故障预警向风险预测的跃升。

二是管理精细化。实现精细化管理需要完善组织架构，百思科协助合作高校设立更全面的能源运营中心，打破后勤、信息等部门壁垒，建立跨部门协作机制，通过精细化管理来进一步提升服务水平。

三是效益社会化。构建校园—社区能源协同网络，利用高校储能设施参与电网需求响应，将校园光伏系统接入城市虚拟电厂，使高校从能源消费者转变为区域智慧能源节点，放大节能减排的社会效益。

站在能源革命与教育变革的历史交汇点，作为高校能源服务企业，百思科既肩负着推动绿色转型的技术使命，更承担着培育生态文明的育人责任。未来，百思科将继续以科技为笔、以匠心为墨，在校园这片育人沃土上，书写更多"硬核科技与人文关怀交织，节能减排与立德树人共振"的精彩篇章，为教育高质量发展注入持久动能，为"双碳"目标实现贡献创新智慧。

凝心聚力坚守安全生产　全心全意提升服务保障
——北大荒都市味道（北京）供应链管理有限公司高校服务总结

一、企业背景

北大荒农垦集团有限公司（以下简称"北大荒集团"）位于黑龙江省哈尔滨市，经营区域土地总面积5.36万平方公里，地处黑龙江省东北部小兴安岭南麓、松嫩平原和三江平原地区，现有耕地4 874.4万亩，是国家级生态示范区、国家现代化大农业示范区。下辖9个分公司、1个子公司，113个农（牧）场有限公司，674家国有的工商运建服及其他法人控股企业。总人口136.4万人，从业人员45.9万人。

经国务院同意，授权财政部代表国务院对黑龙江北大荒农垦集团总公司履行出资人职责，被财政部界定为"主业处于关系国家安全、国民经济命脉的重要行业和关键领域，主要承担重大专项任务的商业类国有企业"。

北大荒集团作为国家重要的商品粮基地，粮食生产连续14年稳定在400亿斤以上，实现了"二十一连丰"，并累计为国家生产粮食超1万亿斤。在20世纪60年代大饥荒、80年代物价飞涨、2003年"非典"、2008年汶川大地震以及新冠疫情防控等特殊时期都发挥了突出作用，被誉为靠得住、调得动、能应对突发事件的"中华大粮仓"。

北大荒都市味道（北京）供应链管理有限公司，成立于2022年2月，作为北大荒集团控股的三级子公司，立足于北大荒品牌优势，致力于解决食材供应多层级、高损耗、无追溯等痛点，全方位打造全品类食材供应行业领跑者的企业形象。主要服务于以京津冀地区为主的高校、中小学、幼儿园、部队、企事业单位等，以高效供应链的方式优化整合多方资源、精准的数字化管控措施，为各类客户提供新鲜、安全、优质、可溯源的全品类食材配送服务。

二、服务师生工作

（一）客户情况

公司于 2023 年 7 月中标北京市海淀区校园食材大宗采购项目（包一），截至 2024 年末，共计服务 125 所学校，其中中小学 44 所（占比 35.2%）、幼儿园 81 所（占比 64.8%）；服务高校、企事业单位共计 62 所，其中高校客户 40 所，企事业客户 22 家。

（二）安全生产方面

1. 严格的供应商筛选：公司具有严格的供应商准入制度，对供应商的资质、生产环境、质量管理体系等进行全面审核。2024 年，对新申请合作的供应商进行实地考察超过 50 家，其中 36 家因不符合标准被拒绝合作。对于现有供应商，定期进行复查，确保其持续符合安全生产要求。

2. 全程质量监控体系：构建了从农田到餐桌的全程质量监控体系。在农产品种植环节，与供应商合作，推广绿色、有机种植技术，减少农药、化肥的使用。在加工环节，派驻专业质检人员，对每一批次产品进行严格检测，包括农药残留、重金属含量、微生物指标等。在仓储和物流环节，控制温湿度条件，确保食材的新鲜度和品质。2024 年，共检测产品超 500 批次，发现并处理不合格产品 37 批次。有效保障了进入校园的食材安全。如在一次对蔬菜的检测中，发现部分批次的黄瓜农药残留超标，立即对该批次蔬菜进行了销毁处理，并对供应商进行了严肃警告和整改要求。

3. 员工安全培训：高度重视员工的安全生产意识培养，定期组织安全培训和应急演练。2024 年，共开展安全培训 15 次，覆盖全体员工，培训内容包括食品安全知识、物流运输安全、仓储管理安全等。通过培训，员工的安全意识显著提高，在实际工作中能够严格遵守安全操作规程，减少安全事故的发生。

（三）信息化建设方面

1. 建立食材追溯系统：通过信息化手段实现对食材来源、运输过程、仓储信息、加工环节等的全程追溯（见图1）。师生和学校管理人员只需通过扫描产品二维码，即可获取食材的详细信息。截至2024年末，已实现99.9%的产品可追溯。

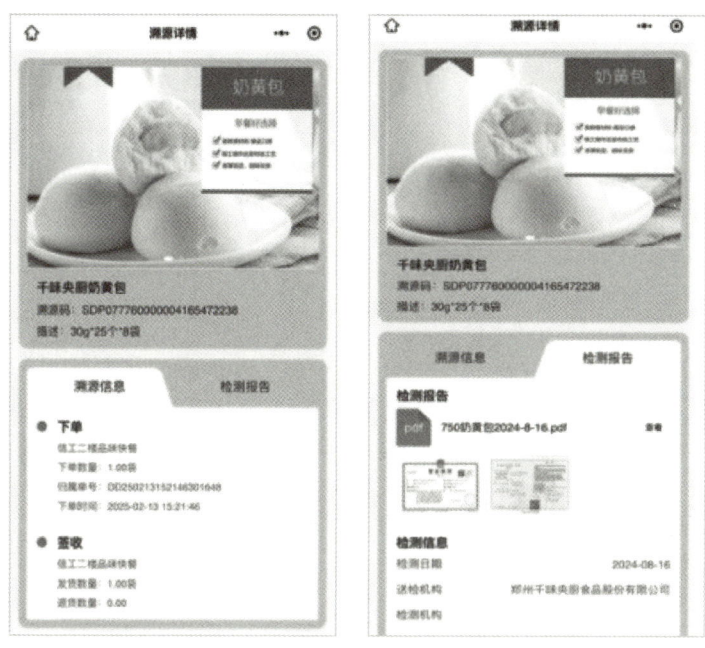

图1　追溯系统

2. 优化供应链管理信息化平台：对供应链管理信息化平台进行升级优化，实现了订单管理、库存管理、采购管理、物流配送管理等功能的一体化集成（见图2）。学校可以通过该平台实时下单、查询订单状态、库存信息等，公司也能够根据平台数据进行精准采购、库存调配和物流配送规划。2024年，通过该平台处理订单数量达到17万余单，订单处理效率提高了60%。

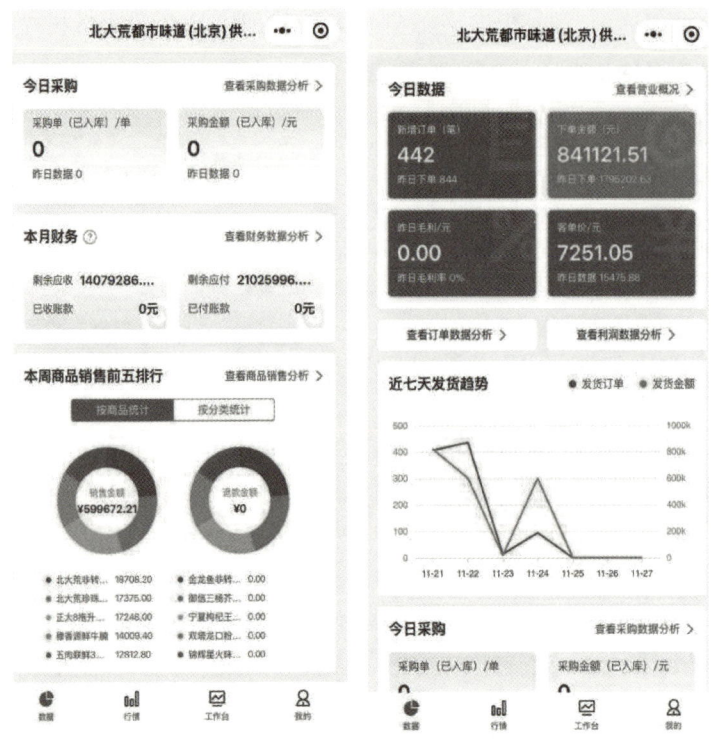

图 2　供应链管理信息化平台

3. 数据分析与应用：利用大数据技术对供应链各环节产生的数据进行分析，为企业决策提供依据。构建商品数据仓库，沉淀多平台商品价格数据，搭建可视化数据看板，能够从多角度揭示客户的消费趋势、购买商品偏好、下单偏好等，从而做到精准管控。通过分析销售数据，了解不同学校、不同季节对食材的需求特点，提前做好采购和库存准备。打造商品价格体系，追溯商品售价，可通过数据分析，深度解析价格波动变化原因（见图3）。

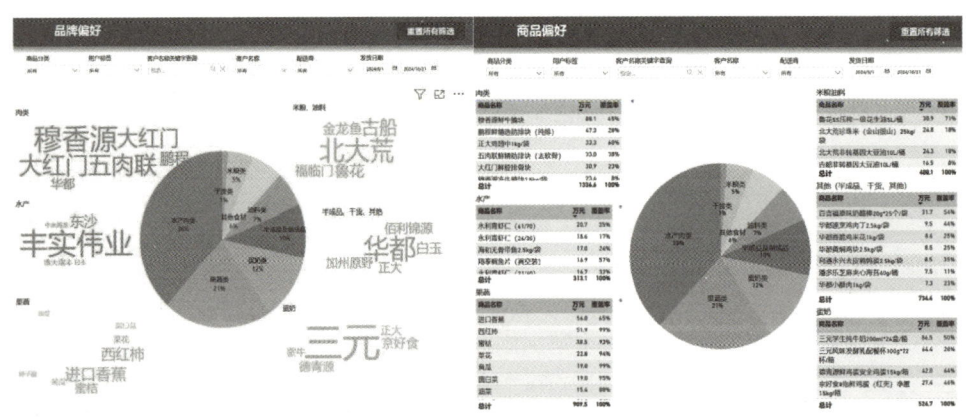

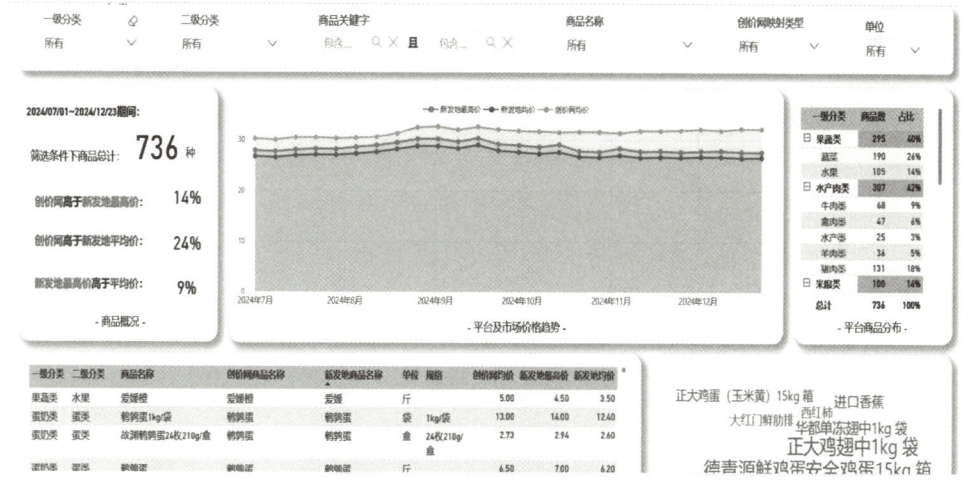

图 3　分析平台

（四）个性化需求服务方面

1. 定制化菜单服务：针对不同学校的饮食文化和师生口味偏好，提供定制化菜单服务。安排专业的营养师与学校沟通，根据学生的营养需求、季节特点以及学校的特殊要求，制定个性化的营养菜单。例如，某学校有部分少数民族学生，公司根据其饮食习惯，专门设计了符合民族特色的菜品，并在食材采购和加工过程中严格遵循相关规定，确保食品安全和文化尊重。

2. 特色食材供应：积极寻找和引进特色食材，满足师生对多样化饮食的需求。2024 年，共引进 15 种特色食材，如有机黑蒜、富硒小米、高山蔬菜等。这些特色食材丰富了学校食堂的菜品选择，不仅满足了学生对健康食材的需求，也提升了学校食堂的菜品竞争力，受到师生广泛认可。

3. 意见反馈与改进机制：建立了完善的意见反馈渠道，通过线上问卷、线下座谈会等方式收集师生对食材供应的意见和建议。对反馈的问题及时进行整改和优化，不断提升服务质量。2024 年，共收集意见和建议 76 条，处理客户诉求 200 余个，问题解决率达到 100%。

（五）节能减排方面

1. 绿色物流配送：在物流配送环节，优先选用新能源车辆，逐步替换传统燃油车辆。2024 年，新能源车辆占比达到 70%，相比传统燃油车辆，减少二氧化碳排放。同时，优化物流配送路线，采用智能调度系统，合理安排车辆装载，提高车辆利用率，减少空驶里程。通过这些措施，物流环节的能源消耗和碳排放显著降低。

2. 节能仓储设施：对仓储设施进行节能改造，采用节能灯具、智能温控设备等。在仓库照明方面，全部更换为 LED 节能灯具，相比传统灯具，能耗降低了 15%。安装智能温控设备，根据仓库内的实际温湿度情况自动调节空调、通风设备的运行，避免能源浪费。2024 年，仓储环节的能源消耗较上一年降低了 20%。例如，在夏季高温时，智能温控设备根据仓库内的温度变化，合理控制空调的启停时间和温度设置，既保证了食材的储存环境，又节约了能源（见图 4）。

图 4　仓储环境

3. 推广环保包装：倡导使用环保包装材料，减少一次性塑料制品的使用。与供应商合作，推广可降解、可回收的包装材料。2024 年，环保包装材料的使用率达到 55%。同时，鼓励学校对包装材料进行分类回收，提高资源利用率。例如，在为学校配送食材时，使用可降解的塑料袋和纸质包装盒，减少了白色污染。学校将回收的包装材料交由专业回收机构处理，实现了资源的循环利用。

三、亮点工作

（一）建设平安校园方面

1. 校园食品应急保障：2024 年食用油混装事件问题曝光后，为及时响应学校及企事业单位客户的用油需求，北大荒立即协调异地工厂，开辟绿色通道紧急调拨北大荒多款油品至北京仓，为多家学校及客户做好了应急保障工作。

2. 协助学校建立食品安全管理制度：凭借在食品安全领域的专业经验，协助学校建立健全食品安全管理制度。从食材采购、储存、加工、销售等各个环节提供支持，帮助学校完善食品安全管理流程和标准。2024 年，协助多所学校完善了食品安全管理制度，有效提升了学校的食品安全管理水平。例如，在协助某幼儿园建立食品安全管理制度时，为其制定了详细的食材采购验收标准、仓库管理制度、厨房卫生操作规范等，明确了各岗位人员的职责和工作流程，并定期对学校食堂工作人员进行培训，确保制度的有效执行。

（二）建设绿色校园方面

1. 推广绿色食材进校园：2024年北大荒与中央民族大学、北京交通大学、中国人民警察大学等多所学校互动；同时，积极参与全国后勤协会的展会，推动北大荒绿色食品进校园、举办北大荒市集等活动，让学生了解绿色种植的过程，增强学生的珍惜粮食及可持续发展的环保意识，现场还可以品尝到多种绿色有机食材（见图5）。

图 5　活动现场

2. 参与校园垃圾分类工作：助力学校开展垃圾分类工作，在食材配送过程中，对包装材料进行分类标识，并协助学校对废弃食材和包装材料进行分类处理。2024年，参与了近百所学校的垃圾分类工作，推动学校垃圾分类工作的有效开展。

（三）服务育人方面

1. 开展参观活动：为学校学生提供职业体验活动，邀请学生到公司的仓储中心、物流配送中心、加工车间等地参观学习，了解食材供应链的运作流程。通过亲身体验，让学生对农业产业和供应链管理有更直观的认识，培养学生的实践能力。2024年，共接待20余名学生代表及家长代表前来参观，感受现代化的仓储设施和高效的物流配送流程，了解食材从采购到储存再到配送的全过程，对供应链管理有了更深刻的理解。

2. 赞助参与多项家委会及膳食委员会活动：通过参与家委会、膳食委员会及校内主题活动等多种形式，宣讲不同年龄区间学生的膳食营养结构，协助学校制定科学、营养、健康的餐单，加深与学校的服务黏度与服务深度，力争成为陪伴型服务企业。

（四）服务反馈

在"全国中小学食堂安全管理和智慧化建设论坛"上，中国高校后勤协会中小学分会副理事长兼秘书长、人大附中航天城学校校长周建华在《办好食堂——推进高质量"食育"》主题分享中，对北大荒的服务给予积极评价。北大荒愿以此次交流为契机，与教育界同仁深化合作：一方面持续完善服务体系，提升校园餐饮保障水平；另一方面积极探索智慧化、标准化建设，为"食育"实践提供更多可行性方案。

教育后勤事业的高质量发展需要全行业携手共进。北大荒将始终以开放学习的态度，与各方伙伴共享经验、共克难题，努力为构建更安全、更智能、更具教育内涵的校园后勤服务体系贡献绵薄之力。与此同时，2024年末，北大荒收到了来自幼儿园、中小学、高校等多方客户及平台的锦旗与荣誉证书，对公司全年的服务表示了高度认可（见图6）。

图6　锦旗展示

四、总结与思考

2024年，北大荒在整体服务与发展中取得了显著成绩，未来在服务学校师生工作及企业自身发展方面，从深化现有业务、拓展创新业务、加强企业自身建设等维度展开以下规划。

（一）服务学校师生方面

1. 深化安全生产保障：持续完善供应商管理体系，引入更多先进的检测技术和设备，如高灵敏度的农药残留快速检测仪器、智能化的微生物检测系统等，进一步提升对食材质量的检测精度和效率。计划在未来两年内，将新供应商实地考察覆盖率提高至100%，现有供应商复查频率增加50%，确保每一个进入校园的食材都经过严格筛选。同时，除日常自检外，公司与机构的合作，定期对公司产品进行抽检，提高检测结果的公信力。

2. 推进信息化建设升级：加大在信息化技术研发方面的投入，开发更加智能化的食材追溯系统。利用区块链技术，确保食材信息的不可篡改和真实性，进一步增强师生对食材安全的信任。在供应链管理信息化平台方面，实现与学校内部管理系统的深度融合，如与学校的财务管理系统对接，实现自动结算功能；与学校的教学科研系统联动，为相关专业的学生提供实践数据支持。预计在未来三年内，完成与京津冀地区80%以上合作学校的系统融合。

3. 提升个性化服务水平：建立专业的饮食文化研究团队，深入了解不同学校的历史文化、地域特色以及师生的饮食偏好变化趋势，为学校提供更加精准、个性化的菜单设计。每年针对不同学校开展至少两次饮食文化调研活动，根据调研结果调整定制化菜单。同时，加强与特色食材供应商的长期合作，建立稳定的供应渠道，确保特色食材的品质和供应稳定性。计划在未来3年内，每年引进不少于20种新的特色食材。

（二）企业自身发展规划

1. 加强品牌建设：加大品牌宣传力度，通过参加各类食品展销会、举办品牌推广活动、利用新媒体平台进行宣传等方式，提升"北大荒都市味道"品牌的知名度和美誉度。与知名媒体合作，制作关于北大荒食材的纪录片、专题报道等，传播北大荒的品牌故事和企业文化。同时，加强品牌质量管理，确保产品和服务质量始终符合品牌定位，通过优质的品牌形象吸引更多客户。计划在未来5年内，将品牌在京津冀地区的知名度提升至90%以上。

2. 人才培养与引进：建立完善的人才培养体系，与高校合作开展人才定向培养项目，为公司培养供应链管理、食品科学与工程、信息技术等专业的高素质人才。同时，制定具有竞争力的人才吸引政策，积极引进行业内的高端人才和创新型人才，如具有丰富经验的供应链专家、食品研发领域的技术带头人等。预计在未来3年内，新增专业人才30名以上，提升公司的整体人才素质和创新能力。

3. 推动企业创新：设立企业创新基金，鼓励员工开展技术创新、业务模式创新和管理创新。在技术创新方面，探索利用人工智能、物联网等新技术提升供应链管理效率和服务质量，如通过物联网设备实时监测食材的运输和储存环境，利用人工智能算法优化采购计划和配送路线。在业务模式创新方面，尝试开展食材共享模式，针对学校和企事业单位的食材需求波动，实现资源共享和优化配置。在管理创新方面，引入先进的管理理念和方法，如精益管理、数字化管理等，提升企业管理水平。计划在未来5年内，实现每年至少三项重大创新成果落地应用。

4. 打造标杆供应体系：持续以标准化流程、智能化管理、卓越品质保障为核心，打造具有北大荒特色的校园食材安全智慧保障体系，为全国校园食材供应管理提供可借鉴、可复制、可推广的成功经验。

智慧后勤 打造校园新生态

——联奕科技股份有限公司高校服务总结

一、企业背景

联奕科技股份有限公司成立于 2004 年 7 月，是深耕教育信息化行业的科技型企业。公司以"成就客户 超越自我 坚持创新 同心共赢"为企业价值观，致力于推动教育行业的技术革新，为高校打造高品质的智慧校园综合解决方案，引领校园服务迈向智能化新时代，让校园服务更智慧！

公司总部位于广州，在全国设有五大区域、31 个省市级服务机构，员工近 1 000 人，超 45% 为高级研发人员，依托集团（北京华宇软件股份有限公司，股票代码 300271）4 大研究院 8 个研发中心，公司构筑了强大的全国范围研发体系，具备稳定的底层技术能力。

公司聚焦教育信息化领域，围绕微服务支撑平台、智慧校园管理、智慧校园服务、智慧教学体系、智慧绿色校园、数据智能产品等方面进行产品研发，服务方案全方位覆盖教育信息化领域。

在教育数字化转型的顶层设计框架下，联奕科技突出"数据要素+"和"人工智能+"两大核心内容，围绕"智慧校园新基座、人才培养全过程、党政管理一体化、绿色校园新方向"四大主线，打造涵盖数字校园、智慧教学、智慧物联、智慧军校四大业务领域的多层次解决方案，全面推进教育领域的深度变革与创新发展，为实现高质量教育体系提供有力支撑。

作为教育行业绿色智慧校园解决方案的首倡者和先行者，联奕科技将智慧后勤行业的发展视为重要使命。早在 2022 年便以前瞻性的战略眼光，在全国范围内全面铺开专门面向高校后勤方向的销售与服务网络，深度聚焦学校的实际需求，秉持"软件定义硬件"理念，依托自主研发的先进软件系统，有力推动高校绿色智慧校园的持续发展，为教育行业的信息化转型贡献坚实力量。

二、服务师生工作

（一）智慧公寓监管

在当今高等教育蓬勃发展的时代，高校学生规模持续扩张，对于管理精细化的呼声也愈发高涨。在此背景下，传统的公寓管理模式渐显疲态，面临着重重挑战。以往，辅导员需要投入大量的时间与精力，亲自开展学生晚归查寝工作，还得时刻留意并排查各类异常情况。然而，人工监管方式不仅效率较低，而且难以避免疏漏，这在一定程度上给学生的人身安全保障埋下了隐患。联奕科技推出高校智慧公寓监管方案，方案在广东省××艺术职业学院、成都××学院等高校成功落地，将辅导员从繁琐的公寓管理事务中解脱出来，并为学生筑牢安全防线，营造出安全有序的学习与生活环境。

1. 广东省××艺术职业学院案例实践

项目在W校区14栋学生公寓建设出入口闸机、人脸抓拍机、应急按钮等设备设施，学生进出公寓时，刷脸即可快速通过闸机，系统实时记录学生的出入时间与状态。人脸抓拍机分布于公寓公共区域，能够精准捕捉学生面部信息，并与数据库进行比对，一旦发现陌生人员或异常行为，立即发送预警信息。应急按钮安装在公寓出口，当学生遭遇突发紧急情况时，只需按下按钮，就能打开楼栋所有闸机通道，保证逃生通道畅通。

该项目与学校已有数据中心、人脸库、门禁系统、消息中心等系统成功对接，实时获取学生进出记录，结合学校的晚查寝规则，将查寝结果在学校的微信服务号中推送给对应的辅导员及各学院分管领导。辅导员及各学院分管领导可在移动端点击查看查寝结果明细，并联系对应学生确认学生位置并督促其尽快归寝或定位打卡。

项目基于低代码引擎为学校定制公寓智能驾驶舱，助力学工及后勤部门实时监测住宿资源、学生归寝动态，通过可视化数据分析提升管理效率，为决策提供精准支持。

2. 成都××学院案例实践

智慧公寓监管解决方案在2024年也顺利在成都××学院落地，在8栋公寓楼建设了44个通道。为方便宿管人员查寝工作，本项目额外配置了8台查寝PAD，宿管人员在PAD上通过明显的颜色区分可直观查看对应楼栋、对应房间的具体归寝情况，及时发现异常情况。

（二）智慧能源监管

在"双碳"政策引领绿色发展、高校办学规模持续扩大的时代背景下，传统能源监管模式已难以满足需求，暴露出诸多问题。以往，高校能源管理依靠人工抄表与简单设备调控，人力、物力投入大，效率低且误差多，能源浪费严重，安全隐患突出。

联奕科技响应"双碳"号召，推出高校智慧能源监管方案，在华南××大学、××大学、广东××师范大学、昆明××专科学校等高校成功落地。方案以"软件定义硬件"为理念，高效赋能配电房监测、绿色教室、宿舍水电收费等场景，为高校能源管理注入智能化活力。

1. 华南××大学案例实践

学校在配电房监测上痛点诸多：数据采集依赖人工巡检，存在滞后性且监测范围有限，无法实时全面掌握运行状态；故障预警困难，多凭经验难预判潜在故障，应急响应迟缓，影响校园秩序。

本项目在全校60间配电房，安装了共计120台4G多功能电力仪表，24小时监测低压配电柜的电流、电压、功率、功率因数等关键电力参数，借助手机端应用，让电力运维人员摆脱时间与空间的束缚，随时随地轻点手机屏幕就能将整个配电房低压配电柜电力情况掌握于手中。

2. ××大学实践案例实践

位于四川省的××学校在教室能源管理方面痛点突出：一方面，空调温度随意设定，常出现过冷或过热现象，不仅影响师生舒适度，还造成大量能源浪费；另一方面，灯光管理缺乏智能化，无人使用教室时灯光长时间开启的情况屡见不鲜，能源损耗严重。

本项目在学校的65间教室部署了一系列智能设备，包括情景开关面板、空调控制器、智能网关以及智能插座等。通过创新性地运用"软件定义硬件"这一前沿理念，赋予这些硬件设备强大的智能联动能力。系统能够实时收集并分析光照强度、人员活动轨迹、室内温湿度以及课表安排等多维度数据信息，以此为依据，对教室的照明系统和空调设备进行精准且智能的管理调控。在有效降低能源消耗、实现节能减排目标的同时，为师生营造一个舒适宜人的教学环境。

项目还基于数字孪生制作了这些教室的数字孪生体，学校管理人员可实现对某一间教室的深度"下钻"式查看，清晰洞察空调的实时运行模式、设定温度、风速等参数，照明设备的开关状态、亮度级别，以及智能插座所连接设备的用电耗能情况等。

3. 广东××师范大学案例实践

学校过去水电表靠人工抄表，效率低、数据不准，费用出错容易引发学生异议；水表无法远程监控，漏水难发现，节水缺依据。

为此，本项目对学校四个校区 2 646 台电表和 3 835 台水表实施智能化改造，接入物联中台统一管理后，电控、水控系统协同工作。项目实施后，极大提升师生体验，为学校能源管理与节能减排提供有力数据支撑，助学校精准节能，降低能耗与成本。

4. 昆明××专科学校案例实践

学校推进教室空间门禁、监控、智能插座、电表、照明开关等智能设备统一管理，实现教室空间绿色智能可视化管理。管理人员通过可视化平台，实时掌握教室设备状态、能耗等信息，远程操控设备，及时发现设备异常情况，保障正常教学。

（三）一体化后勤建设——西藏××大学案例实践

当前，众多高校后勤信息化水平普遍薄弱。后勤部门作为学校运转的关键枢纽，其痛点与需求常被忽视。尽管肩负着服务全校师生的重任，每日需应对设备维护、餐饮保障、宿舍管理等大量琐碎繁杂事务，责任重大、任务繁重，但在信息化建设方面却进展缓慢。

西藏××大学开展后勤信息化顶层设计，以"大平台、小应用"为建设理念，构建以"物联中台、后勤数据中心、后勤服务中心、AI 中台"为核心的整体底座平台，实现后勤系统资源共享与高效管理。

项目经过两期建设，学校后勤部门的服务质量与效率大幅提升，获得了在校师生的一致好评。此外，项目的建设成果获得西藏自治区教育厅党组书记高度认可，吸引了来自西藏大学、西藏藏医药大学、西藏职业技术学院、福建教育学院、重庆中医药大学、重庆青年职业技术学院等高校的多批次参观交流。因在平安后勤、绿色后勤、智慧后勤上的突出成效，项目还被"全国信息技术标准化技术委员会教育技术分技术委员会"评为典型应用案例，并入选"2024 年中国教育信息化杂志社"的"数字化赋能教育管理信息化建设与应用"典型案例，成为教育后勤信息化领域的标杆范例。

(1) 平安后勤

- 配电房场景。在学校两个校区的 5 个配电房进行 24 小时智能监测，实现"无人值守"。系统对电压、电流、温度等参数进行智能预警，确保运维人员能在第一时间掌握配电房的异常状况，提前采取有效措施，从而避免因参数异常引发的各类电气事故，保障学校电力供应的稳定与安全。

- 食品安全场景。通过鼠患识别、动火离人监测、温湿度监测、三白检测等智能手段，保障食材新鲜、食品制作过程安全。构建起一个全方位、多层次的食堂安全保障体系，不仅有效提升了食堂管理的精细化水平，而且让师生吃得放心、安心。

- 人身安全场景。借助高清摄像头与智能分析技术，精准捕捉高空抛物瞬间。显著约束了师生行为，让师生安全感倍增。

- 基础设施安全场景。针对地下管网进行了全面、详细的勘测，在管网关键位置安装流量表、压力传感器、监控摄像机等智能监测点，通过 BIM 技术精准复刻并详细展示。实现管网全生命周期管理，提升维护效率，预防隐患，还为校园规划建设提供数据支撑。

(2) 绿色后勤

- 空调智能控制场景。对现有中央空调进行智能化改造，增加智能空调控制器，建设气象采集站，同时与课表信息相结合，智能控制空调的启停、温度等参数。在上课或办公时段前，自动提前开启空调并将温度调节至适宜区间；当课程或工作结束，人员离开后，系统能及时关闭空调，避免能源的无谓消耗，有效推动校园节能减排工作，还为广大师生创造更为便捷、舒适的学习与工作环境。

- 照明控制场景。对学校宿舍和公共区域的路灯进行智能化升级，按照学校管理要求进行定时控制，也支持与气象站参数进行智能联动，规律学生生活作息，创建舒适安全的校园环境，又切实推进绿色节能目标达成。

(3) 智慧后勤

- 为师生提供一站式后勤服务体验。建设线上后勤服务大厅，将原本散落各处、各自为政的各类后勤应用系统，整合于统一页面进行集中展示。为后勤各科室构建了"千人千面"的工作平台。也为广大师生以及临聘人员提供便捷的"一站式"后勤服务体验。无须在多个系统或部门之间来回切换与奔波，只需登录后勤服务大厅，即可轻松享受涵盖餐饮服务、公寓管理、设施报修、校园绿化、物业服务等全方位的后勤服务，简化了办事流程，提升了服务体验。

● 后勤多跑路，师生少跑腿。在学校的数字化生态体系中，后勤领域无疑是一座数据的"富矿"，每日都会源源不断地产出海量实时数据。像一卡通消费所呈现的师生消费行为轨迹、公寓精确到分秒的进出记录，以及水电每一笔详细的消费数据等，这些数据全方位、多维度地反映着校园生活的运转。可以说，后勤部门是当之无愧的学校最大数据生产方，这些丰富的数据资源蕴含着巨大的价值。

通过与学校现有数据中心的紧密对接与系统融合，智慧后勤能释放更大能量。为师生提供更加优质、高效且个性化的服务体验，提升校园生活的舒适度与便捷性，还能全方位助力学校实现整体的数字化转型与可持续发展，使学校在数字化时代的教育竞争浪潮中占据有利地位。

基于后勤各业务系统产生的海量实时数据，结合学校的实际管理需求和关键指标，为学校量身定制了6个业务场景驾驶舱，将复杂的数据转化为直观、易懂的可视化信息，为学校管理层和后勤工作人员提供了精准决策支持，助力学校后勤管理从传统经验驱动向数据驱动的智能管理模式转变，全面提升学校后勤管理的精细化、科学化水平，为学校的长远发展奠定坚实基础。

● 丰富的后勤场景应用。建设物业管理、在线报修、库房管理、房屋管理等信息化系统，后勤服务实现了从传统模式向数字化、智能化的华丽转身。显著提高了后勤各科室管理人员的工作效率，全面规范了后勤服务质量，更为学校打造智慧、高效、便捷的校园环境奠定了坚实基础。

三、亮点工作

联奕科技作为教育行业绿色智慧校园理念的首倡者和先行者，在高校后勤领域精耕细作，构建了一套兼具创新性与前瞻性的技术架构及解决方案。方案以先进的数字化技术为基础，有效提升后勤管理的精细化与智能化水平，激发市场全新的发展潜能，引领行业迈向数智化发展的新征程。

（一）中为主导，应用为王，构建校级后勤物联网新典范

联奕科技秉持"中为主导，应用为王"理念，致力于打造校级后勤物联网技术体系，突破传统建设困境。通过标准化接口与协议实现数据交互、协同工作，达成后勤管理一体化、智能化，助力校园后勤服务升级。

目前在已落地的西藏××大学项目中，稳定接入了超过50类不同的硬件设备，

设备数量超过 10 000 台。

(二) 破解"卡脖子"困局, 赋能高校后勤智能化升级

传统校园后勤信息化建设中,学校常遭原有系统厂家"卡脖子",联奕科技凭借物联中台泛在接入的能力快速破局。

在广东某双一流高校项目上,学校原有水电收费系统厂家无力运维,系统长时间无响应甚至崩溃。物联中台顺利对接学校现有多个品牌的智能水电表、加密机,最大程度保护了学校前期投资,学校得以站在新的起点上,从容规划未来后勤智能化升级蓝图(见图1)。

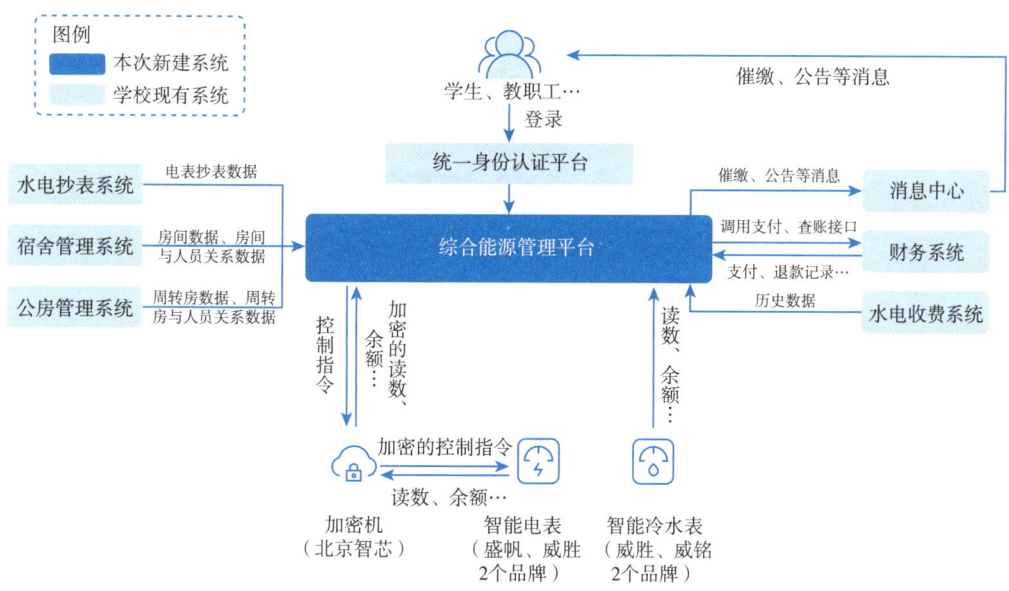

图1　将学校现有硬件盘活

(三) AI"注入"高校后勤, 激发服务效能新活力

AI 报修系统让报修变得更轻松,师生只需通过对话向 AI 助手报修,系统瞬间识别故障,自动匹配维修人员,大大提升维修效率与师生满意度。校长信箱也因 AI 实现智能化升级,系统不仅能结合学校私有知识库进行智能 AI 解答,还能快速对师生的投诉和建议自动分类,分析情感并提取要点,及时洞察师生诉求,避免舆论升级(见图2)。

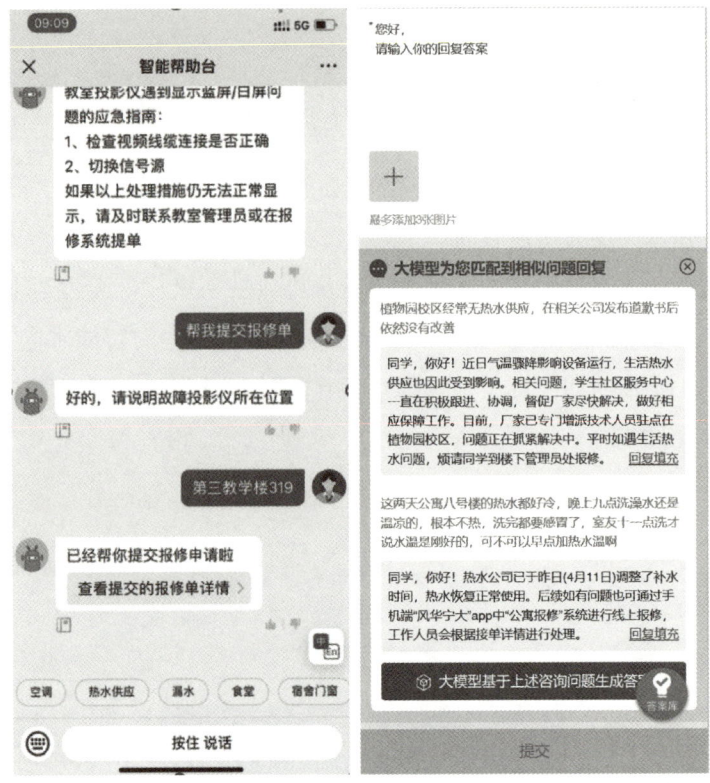

图 2　智能帮助台

四、总结与思考

在教育数字化转型的澎湃浪潮中，联奕科技勇立潮头，深耕高校智慧后勤建设领域，取得了一定成绩。一系列项目在多所高校成功落地，为高校后勤信息化注入全新活力，推动了积极且深远的变革。

这些成绩值得欣慰，但更需清醒认识到智慧后勤建设任重道远，挑战重重。当下，众多高校后勤信息化程度依旧不高，对其建设的重视程度亟待大幅提升。

展望未来，联奕科技将坚定不移地推广物联中台、后勤数据中心、后勤服务中心、AI 中台等底层基建理念。充分释放其强大的数据整合与深度分析潜能，以此拓展服务边界，全面覆盖更多后勤场景。并深度挖掘数据价值，实现精准管理决策，为高校后勤管理筑牢科学根基。

联奕科技以助力高校教育事业高质量发展为己任，通过先进的信息化技术，为高校后勤提供坚实有力的支撑。在推动智慧后勤建设的征程中，联奕科技愿与高校携手共进，共同开创智慧后勤的崭新时代，为教育事业的蓬勃发展添砖加瓦。

秉持"服务即教育"保障品质化服务

——安徽省鹏徽集团高校服务总结

作为深耕教育领域多年的专业化服务企业，安徽省鹏徽市场管理服务集团有限公司始终秉持"服务即教育"理念，将物业服务深度融入"三全育人"体系。2024年，公司在服务师生过程中积累了丰富的实践经验，构建起成熟的服务体系。

一、企业背景

安徽省鹏徽市场管理服务集团有限公司成立于2005年，注册资金6 356万元，总部位于安徽合肥，是国家一级物业管理资质企业，业务覆盖政府公建、院校、医院、住宅等多元业态。集团下设70余家分支机构，实行董事会领导下的总经理负责制。

公司坚持"有德无才可以培养，有才无德坚决不用"的用人理念，深信人力资源是企业发展的根本，高素质人才是企业迅速发展的基石。现有员工5 000余人，其中管理层占比8%、技术骨干占比30%，大专及以上学历员工占比超80%，各类特种作业人员和关键岗位人员持证率达100%，形成了一支高学历、年轻化、专业化的服务团队。

公司始终以高标准、高质量立足于业界。2011年5月率先通过了ISO9001：2008国际质量管理体系认证工作，2016年成为国家一级物业管理资质公司。先后荣获"学校物业服务领先企业""安徽省物业行业示范企业""安徽省高校后勤物业服务十强企业""安徽省高等院校学生公寓、校园物业服务（十佳案例）"等多项荣誉，连续7年荣膺中国物业服务综合实力百强（2024年排名第65位）。

在公司不断发展壮大的历程中，始终遵循"服务第一，重质量；诚信第一，讲信誉"的发展宗旨，以"诚信经营、规范运作"为经营理念，构建了标准化、精细化服务体系，通过技术创新与管理优化，不断丰富服务内容、持续提升服务效能，为教育后勤领域提供高质量保障。

二、服务师生工作

在做好校园后勤服务的过程中，公司始终立足校园实际和师生需求，在党建引领、安全生产、信息化建设、节能减排、个性化服务等方面精准发力，获得师生的一致认可，品牌影响力不断提升。

（一）党建引领：赋能业务工作开展

创建党建品牌：编制"一流物业服务体系架构图""建设学校一流物业服务体系任务清单"，制定品牌建设长期规划，分步骤分阶段，持续落实各项工作。结合公司规章制度和党建工作制度，党支部编制《建设学校业态一流物业服务体系工作方案》，在党建业务融合发展的模式下，促进管理效能和工作质量双提升。

党建业务融合：在校园物业管理中融入党建工作，通过设立"党员之家"和"三位一体红色平台"等形式，增强党员和师生的互动性，提高师生参与度。结合物业工作实际，组织开展纪律党课、外出参观、知识竞赛、联建共建、志愿服务等主题实践活动，进一步提升了物业服务的质量和师生的满意度。

加强育人实践：坚持"三服务，两育人"的使命宗旨，充分挖掘物业工作中的育人资源，探索"后勤＋思政"新模式。以公司公众号为载体，传播劳动榜样人物故事；联合学生会、社团等组织，开展"后勤服务体验"活动，让学生体验教室多媒体设备整理、自习教室清场等工作；组织开展"园丁带你游校园"、世界地球日等活动，以形式多样的劳育活动，落实立德树人根本任务，覆盖学生千余人。

（二）安全生产：筑牢校园安全防线

实行体系化安全管理：公司根据学校业态情况制定了完善的安全生产规章制度和操作规程，明确了各部门和岗位的安全职责，建立"横向到边、纵向到底"的安全责任网络，制定风险分级管控与隐患排查双重机制，定期对学校所有场所全覆盖无死角地进行安全风险评估和隐患排查，及时发现并消除安全隐患。

开展常态化安全教育培训：组织开展了多种形式的安全教育培训活动，包括安全知识讲座、应急演练、安全技能培训等，提高了师生的安全意识和应急处置能力。全年组织各类培训活动45场，覆盖师生超5 000人次。

智能化设施升级：在学校服务场所配备了齐全的安全设施设备，如消防器材、监控设备、应急照明等，并定期进行维护和检查，确保其正常运行。在服务院校宿舍区加装智能火灾报警系统，消防设备完好率达100%；并引入人脸识别门禁与智能监控系统。同时，对老旧设施设备进行更新改造，提升安全保障水平。

（三）信息化建设：打造智慧校园生态

搭建智慧平台：公司与学校合作，共同推进智慧校园建设项目。通过整合校园网络、教学管理、学生管理、后勤服务等系统，实现了信息的互联互通和共享，提高了学校的管理效率和服务水平。例如，开发了校园移动应用平台，师生可以通过手机随时随地查询课程安排、考试成绩、校园通知等信息，还可以在线进行请假、报修等操作，极大地方便了师生的学习和生活。

升级教学资源：为学校提供先进的教学设备和信息化教学资源，如多媒体教室、在线教学平台、电子图书馆等，助力教师开展信息化教学。通过信息化教学手段的应用，丰富了教学内容和形式，提高了学生的学习兴趣和学习效果。

保障网络安全：公司高度重视网络信息安全工作，建立了完善的网络信息安全防护体系，采取了防火墙、入侵检测、数据加密等安全技术措施，保障了学校网络和信息系统的安全稳定运行。定期对网络信息系统进行安全检测和评估，及时发现并修复安全漏洞，有效防范了网络攻击和信息泄露事件的发生。

（四）节能减排：提升能源使用效率

应用节能技术：在学校服务场所积极推广应用节能技术和产品，如LED照明灯具、节能空调、智能控制系统等，降低能源消耗。同时，对老旧设备进行节能改造，提高设备的能源利用效率。例如，安徽农业大学服务项目将传统的照明灯具全部更换为LED灯具，每年可节约用电7万度，减少二氧化碳排放69吨。

加强能源管理：建立了能源管理体系，对学校的能源消耗进行实时监测和分析，制定合理的能源消耗定额和节能目标，并采取有效的节能措施加以落实。通过加强能源管理，实现了能源的科学合理利用，降低了学校的能源成本。

开展宣传教育：组织开展了多种形式的节能减排宣传教育活动，如节能减排知识讲座、主题班会、宣传海报等，提高了师生的节能减排意识和环保意识。鼓励师生从身边小事做起，养成节约能源、保护环境的良好习惯。

（五）个性化服务：精准对接师生需求

提供个性化服务：深入了解师生的个性化需求，为师生提供定制化的服务。例如，针对学生的不同兴趣爱好和特长，组织开展了丰富多彩的社团活动和课外辅导课程，满足了学生多元化的发展需求。同时，为教师提供了个性化的职业发展规划和培训服务，助力教师的专业成长。

优化服务流程：对服务流程进行全面梳理和优化，简化办事环节，提高服务效率。通过建立一站式服务中心和小程序线上服务，实现了师生随时进行咨询、报修等其他事宜。例如，在学生报事报修工作中，优化了报修流程，实现了线上申请及时回复，预约高效处理，大大缩短了报修时间，提高了师生的满意度。

加强沟通反馈：建立了完善的沟通反馈机制，通过设立意见箱、开展问卷调查、召开座谈会等方式，广泛征求师生的意见和建议。对师生反映的问题和需求及时进行处理和反馈，不断改进服务质量。全年累计收集师生意见和建议5 000条，处理回复率达到100%，师生满意度达到98%以上。

三、亮点工作

2024年度，公司在服务学校师生工作中，积极创新，勇于探索，开展了一系列亮点工作，为建设平安、绿色、智慧校园，服务育人发挥了重要作用。

（一）打造平安校园

引入智能安防系统：与专业的安防企业合作，引入了先进的智能安防系统，包括人脸识别门禁系统、智能监控系统、周界防范系统等。通过这些系统的应用，实现了对校园人员和车辆的精准管控，有效防范了外来人员和车辆的非法入侵，提高了校园的安全防范水平。

开展安全文化建设：将安全文化融入校园文化建设中，通过举办安全文化节、安全知识竞赛、安全主题演讲等活动，营造了浓厚的安全文化氛围。同时，在校园内设置了安全文化宣传栏、安全标语等，让师生在潜移默化中接受安全教育，增强安全意识。

（二）建设绿色校园

推进校园垃圾分类：协助学校制定了详细的垃圾分类实施方案，设置了分类垃圾桶，开展了垃圾分类宣传教育活动，引导师生养成垃圾分类的好习惯。同时，建立了垃圾分类回收处理机制，实现了垃圾的减量化、资源化和无害化处理。通过推进校园垃圾分类工作，改善了校园环境，提高了资源利用效率。

提升校园绿化美化水平：加大对校园绿化美化的投入，种植了大量的花草树木，打造了优美的校园环境。同时，注重校园生态保护，加强对校园内自然景观和生态系统的维护和管理，为师生创造了一个舒适、宜人的学习和生活环境。

（三）助力智慧校园升级

引入人工智能技术：在智慧校园建设中引入人工智能技术，实现了教学、管理和服务的智能化。例如，通过人工智能教学辅助系统，教师可以根据学生的学习情况和特点，为学生提供个性化的学习建议和辅导；通过人工智能学生管理系统，学校可以实时掌握学生的学习、生活和心理状况，及时发现并解决学生存在的问题。

开展大数据分析应用：建立了校园大数据中心，对学校的教学、管理和服务数据进行收集、整理和分析，为学校的决策提供科学依据。通过大数据分析，学校可以了解学生的学习需求和行为习惯，优化教学资源配置，提高教学质量和管理水平。

（四）推进服务育人

设立爱心助学金：为了激励学生努力学习、积极进取，公司在服务的学校设立了企业爱心助学金，每年对品学兼优的学生进行表彰和奖励。同时，组织获奖学生到企业参观学习，了解企业的发展历程和文化，为学生的职业规划和发展提供指导。

开展职业体验活动：公司与学校合作，积极开展职业体验活动，为学生提供了解社会、了解职业的机会。组织学生到企业生产一线进行参观、实习，让学生亲身体验企业的工作环境和工作流程，增强学生的职业认知和职业素养。

四、总结与思考

2024年度，公司在服务学校师生工作中取得了一定的成绩，得到了学校和师生的认可和好评。通过在安全生产、信息化建设、节能减排、满足师生个性化需求等方面的努力，为学校的发展和师生的学习生活提供了有力的支持和保障。同时，在亮点工作方面的创新实践，也为建设平安、绿色、智慧校园，服务育人做出了积极贡献。

然而，集团也清醒地认识到工作中还存在一些不足之处。例如：在服务的深度和广度上还有待进一步拓展，部分服务内容和方式还不能完全满足师生日益增长的需求；在信息化建设方面，还需要进一步加强与学校的沟通协作，提高系统的稳定性和易用性；在节能减排工作中，还需要加大宣传教育力度，提高师生的参与度和自觉性等。

针对存在的问题和不足，鹏徽将在今后的工作中采取以下措施加以改进：一是深入调研师生需求，不断优化服务内容和方式，提高服务的针对性和实效性；二是加强与学校的沟通协作，共同推进信息化建设，提升智慧校园建设水平；三是持续加大节能减排宣传教育力度，创新宣传形式和手段，营造良好的节能减排氛围；四是加强企业自身建设，提高员工的专业素养和服务能力，为学校师生提供更加优质、高效的服务。

展望未来，鹏徽将继续秉承"服务第一，重质量；诚信第一，讲信誉"的发展宗旨，创新服务模式，提升服务质量，为学校的发展和师生的成长贡献更大的力量。相信在学校的支持和师生的配合下，通过企业全体员工的共同努力，鹏徽一定能够实现与学校的互利共赢，共同开创美好未来。

专题报告五　行业之声

推进高校餐饮社会化改革与食堂团体标准研制调研报告

一、调研背景

贯彻落实党的二十届三中全会深化改革的总目标和高质量发展要求，推进高校食堂高质量发展，就必须全面了解当前高校餐饮工作现状、困难、问题、诉求、成功经验与实践模式，并以问题为导向，提出针对性问题解决方案，使高校食堂深化改革得以坚定不移地推进，高质量发展找到有效路径和新举措。

在食堂高质量发展中，标准化管理是其坚实基础和有效保障。编制《高等学校学生食堂管理服务规范》填补标准化管理空白、提高食堂管理水平，同时对原有食堂成本核算标准进行修订，这些工作都需要在广泛调研的基础上才能实现。唯有标准的引领、指导与规范，强劲赋能高校食堂标准化管理和高质量发展，才能不断增强师生对美好校园餐饮的体验，提高师生满意率。

调研主题：高校食堂团体标准建设与新时期高校餐饮社会化改革研究。

调研目的：研制《高等学校学生食堂管理服务规范》；将2012年的《高等学校学生食堂伙食结构及成本核算指导意见》修订为《高等学校学生食堂成本核算指南》；全面了解各地代表性高校餐饮改革、管理现状、模式、效益、问题、诉求。

调研意义：以团体标准推进高校食堂高质量发展，探索可持续运营模式，助力维护校园稳定，为高校餐饮社会化改革提供实践路径与理论支撑。

二、调研总体安排

（一）调研时间与调研方法

2024 年的调研工作于当年 6 月—11 月进行（后期调研将于 2025 年上半年完成）。调研采取围绕调研提纲召开座谈会、查阅资料、深入食堂现场、走访师生和统计分析相结合的方法。

（二）调研组人员构成

调研组成员由中国教育后勤协会副会长兼伙食管理专业委员会主任张柳华，专家委员会委员、伙食专业管理委员会副主任赵相华，伙食专业管理委员会副秘书长陈建立，伙食管理专业委员会秘书处办公室主任王祚荣组成。

（三）调研区域、调研对象和具体做法

1. 调研地区。根据标准普遍性特征要求，2024 年，调研组调研了北京、陕西、江苏、四川、重庆、内蒙古、新疆、广东等省（区、市）各类型具代表性学校共计 35 所（含 985 高校、211 高校、普通高校、高职高专和民办高校），以充分体现调研对象选择的科学性、调研学校的广泛代表性，确保调研数据的真实性。

2. 调研方法。采取"前期工作 + 现场调研"相结合的方法。即：事先联系调研院校、地区高校伙食管理专业委员会并发送调研函和调研提纲（见图 1），确定调研人员、调研路线、具体行程安排，每天调研两到三所高校，以节约时间、提高调研效率；现场调研通过召开有学校主管领导、后勤领导、餐饮部门负责人以及相关

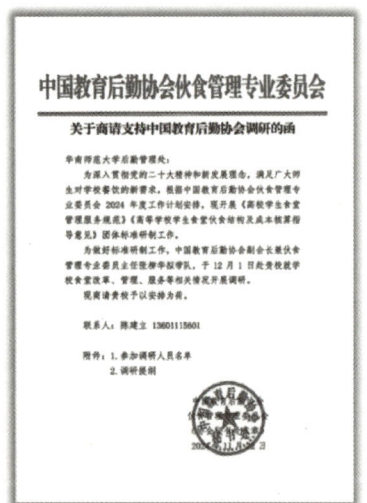 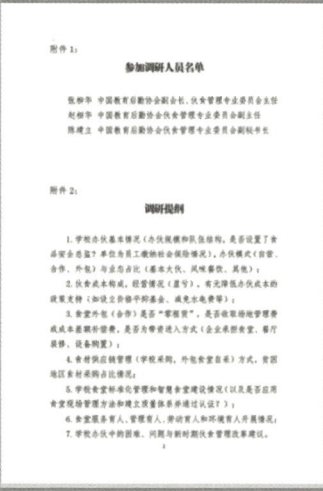

图 1　食堂团体标准研制调研函、调研提纲

部门代表（地区伙专会代表、学校财务处等）参加的伙食工作暨团体标准建设座谈会，重点了解学校办伙现状、管理模式、社会化进程、政策支持、科技应用、成功经验、典型案例、难点堵点、潜在问题、意见建议和收集相关数据；然后深入食堂现场了解食堂管理服务、食品安全、饭菜品质、质量价格、档次结构、环境卫生、生产流程、设施设备、员工状况和师生用餐、光盘行动、标识应用等情况，并随访用餐师生，以获得真实的第一手资料（见图2）。

图2 专家组对各地高校食堂进行调研

三、团体标准研制进展情况

截至2024年底,团体标准调研组按照团体标准立项申报书(见图3)计划安排,通过大量资料收集——国家相关法律法规、政策规定、行政部门行业标准、地方教育部门和监管部门规定,深入理解政策法规精神、国家标准要求和国内外技术文献,在广泛调研各地35所代表性高校的基础上,按照:GB/T 1.1-2020《标准化工作导则 第1部分:标准化文件的结构和起草规则》的规定,先后起草了《高校学生食堂管理服务规范》《高校学生食堂成本核算指南》的标准框架草案→工作讨论稿→征求意见稿(见图4),并将征求意见稿发送调研地区高校及高校伙食专业委员会广泛征求意见进行修改完善。下一步将继续调研其他相关地区高校,使调研数据资料能够满足两个重要团体标准研制需求,保证团体标准的广泛代表性、科学性、前瞻性、指导性、实用性。

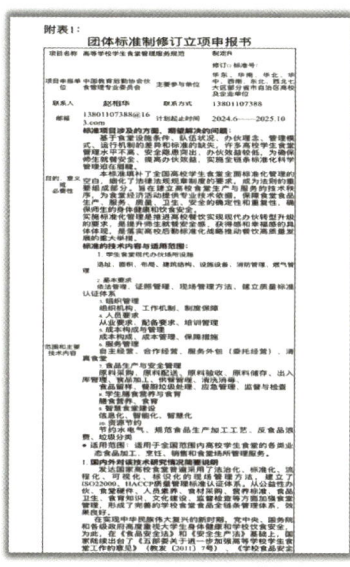
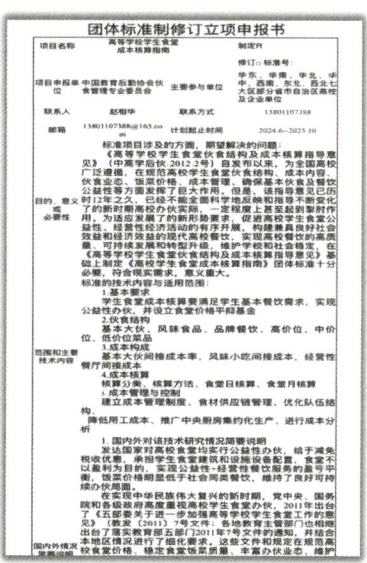

图3 两项食堂管理标准的立项申报书

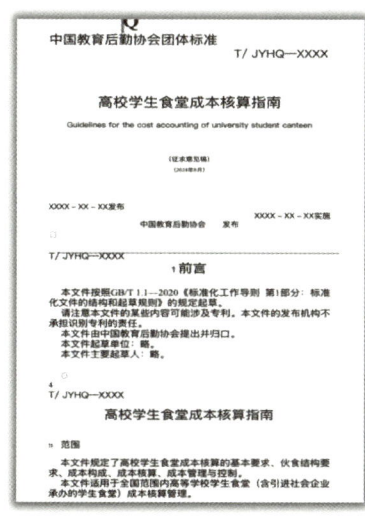

图4 两项食堂团体标准征求意见稿

四、高校食堂基本情况、主要成果、典型院校、问题原因、改进措施

（一）高校办伙基本情况

85%～90%的高校食堂实现了公益性特征的社会化服务，通过公开招标，采取委托经营、承包经营、合作经营等模式引进社会餐饮企业或专业服务团队承办高校食堂服务，这种趋势还在发展之中，学校完全自办食堂模式迅速萎缩。

餐饮部门主要干部频繁轮岗，在编员工占从业人员比例平均不足2%，缺乏核心骨干；食堂（一线）员工年龄老化（平均48岁）、学历偏低（80%为中小学文化）。

学校餐饮业态由基本大伙（占比约40%）、风味食品（占比约40%）、休闲快餐（占比约10%）、品牌餐饮（占比约10%）所组成。

办伙成本大幅度增加。一是自2006年市场食材大幅度涨价以来，伙食原材料价格一直在高位运行（普遍比2006年前翻了一番多）；二是2008年《中华人民共和国劳动合同法》实施以来，非在编员工（含引进餐饮企业员工）的薪酬、社会保险等用工成本大幅增加，与2006年前比较，用工成本翻了近三番；三是厨余垃圾处理费、油烟净化清洁费、食材检测成本、智慧食堂安全监测系统成本、相关办伙物资成本上涨、对外包食堂的监管成本等增加了伙食成本。

（二）取得的成就

高校食堂通过社会化改革优化了餐饮资源配置，增强了食堂办伙活力，实现了多元化结构性办伙，品种丰富、档次齐全、特色明显，受到师生广泛欢迎和充分认可。

学校对学生食堂工作高度重视，积极投入食堂建设改善硬件条件，提升了伙食信息化、数字化、智能化等现代装备水平；高性能设备的应用和对管理的加持，使生产安全隐患得以有效消除，促进了食堂生产力的提升。

强化了餐饮公益性意识和维护校园稳定的责任感，通过整改，严格执行2011年7号教育部等五部门文件精神，高校食堂外包中普遍通过整改达到了"零租赁"、不收管理费的要求，确保保障性餐饮的合理占比，将公益性餐饮落到实处，维护了学生的利益。

各高校因地因校制宜，探索符合自身实际的餐饮社会化服务模式，如完全自主

经营食堂、委托经营、承包经营、档口合作经营、引入专业团队运营烹饪服务等模式，满足了各校的办伙实际与师生就餐要求，促进了学校的发展。

安全意识普遍增强。绝大多数学校按照文件要求配置了食品安全总监、食品安全员，做到了食堂现场电子监控、"明厨亮灶"生产、食品留样，配置食品检测设备与操作人员，严格执行"日管控、周排查、月调度"机制，对网络舆情投诉即办，及时整改，加强对外包食堂的安全监管，这些举措大大提升了学校食品安全保障能力，全力保障师生就餐安全与身体健康。

根据上级文件要求，大多数高校设置了食堂价格平抑基金；并结合本校实际，对学生食堂进行水电费减免、承担编制内人员工资、承担餐厨垃圾消纳等支持，减轻了食堂成本压力，促进正常办伙。

（注：在北京市政府支持下，北京高校于2012年统一设置了食堂饭菜价格平抑基金，每年生均300元标准（政府列支150元，学校同比配套150元），使用性质对食材成本和非在编员工成本大幅度上涨进行补贴，维持学生食堂价格水平。根据食堂成本增加的情况，2017年调整为每年生均450元（政府列支225元，学校承担225元），起到了平抑基金稳定食堂饭菜价格的作用。）

餐厅功能拓展，餐厅资源优化。学校餐厅集教育、学习、研讨、会议、文化、休闲、劳动等功能于一体，大大拓展了学校食堂功能，资源得到极度优化和充分利用，环境育人、文化育人、管理育人、服务育人得以充分彰显，成为师生第二个学习园地，受到师生欢迎。

劳动育人方面。各高校十分重视对学生开展劳动育人教育实践，主要通过以下举措实现劳动育人：一是普遍开设劳动教育课程和厨艺课堂，将学生劳动教育纳入学校伙食部门工作规划，构建新时代高校餐饮劳动教育体系和育人场景；二是开展主题教育，在重要节日组织学生冬至包饺子、中秋做月饼、清明做青团、端午包粽子，沉浸式体验中华传统劳动文化，中国人民大学王祚荣开设的劳动教育—餐饮烹饪课受到学生广泛欢迎，有理论课有实操餐饮选修课，成为学生通识教育的重要选修课；三是提升员工育人意识，让员工明白食堂工作对学生的劳动育人价值，优秀员工可以成为不上讲台的老师。以上方法和路径在劳动育人方面取得了良好效果，学生在劳动实践中提升了劳动技能，培养了团队精神、责任感和尊重劳动成果的意识，促进了学生的全面发展。

标准化管理取得阶段性成果。基于标准对食堂管理、卫生、安全、生产、服务、食品品质、环境秩序的重要指导性作用，标准化工作成为高校餐饮从业人员的共识。

所有高校食堂都分别应用了基础性质且重要实用的食堂现场管理方法——5S 管理、五常法、"六 T"管理、"4D"管理方法。部分学校食堂自加压力提高标准，建立了 ISO9001、HACCP、ISO22000 等全球质量标准体系并通过认证，向国际标准看齐，提高了学校餐饮标准化水平。

（三）成功经验与先进典型院校

1. 成功经验

（1）遵循市场经济规律与社会发展趋势，坚持伙食社会化改革不动摇，走"管办评"分离路子，选择适合学校实际的食堂运营模式和优质服务供应商。

（2）牢牢守住食品安全底线，通过员工安全教育培训、标准化管理、风险识别、制度完善、安全责任落实、智能安全监控等方法手段保障师生就餐安全。

（3）坚持公益性餐饮底色，严格执行"零租赁"、不收管理费等规定，将优惠政策、优势资源用于办好基本大伙食堂，切实保障好学生基本饮食需求。

（4）提供多样性档次齐全质量达标的餐饮服务，提供合理比例基本大伙、特色风味、品牌餐饮、休闲食品，高中低价格档次齐全，满足师生不同的就餐需求。

（5）夯实高校办伙硬件条件。食堂建筑的专业性设计、平面与空间布局、工艺流程、自然通风采光、设施设备科学配置、智能化赋能才能成就高质量餐饮。

（6）培养高素质餐饮人才。按照职业经理人标准重点培养具有食堂经营管理、食材采购、成本核算和烹饪卫生知识的核心骨干团队，掌握餐饮主导权和监管力。

2. 先进典型院校

整体而言，所调研的高校餐饮都办得比较好，克服了在编骨干严重不足、办伙成本逐年增加、从业人员文化偏低、年龄偏大、外卖冲击、多数学校条件欠优等困难，正确选择相适应的食堂运营模式机制，为师生提供了业态多样、品种丰富、档次齐全、卫生安全、质量合规的公益性、经营性餐饮服务，满足了师生餐饮需求，为学校的稳定和发展提供了扎实的餐饮保障。

这些院校中，以下高校食堂在社会化理念、绩效管理、经营服务、模式贡献度、团队及机制稳定性、社会效益与经济效益平衡性、安全与质量可控性等方面成效更加突出，引领力为行业所公认：北京大学、清华大学、中国人民大学、扬州大学、南京航空航天大学、西安交通大学、西北农林科技大学、四川大学、电子科技大学、重庆大学、内蒙古工业大学、华南师范大学、华南理工大学等。

(四) 问题与原因

1. 存在的问题

(1) 餐饮队伍稳定性不强，综合素质不高；员工缺乏职业规划、上升通道和岗位稳定性，主人翁意识和工匠精神严重不足；队伍现状成为高质量发展的关键制约因素。

(2) 普遍存在品种过多、同质化严重、粗放经营、烹饪方法欠营养科学的现象。基本大伙食堂普遍处于成本倒挂和亏损状态，学校经济负担逐年增加。

(3) 各地各校办伙政策差异明显；平抑基金虚设、低设现象普遍，其限制性使用条件脱离实际，基本起不到平抑基金的作用。个别地区平抑基金成为常态化伙食补贴，与其初衷不完全相符。高校食堂价格浮动机制未能启动，导致学生食堂成本倒挂，重新背上经济包袱。

(4) 食堂外包方面，校方对其食材供应链管理、用工及社会保险、食堂现场卫生、饭菜价格、毛利率指标和档口分包往往监管乏力。

(5) 外卖和校园周边餐饮摊点对学校食堂造成严重冲击，存在食品安全隐患和责任难以清晰界定问题。

(6) 地区间、校际间食堂"832"平台采购任务落差明显，采购量占比远不能达到政府部门要求，部分品种与食堂需求往往不对称，不少品种价格高于市场价，质量同比较差。

(7) 部分学校食堂建筑设施陈旧，流程欠科学，发展滞后，部分新建食堂非专业设计，问题突出隐患明显；部分食堂过度装修、超需求低效益配置设备、舍本逐末追求形象工程，做表面文章。

(8) 服务高校的餐饮企业数量过多且良莠不齐，缺乏时间长、积淀厚、实力强劲、具有广泛公信力和契约精神的社会头部品牌餐饮企业。据统计，各省区市平均引进社会餐饮企业达百余家，全国有 2 000 多家餐饮企业为高校师生提供餐饮服务，餐饮企业成熟度不高。

(9) 整体上，高校学生食堂发展不平衡、不充分，优质餐饮服务供给不足，食堂育人功能彰显不够，行政化色彩浓厚，短期行为明显，管理运营模式不稳定，优化度高稳定性强的学校餐饮管理模式机制尚未形成。单纯依靠经济手段维持伙食现状使新老问题叠加，部分学校伙食改革走回头路，未来充满不确定性。

2. 原因分析

(1) 餐饮部门主要领导轮岗频繁，缺乏领军人物和职业经理人；编制内员工严重不足，缺乏稳定性强的核心管理与技术骨干团队。

（2）区域间、校际间办伙政策不统一、差异明显、苦乐不均；整体上对食堂投入不足，流程不科学，设施设备匹配不够协调；社会化服务偏于保守，使基本伙食成本倒挂多年未能理顺。

（3）社会餐饮企业整体成熟度不高，品牌餐饮数量不足，用工普遍不够规范。

（4）不敢进行深水区伙食社会化改革，甚至改革走回头路，致使新老问题积累叠加。

（五）改进措施

1. 准确理解并执行《教育部办公厅关于推动高校后勤高质量发展的通知》精神要求，通过协会对相关成本核算标准的修改完善，形成合理的食堂成本分摊机制，找到并把握好学生食堂公益性运营与市场化结合的平衡点，理顺食堂饭菜价格，确保学校食堂良性可持续办伙。

2. 坚持"零租赁"、不收管理费的政策，将食堂价格平抑基金配置到位（应不低于基本伙营业额的5%），合理确定平抑基金的使用条件，真正发挥平抑基金的作用，防止起不到作用的平抑基金虚设、低设的"望梅止渴"现象。

3. 培养高素质餐饮管理人才和技术骨干人才。为适应学校餐饮高质量发展要求，必须进行后勤人才体制改革，打通餐饮从业人员身份限制、职业发展、上升通道、薪酬分配的堵点与卡点，重点培养餐饮行业领军人物和职业经理人骨干团队（核心团队占比不应低于餐饮部门总人数的5%）。才能确保自主经营食堂和外包食堂运营处于良好状态，实现稳定的办伙预期。

4. 高校食堂社会化改革符合发展趋势与市场规律，应当坚持学校餐饮社会化改革，无论采取什么社会化服务模式，选择有实力、声誉好、有资质的社会餐饮服务企业都是最重要的，即选择餐饮从业时间长、服务高校业绩突出、践行契约精神、通过ISO22000、HACCP体系、ISO14000、ISO18000、ISO28000认证并在有效期内的品牌企业为学校提供现代公益性微利经营餐饮服务（校方把握食材供应、业态结构、成本控制、安全监管核心业务）最为重要。

5. 加强标准化食堂建设，建设符合现代生产流程和标准要求的食堂建筑、设施设备、中央厨房集中加工冷链配送硬件系统；建设信息化、数字化、智能化全天候监管控制和智慧售餐饮结算软件系统；落实协会发布的餐饮体系团体标准，以促进校园餐饮高质量发展。

五、调研启示

（一）社会化服务是高校餐饮发展的趋势，公益性与市场化结合的资源优化配置，校园餐饮才有生命力。

（二）高质量校园餐饮就是以人为本，满足师生需求，长期主义不折腾，专业人做专业事，模式机制先进稳定。

（三）校园餐饮的竞争力及持续活力来自理念创新、制度创新、模式创新、产品创新、扁平化管理、精兵简政、高效决策、降低成本。

（四）餐饮从业人员的文化水平、专业技能、文明素养、敬业精神、自律自重是构建校园优质餐饮最重要的先决条件。

（五）选择重管理、讲诚信、守契约的知名品牌餐饮服务供应商，就是选择了确定性预期和多赢格局——师生、学校、企业三方受益。

全国高校学生公寓管理调研纪要：问题梳理与发展启示

一、调研背景

高校学生公寓（学生宿舍）是高校育人体系中不可或缺的重要组成部分。公寓不仅承担为学生提供基本住宿保障的功能，更是大学生学习、生活、交友、思想交流以及开展宿舍文化活动的重要平台。随着我国经济社会迈向高质量发展，新时代高校学生对住宿条件和育人环境的要求日益提高，学生对安全舒适、文化氛围浓厚的公寓生活充满向往。然而，目前高校学生公寓的供给与学生对美好生活的需求仍不尽匹配，宿舍床位供需矛盾和环境功能不足等问题依然存在。

党和政府高度重视高校学生公寓在落实立德树人根本任务中的作用。教育部等主管部门相继出台政策，将学生宿舍定位为开展"全员、全过程、全方位育人"的重要阵地。近年来，各高校在国家支持下不断加大宿舍建设投入，全国学生宿舍总量持续增加、条件逐步改善。特别是在高校后勤社会化改革背景下，公寓管理体制机制有所创新，住宿条件市场化、多样化趋势明显。但与此同时，我国高校宿舍建设和管理工作仍面临诸多挑战：部分学校因宿舍床位紧张，研究生扩招等因素导致供需失衡；一些老旧宿舍设施陈旧，功能单一，尚不能完全满足新时代大学生多元化的需求。

在此背景下，全国高校学生公寓管理工作专题调研正式启动。本次调研旨在全面了解各地高校学生公寓的管理服务现状，分析共性问题与突出矛盾，总结优秀经验做法，探讨新时代提升公寓育人功能、管理服务水平和后勤保障机制的路径。通过调研，希望进一步凸显学生公寓在高校"三全育人"体系中的重要作用，推动高校提升学生公寓管理服务能力，优化后勤保障机制，为大学生成长成才提供更加坚实有力的支撑。

二、调研总体安排

(一) 调研组织与范围

本次调研由中国教育后勤协会牵头组织,联合教育部发展规划司等共同实施,具有全国性覆盖。调研时间跨度为 3 个月,覆盖东部、中部、西部和东北等不同区域的数十所高校,既包括"双一流"建设高校,也涵盖一般本科院校、高职高专院校,确保样本具有代表性和多样性。参与调研的高校既有沿海发达地区高校,也有中西部欠发达地区高校,公寓管理模式各具特色,能反映出全国高校学生公寓工作的总体面貌。

(二) 调研方法与过程

调研采用"定量与定性相结合、实地与问卷相结合"的方式,多渠道搜集数据和信息。具体来说:一是问卷调查,面向高校住宿学生发放问卷,了解学生对宿舍条件、管理服务满意度及诉求,共回收有效问卷近 2 000 份,覆盖本科生、研究生群体。二是座谈访谈,分别与学生代表、宿舍管理人员、辅导员及后勤管理干部等开展座谈会和个别访谈,深入了解一线管理服务情况和存在的突出问题。三是实地走访,调研组分赴部分高校实地考察学生宿舍,察看宿舍设施条件,观摩宿舍管理工作流程,并与兄弟院校交流公寓管理经验。在走访过程中,对一些典型做法和特殊管理难点(如宿舍熄灯断电规定执行情况、宿舍安全管理措施等)进行了专项调研。四是资料分析,收集各校学生公寓管理相关制度文件、年度工作报告及典型案例材料,梳理政策规范和经验成果。整个调研过程坚持"深入扎实、细致准确、高效务实"的原则,确保获取第一手翔实资料,力求全面、客观地反映全国高校学生公寓管理工作的现状。

(三) 数据汇总与分析

调研获取的大量问卷数据通过统计分析提炼出共性问题指标,并结合访谈记录进行交叉印证。调研团队对照不同类型高校、公寓规模条件等因素,分析管理服务上的差异与共性挑战。同时,精选出若干在公寓管理服务方面表现突出的高校案例,深入剖析其成功经验和创新举措。通过定量数据与定性案例相结合的分析方法,调研形成了对全国高校学生公寓管理工作较为全面的认识,为提出切实可行的对策建议打下基础。

三、调研结论

调研发现，在高校学生公寓管理服务方面既存在一些具有普遍性的困难和问题，也涌现出不少卓有成效的经验与亮点。以下分别总结调研结论中的主要问题和典型做法。

（一）存在的主要问题：

1. 宿舍资源供需矛盾依然存在。调研数据显示，不少高校特别是学生规模增长快的院校面临宿舍床位紧张的问题。一些高校虽然近年来新建或改扩建了宿舍楼，但仍难以满足本科生大规模扩招和研究生招生快速增长带来的住宿需求。有的高校不得不采取调整宿舍使用策略（如降低高年级住宿保障、鼓励校外租住等）以缓解住宿压力。这暴露出高校宿舍建设在总量上仍有不足，"大班额"宿舍现象在部分学校存在，少数学生仍需居住 8 人间甚至更拥挤的宿舍环境。宿舍供需失衡不仅影响学生基本生活满意度，也对高校办学能力提升产生制约。

2. 基础设施条件有待改善。调研中许多学生反映宿舍设施老化、环境条件与期望有差距。例如，部分老校区宿舍门窗设施陈旧、供暖供冷不足、热水供应有限等问题突出。南北地区在宿舍环境方面的问题呈现不同特点：南方高校夏季炎热仍有相当比例宿舍未安装空调，北方高校冬季有的宿舍取暖设备不足，导致学生气候舒适度不佳。此外，不少高校宿舍功能空间相对单一，缺乏学习、自习、交流的公共区域，难以满足学生课余学习和社交需求。虽然近年来大部分高校通过升级改造改善了住宿条件，但设备老化、功能不完善的问题在全国范围内具有一定普遍性，宿舍环境育人的基础亟待加强。

3. 公寓管理专业化、规范化程度不足。调研发现，多数高校的宿舍管理服务队伍以宿管员和后勤物业人员为主，整体专业水平有待提高。一些宿舍管理员缺乏系统培训，上岗资格和培训考核机制不健全，管理服务能力参差不齐。由于缺少职业发展通道和激励，宿管队伍稳定性不强、流动性较大，经验传承和专业成长受到影响。在管理制度方面，部分高校尚未建立起完备的学生公寓管理协调机制和标准规范，不同部门职责边界不清晰，宿舍安全、卫生、维修等事务协调效率不高。这导致某些问题得不到及时解决，管理上出现真空或多头管理现象。

4. 管理服务与学生需求衔接不够、人性化服务不足。许多高校在宿舍管理中沿用传统的封闭式管理模式，一些规定和措施未能与新时代学生的自主性和个性化需求相适应。比如，不少高校仍实行夜间宵禁或定时熄灯断电制度，虽意在保障作息规律和安全，但也引发部分学生的不满，认为影响正常学习生活。如何平衡宿舍纪律要求与学生自主权成为管理难点之一。又如，在处理宿舍卫生、违规使用电器、晚归查寝等问题时，一些管理方式简单生硬，缺乏教育引导和沟通，学生满意度不高。调研还发现，学生诉求反馈渠道不畅通也是突出问题之一：学生对宿舍条件或管理的意见往往缺乏及时表达途径，建议和投诉难以及时传达到管理层，问题解决滞后。这些都表明部分高校宿舍管理的人性化、精细化程度不足，尚未完全做到以学生为中心、及时回应学生关切。

5. 公寓育人氛围与文化建设相对薄弱。学生公寓作为大学生活的重要场域，理应在育人方面发挥作用。然而调研发现，一些高校对宿舍的思想教育和文化建设重视不够，存在"重管理轻育人"的倾向。很多宿舍的文化活动、思想引领主要依赖学生自发组织，缺乏系统规划与支持，宿舍文化氛围不浓。一些宿舍虽然开展过评比表彰等活动，但形式较为单一，难以长期激发学生参与热情。在大学生成长的关键环节上，宿舍尚未真正成为"第二课堂"、心理健康教育、朋辈互助、文明素养培养等工作在宿舍中的开展仍有不足。总体而言，目前不少高校的学生公寓育人功能与潜力没有得到充分挖掘，如何将宿舍打造为有温度、有文化的"学生之家"仍是亟待破解的课题。

（二）典型经验与亮点做法：

尽管存在上述挑战，各地高校在学生公寓管理服务中也探索出许多富有成效的做法，为同行业提供了宝贵经验。调研总结了若干具有代表性的亮点举措：

1. 完善设施条件，建设智慧公寓。不少高校近年来投入专项资金升级宿舍硬件设施，着力改善学生生活条件。例如升级家具和床铺、加装空调和热水淋浴设备、增设自助洗衣机和晾衣设施等，有效提升了住宿舒适度。同时，顺应"智慧校园"发展趋势，许多学校推进智慧公寓建设，以信息化手段提高管理服务水平。具体举措包括：宿舍门禁刷卡或人脸识别系统实现出入智能管控，安装用电安全监测和能耗管理系统保障安全节能，开发宿舍服务微信小程序或APP方便学生在线报修和反馈诉求等。据统计，近一半学生认为智慧公寓的建设能够有效提升居住体验。例如，北京化工大学等高校的实践表明，建设集成智能识别、能源管理、住宿管理于一体的智慧宿舍平台，可打造安全、一体、智能的生活空间。智慧公寓建设已成为未来高校宿舍发展的主要趋势，各校通过技术赋能实现了宿舍管理提质增效，学生满意度明显提高。

2. 健全队伍培训，提升专业服务。优秀案例高校普遍重视公寓管理队伍的建设与能力提升。首先是明确宿管人员岗位职责和服务标准，对宿管员定期开展培训和经验交流，不断强化责任意识和服务意识。一些学校编制了《宿管员工作手册》，细化日常巡查、安全防范、应急处理等流程，并建立考核激励机制，促使宿管员履职尽责。其次，强化学生工作干部对宿舍的管理支持作用。许多高校实行辅导员入住学生公寓制度，让专职辅导员定期轮值或长期住宿舍值班，与学生同住共处。例如，华中科技大学等要求新入职辅导员连续3年入住学生宿舍，长沙理工大学规定新辅导员入住公寓不少于4年。实践证明，辅导员进驻公寓后，师生沟通更顺畅，学生思想教育和危机干预能够及时进行，宿舍管理的育人功能显著增强。这一举措已成为各校建设"一站式"学生社区的重要内容。通过专职队伍和学生工作队伍"双线发力"，高校公寓管理服务的专业化水平和育人效果都有了明显提升。

3. 推行自治管理，构建共治体系。调研发现，鼓励学生参与公寓管理、自主管理已成为很多高校提升宿舍管理实效的重要手段。一些高校建立了完善的学生公寓自治组织体系，例如成立学生公寓自律委员会，在其下设立由学生担任的"楼栋长—楼层长—宿舍长"三级网格化管理架构。以四川水利职院为例，该校实施"楼栋长制"，明确每栋楼、每层楼、每个宿舍的学生负责人及职责，实现管理责任到人，强化了寝室日常秩序维护和卫生检查等工作的执行力。通过构建完善的学生自治体系，学生在宿舍管理中由被动接受管理转为主动参与治理，不仅减轻了宿管人员压力，更培养了学生自我教育、自我服务的能力。调研问卷亦显示，大学生对宿舍自治管理有着强烈诉求，近70%受访学生希望学校进一步拓展学生自治管理渠道。实践证明，"共建共治共享"的公寓治理模式能有效提升管理效率和育人实效，营造更民主和谐的宿舍氛围。

4. 丰富文化活动，打造育人"第二社区"。许多高校将宿舍文化建设融入公寓管理，营造积极向上的育人环境。常见做法包括：持续开展"文明宿舍"创建和评比活动，定期表彰优秀宿舍和积极分子，树立榜样引领；举办宿舍文化节、宿舍装扮大赛、板报评比、寝室才艺展示等活动，激发学生热爱宿舍、建设家园的热情；在宿舍公共区域布置学习园地、文化墙，张贴名人名言、优秀校友事迹，潜移默化传播正能量。此外，一些高校注重将思想政治教育融入宿舍文化，例如创建"党员示范宿舍""党员之家"活动阵地，发挥学生党员骨干在宿舍中的榜样作用。还有高校组织新生与毕业生开展"宿舍寄语"、主题班会等,在宿舍中传承优良学风和校风。这些丰富多彩的宿舍文化活动使学生公寓不仅是生活空间,更成为凝聚人心、砥砺品格的第二社区,极大增强了学生的归属感和集体荣誉感。调研典型案例表明,通过注重文化育人,高校宿舍呈现出"文明其室、和谐其风"的崭新面貌。

5. 完善管理机制,协同保障有力。在管理体制创新方面,先进高校的经验是建立起校院两级、多部门协同的宿舍管理机制。比如成立由后勤、学工、保卫、院系等多方组成的学生公寓管理委员会或领导小组,定期会商解决宿舍重大问题,形成齐抓共管局面。一些高校推行"三级联动"管理模式,即学校职能部门统筹指导、二级学院具体管理、宿舍楼栋基层自治相结合,确保问题处理及时高效。在服务保障上,推行 24 小时值班和响应机制,完善宿舍维修快速响应制度和应急处置预案,保障宿舍安全与服务的连续性。优秀案例高校还注重制度先行,制定了较完备的学生公寓管理办法和服务标准,明确各环节流程和责任人,实现管理工作的制度化、规范化。例如有高校通过党建引领,将党支部建在公寓,推动辅导员、宿管、学生党员"三支队伍"联动开展工作,构建"党建＋公寓管理"模式。总体来看,这些机制创新保障了宿舍管理有人抓、责任有人担、问题有人管,提升了管理效能。各高校之间通过全国性的经验交流和优秀案例评选,相互借鉴先进做法,推动整个行业管理服务水平的共同提高。

调研结论表明:高校学生公寓管理工作既有共性难题需要破解,也有大量亮点经验值得推广。在基础条件、管理队伍、育人活动、制度机制等方面,全国高校可以相互学习借鉴,不断改进提升学生公寓的管理服务质量,使之更好地服务于高校育人中心工作。

四、调研启示

本次调研中呈现出一些具有普遍意义的发展趋势和规律性认知,对行业的整体提升以及行业组织开展工作具有重要启示价值:

一是学生公寓正在从基本保障向综合育人平台转型。调研显示,越来越多高校不再将宿舍仅仅视为"住宿空间",而是纳入人才培养全过程的重要场域。从功能规划到服务理念,从制度设计到文化建设,学生公寓正由"生活场所"升级为"育人空间",成为"三全育人"体系的前沿阵地。这一趋势提示行业应在标准制定、理念宣传和示范引导上进一步强化"以育人为核心"的价值导向。

二是管理工作的专业性、系统性需求日益突出。随着住宿需求的复杂化、设施的现代化以及管理对象的多元化，传统以人管事、经验办事的管理模式已难以满足现实需要。调研反映，管理体系、人员队伍、服务流程、技术工具等方面的协同机制不健全，是影响公寓运行效能的普遍问题。行业组织亟须推动高校在制度设计、队伍建设和运行机制等方面向"专业化、标准化、流程化"迈进。

三是行业之间的差距加大，亟须强化分类指导与区域协同。调研过程中可见，经济发达地区高校与欠发达地区高校在资源供给、设施水平、管理模式上的差异明显，部分学校面临"硬件难以改善、软件力不从心"的双重挑战。行业组织需加强横向联动、上下联动，在政策研究、资源调度、能力提升方面更精准发力，推动区域内形成共同进步、协同治理的良性生态。

四是师生诉求的参与性、即时性日益增强。调研反映出高校学生对公寓服务的期待已由"是否有"转向"是否好"，管理者对学生个体差异、行为偏好、生活体验的理解和回应能力成为评价标准的重要维度。这对高校和行业组织都提出了新的要求，即要更加关注使用者视角，从服务设计、评价机制到反馈通道，构建更加开放、透明、回应式的管理环境。

五是行业治理已从"自下而上经验推动"迈入"制度牵引、机制驱动"新阶段。此次调研所揭示的诸多问题本质上是体系性、结构性的，亟须行业从"点上经验总结"过渡到"面上制度供给"。这要求协会不仅要继续承担经验梳理与传播的责任，更应在标准建设、政策倡导、能力培训、平台共建等方面发挥"统筹者、推动者、连接者"的作用，助力高校形成更加可持续的发展格局。

全国教育后勤信息化建设调研报告

一、调研背景

当前，我国正以教育数字化为重要突破口，开辟教育发展新赛道和塑造发展新优势，全面支撑教育强国建设。在教育数字化战略行动的指引下，数字教育发展的巨大潜能正在不断激发和释放。信息技术的快速发展与广泛应用为教育领域改革创新注入了新的动力，促进了教学、服务等校园新业态和新模式的迸发，作为学校各项事业发展的基础性工程和育人的重要阵地，后勤在数字化创新方面势在必为、大有可为。近年来，我国各学校不断加大新技术的引进力度，通过技术赋能提高后勤服务保障质量和效率，在后勤信息化建设类型、深度、广度以及保障机制等方面均取得了新的突破，为服务广大师生、保障学校发展、实现服务育人等方面作出了新的贡献。

为整体了解2020年以来全国教育后勤信息化建设现状，把准全国教育后勤信息化事业发展脉络，总结我国教育后勤信息化发展成果、不足，分析问题、提出对策。中国教育后勤协会信息化专业委员会于2023年和2024年分别开展了全国教育后勤信息化调研活动，2023年的调研活动侧重于对学校后勤信息化自疫情以来的整体建设情况进行了解掌握，2024年则在此基础上进一步深挖学校后勤主要业务的后勤信息化应用情况及新技术应用情况。旨在通过调研，助力学校及教育行政部门精准施策，推动提升我国学校后勤数字化水平，促进人工智能等技术助力后勤改革，助力教育后勤事业高质量发展。

二、调研方法

调研采取线上线下相结合的方式，以线上问卷调研为主，线下走访交流为辅。在线上调研层面，信专会根据我国学校发展实际和行业发展情况，有针对性地设置了问卷题目，调研范围涉及学校基本情况、后勤信息化体制机制及保障机制、后勤信息化建设及应用水平、主要业务建设情况、新技术应用情况和未来发展等多个方面，为确保调研数据的普遍性和真实性，一方面通过网站、工作群、地方协会等途径广泛发放调研问卷，另一方面根据学校办学性质、办学层次、所处地区等因素，秘书处主动遴选并联系了部分院校参与问卷调研工作，2023年收集各级各类学校有效问卷320份，2024年收集各级各类学校有效问卷156份；在线下调研层面，信专会选取了各地区较具代表性的院校，通过实地走访、座谈交流等方式对学校后勤信息化情况进行整体感知和调研学习，走访包括吉林大学、四川大学、大连理工大学等30余所院校。调研共覆盖华北、华东、东北、华中、华南、西南、西南等多个地区（见图1）。

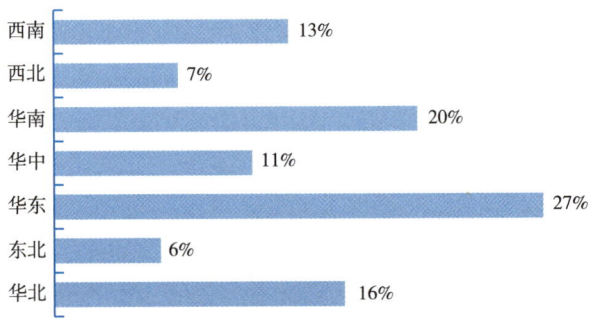

图1　参与调研学校所在地区占比

参与调研的学校涉及普通本科及以上高等学校、高职高专学校、独立学院/成人高等学校、普通中小学、中等职业学校、中外合作办学等多种办学层次（见图2），及部属院校、省属院校、地（市）属学校、民办院校/社会力量办学等多种办学性质院校（见图3）。

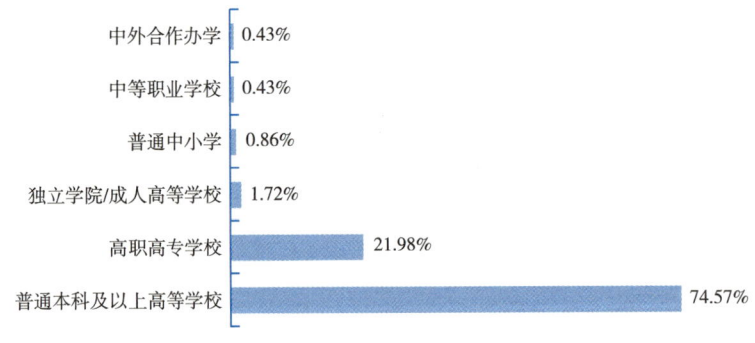

图2　参与调研学校办学层次

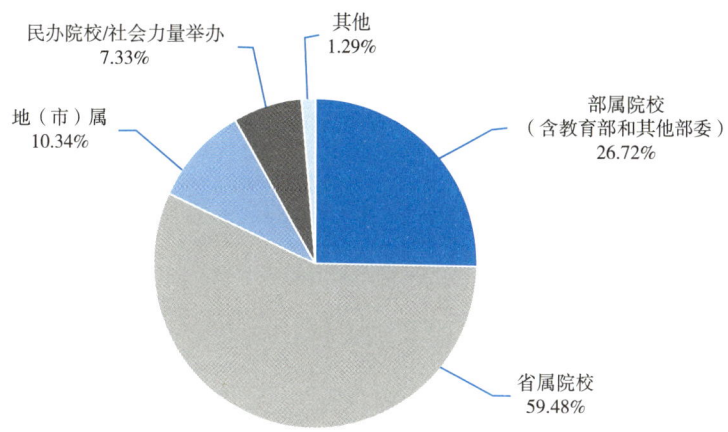

图3　参与调研学校办学性质

三、调研分析

1. 在后勤管理体制方面，后勤"大部制"管理（即一个后勤管理主体）逐渐成为学校的主流选择，实行校内"甲乙方"模式的学校占比相对较小，2024年参与调研的学校当中，实行大部制管理（后勤保障部/总务部/后勤服务中心等）的学校数量占比已超70%（见图4）。

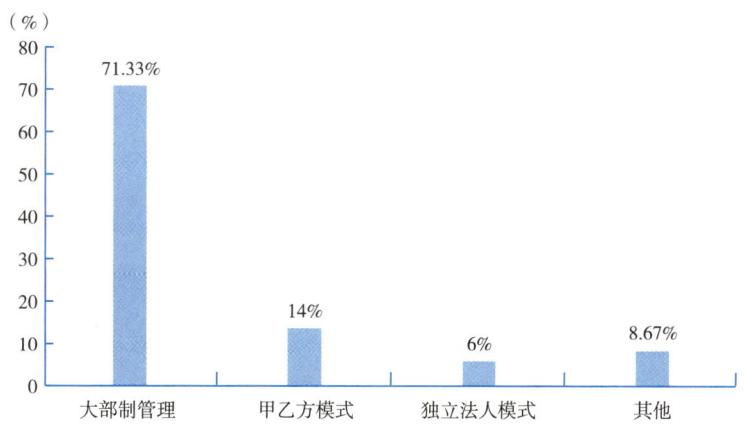

图4　2024年调研学校后勤体制机制情况

2. 在后勤信息化主导部门方面，主要是以网信办等学校信息化部门为主导，后勤部门次之，主要的经费来源以学校专项经费为主，自筹经费为辅（见图5、图6）。

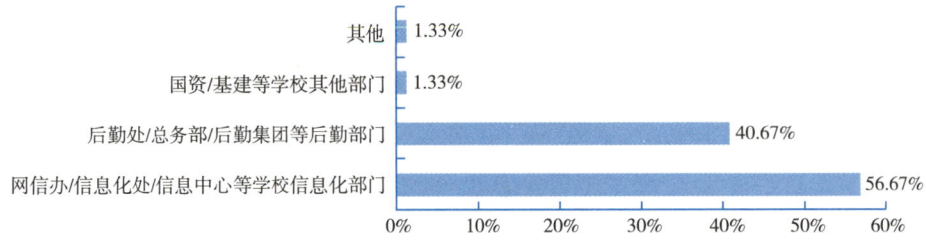

图5　2024年调研学校后勤信息化主导部门情况

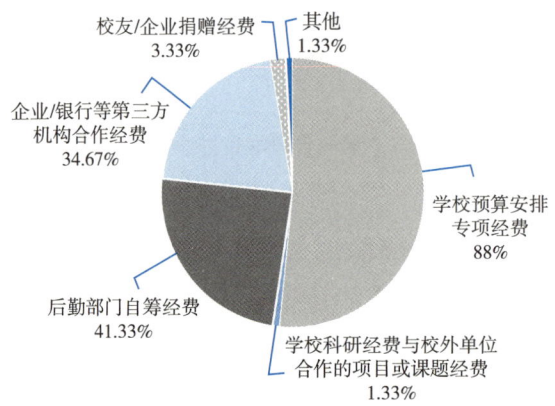

图6　2024年调研学校后勤信息化经费来源情况

3. 在人员保障方面，学校后勤信息化专职及兼职人员的配备数量总体较少，20%的学校未配备专职人员，60%的学校专职人员不足5人；近50%的学校兼职人员在5人以内，仍有9%的学校尚未配备信息化兼职人员（见图7、图8）。

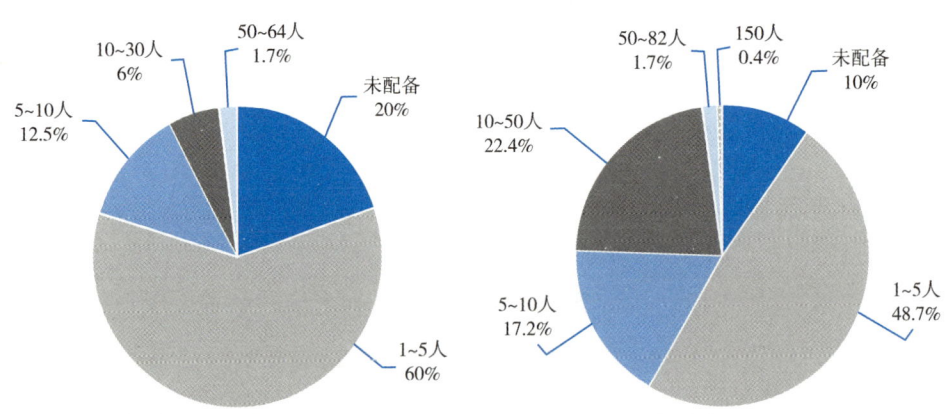

图7　2023年调研学校后勤信息化专职人员配备情况

图8　2023年调研学校后勤信息化兼职人员配备情况

4. 在制度建设方面，超65%的学校已经将后勤信息化纳入了学校总体发展方案的考量当中，接近40%的学校制定了专门的后勤信息化规划/方案/计划，建立了信息化建设与管理办法的学校数量占比也在28%左右（见图9）。可以看出，后勤信息化逐渐引起学校管理者的重视，纳入未来发展，但对于信息化的管理及考核评价、制度建设等方面仍需加强。

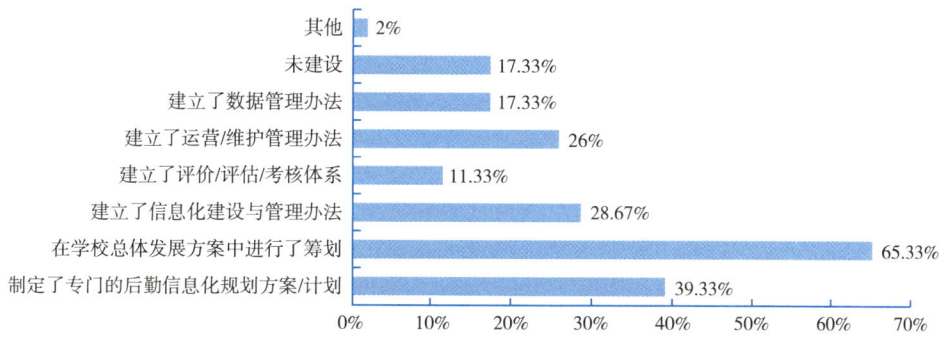

图9　2024年调研学校后勤信息化制度建设情况

5. 根据2023—2024两年调研情况得出，各校后勤信息化建设涉及餐饮、公寓、能源、物业等多个业务领域，基本覆盖学校后勤管理与服务场景，其中餐饮、公寓、物业、能源等后勤主要业务方面以及OA办公等管理层面的学校占比较高，占比均超过50%或接近50%（见图10）。

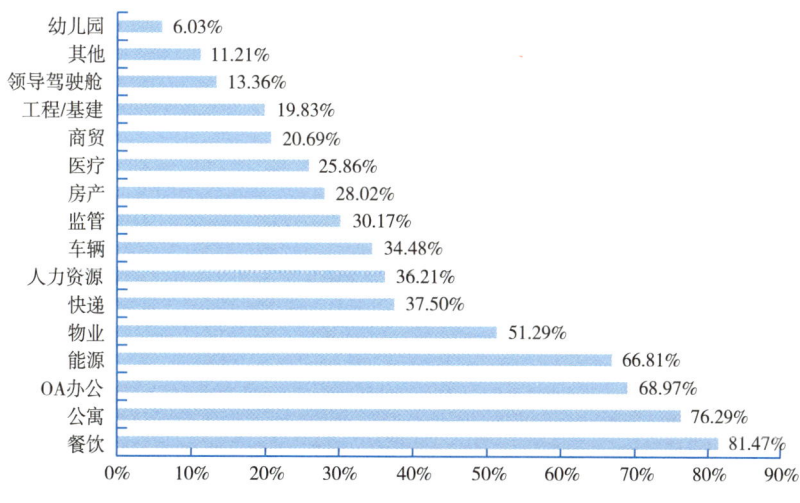

图10　2023年调研学校后勤信息化业务建设情况

其次，建设了人力资源管理系统的学校数量连续两年占比超30%，2023年统计数据中，建设后勤监管系统的学校数量占比也超过了30%，侧面说明各校管理逐步

向精细化、科学化发展，建立有效的监管逐渐成为各校的重要诉求（见图 11）。

图 11 2024 年调研学校后勤信息化业务建设情况

其他	3.33%
决策分析	15.33%
人力资源管理	35.33%
办公管理	46%
宾馆服务	18%
车辆服务	34.67%
快递服务	26.67%
商贸服务	21.33%
维修服务	78.67%
能源管理	72.67%
校园物业	46.67%
学生公寓	76%
饮食服务	80%

6. 在 2019 年底疫情之前，各校建立并投入使用的后勤信息化软件以报修、公寓、餐饮、节能监管、服务监督及一站式服务大厅等传统业务平台为主，涉及管理决策方面平台相对较少。自 2020 年以来建立并投入使用的后勤信息化软件中，报修、餐饮、公寓、节能监管等软件系统占比仍然比较高，与此同时，校园订餐、人力资源管理、大数据分析等业务系统的建设应用有了明显提升，一定程度上说明各校对于师生个性化需求的满足和管理效益的提升更加重视（见图 12、图 13）。

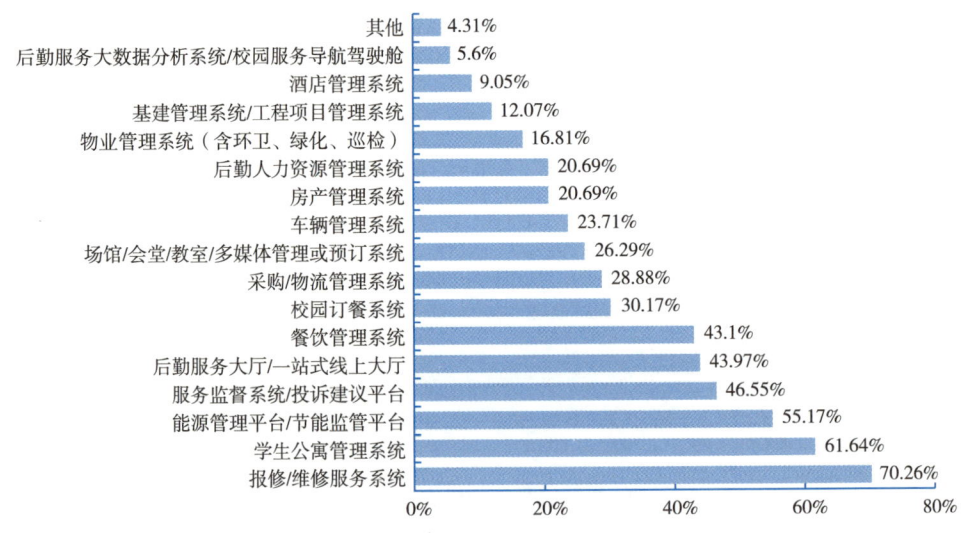

图 12 2023 年调研学校疫情前后勤软件建设情况

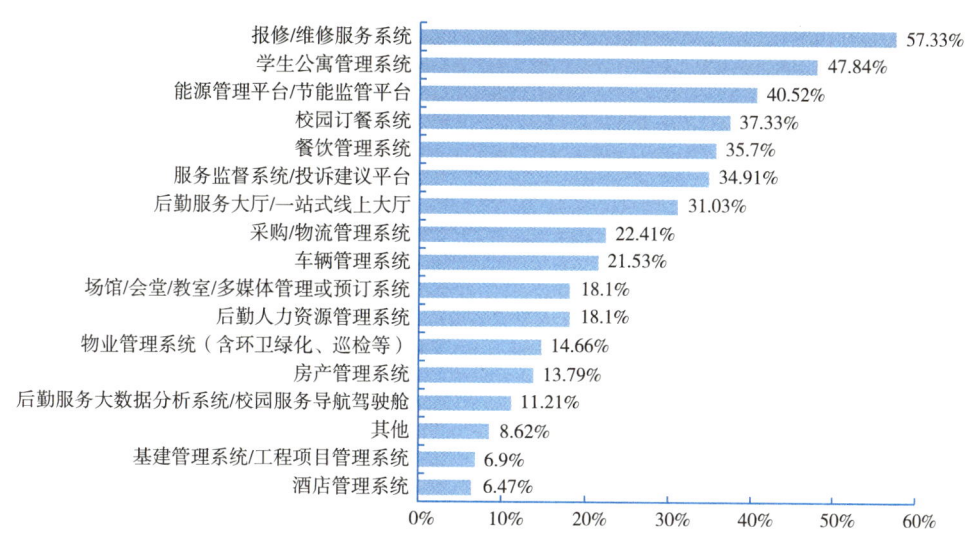

图 13　2023 年调研学校疫情后后勤软件建设情况

7. 在 2019 年底疫情之前，各校自建或自采的后勤信息化硬件以智能水电表、明厨亮灶、门锁、洗浴、洗衣等为主，此时，物联网及智能家居相关新兴技术产品已经具备了一定应用规模；自 2020 年以来自采或自建的后勤信息化硬件，智能水电表和明厨亮灶仍旧是被更多学校引进的智能设备，同时，自助称量、智能闸机、智能家居以及物联网相关设备硬件应用有了明显提升（见图 14、图 15）。

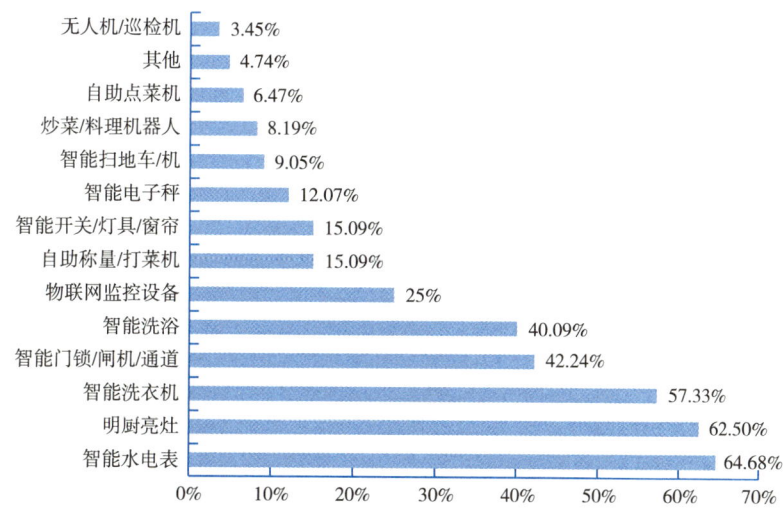

图 14　2023 年调研学校疫情前后勤硬件引入情况

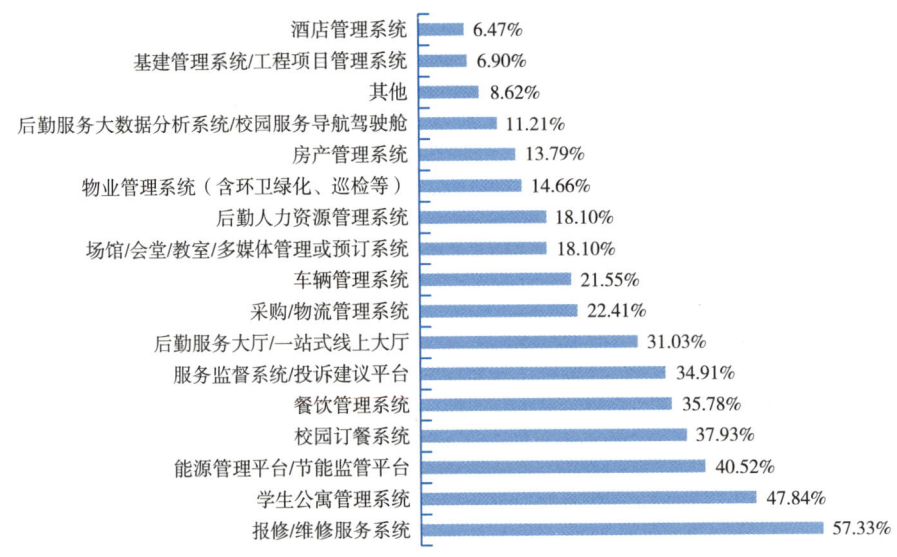

图 15　2023 年调研学校疫情后后勤硬件投入情况

8. 在餐饮服务领域，软件层面学校的重点在于食品原材料采购、库房管理和订餐服务、服务监督等方面；硬件层面学校的重点在于师生就餐服务、食堂安全管理等方面，以智能打菜机/智能点菜机/智盘结算、明厨亮灶/智能摄像头、自助消杀柜/消毒机等为代表，一定程度上可以说明便捷化的就餐服务、有保障的餐饮安全是各学校饮食工作中的重点考量（见图16、图17）。

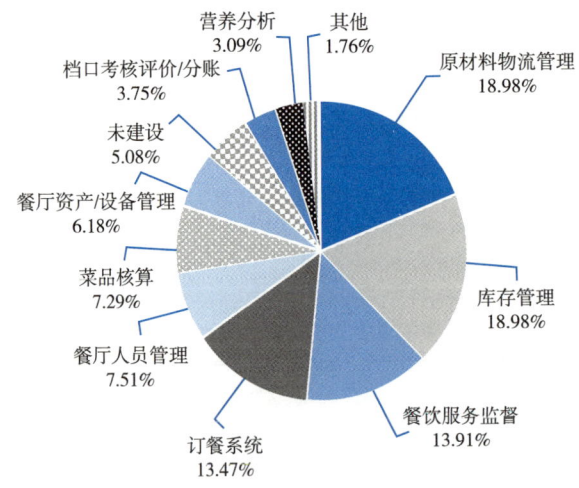

图 16　2024 年调研学校餐饮服务领域软件建设情况

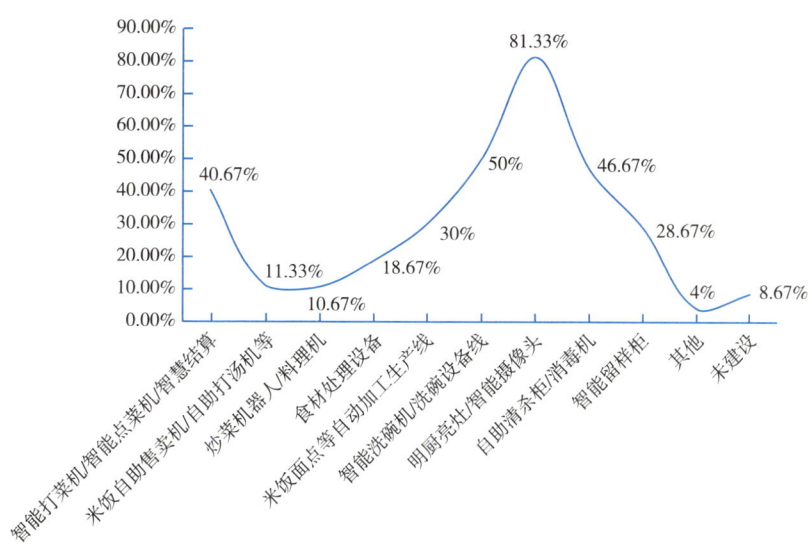

图 17　2024 年调研学校餐饮服务领域硬件建设情况

9. 在学生公寓领域，软件主要应用于房源的调配、选房、迎新/离校等，也有相当一部分学校建设了公寓安全管理、检查、电子花名册等应用系统，占比在 38%～50% 不等；硬件层面，引入智能洗衣、刷卡/指纹/掌纹/人脸识别闸机通道的学校数量均超过了 70%，其次引入无人售货、智能摄像头、智能直饮水、智能门锁、智能电吹风等智能设备的学校数量也相对较多，可以看出学校在满足学生的个性化住宿需求、提升学生的住宿生活体验、保障公寓安全等方面做出了积极努力（见图18、图19）。

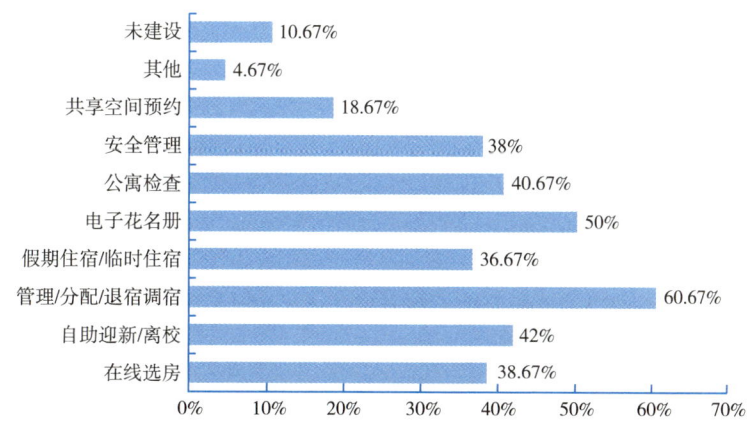

图 18　2024 年调研学校学生公寓领域软件建设情况

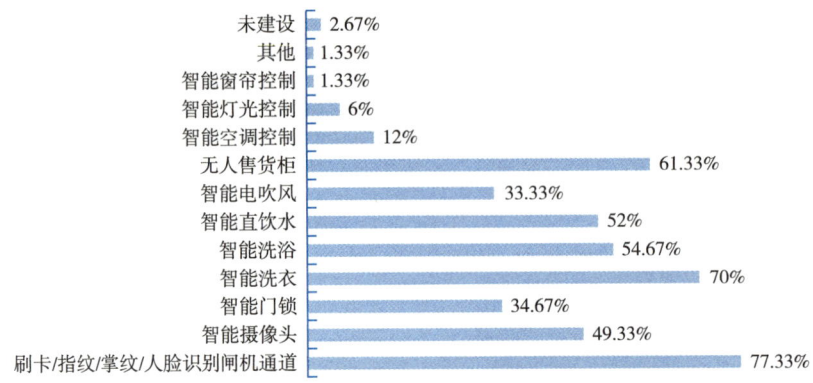

图19　2024年调研学校学生公寓领域硬件建设情况

10. 在校园物业领域，软件应用主要集中在报修/报事系统、巡检监管等特定系统上，硬件建设的整体情况与软件情况类似，主要在门禁/闸机通、自助充电桩等刚需产品上较多，此种现象一定程度上与学校物业服务的社会化趋势有关，服务商开发建设与学校自主建设进行了互补（见图20、图21）。

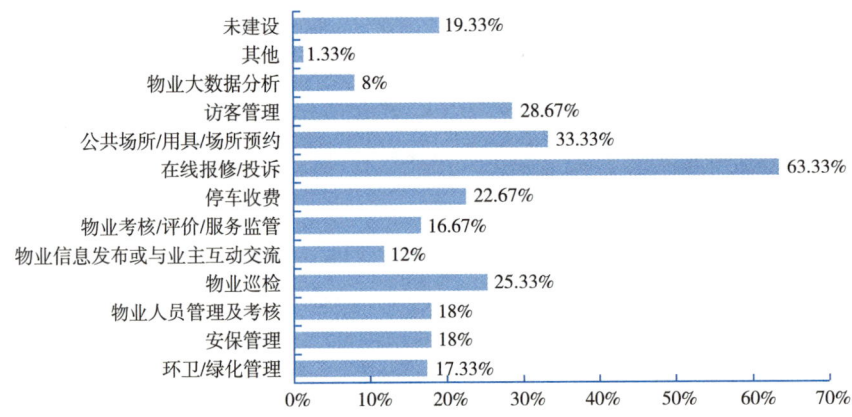

图20　2024年调研学校校园物业领域软件建设情况

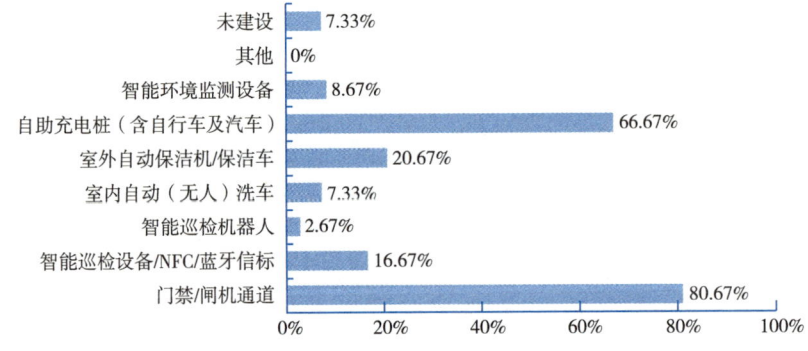

图21　2024年调研学校校园物业领域硬件建设情况

11. 在能源管理领域，软件层面整体建设情况较好，主要为智慧供配电、供配水、能源监管、远程缴费等系统，相应在硬件层面智能配电设备、供水设备、智能计量、新能源设备方面的引入范围也相对较广，这充分反映了绿色节能、精准管理、提高能源使用效率等理念已经深入学校能源管理当中（见图22、图23）。

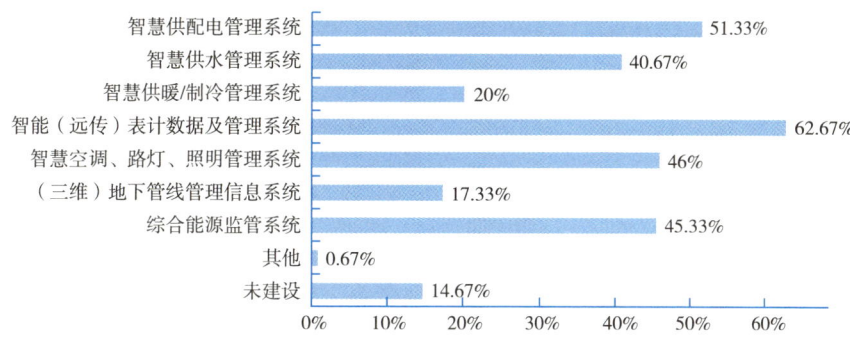

图22　2024年调研学校能源管理领域软件建设情况

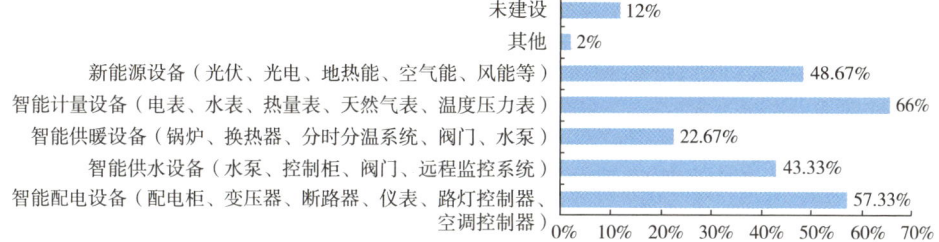

图23　2024年调研学校能源管理领域硬件建设情况

12. 在其他业务领域方面，参与2024年调研的学校有44%~55%建设了人事及薪资管理系统、资产/设备管理系统及教室/会议室预约系统，超过70%的学校建设了服务监督、智慧办公/OA系统，建设了报修服务系统甚至超过了80%，可以认为大部分学校积极通过应用信息化手段，来改进服务质量、提升管理效能（见图24）。

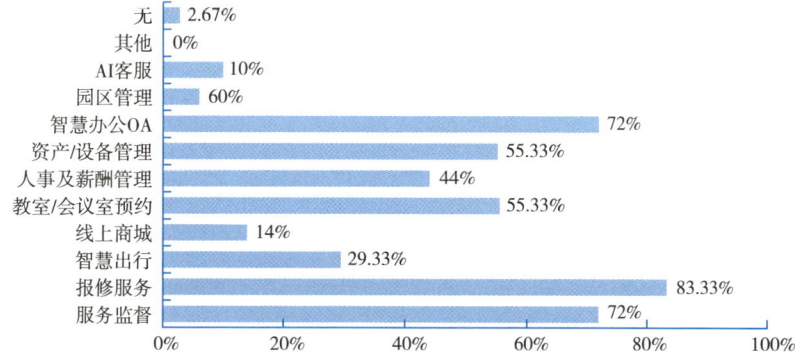

图24　2024年调研其他业务领域信息化建设情况

13. 在新技术应用层面，引入数据看板/领导驾驶舱/智能 BI 数据分析可视化平台、数据监测/风险预警、数据汇总分析等大数据平台的学校数量占比在42%～52%不等，大数据在数据分析、决策支持、风险预警等方面的作用日益凸显（见图25）。

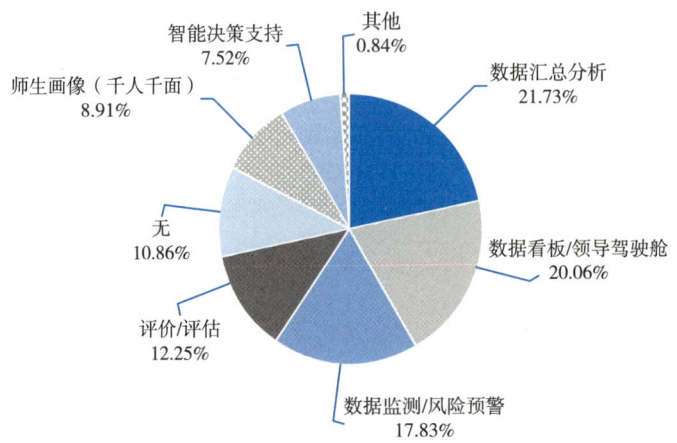

图25 2024年调研学校大数据技术应用情况

引入门禁或安防监控等物联网技术的学校数量占比均超过了84%，也有相当一部分学校在节能或设备管理领域应用了物联网技术，这与智能硬件设备的普及和发展是密切相关的，借助物联网设备，学校在特定领域能够实现远程管理、自动化服务和实时预警等功能（见图26）。

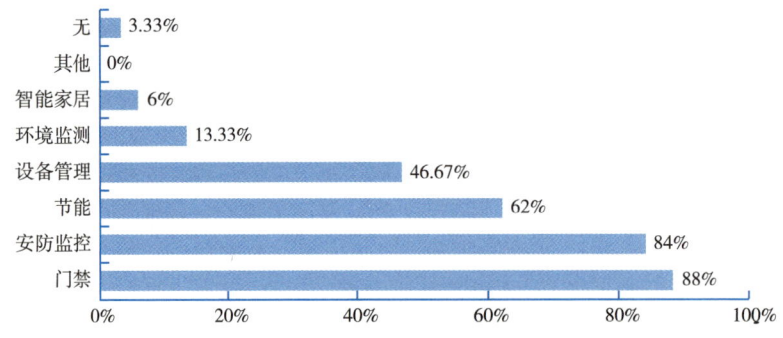

图26 2024年调研学校物联网技术应用情况

人工智能技术在学校后勤领域的应用尚处于萌芽阶段，现阶段人工智能技术应用的场域大部分在身份识别、智能客服/AI 问答、无人送货、自助结算等领域（见图27）。

在智能支付领域，引进聚合支付的学校占比在60%左右，仅开通了微信支付或支付宝支付的学校占比各为30%左右，30%左右的学校引进了人脸识别支付，其余类型智能支付在学校尚处于起步或试点阶段（见图28）。

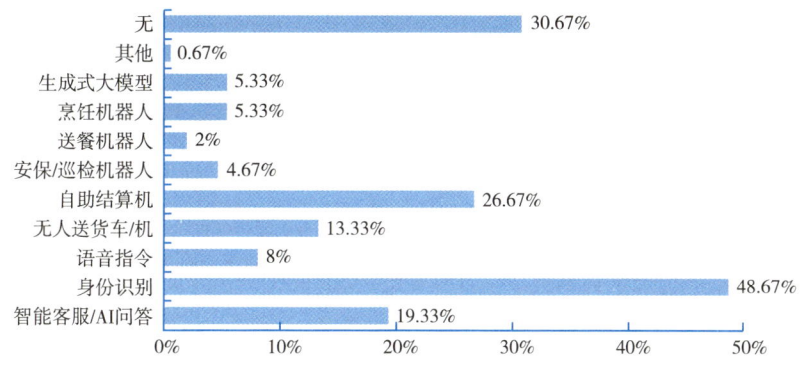

图27　2024年调研学校人工智能技术应用情况

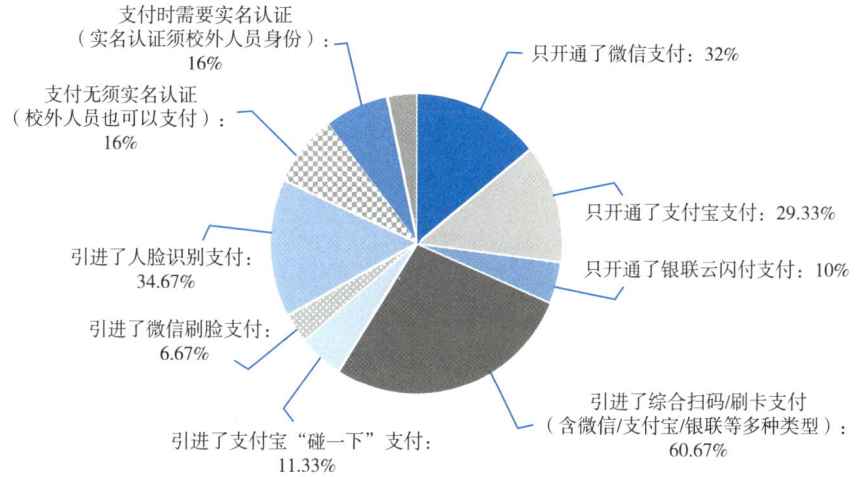

图28　2024年调研学校智能支付引入情况

14. 在2023—2024两次调研中，提供学校门户/PC端访问窗口的学校均超过了80%，平均71%的学校提供了微信端访问窗口，建设APP端的学校也已超过了50%，由此可见，便捷师生服务获取手段、满足师生多样化的使用习惯已经成为各校后勤信息化建设的共识（见图29、图30）。

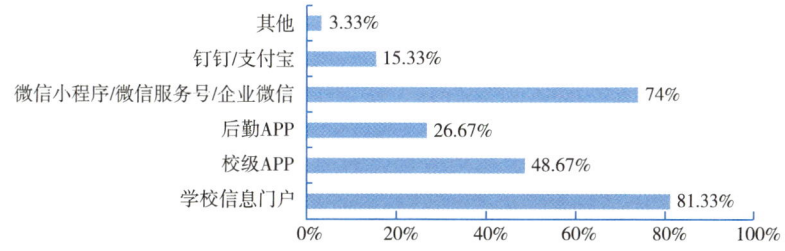

图29　2024年调研学校后勤信息化软件访问端口

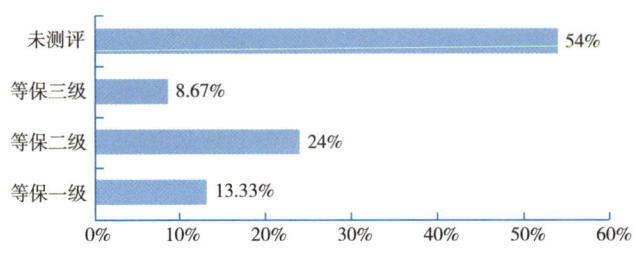

图30　2023年调研学校后勤信息化软件访问端口

15. 各学校后勤信息化系统/应用融入学校整体情况较好，超60%的学校以平台/系统的形式在学校整体平台上插入了服务链接或提供入口，1/3左右的学校正在计划与学校整体进行融合（见图31）。

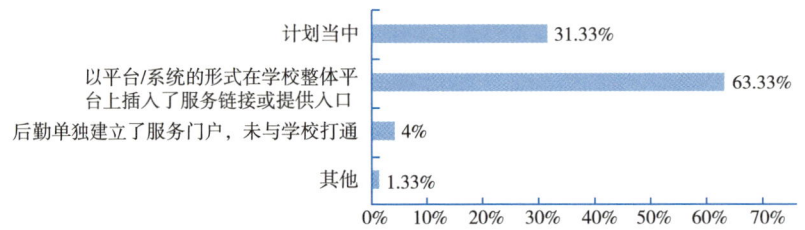

图31　2024年调研学校后勤信息化融入学校情况

16. 23%左右的学校仍然存在信息化系统建而未用的现象，造成此现象的主要原因有不符合实际需求/未达到预期效果、长时间未升级或运维导致无法满足需求、校内人员或政策等原因（见图32）。

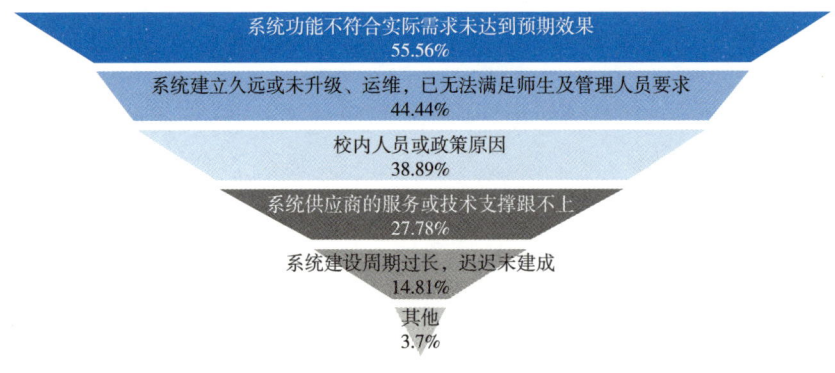

图32　2023年调研学校系统搁置主要原因

17. 在安全管理方面，未对后勤信息化系统做等级保护测评的学校数量占比高达54%，已进行等级保护三级测评的学校数量仅为8%（见图33）。

超84%的学校主要的安全管理措施是部署在校内服务器上并由学校网信部门代管（见图34）。

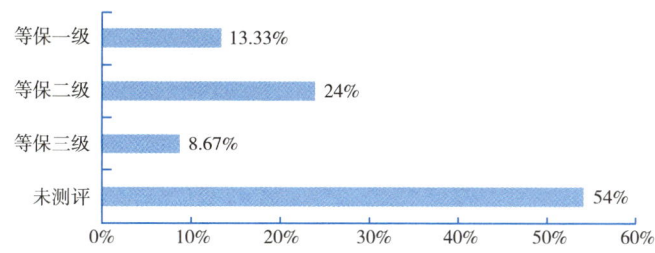

图 33　2024 年调研学校后勤信息化系统等级保护情况

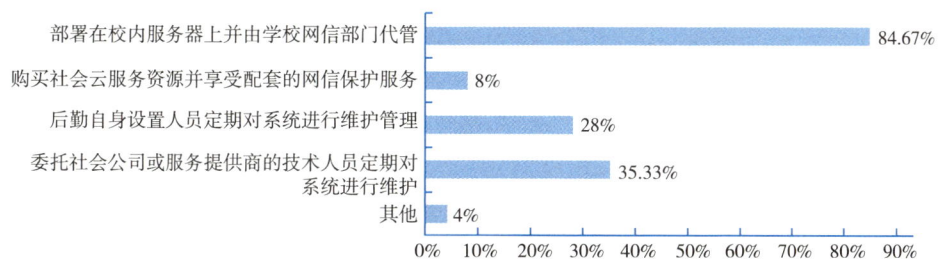

图 34　2024 年调研学校后勤信息化安全管理手段

仅有 10% 的学校对后勤信息化进行了国产化信创改造，后勤信息化的安全管理工作仍需加强。

18. 在未来两年的建设计划当中，根据调研数据可以看出，餐饮、公寓、物业、能源、维修等主流业务仍旧是各学校建设的重点领域，其次为决策分析、人力资源管理、商贸服务等领域（见图35）。

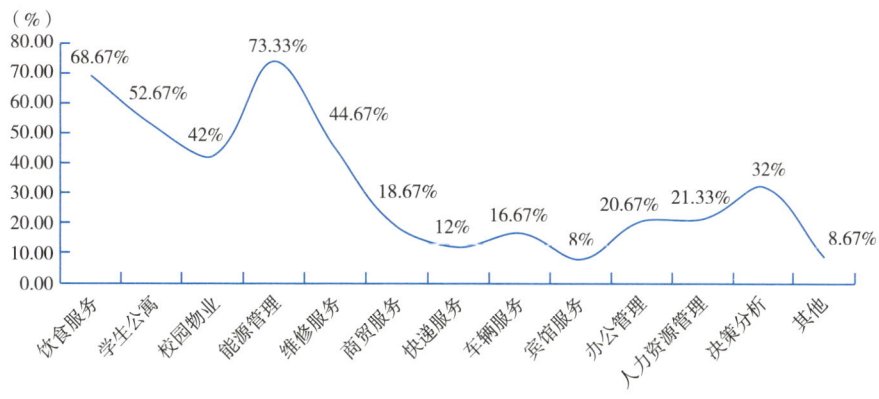

图 35　2024 年调研学校未来两年计划建设系统

19. 在未来两年的硬件引进计划中，门禁、闸机通道、水电气表、洗衣洗浴、配电室、灯具、充电桩等硬件设施占据主流，与此同时，无人、自助类设备设施的拟引进比例也有所提升（见图36）。

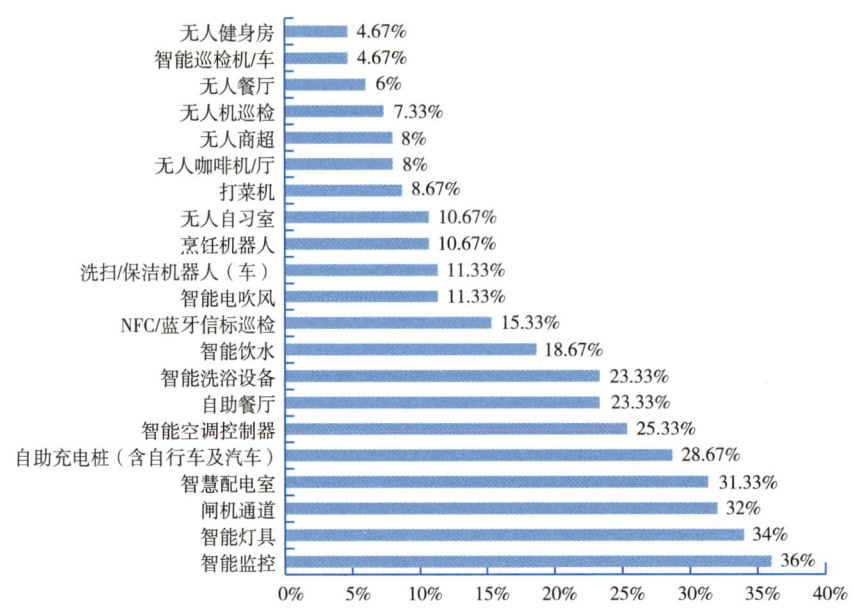

图36　2024年调研学校未来两年计划建设硬件

20. 对于未来发展趋势，近70%的学校认为在后勤社会化趋势下，监管信息化将成为后勤信息化的建设重点；超过一半的学校认为，物联网及人工智能等技术的兴起下，后勤用人岗位将进一步缩减；也有不少学校认为"小而精"是建设主流、懂技术是人才标配，这充分体现了学校后勤对于降本增效、灵活发展、人才建设的追求和期望（见图37）。

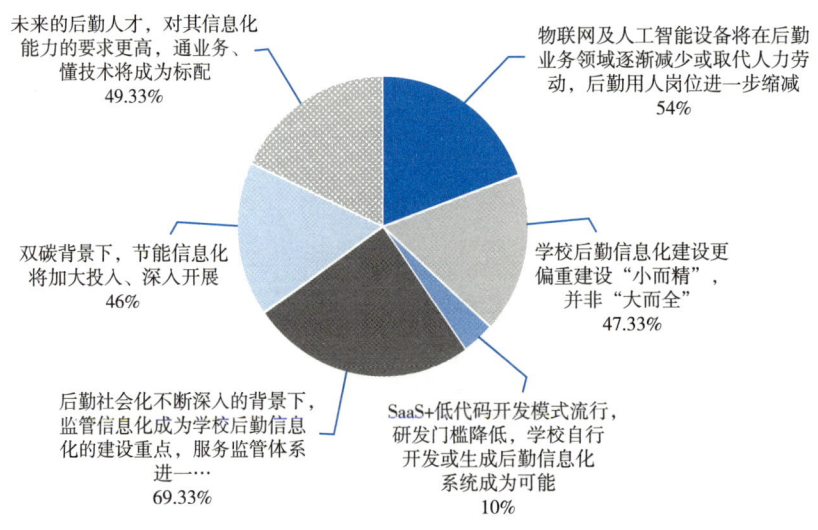

图37　2024年调研学校未来发展理念

四、调研结论

通过对参与调研学校数据进行分析，能够得出，近年来我国各学校后勤信息化建设程度及建设水平取得了长足的进步，具体体现在以下方面：

一是全国教育后勤信息化实现基本覆盖。信息化软硬件在各学校取得广泛应用，基本覆盖各个业务领域，尤其在餐饮、能源、物业、公寓等传统业务领域，信息化建设程度较高，在其他业务领域已经具备了一定规模，发展潜力较大。

二是各学校对于后勤信息化建设的重视程度明显提升。划拨专项经费开展后勤信息化建设的学校占比超过80%，将后勤信息化建设纳入学校总体信息化建设成为主流选择，后勤信息化体制机制建设不断完善，相关制度办法体系逐渐建立，后勤信息化建设保障措施及手段不断丰富。

三是智能硬件在各校基本普及。以智能水电表、智能洗衣、门锁等为代表的智能设备在各学校取得了广泛应用，满足了师生多样化的服务需求，以自助服务等形式，进一步拓宽服务时间空间，提升服务效率。

四是后勤管理向精细化、科学化发展。在办公、人力管理、服务监管等方面，越来越多的学校开始引入信息化手段，其中，信息化办公的普及率接近70%。同时，开展数据分析及决策方面信息化建设的学校数量有了一定提升，利用信息技术转变管理理念、创新管理方式、提高管理效率成为共识。

五是新兴技术逐渐深入学校后勤领域。各学校逐渐加强对于新兴技术的重视和引进力度，大数据技术在决策方面的支撑作用日益凸显，物联网技术发展带来的智能硬件在学校遍地开花，后勤人工智能技术成果在学校已然起步，智能支付手段在学校取得广泛应用，都推动着学校后勤不断创新发展。

在取得以上成果的同时，我国学校后勤信息化发展还存在一些突出问题，具体表现在以下方面：

一是地区间发展不平衡问题较为突出。后勤信息化建设程度与经济发展呈正相关关系，受经济因素制约，我国西部等欠发达地区学校建设程度明显落后于发达地区学校，各校之间建设水平差异较大。

二是对于后勤信息化建设的重视程度仍然不够。不少学校管理者特别是"一把手"对于信息化的重视不足，信息化意识不强、观念未能完全转变，存在一定的"短视"行为，导致在信息化建设与应用方面投入的人力物力不足，阻碍了后勤信息化建设的发展。

三是后勤信息化建设缺乏资金。推进后勤信息化建设工作是一项复杂的系统性工程，需要持续的经费投入，经费不足是制约其发展的关键因素，在各学校财政收紧的大环境下，学校对后勤信息化建设的经费投入普遍遭到削减，近年来全国学校整体后勤信息化建设增速缓慢，部分学校甚至呈现倒退现象。

四是后勤队伍整体信息化素养不高。后勤部门管理者及从业人员对于信息化的感知及应用能力不强，相关知识更新速度有待提升，信息化专业人才配备不足，懂信息化的复合型人才更是稀缺，不少学校在信息化方面的培训频次和力度严重不足，从业人员未能熟悉相关操作，导致信息化平台的服务效能未能完全发挥。

五是后勤信息化建设的体制机制仍不健全。后勤信息化建设缺乏统筹规划，配套制度及管理办法尚未完善，缺乏统一和强有力的管理体制，导致后勤信息化建设进程不够连贯、建设标准不够统一、落地应用缺乏考核和推动，很大程度上造成了资源的浪费。

六是后勤信息化建设的误区仍然存在。后勤领域较多依赖粗放式经验管理的惯性导致后勤信息化建设理念未能及时更新，部分学校对后勤信息化建设重视程度不高甚至有抵触情绪，还存在重建设轻使用、重技术轻管理、重硬件轻软件等建设误区，不少学校仍有建而未用的系统，建起来到用起来仍然是"最遥远的距离"。

五、调研启示

当前，我国教育数字化战略行动不断纵深推进，2025年，中共中央、国务院出台《教育强国建设规划纲要（2024—2035年)》，明确提出以教育数字化开辟发展新赛道、塑造发展新优势；实施国家教育数字化战略，推进智慧校园建设；促进人工智能助力教育变革，打造人工智能教育大模型。后勤工作作为校园治理的重要组成部分，各学校要深刻认识数字化赋能后勤管理转型升级的重要意义，积极应对新形势、新要求，不断拓展学校后勤信息化建设广度深度。根据调研情况，建议从以下方面着手：

一是提高思想意识，转变管理思维。深刻认识信息化在教育后勤工作中的重要意义和抓手作用，利用信息化技术推动后勤体制机制改革及管理模式创新，将信息化、数字化技术和思维应用于后勤管理全过程，对管理、决策服务的方式、流程、手段、工具等进行重塑再造，提高后勤服务质效，提升后勤治理能力与治理水平。

二是加强组织领导，强化人才支撑。将教育后勤数字化纳入数字校园整体布局统筹推进，结合本校实际制定后勤数字化转型行动方案及配套政策、工作机制，积极改进并创新后勤体制机制，制定工作台账，有序推进后勤信息化建设工作落实落细。健全学校后勤信息化工作机制，落实校领导担任首席信息官制度的同时，落实后勤信息化工作主体责任，加强后勤信息化职能部门人员配置和能力建设，注重提升后勤从业人员的信息化素养。

三是加大投入保障，持续推进高质量发展。进一步优化资源配置，加大对教育后勤信息化建设的投入力度，积极鼓励和吸引社会力量投资参与项目建设与服务，探索购买服务、商业合作等供给新方式，建立完善学校主导、多元参与的教育后勤信息化经费保障及监管机制，保障后勤信息化建设可持续发展。

四是引入新兴技术，完善应用系统。积极学习并拥抱人工智能、数字化技术等新兴技术，引导并促进新兴技术与后勤业务的融合应用；以师生需求为导向，系统分析各后勤业务日常管理与服务痛点，提取多服务场景，积极开发各类应用。聚焦师生急难愁盼，整合服务资源、数据资源，优化服务流程，做到业务融合、功能融合和数据融合，加快一体化服务平台建设，融入学校整体发展；提供线上线下融合的后勤服务，推动服务和管理更加标准化、精细化、场景化，构建一体化闭环服务圈。

五是推进示范引领，加快均衡发展。在各校范围内开展教育后勤信息化及数字化转型试点建设、示范辐射，加强各校交流，定期分业务分领域总结成功经验、成熟模式，互观互促、比学赶超。通过行业调研摸排区域建设情况，有针对性地开展指导帮助，宣扬发达地区的经验模式、优秀案例，鼓励欠发达地区适度超前建设，补齐应用短板，集聚后发优势，注重平衡有序，助推全国教育后勤信息化建设均衡发展落地见效。

六是深化服务育人，服务学校大局。紧紧围绕立德树人根本任务，将立德树人的成效作为衡量学校后勤信息化建设成功与否的重要标准。联合教学科研单位及职能部门，通过开设劳育课堂、开展节能技改等方式，增强后勤信息化育人功能。着眼学校整体发展目标，服务教育事业全局发展，将师生行为数据、满意度评价反哺应用于完善自身服务体系，提升师生获得感、幸福感、安全感，为学校发展提供坚实保障。

中小学食堂办伙现况调查及其应对策略

——兼论《中小学食堂管理服务规范》的意义与应用

张文忠 李有增 刘 强 李 涛 赵相华 张 哲

中国教育后勤协会于2024年4月2日发布实施的《中小学食堂管理服务规范》(T/JYHQ-0017-2024)团体标准,填补了全国中小学食堂标准化管理的空白,为中小学食堂规范化办伙提供了标准依据、专业指导和问题解决方案。参照本标准,能有效促进中小学食堂管理服务水平和餐饮质量的提升,能够保障学校餐饮的公益性和安全性,满足师生不断提高的对校园餐饮的新需求。

为确保该标准的普适性、指导性、科学性和引领性,《中小学食堂管理服务规范》起草组在收集参阅大量国家法规、政策文件和地方管理规定的基础上,针对中小学食堂建设、办伙现况、管理绩效、实际困难、问题隐患、师生诉求和发展趋势等内容,对12个省、自治区、直辖市的600余所中小学进行了食堂办伙情况问卷调查,对其中具有代表性的60多所中小学、20多家校外餐饮配送企业以及近10个地区教育主管部门和相关单位进行了实地调研及座谈沟通,历时两年时间,完成了本团体标准的研制起草任务。本文旨在使中小学管理者、食堂从业人员和相关部门全面、客观地了解中小学食堂运行现状以及现代中小学办伙要求,加深对《中小学食堂管理服务规范》的系统理解和精准应用,有效推进中小学餐饮高质量发展。

一、基本状况

(一)学校办伙规模、服务方式与从业人员构成

1. 学校办伙规模

全国现有中小学校50余万所,在校生约2.5亿人。城市中小学在校生规模一般为数百人到数千人(极少数学校有寄宿生),罕见在校生规模达万人以上的学校。农

村中小学在校生一般为数十人到数百人，有些教学点仅有几名学生，农村中心校有相当一部分为寄宿生。无论城市学校还是农村学校，学生基本上都在学校就餐。因此，在校生规模就等同于学校办伙规模。

2. 经营服务方式

经调查统计，约85%的学校建有食堂并实行自主经营；约12%的学校食堂由于自主经营存在困难，均通过公开招标方式选择有资质、信誉好、具有学校办伙业绩的社会优质餐饮企业实行委托经营；约3%的学校因条件限制没有设立食堂，则通过选择有资质的集体用餐配送公司为师生配餐。

供餐方面，无寄宿生的学校只供应午餐，此类学校占多数；有寄宿生的学校提供三餐服务。供餐模式上，小学（幼儿园）、初中普遍实行包餐制（基于营养食谱的学生套餐），主食一般提供一到两个品种，副食一般为三菜（一荤一素，一个半荤菜）一汤，供餐品种数和饭菜质量取决于订餐标准。普通高中、中等职业学校普遍实行点餐制（部分学校同时还提供自助餐和套餐），品种较为丰富，达20~30余种。极少数学校食堂设置有清真档口，少数民族集中的地区则以举办清真食堂为主。餐饮标准方面，早餐一般为3~5元；午餐一般为8~12元（农村学校一般为6~8元），大城市中一般为15~20元；晚餐标准一般约低于午餐或等同于午餐。经济发达地区学校餐饮标准普遍高于经济欠发达地区学校。

校外配餐主要采取节省时间、降低成本、操作简便的热链配送方式。其餐饮标准由于成本构成的差异普遍高于学校食堂的餐饮标准（相同的餐标，食材入口率低于学校食堂）。餐具使用有三种方式供学校选择——学生自带餐具、配餐公司提供公用餐具以及一次性餐盒，以满足不同师生群体就餐需求。

实施营养改善计划的农村义务教育学校食堂均为学校自营方式，其学生营养餐标准为5+N（其中，5元为政府提供的营养改善计划专项资金，N为学生家长承担的餐费，一般为1~3元，各地标准不同）。

3. 食堂从业人员构成

中小学食堂从业人员中，在编职工占比极少，大多数学校食堂没有在编人员编制，少数学校食堂在编人员一般就一个人或几个人，极个别学校在编职工达到数十人。许多学校由教师或干部兼职负责食堂管理工作。食堂员工主体为劳务外包员工、合同工或临时工，基本上没有钟点工。食堂从业人员规模一般为一个人、几个人到近百人不等，多数情况下，仅提供午餐的学校的食堂员工与师生按照1∶100进行配置，提供一日三餐的则按照1∶60~1∶70配置。食堂从业人员年龄偏大，大多数员工年龄集中在40～58岁之间，50岁左右的员工占比最多，少见30多岁的员工。现实中，学校食堂女员工偏多、招工难、员工社会保险缺失或不规范用工现象普遍。

（二）各校食堂办伙条件

整体而言，城市中小学餐饮建筑、设施设备、安全装置、食堂用具等办伙条件明显优于农村中小学食堂。发达地区中小学食堂条件优于欠发达地区中小学食堂。城市中小学食堂水电气齐全，配备了消防设施；而相当部分的农村中小学食堂没有天然气，使用醇基燃料或烧煤做饭。部分农村中小学电力供应不稳定，食堂配置发电机或发电机组以保障生产和供餐。

（三）食堂环境与公共信息

1. 多数中小学食堂设置有师生就餐的餐厅，配置了餐桌椅（多数餐椅没有靠背）和洗手水龙头，有的中小学餐厅还供应热水便于学生洗手洗碗（学生自带餐具）。当然，也有不少学校食堂仅有厨房而没有餐厅（师生只能在教室就餐），部分食堂还设置在地下室位置。

2. 各地中小学在食堂显著位置公示师生关注的食堂公共信息，包括：食品经营许可证，食堂从业人员及其健康证、培训证，食材采购品种、价格和商家信息，食堂使用的食品添加剂等；公示学生餐"周带量"食谱（多数学校应用营养餐软件制定学生食谱），宣传营养健康知识和食品卫生常识；在食堂醒目位置张贴厉行节约、合理膳食、文明用餐、爱惜粮食、反食品浪费等宣传品；师生对学校餐饮（或校外配送的餐饮）的满意度问卷调查内容与结果。

二、主要成绩

改革开放以来，特别是2015年《中华人民共和国食品安全法》颁布实施以来，中小学食堂建设、管理服务、餐饮质量和卫生水平发生了翻天覆地的变化，主要体现在以下十个方面：

（一）绝大多数学校设置了食堂，使用了天然气、不锈钢蒸箱灶具、冰箱、售饭台等现代餐具厨具，基本实现了电气化、机械化、瓷砖化、不锈钢化的食堂加工生产。

（二）为解决学校缺乏食堂导致的师生就餐困难，借力社会优质餐饮资源为师生服务，校外配餐实行专用车辆热链配送，确保师生能够吃上安全放心的热饭菜。

（三）实行严格的食堂从业人员健康管理，持健康证上岗并坚持每日晨检，按法规要求配置食品安全员并持证上岗，部分中大型学校配置了食品安全总监，加大了学校食品安全保障力度。

（四）建立了食材采购、库房管理、加工生产、清洗消毒、员工管理、卫生管理、消防管理、学习培训、民主管理和检查考核等制度，依靠制度管理，提高了办伙效益，促进了学校餐饮安全。食堂卫生管理、食品进货查验、食品添加剂使用（一般仅限于小苏打、泡打粉、油条精'拉面剂'和食用纯碱等几个品种）、食堂餐具用具清洗消毒、集中用餐陪餐、食品留样和日常监管等食品卫生安全制度，关键制度做到了上墙明示。

（五）学校食堂广泛实行五常法等现场管理方法。校外配餐企业广泛建立了ISO22000、HACCP、ISO14000、ISO18000等质量管理体系并在认证有效期内，食品生产基本做到了食品与物品分区、分架、分类、离墙、离地存放，做到生熟分开、标识清晰，配备了防蝇、防鼠、防虫、防尘设施，这些管理方法的应用明显提高了学校餐饮管理水平和安全系数。

（六）采购食材实施索票、索证制度，部分学校建立了食品化验室并配置快速检测设备，食堂广泛实施"明厨亮灶"工程和食品留样制度，确保食材卫生和食品生产受控达标。

（七）国家从2011年秋季学期起，启动实施农村义务教育学生营养改善计划，有效改善了农村学生的就餐状况和营养水平。

（八）基于经济的发展、食材的丰富、从业人员积极性的提高、管理的加强以及食堂硬件水平的大幅度提升，学校食堂做到了饭菜品种多样、荤素搭配、质量提升、满足了师生基本营养需求。

（九）各地学校能够较好地落实校领导或教师陪餐制度并有陪餐记录。食堂不制售生食类、冷食类（不含水果）食品和裱花蛋糕，不加工制作四季豆、鲜黄花菜、野生蘑菇、发芽土豆等高风险食品，校园食品安全事件大量减少，师生的就餐安全得到有效保障。

（十）食育理念得到广泛认同，逐步形成了共识，食育活动逐渐拉开了序幕，为广大师生了解食育知识、平衡膳食、注重吃动平衡、节约粮食、"光盘行动"、文明就餐、养成良好饮食习惯奠定了基础。

三、存在问题

虽然随着国家经济的发展、相关法规的建立、政策的明确和管理规定的制定，中小学食堂的硬件水平和管理服务取得了长足的进步，但由于长期以来中小学食堂基础的薄弱、管理的低水平、员工素质不高和标准的缺失，中小学食堂距离标准化管理和师生对现代餐饮的需求还存在不小的差距，主要表现为：

（一）食堂标准缺失，管理水平普遍不高

学校食堂具有多因素、系统性、多环节、重复性、高频率、高风险和劳动密集型等特征，仅仅依靠国家相关法律法规、政策规定以及教育行政部门、市场监管局的管理规定，是难以全面系统、专业化、职业化、标准化、可持续地做好现代中小学食堂餐饮工作的。就全国中小学而言，全面覆盖的食堂管理服务团体标准仍处于空白状态。使得当前中小学食堂办伙只能维持一般化水平，距离标准化、系统化、精细化、安全化、高效益、高质量办伙差距明显，距离学校现代化餐饮和师生对高质量餐饮需求还有很长的路要走。

（二）食堂从业人员素质不高，安全隐患明显

食堂从业人员平均年龄偏大、文化水平较低（仅极个别员工拥有大专文凭，绝大多数员工为初中文化，部分员工仅上过小学）、职业素养不高、待遇普遍较低、烹饪技术有限，严重缺乏具有职业资格证书的厨师和面点师。很多用餐人数在500人以上（幼儿园食堂用餐人数在300人以上）的学校食堂没有配置食品安全总监。与城市学校比较，农村学校食堂招聘了大量小学文化的从业人员。这种状况难以提高学校食堂管理服务水平及伙食质量，在委托经营、食材采购、食品储存、加工生产、清洗消毒、校外配餐、员工管理、培训监管等方面问题明显，安全隐患突出。

（三）学校无食堂或食堂面积不足，流程布局欠规范

大城市中相当多的小学因空间所限没有设置食堂，师生就餐依靠校外配送。这种模式下，饭菜质量通常低于学校食堂现场制作的食品，而饭菜价格明显高于学校食堂同类食品，也增加了配送过程中的食品安全风险。

在建有食堂的学校中，大多数食堂建筑面积未达到相关标准要求。有些食堂没

有餐厅或餐厅面积严重不足,学生只能在教室就餐。有些食堂缺乏食品库房,主食副食原材料乃至其他物品共置于一间库房中。许多食堂的生产流程欠规范、布局混乱、通风不畅、排烟排气困难、反向流程和交叉污染,缺乏科学合理的食品卫生和安全生产的空间保障。农村学校食堂在面积、流程等方面的问题更多。

(四)对食堂投入不足,设施设备陈旧简陋

许多学校食堂建筑老化、设施设备陈旧简陋,缺乏洗碗机、油烟净化装置、送风通风设施、消毒保洁设施、饭菜保温设施和与办会规模相配套的冷库(冰箱),消防设备不健全。部分食堂后厨没有达到不锈钢化、瓷砖化、电气化要求,食堂房屋无吊顶也无喷涂防水防火新型材料,存在屋顶及墙皮发霉脱落现象。部分食堂不能提供公用餐具,餐厅环境较差,冬冷夏热,食堂缺乏有效的防鼠、防蝇、防尘、防虫等设施,这方面,农村学校食堂尤为突出,问题和隐患更加明显。

(五)伙委会和家长委员会作用未能充分发挥

许多学校缺乏膳食管理委员会或家长委员会的管理机制,有的虽有其组织但流于形式,没有起到相应作用。失去了这一有效的民主办伙力量和重要监督方式,导致对办伙中的食材采购、食品生产、清洗消毒、员工资质、食品质量和食品卫生监管乏力,食品安全风险点难以及时发现和消除,使许多潜在的和现实的隐患由量变到质变,最终演化成为食品安全事件。

(六)校外配餐中存在食品安全隐患

一是学校缺乏备餐间,集体用餐配送单位使用保温桶将食品配送到学校后只能在教室或走廊里分餐,缺乏食品保洁措施,容易产生交叉污染。

二是食品配送路程较长或交通不畅时,导致配送到学校的食品已超过食用时限或食品达不到温度安全值要求,易被微生物污染。

(七)普遍存在餐桌浪费现象

学校餐桌浪费现象仍然比较普遍。主要成因:一是学生认为饭菜特别是校外配送的营养餐不好吃(口味淡,不可口);二是相同数量的饭菜(套餐、包餐),有些学生吃不完;三是饭菜品种"老三样",变化少,烹饪水平不高,难以调动学生食欲;四是女同学比男同学浪费严重。

(八) 餐费标准偏低难以满足学生营养需求

大多数农村义务教育学校学生餐标维持在 6～7 元标准（5＋N），餐费标准偏低导致采购的食材种类及饭菜数量难以满足学生营养需求和健康成长。

四、应对策略

(一) 严格执行《中小学食堂管理服务规范》，加强标准化食堂建设

《中小学食堂管理服务规范》，涵盖了中小学食堂各生产服务环节和所有办伙要素，细化了国家法律法规和部委对学校食堂的要求，成为法则的重要组成部分，是食堂最重要的专业指导书。实施标准化管理是中小学食堂高质量发展的必由之路，只有通过建设标准化食堂，在餐厅环境、人员配置、成本核算、食材采购、安全追溯、伙食质量、品种业态、监督管理、食品卫生、消防安全、制度建设、民主管理、机制健全等方面达到标准要求，才能实现食堂现代化以持续提供师生满意的餐饮服务。

(二) 加大食堂建设投入，着力改善办伙条件

与在校生规模相适应的餐饮建筑和设施设备是学校食堂进行食品生产、出品优质饭菜、保障食品安全的重要保障与必要条件。政府相关部门应当严格按照法律法规、国家标准、行业标准和团体标准要求，加大对学校食堂的硬件投入，确保食堂面积达标、流程合理、设施设备齐全，达到办伙条件现代化水平，消除农村学校与城市学校的办伙条件差距，从硬件上确保中小学食堂规范生产和师生就餐安全。

(三) 加强食堂队伍建设，调动从业人员积极性

食品安全法律法规、行业规定、团体标准的落地执行和实施效果，主要取决于食堂从业人员的知识水平、烹饪技能、职业态度和管理能力。必须加强中小学食堂队伍建设，按要求配备各岗位人员，特别是食品安全员、食品安全总监、厨师、面点师和营养师，强化从业人员的职业纪律、卫生知识和烹饪技能培训，提升员工职业素养，给予合理待遇，调动他们的积极性并养成良好职业习惯，由此，提升中小学食堂办伙的软实力、竞争力、创新力和持续力。

（四）加强食材供应链管理，实现食材净菜化半成品冷链配送

食材来源与加工形态是食品安全的源头保障和降低成本的关键环节。中小学应当应用"互联网+"技术，建立食材供应链信息化监管服务平台，通过行业认可的供应商名录，实行大宗食品公开招标、集中定点采购。同时，建立食品检验室快速检测食材的农药残留、兽药残留、致病性微生物等。中小学集中的地方，可由政府支持经招标确定的集采购、检测、储存、粗加工和冷链运输于一体的食品企业承担各学校食堂净菜、半成品统一配送（两到三家企业良性竞争，企业享受税收优惠），从而实现对供应商、食材、采购价格、配送过程、食材检测、称重验收、财务结算的体系化无缝连接全链条管理，构建起线上线下相结合的食材供应链服务监管体系，实现食材规模化采购、集约化加工、质量卫生达标、办伙成本降低、食品安全可追溯。

（五）建设智慧食堂，赋能食堂生产与食品安全

1. 推进"互联网+明厨亮灶"智慧监管运用

建设并充分运用人脸识别门禁系统、AI自动识别抓拍报警系统、"互联网+明厨亮灶"监控系统、食材监管网络系统等赋能食品生产，实现食品加工操作全过程可视化、透明化、智能化。

2. 建立智慧食堂用餐系统

中学应设立智慧食堂用餐系统，编制电子化营养食谱，提供智能点餐、自动售饭、智能保温、智慧结算、自助称重结算等学校餐饮智慧服务。

3. 实现食堂设备的物联应用

以自动化生产设备、信息化管理系统、互联网+技术为基础，通过相关传感器对食堂重要设备进行网络物联，实现食堂重要设备的远程感知与控制——智慧化风险识别、精细化自动操作、精准化管控和数据化运营，做到食堂生产零风险，节能降耗低成本，餐饮服务高效益。

（六）通过食育培养健康生活方式

食育就是对青少年学生良好饮食习惯的培养和教育，食育事关全民的健康和国家的兴旺。中小学应注重对学生开展食育：一是对食物及其营养成分、合理膳食、食品安全知识、用餐礼仪的认知；二是配备营养师、公示饭菜营养素含量，编制师

生健康指导食谱，明示饭菜营养成分，供餐做到自选化、小分量、现场制售，减油减盐减糖；三是教育学生珍惜食物、感恩劳动、反对浪费、节约资源、垃圾分类、保护环境；四是营造整洁舒适、庄重典雅、体现校园文化、具有育人功能的就餐环境。要通过食育培养学生养成文明就餐、科学饮食、珍惜粮食、吃动平衡、绿色低碳的良好生活方式，提高学生的身体素质，降低中小学生肥胖率和近视率。

民办院校后勤行业发展现状与创新路径

一、调研背景

（一）行业发展背景

随着我国民办教育事业蓬勃发展，截至2024年，全国已有764所民办高校，占高校总数的26.5%，在校学生超900万人。民办院校作为高等教育体系重要部分，其后勤服务质量影响着师生学习生活体验和学校稳定发展。同时，在高等教育快速发展背景下，其后勤服务质量和保障能力也关系到人才培养质量和校园可持续发展。近年来，国家政策要求推动教育后勤服务高质量发展，民办院校因体制机制灵活、市场化程度高等特点在后勤服务创新上有独特优势，但也面临着资源整合不足、标准化建设滞后、数字化转型缓慢等问题，亟须通过行业协同、经验共享和创新实践提升后勤管理整体水平。

2023年5月，中国教育后勤协会民办院校后勤分会（以下简称"民办分会"）正式成立，标志着我国民办院校后勤领域迈入规范化、专业化发展新阶段。分会以"搭建交流平台、盘活服务资源、提升行业水平"为核心使命，着力构建"沟通交流、资源共享、分享展示、开拓创新、树立典范、互动交心"六大平台体系。紧扣《中国教育后勤协会2024年工作要点》，系统推进平台载体建设，通过深化组织建设、强化调研交流、优化培训研讨等多维举措，持续推动民办院校后勤管理向规范化、专业化、标准化、数字化方向转型升级。

（二）调研主题与目的

调研以"民办院校后勤管理创新与高质量发展"为主题，通过实地走访、案例分析和交流研讨，旨在全面深入了解民办院校后勤管理现状，挖掘亮点经验，剖析痛点问题。在此基础上，总结可复制推广的优秀模式，为行业整体发展提供决策参考，并为民办分会后续工作规划及政策建议提供科学依据。具体目的如下：

1. 摸清现状与挖掘创新

系统梳理民办院校后勤管理模式、服务特色及痛点问题，深入了解民办院校创办历程、学科建设，后勤组织建设、服务创新做法、服务模式构建及劳动育人典型经验等，探究其在育人体系构建、智慧化建设、社会化改革及标准化管理等方面的创新举措与实践经验，为行业提供鲜活范例与可复制的创新路径。

2. 剖析问题与探索协同优化

精准剖析当前民办院校后勤管理面临的共性难题，探讨切实可行的应对策略，助力突破发展瓶颈。同时，深入研究协会在资源整合、平台搭建、标准制定等方面的优化路径，促进资源共享与跨区域合作，发挥协会引领作用，推动民办院校后勤高质量发展。

3. 服务决策与规划

为行业政策制定和协会工作规划提供科学依据，确保调研成果有效转化为行业发展的有力支持。

（三）调研意义

行业层面：通过总结先进经验，推动民办院校后勤管理从"粗放式"向"精细化"转型，提升行业整体服务水平和育人功能。

院校层面：为各民办院校提供交流互鉴的平台，促进资源共享与合作，解决实际管理中的痛点问题。

协会层面：强化民办分会的桥梁纽带作用，明确工作重点，优化服务内容，推动行业标准和评价体系建设。

二、调研总体安排

（一）调研对象

调研覆盖全国多个地区的民办高校及后勤服务企业，选取具有代表性的样本单位，包括：

1. 民办高校：四川国际标榜职业学院、吉利学院、四川长江职业学院、四川兴科城市交通高级技工学校、四川电影电视学院、广州商学院、广东白云学院、广东科技学院、上海视觉艺术学院、上海外国语大学、上海杉达学院、上海建桥学院、浙江树人学院、南京传媒学院等 20 余所院校，涵盖本科、专科层次及不同区域的民办院校。

2. 后勤服务企业：上海众家联设备租赁有限公司、俺来也（上海）网络科技有限公司、正元智慧集团股份有限公司、浙江海亮智慧后勤管理有限公司等校园服务企业，涉及餐饮、物业、能源管理、数字化服务等领域。

（二）调研人员

调研团队由中国教育后勤协会民办分会领导及会员单位代表组成，包括分会理事长柳娜、副理事长张军宏、秘书长任龙刚等核心成员，以及北京城市学院、黑龙江东方学院、西京学院等 10 余所会员院校的后勤管理负责人，共计 50 余人。团队成员具备丰富的后勤管理经验和行业研究背景，确保调研的专业性和深度。

（三）调研方法

实地考察：深入院校和企业现场，参观校园后勤设施（如食堂、公寓、智慧化管理中心等），直观了解后勤服务流程和管理模式。

座谈交流：与院校后勤部门负责人、企业高管进行面对面座谈，围绕后勤管理体制、育人实践、数字化转型、社会化改革等议题展开深入讨论，收集一手资料。

案例分析：选取典型院校和企业的创新案例，分析其成功经验、实施路径及成效，提炼可推广的模式。

（四）调研行程

调研活动分多个阶段开展，覆盖华东、华南、西南地区，具体行程如下：

1. 西南地区（2024 年 10 月—11 月）：赴成都调研四川国际标榜职业学院、吉利学院、四川长江职业学院等院校，重点了解后勤育人、社会化改革及地方特色管理模式。

2. 华南地区（2024 年 11 月）：赴广州、东莞等地调研广东白云学院、广州商学院、广东科技学院等院校，聚焦智慧后勤建设、校企合作及区域民办高校后勤协同发展。

3. 华东地区（2023 年 11 月、2024 年 4 月）：多次赴上海、浙江等地调研上海视觉艺术学院、上海杉达学院、浙江越秀外国语学院、正元智慧集团等院校和企业，考察数字化后勤、劳动教育融合、第三方服务管理等前沿实践。

三、调研结论

（一）亮点工作与成效

1. 后勤育人体系创新，彰显教育属性

民办院校在后勤育人方面成果显著。环境育人与劳动教育融合方面，四川国际标榜职业学院以"生态文明"理念打造"环境育人课堂"，通过实践项目培养学生环保意识和劳动习惯；吉利学院在学生公寓设"劳动实践角"，组织学生参与劳动实践；浙江树人学院构建"劳作育人"平台，形成"服务——实践——育人"闭环。文化育人与品牌建设方面，上海建桥学院以"雷锋精神"为引领，将德育元素融入后勤服务；四川电影电视学院结合影视传媒特色，在后勤设施中融入艺术元素，提升师生文化认同感。

2. 智慧后勤建设加速，提升服务效能

智慧后勤建设在民办院校后勤管理中加速推进。数字化管理平台普及应用，广东科技学院引入"智慧后勤管理系统"，实现业务线上化操作，响应效率提升60%；上海杉达学院打造"后勤数字化驾驶舱"，实时监控校园能耗、设备运行状态，2024年校园用电量较上年下降15%，节水率达12%；正元智慧集团为多所院校提供"校园一卡通＋大数据分析"解决方案，助力后勤服务精准化。智能化设备广泛应用，广州商学院食堂引入AI结算台、机器人送餐等设备，缩短就餐排队时间30%；上海视觉艺术学院采用智能巡检机器人，实现校园安全巡查24小时覆盖，异常事件响应时间缩短至3分钟；浙江海亮智慧后勤管理有限公司开发"后勤数字化中台"，整合餐饮、物业、安防等系统，服务效率提升40%。

3. 后勤社会化改革深化，优化资源配置

民办院校后勤社会化改革不断深化。第三方服务引入与监管方面，四川长江职业学院推行"开放型后勤社会化改革"，建立"服务质量评估体系"，推动服务质量提升；广东白云学院牵头制定《民办高校后勤社会化服务规范》，规范校企合作流程，降低管理风险。校企协同创新方面，上海众家联设备租赁有限公司与高校合作开展"空调租赁＋智能运维"服务，采用"以租代购"模式减轻院校设备采购资金压力，故障处理效率提升50%；俺来也（上海）网络科技有限公司打造"数字化云餐厅"，服务覆盖全国200余所高校，服务师生超100万人。

4. 标准化建设起步，推动规范发展

民办院校后勤标准化建设逐步起步。制度标准化方面，西安欧亚学院、黑龙江东方学院等院校制定了《后勤服务质量标准手册》，明确服务流程和质量指标，实现管理标准化；民办分会推进《应用型本科院校后勤育人体系构建研究》课题，探索建立后勤育人标准框架。服务流程标准化方面，吉利学院建立"食堂6S管理体系"，有效降低食品安全事故发生率；上海建桥学院制定《学生公寓管理服务规范》，统一宿舍设施配置、保洁频次和应急处理流程，师生满意度提升至92%。

（二）现存问题与应对策略

1. 管理体制需优化。部分民办院校后勤部门定位不够清晰，存在与教学、学生管理等部门协同不足，难以形成育人合力。社会化改革中，部分院校对第三方企业监管不够到位，出现服务质量不稳定、安全隐患等问题。为此，需明确后勤部门在学校整体育人体系中的定位，推动后勤与教学、学工等部门建立定期沟通机制，共同制定育人方案。同时，建立第三方服务全周期监管体系，制定《校企合作服务标准》，通过合同约束、定期考核、师生评价等方式，确保服务质量。

2. 人才建设需加强。后勤管理人才短缺，尤其缺乏既懂教育规律又具备市场化运营能力的复合型人才。一线服务人员流动性大，年龄偏大，专业化水平低。建议建立后勤管理人才培养体系，与高校合作开设"后勤管理专业研修班"，重点培养战略规划、数字化管理、校企合作等能力。同时，优化一线员工结构，通过提高待遇、职业技能培训等方式，吸引年轻人才加入，提升服务专业化水平。

3. 数字化转型需推进。不同院校数字化水平差异显著，部分专科院校仍依赖传统人工管理，数字化建设滞后。数据孤岛问题突出，后勤各系统之间缺乏有效对接，难以实现数据共享和协同管理。应制定《民办院校智慧后勤建设指南》，引导院校分阶段实施数字化改造，优先推进餐饮、能源、报修等高频业务线上化。同时，建立后勤数据共享平台，鼓励院校采用统一数据接口，实现系统互联互通。

4. 标准化建设需加快。行业统一标准缺失，民办院校后勤服务质量评价缺乏科学依据，不同院校之间管理水平参差不齐。建议依托民办分会，联合行业专家、院校和企业，加快制定《民办院校后勤服务质量标准》《后勤育人评价指标体系》等团体标准，填补行业空白。同时，开展"标准化示范院校"创建活动，通过典型引领，带动全行业提升标准化管理水平。

5. 资源整合需强化。民办院校后勤资源分散，校际合作与区域协同较少，优质资源共享机制尚未形成。与政府部门、行业协会的联动不够紧密，政策解读和资源获取能力较弱，影响行业整体话语权。需建立校际资源共享平台，推动后勤采购、培训、技术等资源跨区域流通。同时，加强与政府部门、行业协会的沟通协作，积极参与教育后勤政策制定，争取更多资源支持。

四、调研启示

（一）对行业发展的启示

1. 坚持育人导向，构建"大后勤"育人格局

后勤服务是高校育人体系的重要组成部分，需从"保障型"向"育人型"转变。行业应强化后勤育人理念，将环境育人、劳动育人、文化育人融入服务全过程，通过打造特色育人项目、建立育人评价机制，形成全员、全过程、全方位的"大后勤"育人格局。例如，可推广"后勤育人示范基地"建设，总结提炼典型经验，推动育人实践创新。

2. 以数字化为引擎，驱动后勤服务升级

数字化转型是提升后勤服务质量和效率的必然路径。行业需加强顶层设计，制定智慧后勤发展规划，重点推进管理平台整合、数据共享和智能化设备应用。同时，关注网络安全和数据隐私保护，确保数字化建设安全可控。建议建立行业数字化转型联盟，共享技术成果和最佳实践，降低院校建设成本。

3. 深化产教融合，创新后勤发展模式

校企合作是民办院校后勤社会化改革的重要方向。行业应鼓励院校与优质企业建立深度合作关系，通过联合研发、订单培养、共建实训基地等方式，实现资源互补、协同发展。例如，探索"校企双主体"后勤管理模式，企业参与院校后勤规划与服务，院校为企业提供人才和技术支持，形成良性互动生态。

4. 加强标准化建设，提升行业整体水平

标准化是行业规范化发展的基础。需加快建立覆盖后勤服务全流程的标准体系，包括服务质量标准、管理规范、评价指标等，并通过培训、认证、评估等手段推动标准落地。建议引入第三方评估机构，开展行业服务质量认证，树立优质品牌，引导市场良性竞争。

（二）对协会工作的启示

1. 强化平台功能，促进交流合作

民办分会需进一步发挥"桥梁纽带"作用，搭建多层次交流平台，包括年会、论坛、专题培训、调研考察等，为会员单位提供更多学习互鉴的机会。例如，定期举办"民办院校后勤创新案例分享会"，通过线上线下结合的方式，扩大参与度，促进经验快速传播。

2. 聚焦痛点问题，开展专项研究

针对调研中发现的人才短缺、标准化缺失、数字化不均衡等问题，协会应组织行业专家开展专项课题研究，形成可操作的解决方案。例如，设立"民办院校后勤人才培养专项"，联合高校和企业开发定制化课程体系；推动"智慧后勤建设专项基金"成立，支持中小院校数字化改造。

3. 完善服务体系，提升会员黏性

以会员需求为导向，丰富服务内容，包括政策解读、资源对接、法律咨询、品牌推广等。建立会员反馈机制，定期收集需求和建议，针对性优化服务项目。例如，为会员单位提供"一对一"后勤管理诊断服务，帮助解决实际问题；搭建校企合作对接平台，促进优质企业与院校精准匹配。

4. 加强行业自律，维护良好生态

制定《民办院校后勤行业自律公约》，规范会员单位行为，抵制恶性竞争，维护行业整体利益。建立会员信用评价体系，对优质企业和院校进行表彰，对违规行为进行公示和惩戒，营造公平、诚信的发展环境。

（三）未来展望

民办院校后勤行业正处于转型发展的关键期，面临挑战与机遇并存的局面。通过调研可以看出，行业内已有一批院校和企业在育人创新、智慧化建设、社会化改革等方面取得显著成效，其经验为全行业提供了宝贵的借鉴。未来，需以协会为引领，凝聚行业共识，加强协同创新，着力解决共性问题，推动民办院校后勤管理向更高质量、更有效率、更可持续的方向发展。

相信在全体会员单位的共同努力下，民办院校后勤分会将充分发挥平台优势，助力民办院校后勤事业迈上新台阶，为我国高等教育高质量发展作出更大贡献。